Michael J. Rainer; Hans-Gerd Janßen (Hrsg.)

Bilderverbot

Jahrbuch Politische Theologie

Band 2

1997

LIT

Bilderverbot

herausgegeben von

Michael J. Rainer und Hans-Gerd Janßen

in Zusammenarbeit mit

Gabriela Grunden
Torsten Habbel
Ottmar John
Monika Maaßen
Jürgen Manemann

LIT

Die Deutsche Bibliothek – CIP-Einheitsaufnahme

Bilderverbot / Michael J. Rainer; Hans-Gerd Janßen (Hrsg.) . – Münster : LIT, 1997
(Jahrbuch Politische Theologie ; 2.)
ISBN 3-8258-2795-x

NE: GT

Dieckstr. 73 48145 Münster Tel. 0251–23 50 91 Fax 0251–23 19 72

Inhalt

Editorial

Bilderverbot - das erscheint wie ein Anachronismus und eine Donquichotterie im Zeitalter multimedialer Kommunikation. Sicher, es gibt die Kritik der Informations- und Bilderflut. Mit Bilderverbot ist jedoch mehr und anderes gemeint: Der Kontext - Bilder verbietet das 2. Gebot des Dekalogs (Ex 20,4) - verweist auf jüdisch-christliche Traditionen. Wer deswegen allerdings den Verdacht hegt, der vorliegende Band zöge sich aus der gesellschaftlich-politischen Diskussion in ein vermeintlich rein innertheologisches Gebiet zurück, irrt. Denn in diesem Bilderverbot steht gerade heute - angesichts des „Kampfes um die Bilder" in unserer Medienwelt - die Gottesrede in ihrer gesellschaftskritischen, die Ethik des Politischen inspirierenden Kraft zur Debatte. Allerdings eben diese *Gottesrede* und ihre Verpflichtung auf das Bilderverbot: Der Ansatz der Politischen Theologie weiß sich dem „Kriterium" unterworfen, „daß die politische Tendenz einer politischen Theologie nur dann stimmt, wenn auch ihre theologische stimmt" (J.B. Metz). Deshalb widmet sich der Band diesem nur scheinbar „rein theologischen" Thema.

Das biblische Bilderverbot wahrt die Transzendenz, die Einzigkeit und Unverfügbarkeit Gottes: das Unbegreifliche ist das Nicht-Darstellbare, das der Darstellung im Bild - welcher Art auch immer - sich Entziehende. Diese Unverfügbarkeit kommt auch dem Menschen als dem einzigen (Eben-)Bild Gottes zu. Ihre Mißachtung, die Vernichtung des Menschen durch Menschen grenzt daher selbst an die Nicht-Darstellbarkeit, unterliegt dem Bilderverbot, worauf gerade jüdische Denker unseres Jahrhunderts - vor dem Hintergrund der Shoa - hingewiesen haben. Zugleich richtet sich das Bilderverbot gegen Fremdbeherrschung durch Götzen und Idole - auch und gerade gegen verborgene: das Nicht-Dargestellte ist das Unbegriffene und Verdrängte als das anonym Herrschende, das durch Tabuisierung als selbstverständlich Geltende. Insofern gilt es, das Unbegreifliche vom Unbegriffenen kritisch zu scheiden, ohne es zugleich dem Zugriff vermeintlichen Begreifens preiszugeben. Der zentrale Bezugsbereich unserer Perspektive auf Bilderverbot bleibt daher eine spezifische Gottesrede, die sich dem falschen Schein verdeckter Universaltheorien widersetzt und pseudodemokratisches Wirken „unsichtbarer Mächte" aufzudecken sucht. Damit ist bereits die Spannbreite der Beiträge angezeigt, die von theologischen Grundlagenfragen über Themen der Ästhetik bis hin zum Streit wider den politischen Götzendienst reichen.

Wir bleiben auch in diesem Band der Grundaufteilung treu: *Forum - Beiträge/Thema - Debatte - Rezension - Institute/Projekte*. Auch dieser Band wird eröffnet durch das *Forum*, das die Diskussion durch sehr unterschiedliche Statements zur Frage „Was heißt heute eigentlich Bilderverbot?“ - von Rabbiner David R. Blumenthal, dem Künstlerpfarrer Friedhelm Mennekes, dem Journalist Ingo Herrmann, der Schauspielerin Ingrid Resch, dem Filmemacher Michael Verhoeven, dem Künstler Arnulf Rainer und Bischof Pedro Casaldaliga - anregt.

Im zweiten Teil, *Thema*, werden aus politisch-ökonomischer, psychologischer, philosophischer, theologischer und ästhetisch-kunsttheoretischer Perspektive die Dimensionen des Bilderverbots ausgeleuchtet. Begonnen wird - selbstverständlich - mit einem bibeltheologischen Beitrag: Jürgen Ebach befragt kritisch „Gottesbilder im Wandel“ und zeigt auf, daß das Bilderverbot einhergeht mit einer Vielzahl biblischer Bilder von Gott, die als Wortbilder zugleich Enthüllung wie Verhüllung bedeuten und damit einer eindeutigen Identifizierung Gottes im Interesse der Selbstbehauptung - ob psychologisch, politisch, theologisch oder kirchlich - den Boden entziehen.

Es folgt eine Streitschrift von Franz J. Hinkelammert gegen die unmenschliche Metaphysik der liberalen Ökonomie und ihrer Verherrlichung der Götter der Macht und des Sieges, die - mit Nietzsche - die jüdisch-christliche Tradition der Götzenkritik in ihr Gegenteil verkehrt. Ihm korrespondiert der Beitrag von Bob Brecher, der zeigt, daß die liberalistische Ideologie näherhin als Idolatrie zu charakterisieren ist: Sie verlangt quasi-göttliche Verehrung eines von Menschen geschaffenen Systems, das sich in dieser Weise als das endgültige Ziel der Geschichte behauptet und den Menschen seinem Bild entsprechend ‘erschaffen’ will. Agnes Heller fragt nach Möglichkeit und Grenzen einer „Politik nach dem Tod Gottes“: Was bleibt zwischen den Extremen des Fundamentalismus und des Liberalismus, wenn Politik nicht mehr in religiös-metaphysischen Positionen eingebettet sein kann? In welcher Weise können wir (noch) darauf setzen, daß der „leere Stuhl [...] auf den Messias [wartet]“?

Psychoanalytische Perspektiven eröffnet Hanna Gekle in ihrer Untersuchung der Werke des „Bilderstürmers“ Sigmund Freud, für den die kulturelle Entwicklung als geistiger Fortschritt im Bilderverbot, der Zurückdrängung der Sinnlichkeit gründet, die wiederum nach Kompensation verlangt: z.B. durch religiös-illusionäre Wunscherfüllung; dagegen hält sich der bekennende Jude und Atheist Freud an das bildlose Wort, den Logos, die analytische Vernunft - auf Kosten des Glücks. Gegen die Totalisierung der Gesellschaft als zweite Natur bis in die Triebregungen hinein opponiert nach Adorno die ästhetische Erfahrung; auf diesem Hintergrund untersucht Gertrud Koch kulturindustrielle Bildproduktion und Filmästhetik, „Mimesis und Bilderverbot“ als Beitrag für eine Bild- und Filmtheorie. Es schließen sich drei Beiträge an, die der Relevanz des Bilderverbots bei Philosophen unseres Jahrhunderts - nach Auschwitz - gewidmet sind: José A. Zamora über Th.W.Adorno, Saskia Wendel über J.-F.Lyotard, Torsten Habbel über E.Levinas. Gabriele Grunden interpretiert jüdisches Denken unseres

Jahrhunderts als eine der essayistischen Form verpflichtete antiidealistische Hermeneutik des Zweifels, die als solche Denken des Bilderverbots ist.

Gegen den Idealismus des Allgemeinen in der Theologie wendet Jürgen Goldstein die nominalistische Idealismuskritik und ihre Betonung der Nichtdenkbarkeit Gottes als Wahrung des Bilderverbots, insofern sie - darin die Moderne vorbildend - das idealistisch unaufhebbare Singuläre zu ihrem zentralen Thema macht und damit auch den Denkhorizont der Neuen Politischen Theologie als Theologie nach Auschwitz eröffnet. In seiner überraschend neuen Interpretation der Theologie K. Rahners sucht Ottmar John aufzuzeigen, daß sich dessen Begriff Gottes als des absoluten Geheimnisses als christlich-anonyme Tradierung des jüdischen Bilderverbots entziffern läßt, bis hinein in die Tiefenschichten der Trinitätstheologie, Gnadenlehre und der Gottesschau in der visio - und zwar gerade nicht unter Ausblendung der Leidensgeschichte der Welt. Zwischen Bilderverzicht im neuzeitlichen Voluntarismus und der mit ihm einhergehenden Herrschaft anonymer Mächte - so in der liberalistischen Ökonomie mit ihrem Vertrauen auf die „unsichtbare Hand" des Marktes - und der rationalistischen Identifizierung von begriffenem Bild und Wirklichkeit - so in Hegels Versöhnung der Vernunft mit den Leiden der Geschichte - ortet Hans-Gerd Janßen die Theodizeefrage als Theologie des vermißten Gottes, die in Klage und Anklage das Bild des rettenden Gottes festhält, ohne es in idealistischem Versöhnungspathos auszumalen. Den Thema-Teil abschließend folgen zwei Beiträge, die sich einem künstlerischen Schaffen widmen, das um die Nichtdarstellbarkeit des Absoluten und der Verletzungen von Menschen durch Menschen weiß: Verena Lenzen über A. Schönberg und Rita Burrichter über J. Holzer.

Teil 3 - *Debatte* - kehrt sozusagen die Blickrichtung um und fragt nach Notwendigkeit und Möglichkeit von Darstellung im politischen und kirchlichen Bereich, von Repräsentation - als Frage danach, durch was die Demokratie repräsentiert wird, worin sie selbst und ihre (ethischen) Wurzeln und Grundlagen sich darstellen, oder ob dieser Platz frei ist, d.h. beliebig besetzbar (vgl. die Thesen von Agnes Heller); und als Frage nach einem Christentum, das sich nicht in privater Innerlichkeit, in einem nur geglaubten Glauben vollzieht, sondern der institutionell verankerten Repräsentation des Evangeliums bedarf. Ausgehend von Carl Schmitts Thesen - systematisch präsentiert von Jürgen Manemann - über die Kraft des Repräsentativen im römischen Katholizismus wird der Begriff juristisch von Wolfgang Mantl und theologisch/politisch von Jürgen Werbick und Johann Baptist Metz befragt.

Im *Rezensionsteil* diskutiert Jürgen Kroth einige neuere Arbeiten zur negativen Theologie. Abschließend werden wieder *Institute und Projekte* vorgestellt: Fernando Castillo berichtet über das Centro Ecumenico „Diego de Medellin" in Santiago de Chile; Esther und Jochen Gerz äußern sich in einem Interview über ihre Mahnmal-Arbeit in Harburg und Andreas Maislinger und Kurt Leutgeb über das Projekt „Gedenkdienst".

An dieser Stelle sei ein herzlicher Dank ausgesprochen den Autorinnen und Autoren, den Kolleginnen und Kollegen in der Redaktion und den vielen Unterstützern im LIT Verlag.

Nach Band 1/1996 „Demokratiefähigkeit" (hg. von Jürgen Manemann) und mit dem jetzt vorliegenden Band 2/1997 gewinnt das Projekt Jahrbuch Politische Theologie Stabilität. Schon zeichnet sich für Band 3/1998 eine weiterführende Perspektive ab. Voraussichtliches Thema: Eschatologie.

Münster, im Juli 1997 Hans-Gerd Janßen, Michael J. Rainer

FORUM

Im Forum werden unterschiedliche Statements zur Frage „Was heißt heute eigentlich Bilderverbot?“ eingeholt. Die nicht aufeinander abgestimmten Äußerungen besitzen einen durchaus heterogenen Charakter. Für die unterschiedlichen Blickwinkel sorgen ein Künstlerpfarrer, ein Rabbiner, ein Journalist, eine Schauspielerin, ein Filmemacher, ein Bischof und ein bildender Künstler.

Friedhelm Mennekes

1. BILDERSTREIT ist als HISTORISCHE THEORIE der Streit um das Bild im Gegensatz: Wort - Bild, historisch, theologisch, systematisch. Er entfaltet sich als Gottesbildverbot in den Tiefen Israels, springt über ins frühe Christentum und bricht dort als 'Dogma' zunächst auseinander. Grund war seine permanente Eng-Auslegung durch überfromme Eiferer, die stets aller Bildnerei den Garaus machen wollten. Es gelang ihnen zwar in der Praxis nicht auf allen Ebenen; aber ideologische Statements lassen sich historisch leichter vermitteln als differenziertere Realitäten in mühsam-archäologischen Rekonstruktionen. In Israel gab es also doch Bilder. Das und anderes vermittelte den Mut zur Einklage. Inkarnation macht's möglich.

Jetzt kommt es wirklich zum Streit: Ikonodulen versus Ikonoklasten. Ein spannendes Stück Kriminalstory, aber auch ein blutiges Kapitel Profan/Sakralgeschichte. Im Ergebnis wurde die Ästhetik theologisch besetzt, bis hin zum gebrochenen Blick frommer Ikonenverehrer unserer Zeit. Als Reaktion: die Ikonoklasten als die Freunde der Kunst. Statt Kunst in frommer Anmutung die Ent-Sakralisierung: die Freude am Erzählen, Porträt, den Jagden und Vögeln..., und die Natur überhaupt. Das Bild als Resultat seiner Bestreitung.

Im systematischen Ergebnis ergibt sich Kunst als Gegensatz zum Wort: Kunst problematisch, Kunst im Zweifel, Kunst im Streit. Und so hält es sich durch, über al-

Friedhelm Mennekes, 1940 in Bottrop/ Westfalen geboren, trat 1961 in den Jesuitenorden ein und studierte 1963-66 an der ordenseigenen Hochschule in Pullach Philosophie und Philosophiegeschichte (Abschluß: Lizentiat in Philosophie), 1966-71 Politische Wissenschaft, Mittlere und Neuere Geschichte und Moraltheologie in Bonn, Köln und München (Promotion zum Dr. phil. in Bonn) und 1971-76 Katholische Theologie an der Hochschule St. Georgen in Frankfurt/Main (Dipl.-theol 1974, Lic. theol. 1976). Im Jahr seiner theologischen Habilitation 1979 übernahm er eine Pfarrei im Frankfurter Arbeitervorort Nied und begann seine Ausstellungstätigkeit mit Bildern der Gegenwartskunst im neuromanischen Kirchenraum. Nach der Ernennung zum Professor für Pastoraltheologie, Homiletik und Religionssoziologie in Frankfurt 1985 engagierte er sich weiterhin in verschiedenen Kunstprojekten. Zusätzlich zur Frankfurter Professur übernahm er 1987 die Kölner Jesuitenpfarrei St. Peter und gründete im gleichen Jahr die Kunst-Station Sankt Peter Köln.

les Auf und Ab, Lokale und Zentrale, Volkskunst und Hochkunst... und immer im Gegen: Renaissance - Reformation, Hingabe - Skepsis, Auftrag und Freiheit, Abstraktion - Figuration, Westkunst - Ostkunst, Abstract Expressionism - Popart...

2. BILDERSTREIT ist als ALLTÄGLICHE PRAXIS ein dauerndes Hin und Her zwischen Bild und Nicht-Bild, zwischen der Verteidigung der freien Kunst und der Verurteilung illustrierenden Machwerks allerchristlichster Vorlieben. Bilderstreit ist aber auch eine Erweiterung sinnlicher Bilderfahrung, und zwar sowohl in Position wie Negation.

Und mitten im Streit Bekenntnis Nummer Eins: Ich liebe Bilder. Wegen ihrer sinnlichen Präsentation in Farbe, Form, Material. Wegen ihrer Raumkraft und Ausstrahlung. Wegen ihrer unruhigen Suche nach neuer Form...

Bilder ringen miteinander, stellen sich gegeneinander, immerzu, zeitlich wie räumlich. Bilder verweigern sich dem Anderen, dem Andern ihrer selbst und dem Andern der Kunst, vor allem der Religion. Mit ihr haben sie eine besetzte Geschichte. Von ihr haben sie sich losgesagt, um ihrer selbst und ob der Freiheit willen. Dabei können sie nicht von dieser geliebt/gehaßten Andersheit lassen; denn auch sie wollen die Welt fassen, vermitteln, begreifen; sie formend bedenken und, geformt, deuten. So ergibt sich schließlich die Deutekonkurrenz zwischen Kunst und Religion.

Gewaltig ist die Anstrengung der Bilder zur Weltdeutung, voraussetzungslos, ohne jedes Netz; dazu plastisch, sinnlich, erdhaft. Und doch zugleich: Wie vage für den, der durch das Wort verwöhnt ist. Wie oft zu kurz gegriffen. Dazu diffus. Gegeben in die Beliebigkeit subjektiver Auffassung...

Dennoch: wie ein gewaltiges Fragezeichen und eine wahrhaft fundamentale Deuteopposition wirkt das Bild, wenn autonom gesetzt, im geistlich-kirchlich definierten Raum. Es ist eine Provokation für jedes gewachsene Glaubenssystem in Religion, Konfession und deren Reflexion, denn sie ist Bestreitung und Streit, geboren aus Zweifel, gegriffen in Rage, erlitten in Form; neu, roh, fremd, unverbraucht; aus innerem Sehen kreiert, Sehen kreierend.

Und mitten im Streit Bekenntnis Nummer Zwei: Bilder sind gefährlich. Im Streit sind sie apodiktisch, stehen sie gegen das Wort, verstellen in Sinnlichkeit und verführerischer Präsenz die spezifische Kraft des bloß Geistigen. In der Gewöhnung werden sie stumpf, verkommen zur Dekoration.

Statisch, wie sie sind, muß man sie bewegen: Alle Bewegung beginne mit der Fortbewegung! Kein Bild länger als ein Jahr an seinem Ort! Kein festes Bild! Kein Bild für immer! Nur so bewahren sie ihre Macht. Und hat man sie für immer geerbt oder - schlimmer! - auf immer angeschafft, gehören sie regelmäßig verhüllt! Besser noch: Weggehängt! Auf's Lager! Auch das hat seine Sinnlichkeit:

die Lust der Reduzierung, die Faszination der Leere. Verzicht auf das Bild, zeitlich und im Monopol.

Bilder im Streit, Bilderstreit. Der Schlüssel zur Kunst im Abendland. Auf in den Streit! Theologisch und alltäglich!

David R. Blumenthal

Im folgenden wird das Bilderverbot des Dekalogs, das mit dem Fremdgötterverbot in Verbindung steht, v.a. im Hinblick auf letzteres gelesen, um seinen politisch-theologischen Gehalt aus jüdischer Perspektive herauszuarbeiten.

Rabbi *David R. Blumenthal*, 1938 in Houston/ Texas geboren war Leiter des Fred Crawford Project to Witness the Holocaust sowie Persönlicher Berater des Vorsitzenden des Holocaust Memorial Councils in Washington. Heute ist er Professor of Judaistic Studies an der Emory University in Atlanta.

Es gibt zwei Arten von Götzendienst in der jüdischen Tradition: eine theologische und eine moralische. Theologischer Götzendienst beinhaltet zunächst den Glauben an eine andere Gottheit als den einen wahren Gott. Aus diesem Grund werden viele Dritte-Welt-Religionen von jüdischen Autoritäten als theologischer Götzendienst betrachtet.[1] Diese Basisdefinition wurde im Laufe der Zeit jedoch ausgedehnt, um sowohl einen Glauben an einen Gott, der aus Teilen besteht (mit anderen Worten, ein Gott, der nicht einer ist), als auch einen Glauben an göttliche Vermittlungsinstanzen, um deren Fürsprache man bitten darf, einzuschließen. So wird auch das Christentum von einigen Autoritäten als eine theologische Form des Götzendienstes betrachtet. Die Definition wurde ferner erweitert, um andere Offenbarungen als die der Thora am Berge Sinai zu umfassen. Deshalb wird der Islam ebenso von einigen Autoritäten als eine Form theologischen Götzendienstes qualifiziert. Schließlich schloß man jeglichen Akt, der auch nur den Eindruck erweckte, einen anderen Glauben anzunehmen oder an ihm teilzunehmen, in diese Definition des theologischen Götzendienstes ein. Auf dieser Grundlage ist es einem Juden nicht erlaubt, christliche oder islamische Glaubenssätze zu rezitieren und einen Text zu beten, der in spezifischer Weise einer ganz anderen Tradition

1 Das Judentum ist nicht monolithisch. Es gibt keine zentrale Autorität, die den richtigen Glauben und die richtige Praxis festlegt. Wenn ich den Terminus "Autorität" benutze, dann meine ich diejenigen, die für die Hauptströmung der Tradition sprechen, und ich anerkenne, daß es viele andere Strömungen gibt, die aus guten Gründen diese Position nicht unterschreiben, die ich diesen Autoritäen zuspreche.

zuzuschreiben ist (Christen und andere, die im Dialog mit Juden stehen, sollten sich dieses vor Augen halten). Aus eben diesem Grund, haben einige Juden während der nazistischen Massaker den Gebrauch falscher Taufscheine abgelehnt.

Die biblische und die rabbinische Tradition nehmen den theologischen Götzendienst sehr ernst. Die Bibel sieht für diejenigen, die ihn praktizieren oder lehren, die Todesstrafe vor, und die rabbinische Tradition lehrt, daß wenn jemand eine Jüdin oder einen Juden vor die Alternative stellt, Götzendienst oder den Tod zu wählen, sie/er dazu verpflichtet ist, eher den Märtyrertod zu wählen als einen Akt des Götzendienstes zu begehen.[2] Sogar Nichtjuden sind als Mitglieder des göttlichen Bundes mit Noah verpflichtet, dem theologischen Fremdgötterverbot zu folgen. Jedoch haben einige tausend Jahre der Koexistenz mit anderen religiösen Traditionen uns Juden Toleranz gegenüber den religiösen Auffassungen der anderen gelehrt. Wir hören respektvoll zu, wir stimmen nicht überein, aber wir zwingen die anderen nicht, so zu denken oder zu glauben, wie wir es tun.[3]

Moralischer Götzendienst ist eine andere Form, weil er sich auf Handlungen und nicht auf Glaubensweisen bezieht. Die Definition des moralischen Götzendienstes umfaßt alle Formen sexueller Zügellosigkeit: Ritualsex, Gruppensex, Verkehr mit Tieren, Ehebruch, Inzest, Homosexualität, öffentliche Zur-Schau-Stellung des menschlichen Körpers, Zügellosigkeit und, gemäß der Autoritäten, oralen und analen Sex, Selbstbefriedigung, auch wenn sie im Rahmen ehelicher Beziehung vollzogen wird. Eine Jüdin oder ein Jude dürfen diese Handlungen nicht vollziehen, und es ist ihnen nicht erlaubt, über solche Akte nachzusinnen oder zu phantasieren. Moralischer Götzendienst schließt ferner Gewalt und Grausamkeit gegen Menschen, Tiere, die Natur und Eigentum ein. Ein Jude darf keine Menschen aus Vergnügen töten, weder menschliche Wesen noch Tiere foltern oder verfolgen, und er sollte nicht willentlich die Natur oder Eigentum zerstören. Moralischer Götzendienst umfaßt des weiteren die Korruption des Rechtssystems, denn wenn dieses zusammenbricht, sind alle Gerechtigkeit, Fairness und sogar Gnade in der menschlichen Gesellschaft verloren.

Die biblische und die rabbinische Tradition nehmen den moralischen Götzendienst äußerst ernst. Ein Jude oder eine Jüdin „wandelt nicht auf den Wegen der Nationen", da diese „Abwege" sind; sie hinterlassen die Menschen und das Land in moralischer Unreinheit. Die rabbinische Tradition schreibt vor, daß je-

2 Siehe das zweite (erste) der Zehn Gebote (Ex. 20,3-6; Dtn 5, 7-10, Dtn 13,6.17,7 etc.) und M. Maimonides, Code of Law, Hilkhot Yesodei ha-Torah, 5,1-4. Für detaillierte Ausführungen sollte der/die Leser/in eine der gängigen jüdischen Enzyklopädien zu Rate ziehen.

3 Siehe "Noachide (Noahide) Laws" in den Standard-Enzyklopädien und D. Novak, The Image of the Non-Jew in Judaism (Toronto, Edwin Mellen Press: 1983).

mand nicht sozialen Kontakt mit Menschen haben soll, die moralische Götzendiener sind. Ferner: Wenn jemand einer Jüdin oder einen Juden vor die Entscheidung stellt, entweder moralischen Götzendienst zu vollziehen oder zu sterben, ist man verpflichtet den Märtyrertod zu wählen, statt gewisse Handlungen moralischen Götzendienstes auszuüben.[4]

Das Wort für Götzendienst lautet *òved àvoda zara* oder *òved àvodat kokhavim u-mazzalot* („Jemand, der einen fremden Kult ausübt", „jemand, der die Sterne und Sternzeichen verehrt"). Das biblische Wort *goy* („ein Mitglied einer nichtjüdischen Nation") beschreibt Nichtjuden im allgemeinen. Jedoch wird es ebenso für diejenigen Nichtjuden gebraucht, die theologischen und/ oder moralischen Götzendienst praktizieren. Dieser doppelte Gebrauch ist weit verbreitet. Im gewöhnlichen jüdischen Gebrauch hat das Wort *goy* eine Bedeutung angenommen, die sich besonders auf Nichtjuden bezieht, deren Verhalten moralisch widerwärtig ist. Das Wort *goy* wird in diesem Verständnis zu einem Begriff des Ekels, der Abneigung und des Abscheus, ja es ist gerade zum Ausdruck für moralischen Götzendienst schlechthin geworden. Die Beine einer Frau, die gerade ein Kind zur Welt bringt, zusammenzubinden, ist eine Handlung eines *goy*. Babies in die Luft zu werfen und sie als Zielscheiben zu gebrauchen, ist ein Akt moralischen Götzendienstes. Ein Kind sexuell zu mißbrauchen, sei es einmal oder über Jahre hinaus, ist eine Handlung eines *goy*. Seine Frau zu schlagen ist ein Akt moralischen Götzendienstes. Ein Elternteil zu zwingen, zu entscheiden, welches ihrer Kinder gerettet und welches ermordet werden soll, ist die Handlung eines *goy*. Ausschwärmen, um Juden zu jagen („Judenjagd", „Erntefest"), ist ein Akt moralischen Götzendienstes. Terroristische Attentate, die Zivilisten ermorden, sind Handlungen eines *goy*. Die Gewalt der Straße, die unschuldige Menschen tötet, ist ein Akt moralischen Götzendienstes. Pogrome sind Handlungen eines *goy*. Vernichtungslager sind Akte moralischen Götzendienstes.[5] Die Ausbeutung von Kindern für das Sexgewerbe ist eine Handlung eines *goy*. Frauen zum Sexgewerbe zu zwingen, Armut sich ausbreiten zu lassen, Freiheitsberaubung, freiwillige Gewalt, der Verkauf von süchtigmachenden Drogen und so weiter - all das sind Akte moralischen Götzendienstes. Sowohl die biblische und die rabbinische Tradition als auch der gewöhnliche jüdische Gebrauch kennen nur die Verdammung solcher Menschen.

---

[4] Siehe u.a. Lev. 18; Dtn 19,19; 21, 21; 22, 27; 24,7 etc; Maimonides, op.cit.; vgl. ferner die Enzyklopädien.

[5] Aus historischer Perspektive betrachtet, würde ich schätzen, daß mehr als 95% aller tödlichen Gewalttaten gegen Juden von Nichtjuden begangen worden sind.

Man kann aber als ein moralischer Götzendiener agieren, ohne zugleich ein theologischer zu sein. Gab es denn jemals einen Wächter im Konzentrationslager, dem die Kommunion in einer christlichen Kirche verweigert wurde? Wieviele bekannte sexuelle Vergewaltiger werden jede Woche in ihren Kirchen empfangen - gar nicht zu sprechen von den Ehebrechern und denjenigen, die sich eines Inzest schuldig gemacht haben? Auch die säkulare Gesellschaft ehrt die Männer, die erfolgreich mit Drogen handeln oder Terroristen oder einfach nur mächtige Zuhälter oder Frauen, die mit ihrem Körper Geschäfte machen.[6] Jemand kann sogar jüdisch sein und ein moralischer Götzendiener, ein „jüdischer *goy*". Ein Jude, der einem pornographischen Gewerbe nachgeht, verhält sich wie ein *goy*. Ein Jude, der seine Frau schlägt, ist ein Götzendiener. Ein israelischer Soldat, der einen palästinensischen Zivilisten mißhandelt, handelt wie ein *goy*.[7] Ein Jude, der den Armen und Unterdrückten ausbeutet, ist ein Götzendiener.[8]

Politische Theologie beabsichtigt, uns Theologen und religiösen Individuen bewußt zu machen, „wie aus theologischen Sätzen und Überzeugungen politische Wirkungen entstehen können." Es gilt, „die gesellschaftlichen Nebenfolgen (unserer, D.B.) Begriffsbildungen und Hypothesen zu reflektieren."[9] Das Konzept des Fremdgötterverbots ist zutiefst verankert in der politischen Bedeutung. Man könnte sogar die Meinung vertreten, daß es das religiös-politische Konzept *par excellence* ist, weil es definiert, wer zu einer Gruppe gehört und wer außerhalb steht, weil es Denken und Handeln als gut und schlecht qualifiziert. Die jüdische Perspektive ist ziemlich klar: (1) Theologischer Götzendienst muß verdammt werden aus Gründen der Vernunft und des Glaubens, aber es sollte nichts unternommen werden, die anderen davon zu überzeugen; jeder Versuch, andere zu zwingen, die jüdische Religion anzunehmen, ist gewiß schlecht und verboten. (2) Moralischer Götzendienst ist zu verdammen aus Gründen der Vernunft, des Glaubens und des gesunden Menschenverstandes. Es ist widerwärtig und muß daher vermieden und, wenn ausgeführt, bestraft werden, ohne Unterschied, ob jemand jüdisch oder nichtjüdisch ist. (3) Richtiges moralisches Verhalten, ob jü-

---

6 Ich möchte betonen, daß natürlich nicht jeder Nichtjude (goy im weiten Sinn) ein moralischer Götzendiener (goy im engeren Sinn) ist. Es gibt hasidei (tsaddikei) ummot ha-òlam, "die Frommen (Gerechten) der Welt", die Nichtjuden sind und moralisch vorbildlich; sie teilen die kommende Welt mit den gerechten Juden.

7 Eben weil dies eine Abscheulichkeit ist, gibt es Gesetze gegen diese Mißhandlung, und israelische Soldaten unterliegen diesen Gesetzen zu jeder Zeit.

8 Ein Jude, der aus Überzeugung abfällt, ist ein theologischer Götzendiener. Teschuva (Reue, Umkehr) ist in jedem dieser Fälle unterschiedlich.

9 T.R. Peters, Unterbrechung des Denkens. Oder: Warum Politische Theologie, in: Jahrbuch politische Theologie 1/1996. Demokratiefähigkeit, hg. v. J. Manemann, Hamburg/Münster 1995, S. 31.

disch oder nichtjüdisch, ist lobenswert aus Gründen, die mit der Güte der Schöpfung und der Würde der Humanität innerhalb der Schöpfung in Einklang stehen. Richtiges moralisches Verhalten soll nachgeahmt und dort, wo jemand schwach ist, beklagt werden.[10] (4) Alle theologischen Lehren und alle vorgeschriebenen Verhaltensweisen müssen im Licht des Maßstabs des moralischen Fremdgötterverbots bestimmt werden, denn das moralische Fremdgötterverbot nimmt immer den Vorrang gegenüber dem theologischen Fremdgötterverbot ein. In diesem Sinn unterliegen alle religiösen Gedanken der politischen Analyse, ja dies ist ihnen geradezu eigentümlich.[11]

(Aus dem Amerikanischen übersetzt von Jürgen Manemann.)

Ingo Hermann

Natürlich hat niemand das Mandat und, zum Glück, auch nicht die Macht, dem Fernsehen die Bilder zu verbieten. So viel ich weiß, will das auch niemand. Warum also überhaupt darüber nachdenken, ob in einen Diskurs über den religionssoziologischen und theologischen Topos eines Bilderverbotes das Fernsehen einzubeziehen sei? Ist das nicht ebenso abwegig und absurd wie eine Diskussion darüber, ob man der Religionsgeschichte die Religion verbieten solle oder könne?

Vielleicht genügt aber als Grund für ein Aufgreifen des Themas schon der Umstand, daß die Menge der Mißverständnisse über das biblische Bilderverbot in etwa der Menge der Mißverständnisse über das Fernsehen entspricht. Das Problem beginnt ja bei der semantischen und exegetischen Frage, was denn überhaupt verboten wurde zu jenen Zeiten, als Verbote noch geholfen haben. Diese Zeiten haben ohnehin nie lange gedauert. Denn in Judentum, Christentum und Islam gab es immer sehr schnell wieder liberale Tendenzen, die das fundamentale Bilderverbot von Exodus 20,4 und Deut 4,16 aufzulockern trachteten. Und war überhaupt von Bildern die Rede? Oder eher von Bildnissen im Sinn von Kultbildern, Götzen und Abbildern, die - wie Jesaias satirisch anmerkt - auch noch wakkelten?

Nach Gerhard von Rad (Theologie des Alten Testaments) haben natürlich alle Religionen gewußt, daß die Gottheit unsichtbar ist, jedes „Vorstellungsvermögen überschreitet und nicht von einem materiellen Gegenstand eingefangen und umschlossen werden kann“. Eine platte Identifizierung von Bild und

10 Moralischer Götzendienst und richtiges moralisches Verhalten zusammengenommen formen die Definition von Sünde.

11 An dieser Stelle möchte ich darauf hinweisen, daß Peters Definition (vgl. Anmerkung 9) zu kurz ausfällt, da sie nur Lehren, Hypothesen, Überzeugungen etc. enthält, aber keine Taten!!

Gottheit gab es demnach auch dort nicht, wo Kultbilder verehrt wurden. (Man muß hier wohl den animistischen Bildzauber ausklammern.) Vielmehr war das Bild der Gottheit auch für das magische Bewußtsein ein Realsymbol, als solches aber ein Medium der geistigen Präsenz. Warum dann ein Verbot? Weil - so von Rad - fremde Götter verboten werden sollten. Weil Jahwe, der Gott Israels, bildlos im Feuer zu *hören* war (Deut 4,12) und seine Gegenwart sich im Wort, in der Sprache und im Begriff ereignete. Dadurch war nicht ausgeschlossen, daß Israel eine anschauliche Vorstellung von Jahwe haben durfte - nach dem Bild eines Mannes zum Beispiel. Aber derartige Anthropomorphismen waren kein Kultbild.

Es liegt deshalb nahe, die Bildmedien mit dem verborgenen Sinn des Bilderverbotes zu konfrontieren. Zwar warnt der Exeget von Rad „vor einem philosophischen *Mißverständnis* des Bilderverbotes", doch dürfte ein philosophisches *Verständnis* von dieser Warnung nicht betroffen sein. Wir haben ja auch gar keine andere Wahl, als den exegetischen Befund philosophisch zu reflektieren, wenn wir nicht einer fundamentalistischen, vorphilosophischen Reproduktion eines überlieferten Textes anheimfallen wollen. Eine solche Reflexion muß den religionsphänomenologischen und -soziologischen Charakter des Bilderverbots als Tabu ebenso aufgreifen wie den Symbolcharakter des Bildes. Sie muß den mythischen Rang der Texte würdigen und zugleich die Entschlüsselung des Bilderverbotes als eines Herrschaftsinstruments ins Auge fassen - Aufgaben, die im Rahmen dieses Statements nicht möglich sind.

Ingo Hermann, 1932 in Bocholt/Westfalen geboren, studierte Philosophie, Theologie und Pädagogik in Münster, München und Innsbruck, promovierte 1958 im München. Er arbeitete 1963-69 als Autor, Kommentator und Redakteur in der Kulturabteilung des WDR und war von 1969-85 Leiter der Abteilung Bildung und Erziehung, danach Leiter der Redaktion „Zeugen des Jahrhunderts" beim ZDF. Er wurde 1968 mit dem Deutschen Journalistenpreis, 1974, 1980 und 1982 mit dem Adolf-Grimme-Preis ausgezeichnet und lebt heute als freier Autor in Berlin.

Ich denke, daß die These vielschichtig begründbar ist, wonach die Ursache des Bilderverbots ein Herrschaftsanspruch ist. Wer Bilder, wovon auch immer, und Bildnisse, Abbilder und Symbole verbieten will, verspricht sich davon die Kontrolle der menschlichen und künstlerischen Phantasie und damit eines guten Teils des kulturellen und gesellschaftlichen Lebens - eine Binsenweisheit, die heute unter dem Namen Berlusconisierung gehandelt wird.

Wenn dies richtig gesehen ist, dann befinden wir uns an der Schnittstelle von Bilderverbot und Medienwirklichkeit. Jeder, der Macht ausüben will - und immer muß jemand dies wollen, wenn denn ein Machtvakuum, also das Chaos vermieden werden soll -, wird versuchen, Einfluß auf die Medien zu gewinnen, ideologisch oder wirtschaftlich (oder beides). Statt von Bilderverbot würde man heute von Bilderkontrolle oder Medienkontrolle reden. Und diese Kontrolle bedeutet nicht nur, davon zu reden, *wie* Herrschaftsrelevantes ins Bild gesetzt wird, sondern auch davon, *ob* eine Sache überhaupt ins Bild gesetzt werden darf. Von der Drehgenehmigung vor allem in totalitären Staaten über die Medienkontrolle durch staatliche oder kirchliche Institutionen bis zu den Genehmigungspraktiken des Internationalen Olympischen Komitees reicht die Beispielpalette des Machtanspruchs. Wer die Bilder kontrolliert, besetzt die Themen; wer die Themen besetzt, schafft den Rahmen für politischen Einfluß.

Im Bilderstreit des elektronischen Zeitalters muß beim Kampf ums Bild aber auch eine umgekehrte Stoßrichtung beachtet werden: Das Bild und die Bildmedien haben selber die Tendenz, Herrschaft auszuüben und die Phantasie der Menschen zu besetzen. Der Kampf um Einschaltquoten und Marktanteile in demokratischen Mediengesellschaften ist nicht nur ein Kampf ums Geschäft, sondern auch um die politische Macht. Es ist nicht nur ein Kampf um den Kunden, sondern auch um den Wähler.

Komplex wird dieser Kampf der Mächtigen um die Bilder und der Bilder um die Macht aber vor allem durch einen Umstand, der oft ignoriert wird - was zu einem der fundamentalen Mißverständnisse über die Medien und ihre Wirkung führt. Was immer wieder übersehen wird, ist das erkenntnistheoretische Axiom des reziproken Verhältnisses zwischen Medium und Rezipient. Nicht nur das Medium beeinflußt den Rezipienten, sondern auch umgekehrt: der Rezipient beeinflußt die Produkte des Mediums - quodquod recipitur, modo recipientis recipitur. Der Rezipient manipuliert das Medium, das ihn manipuliert, indem er selektiv, projektiv und sinngebend wahrnimmt.

Da diese Rezeption überdies auch und sogar vorwiegend emotional gegründet und gefärbt ist, sind einer Gegenmanipulation des Mediums durch den Mediennutzer alle Möglichkeiten der Subjektivität eröffnet. Mediennutzung ist Manipulation auf Gegenseitigkeit - und auch in dieser Hinsicht ein Machtspiel. Die Begründer des biblischen Bilderverbotes waren sich dessen offenbar bewußt: der Verehrer eines Bildnisses als der realen Inkarnation der Gottheit gewinnt Macht über die Gottheit selbst - deshalb soll das Bilderverbot verhindern, daß sich ein Mensch auf magische Weise Jahwes bemächtigt.

Der Mediennutzer (und mehr noch der Programmanbieter) von heute bedarf dieser Einsicht in die Kontextualität der Medienwelt. Wenn z.B. das Fernsehen als ein vor allem dokumentarisches Medium seine Möglichkeiten zur Rückgewinnung einer anamnetischen Kultur ausschöpft (J.B. Metz hat sie soeben in der Festschrift für H.R. Schlette gefordert und in ihrer Struktur entworfen), dann gilt auch umgekehrt, daß das Fernsehen einer anamnetischen Gesellschaft bedarf, um den Bann der kulturellen Amnesie und der Zivilisation des beschleunigten Vergessens zu brechen.

Eine philosophische Reflexion des Bilderverbots und der Medien muß deshalb vor allem die Dimension der verantworteten Macht und der sinnlichen Erinnerung wiederentdecken, zu der die mythische Macht der Bilder wie die mythische Präsenz des Verborgenen gehört. Vielleicht brauchen wir nicht nur die Rückgewinnung der anamnetischen Vernunft, wie Metz sie beschreibt, sondern auch die Rückgewinnung der anamnetischen Emotionalität.

Ingrid Resch

Die Sprache der Bilder ist älter, als die der Buchstaben. Und wir benützen heute wie eh und je Bilder und Symbole, um uns zu verständigen, Verständnis zu erleichtern. Dem Kleinkind sind Bilder eher verständlich und selbstverständlich, als alles andere, greifbare Bilder. Mein Beruf, der Beruf des Schauspielers, lebt davon, Bilder zu vermitteln, Bilder zu verkörpern. Das Christentum scheint das alttestamentliche „Gott schuf den Menschen nach Seinem Bilde" umzukehren und Gott nach dem Bilde des Menschen zu schaffen. Es scheint, als sei die einzige Möglichkeit unmittelbarer Verständigung und die, Unbegreifliches begreifbar zu machen, uns Bilder zu machen, von allem, was „am Himmel droben, auf Erden unten oder im Wasser unter der Erde ist" (Deut. 5,8).

Ingrid Resch, 1936 in Berlin geboren, lebt seit 1946 in München, studierte dort Theaterwissenschaften und schloß 1958 ihre Schauspielausbildung ab. Es folgten Theaterengagements in Darmstadt, München, Freiburg, Frankfurt, Zürich, Bern, Hamburg u.a., Hör- und Fernsehspiele. Seit einigen Jahren beschäftigt sie sich mit literarischen, schwerpunktmäßig der Jüdischen Literatur gewidmeten Lesungen sowie mit religiösen und religionsphilosophischen Fragen des Judentums und des Katholizismus.

Bilder sind notwendig.

Bilderv e r b o t ist notwendig.

Mein Arbeitsplatz, die Bühne, ist ein Ort der Phantasie, nicht der realistischen Dokumentation, und die Aufgabe des Schauspielers ist es, kraft seiner schöpferischen Vorstellungs- und Gestaltungsgabe, geistige Bilder zu evozieren, die Phantasie des Zuschauers wachzurufen, Neugier in ihm zu wecken, Fragen, ihn staunen zu machen.

Ein Bild darf immer nur eine Möglichkeit sein, nichts Endgültiges.

Verliert es seine Transparenz, läuft es Gefahr, zum Götzen zu werden. Wo immer ich ein Bild zu kompakt werden lasse, unverrückbar, verstellt es meine Offenheit und die Sicht auf die andere Möglichkeit. Sowohl in meiner Arbeit, als auch im Umgang mit dem Nächsten. Ich erlaube mir, an dieser Stelle aus „Stich-Worte“ von Max Frisch zu zitieren:

„Unsere Meinung, daß wir das andere kennen, ist das Ende der Liebe. [...] 'Du bist nicht', sagt der Enttäuschte oder die Enttäuschte, 'wofür ich dich gehalten habe.' Und wofür hat man sich denn gehalten? Für ein Geheimnis, das der Mensch ja immerhin ist, für ein erregendes Rätsel, das auszuhalten wir müde geworden sind. Man macht sich ein Bildnis. Das ist das Lieblose, der Verrat.“

Das Bilderverbot, das im Jüdischen Glauben lebendig gehalten wird, ist nicht nur die Erfüllung des Gebots „... du sollst dir kein Bildnis machen ...“ (Ex. 20,4 und Deut. 5,8), sondern die Bejahung des Mysteriums. Dieses Gebot mit wacher Aufmerksamkeit zu beachten, als warnenden Ruf Seiner höheren, liebenden Weisheit, nicht der strafenden, bedeutet Bereicherung und Freiheit. Denn nicht das Unfaßbare in ein Bild zu verengen, sondern es, im Gegenteil, immer wieder frei zu geben, dem Suchen, dem Fragen, dem Staunen, der Liebe, ist die einzige Möglichkeit, sich Gott zu nähern. Meine Fragen ab und zu unbeantwortet ins Geheimnis zu entlassen, kann meine Begrenztheit weiten, Nichtwissen zuzulassen kann ahnendes Erkennen des Unbegreifbaren bedeuten.

Dem anderen das ganz andere zugestehen, macht meinen Weg zu ihm frei.

In der Bejahung der Bildlosigkeit, immer wieder neu, einem Innehalten inmitten der zur Flut anwachsenden Strömung, entdecke ich die Quelle der schöpferischen Phantasie, die Freiheit der Erwartung, die Freiheit zur Liebe, den Keim des Glaubens.

Michael Verhoeven

Wir haben uns im gewohnten, gewöhnlichen Bildermüll wohnlich eingerichtet.

Die Wahrnehmung des ständigen Beschusses durch Bilder in allen Medien ist längst abgestumpft und zugleich steigert sich die Sucht nach immer neuen und immer stärkeren Bildern ins Unermeßliche.

Die manipulatorische Funktion des seriellen Bildes bei der sogenannten objektiven Berichterstattung, bei politischer wie weltanschaulicher Indoktrination bis hin zum allgegenwärtigen Werbeterror ist nur allzu bekannt. Nur ein verschwindend kleiner Teil dient einem faktischen Informationsbedürfnis.

„Image“ ist heute alles, und wir wissen, daß es nicht von selbst entsteht. An der Imagebildung sind ganze Industrien beteiligt und sie hält ganze Industrien am Leben.

Die liebgewonnenen Über-Reize durch Abbildung von „schockierenden“ Indiskretionen, Verbrechen, Katastrophen, Kriegen, Sensationen und Sensatiönchen, vor allem aber der kokette „kritische“ Umgang bestimmter Medien sind Teil einer gigantischen Medienpornographie.

Der Quantensprung der Macht der Bilder durch die schöne neue Welt der Medien hat ohne nennenswerte Gegenwehr stattgefunden.

Information wird in der Regel nur noch als Infotainment, also überhaupt nicht wahrgenommen.

Ich bin kein Bilderstürmer und kein Fundamentalist, im Gegenteil, ich liefere mich nicht weniger als jeder andere bewußt oder unbewußt dem Konsum der Droge Bild aus, manchmal sogar sehr gern.

Michael Verhoeven, geboren 1938, Dr. med., Filmregisseur, drehte zahlreiche Filme, u.a. „o.k.“ (Bundesfilmpreis), „Tische“ (1971 Gold. Ähre XVI. Intern. Filmwoche d. relig. Films Valladolid), „Sonntagskinder“ (Quinzaine d. les Réalisateurs Cannes 1980, Kritikerpreis Álès), „Die weiße Rose“ (1983 Bundesfilmpreis/ Filmband in Silber), „Das schreckliche Mädchen“ (1990 Berlinale, Silberner Bär, Beste Regie, Publikumspreis Bester Film, Internat. Preis d. Ev. Kirche; 1991 Kritikerpreis New York, Oskar-Nominierung, British Acad. Award), „Mutters Courage“ (1995, nach Tabori-Erzählung) und Fernsehserien, u.a. „Rest des Lebens“ (1975 Goldene Kamera), „Die Mutprobe“ (1982; 1983 DAG-Fernsehpreis).

Ich bin Filmemacher. Meine Sprache ist zuerst Bildsprache.

Meine Möglichkeiten, eigensinnig auf einem widersetzlichen Umgang mit Bildern, einer eigenen Bildsprache zu beharren, sind begrenzt, aber ich nutze sie.

Bei meinem aktuellen Film „MUTTERS COURAGE“ nach der Erzählung von George Tabori geht es (unter anderem) um die Darstellung eines Auschwitz-Transportes.

Welche Bilder sind dem Holocaust angemessen? Keine. Der Holocaust (Tabori verwendet lieber das Wort „Shoa“) ist nicht darstellbar.

In meinem Film geht es nicht direkt um „Shoa“, auch wenn ich Lanzmanns Film zitiere. (Lanzmann hat bekanntlich sehr wütend auf frühere Holocaustfilme reagiert, fordert bei der Darstellung des Holocaust absolutes Bilderverbot, selbst und gerade beim Dokumentarfilm.)

Die gutgemeinten vertrauten Bilder von Tätern und Opfern, von Gut und Böse sind längst korrumpiert. Selbst die grauenhaftesten Bilder verharmlosen das Grauen.

In meinem Film geht es darum, wie die Beteiligten das Unerträgliche wahrnehmen und wie sie versuchen, dieser Wahrnehmung auszuweichen.

Es geht um Verdrängung. Die der Täter und die der Opfer.

Deshalb sind die Bilder meines Films verfremdet, absurd, ironisch. Durch Filmzitate führe ich sie auf das Medium selbst zurück.

Manche Kritiker stört an meiner Methode der vermeintliche Verlust von Wirklichkeit. Vielleicht haben sie recht. Aber ich bin anderer Ansicht. Jede Kinowirklichkeit ist künstlich. Schon durch ihre bloße Abbildung wird jede „Wirklichkeit" zu einer anderen.

Arnulf Rainer

Christus (1986/91), Öl auf Photo auf Zeichenkarton auf Holz, 105,5 x 77cm,

Engel (1992/94), Öl auf Zeichenkarton auf Holz, 76 x 105 cm,

Kreuz, ohne Titel (1993), Öl auf Holz, 204,5 x 24,5 x 7 cm.[1]

Arnulf Rainer, geboren 1929 in Baden bei Wien, ist dem Urteil der Fachkritik zufolge der bedeutendste Künstler Österreichs nach 1945. Sein Werk umfaßt eine Vielfalt der Stile und schließt den Umgang mit unterschiedlichsten Materialien ein. Seit Beginn der 50'er Jahre tritt er durch zahlreiche Einzelausstellungen hervor, u.a. 1989 als zweiter Europäer nach J. Beuys im New Yorker Guggenheim Museum. Ausgezeichnet wurde er mit dem Großen Österreichischen Staatspreis für Graphik (1966), dem Max-Beckmann-Preis (1981) und dem Preis des International Center of Photography (1989); den Kunstpreis der Stadt Wien lehnte er 1974 ab. Seit 1981 ist er Professor an die Wiener Akademie der Bildenden Künste.
Das Bilderverbot ist ein zentrales Thema im künstlerischen Werk von Arnulf Rainer. Anstelle eines Wortbeitrages präsentieren wir hier mit freundlicher Genehmigung des Autors die drei Bilder:

1 Aus: Arnulf Rainer: Oldenburger Kunstverein 9. Mai - 7. Juli 1996. Landesmuseum für Kunst und Kulturgeschichte Oldenburg [Texte: Peter Reindl], Oldenburg: Isensee, 1996.

Ein Brief voller Scham an die ausgeschlossene Menschheit

Pedro Casaldaliga

Wir mußten erst die tödlichen Höhen des weltweit herrschenden Neoliberalismus erreichen, um zu verstehen, daß es eine Menschheit gibt, die überflüssig ist. Um ein für alle mal zu lernen, daß Gott schlecht kalkuliert hat, als er sich entschied, Menschen auf einem Planeten seines Universums leben zu lassen, sind jetzt doch 80 Prozent seiner Töchter und Söhne auf dieser wunderbaren, geplünderten Erde überflüssig. Und um schließlich mit zynischem Fatalismus einzugestehen, daß es eine Menschheit erster Klasse gibt, die das Recht hat, in Verschwendung zu leben, während eine Menschheit dritter Klasse die Pflicht hat, Hungers zu sterben.

Pedro Casaldaliga, spanischer Bischof von der Prälatur von Sao Felix do Araguaia, Mato Grosso (Brasilien), wurde 1952 in Barcelona zum Priester geweiht. Er arbeitete in Sabadell, Barcelona, Barbastro und in Madrid, wo er sich aktiv an den um das II. Vatikanum herum entstandenen Erneuerungskreisen beteiligte. 1968 ging er in die Mission von Sao Felix do Araguaia und wurde 1971 zum Bischof dieser Prälatur ernannt und geweiht. Sie umfaßt über 150.000 km². Seine Option für die Armen hat zu zahlreichen Konflikten mit den Behörden geführt; seit vielen Jahren muß er unter Morddrohungen leben.

Wir sehen dies alles, ohne daß etwas daran zu ändern wäre, denn wir sind längst an einem Punkt angekommen, an dem in der Geschichte nichts mehr zu gehen scheint. Der Gott des Marktes hat es so verfügt; sein Bild beherrscht die Welt, und so vollstrecken es seine Priester-Scharfrichter durch IWF, Weltbank, G7 oder die amtierenden Regierungen in allen Ländern dieser tödlich neoliberalisierten Welt, indem sie die Arbeitslosigkeit und soziale Verelendung vorantreiben, eine Minderheit privilegieren und die Mehrheit ausschließen.

Theoretisch, für Deklarationen und Kongresse, sind wir alle noch Menschen. In der Praxis jedoch hat sich längst eine Minderheit entmenschlicht, während die Mehrheit aufgehört hat, sich für menschlich zu halten. Theoretisch gibt es eine einzige Welt - und für den Markt ist es in der Tat so -, in der Praxis jedoch gibt es zwei: die erste, die zählt, und die dritte, die überflüssig ist. In Afrika findet bereits ein kontinentaler systematischer Genozid statt. In unserem Amerika vegetieren 50 Prozent der Bevölkerung unter der Armutsgrenze dahin, und in Asien, wo allein 375 Millionen armer Frauen leben, fressen die (von IWF und Weltbank) gutgeheißenen „Tiger" die ausgeschlossene Mehrheit. Nach den Vorhersagen selbst der Weltbank wird die Armut in dieser Dekade, die das Millennium der Erkenntnisse, des technischen Fortschritts und der Freiheiten beschließt, weltweit um 17 Prozent ansteigen. In Europa, den USA und Japan haben die Macht des Profits und das Konsumfieber eine scharfe Trennung zwischen Marketing und Leben, zwischen Schein und Sein, zwischen Zweckmäßigkeit und Sinnhaftigkeit etabliert.

Und so ergibt es sich, daß ich, überdies Bischof, törichterweise diesen Brief an die überflüssige, zu einer schlechten Stunde geborene Mehrheit, an diese systematisch ausgeschlossene Menschheit schreibe. Ich schreibe Euch, die Ihr im Prinzip unsere Schwestern und Brüder seid, Fleisch von unserem Fleisch, Blut von unserem Blut, Geist von unserem Geist, Euch, den lebenden Ebenbildern des lebendigen Gottes, an den wir immer noch zu glauben wagen, während wir ihn längst lästern. Gewiß, ich schreibe Euch voller Zorn, Beschämung und Ohnmacht, und doch sollte ich mich nicht erdreisten, mich Euren Bruder zu nennen, denn ich teile Euer Ausgeschlossensein nicht. Ich zähle noch, verhungere nicht. Ich habe einen Ort, einen Namen, und ich lebe in einem gewissen sozialen Frieden. Weder schreie ich, noch lehne ich mich auf, ja vielleicht rechtfertige ich mit Statistiken und Vorhersagen sogar den mörderischen und selbstmörderischen Gang dieser neoliberalen, auf elegante Weise abgestumpften und technisch grausamen Gesellschaft.

Ich könnte zu Euch von Gott sprechen, vom Gott des Lebens, dem Vater Jesu. Aber wie soll ich von Gott sprechen im Angesicht des mörderischen Neoliberalismus, in diesem Zeitalter apokalyptischer Finsternis, im Zeitalter des tönernen Kolosses, derweil man Euch, der Mehrheit der menschlichen Familie Gottes, das Wasser und das Salz, das Brot und die Luft, einen Namen im Buch des Lebens und einen Platz unter der beschämten Sonne verweigert?

Hier sind wir, die Kirchen Jesu und Religionen Gottes (nun ist die Kirche Jesu entschlossen, die 2000 Jahre des vermeintlich gelebten Evangeliums triumphalistisch zu feiern), hier sind wir und sehen tatenlos zu, wie die menschliche Familie sich auflöst, die Jesus uns als Tochter Gottes zu erkennen gelehrt hat und die alle Religionen als größten Abglanz des Göttlichen bekennen. Helfershelfer oder Sprachlose sind wir, die Kirchen und Religionen. Schweigend hoffen wir auf ein Wunder - oder eine Sintflut. Wir leben von dem Profit, der tötet, und predigen noch immer Resignation. Wir veranstalten entfremdende Spektakel - ohne Freimütigkeit, ohne Prophetie, ohne Zeugnis. Wir vergessen den reichen Strom des

Blutes der Märtyrer, der doch unseren eigenen Eingeweiden entsprungen ist. Von der Geschichte überrollt, anstatt Geschichte zu gestalten, sie zu durchsäuern, verleugnen wir uns als Religion und als Kirche. Faktisch verleugnen wir die Taten Gottes, an den wir zu glauben vorgeben. Mit unserer Tatenlosigkeit verhöhnen wir sein Leiden und seine Herrlichkeit; wir verwerfen das Reich, das Jesus verkündigt hat, für das er am Kreuz gestorben und für das er, die Wunden noch offen, auferstanden ist.

Ich also, überdies Bischof, schreibe Euch, Schwestern und Brüder, um Euch zu sagen ... Was aber soll ich Euch sagen, wenn ich doch nichts tue, wenn ich mich nicht einsetze, mich nicht prophetisch entrüste mit Herz, Kopf und Händen, gemeinsam mit vielen anderen Herzen, Köpfen und Händen, um zu handeln, zu verändern, umzustürzen, indem wir uns dem Stillschweigen, der Angst und dem Tod verweigern und das Ende der Geschichte zurückweisen, das Recht auf Leben durchsetzen, die menschliche Freude des universalen Zusammenlebens teilen und von unserer Hoffnung Rechenschaft geben? Was soll ich euch sagen, wenn wir nur bloße Worte haben und nur einen Trost im flüchtigen Sein der Sprache - wenn wir Gott nicht glaubhaft machen?

Ich glaube nicht, daß dies die Zeit der Briefe oder der Predigten ist. Es ist die Stunde, wirksam zu handeln, die drängende Zeit der Solidarität, der Kairos der entrüsteten Hoffnung, der politischen Liebe und der Ökonomie des Reiches. Das Götzenbild des Marktes aber verdeckt den lebendigen Gott. Ohne effektive Solidarität verkommt die Verkündigung zur Bestätigung der herrschenden Götzen. Ich würde Euch gerne an die Seligpreisungen des Lukas erinnern, so wie ich mich an die nachfolgenden Wehrufe erinnern möchte, an das Kapitel 25 des Evangeliums des Matthäus und an das neue Gebot des Testamentes Jesu. Aber ich ziehe es vor zu schweigen und Euch zuzuhören. Und ich höre die Schreie des Evangeliums und die Eures verhinderten Lebens.

Vergebt uns, habt Mitleid mit uns! Denn wenn wir die wahre Rechnung im Licht des Lebens und der Liebe aufmachen: Welche Menschheit ist die wahrhaft ausgeschlossene, diejenige, die ausgeschlossen ist, oder aber diejenige, die ausschließt? Ihr Armen dieser Erde, die Gott vor allen anderen in sein Herz geschlossen hat, rettet, was uns an Menschlichkeit noch bleibt, erweicht unser Herz aus Stein, besetzt Haus und Tisch, brecht ein in unseren Frieden und unser Gebet; reißt uns mit Euch fort, gleich und frei, zu den lebendigen Strömen dieser neuen Geschichte, von der der Gott des Lebens weiterhin für die ganze Menschheit, seine Tochter träumt.

Pedro Casaldaliga

Bischof von Sao Felix do Araguaia, MT, Brasilien

(Aus dem Spanischen übersetzt von Katja Heidemanns und José Antonio Zamora.)

THEMA

Gottesbilder im Wandel. Biblisch-theologische Aspekte*

Jürgen Ebach

I.

„Du sollst dir kein Bildnis noch irgendein Gleichnis machen, weder von dem, was oben im Himmel, noch von dem, was unten auf Erden, noch von dem, was im Wasser unter der Erde ist!"

So lautet das „Bilderverbot" des Dekalogs, das zusammen mit dem Fremdgötterverbot am Beginn der „Zehn Gebote" steht. Es gereicht zur Warnung vor jedem und auch gegen jeden Diskurs über Gottesbilder. Jedenfalls sind wir - wie immer das biblische Bilderverbot zu interpretieren ist (dazu später mehr) - nicht frei, je nach unseren Bedürfnissen und deren „Wandel" Gottesbilder zu machen.

Das Wort „Wandel" in unserem Thema kann ja - man denke an „Handel und Wandel" durchaus nach Marktbedürfnissen, Konjunktur, Angebot und Nachfrage klingen...

Nun gibt es gegen die von dieser Ausgangsüberlegung naheliegende Verweigerung, sich aus biblischer Perspektive überhaupt auf ein solches Thema einzulassen und damit womöglich gegen eines der zentralen biblischen Gebote zu verstoßen, mindestens zwei Einwände: einen empirischen und einen biblischen.

Der *erste* Einwand ließe sich etwa so formulieren: Es mag ja sein, daß es höchst gefährlich, ja „theologisch" untersagt ist, Gottesbilder zu machen, aber - es hilft nichts - Menschen haben immer Bilder von Gott imaginiert, formuliert, gesehen, gestaltet, visualisiert, sie tun es, und sie werden es vermutlich immer tun. Können wir überhaupt anders, als uns Bilder von Gott zu machen?

Der *zweite* Einwand bezieht sich auf die Bibel selbst und benennt ein Grundproblem des Bilderverbots. Wie geht es zu, daß eben das Buch, das das Bilderverbot einschärft, wie kein anderes in Bildern redet - auch in Bildern von

---

* Leicht gekürzte Fassung eines zuerst in Vf., „...und behutsam mitgehen mit deinem Gott." Theologische Reden 3, Bochum 1995, 157-170 veröffentlichten Vortrags.

Gott? Unterscheidet sich die biblische Rede von Gott nicht von den meisten theologischen Sätzen über Gott gerade durch ihre Bildhaftigkeit, ihre Metaphorik? Gott als Vater, Gott als Fels, Gott als König, Gott als Schild, aber eben auch Gott als Mutter, Gott als Quelle, Gott als Henne, Gott als Licht - sind das nicht alles *Bilder*?

Und besteht nicht eine, vielleicht *die* Weise, in der Jesus von Gott und vom Reich Gottes spricht, in *Gleichnissen*? Sie sind ja nicht oder jedenfalls nicht in erster Linie eine gleichsam didaktische Form, theologische Aussagen an den Mann respektive die Frau und das Kind zu bringen, sondern die einzige Weise, in der das ausgedrückt werden soll und kann, das sich durch theologische Sätze eben nicht ausdrücken läßt.

So sind wir beim Hören auf die Warnung, die vom biblischen Bilderverbot ausgeht, wiederum auf die Bibel selbst verwiesen - und damit auf ihre Bilder.

II.

Lassen wir uns also auf biblische Bilder - genauer: Wort-Bilder von Gott ein. Einige habe ich schon genannt. Gott erscheint in bildlicher Sprache wie ein Vater, ein König, wie ein Schild, eine Burg, wie ein Löwe, ein Vogel, eine Quelle, ein Fluß, wie die Sonne, ein Fels, wie eine Mutter, wie Vater *und* Mutter. Manche dieser Bilder sind geläufig, einige sind längst zum nichtmetaphorisch aufgefaßten Attribut Gottes geworden (Vater, Herrscher, Richter z.B.). Andere, weniger geläufige werden durch die in diesem Sinne geradezu „archäologische" Arbeit feministischer Theologinnen und Bibelleserinnen wiederentdeckt und allmählich vertrauter (Mutter, Amme, Quelle z.B.).

Wenn vertraute und vergessene biblische Wort-Bilder über Gott aufeinandertreffen, kommt es nicht selten zu heftigen Konflikten. Während manche es für eine Art Gotteslästerung halten, von Gott statt als Vater als Mutter zu sprechen, plädieren andere dafür, die etablierten Gottesbilder durch neue zu *ersetzen*.

Vielleicht ist es nicht überflüssig, daran zu erinnern, daß einige der bekanntesten Gottesattribute in der biblischen Sprache keineswegs so verankert sind, wie es manchen traditionsbewußten Christen scheinen mag. So kommt die Rede von Gott als Vater im Alten Testament überraschend selten vor, nämlich kaum mehr als zehnmal. Dabei sind mehrere Stellen, in denen von Gott als Vater eines bestimmten Menschen gesprochen wird (David, Jeremia), dazu als Vater Israels und einmal als Vater der Waisen, wobei diese Aussage in Psalm 68 in einer Reihe von Vergleichen steht, in der u.a. Gott auch als Gefangenenbefreier und als Richter der Witwen bezeichnet wird, d.h. als der, der den Witwen zum Recht verhilft. Dieser Befund gibt zu denken, denn von ihm aus werden sowohl die Ängste derer relativiert, die meinen, mit der Ergänzung des Vaterbildes im Reden von Gott gerate ein Grundpfeiler biblischer Theologie ins Wanken. (Daß die Ängste andererseits berechtigt sind, weil durchaus etwas ins Wanken gerät, aber etwas anderes, steht auf einem anderen Blatt...) Derselbe Befund läßt es aber umgekehrt auch als - vorsichtig gesagt: übertrieben erscheinen, wenn andere wiederum meinen, die Rede von Gott als Vater sei ein Grundpfeiler des jüdischen Patriarchats, gegen das Frauen und „neue Männer" zu Felde ziehen müßten.

Nun sollten wir, was biblische Wort-Bilder und Bild-Worte über Gott angeht, den Bereich der in den Blick zu nehmenden Aussagen noch erweitern. Denn Gott kommt in der Bibel ja auch vor wie ein Metallarbeiter, der die Himmelsplatte wie eine Kupferschale herstellt und von diesem und anderen Werken, wörtlich (Genesis 2,2): „von seiner Maloche", ausruht. Ein Kapitel später erscheint Gott als einer, der in einem weitläufigen Garten seinen Abendspaziergang macht. In Genesis 18 erscheint Gott als drei Männer (oder als einer der drei, oder irgendwie in den dreien - der Text selbst ist m.E. bewußt undeutlich). In den Bildworten (Gleichnissen) des Neuen Testaments finden sich Aussagen, die, wenn wir sie läsen wie die geläufige Vater-Metapher, nämlich identifikatorisch-attributiv, etwa so klingen müßten: Gott *ist* ein verreister Hausbesitzer, Gott *ist* ein ungerechter Richter, Gott *ist* ein Geldverleiher, ein rabiater Unkrautvernichter, ein Hirte, der die Mehrzahl der ihm anvertrauten Tiere im Stich läßt, Gott *ist* eine Frau, die einen Groschen verloren hat. Daß solche „Ist-Sätze" das Genus der Gleichnisrede verfehlen, ist offenkundig. Daß Entsprechendes auch für die geläufigen Vater-, König-, Richter-Metaphern gilt, dürfte nicht so evident sein und ist deshalb gelegentlich zu betonen.

Warum sind einige dieser Bild-Worte und Wort-Bilder so vertraut, daß sie - es sei wiederholt - geradezu zu feststehenden Attributen Gottes werden konnten, während andere, biblisch in gleicher Weise bezeugte, ungewöhnlich klingen, ja manchen wie eine Verzerrung „richtiger" Gottesbilder erscheinen? Die Antwort liegt nicht in der biblischen Sprachwelt, sondern in den Bedingungen der Bibellektüre. *Die* Gottesbilder haben in der Christentumsgeschichte die größte Wirkung entfalten können, die zu den gesellschaftlichen Bedingungen der Bibelleser paßten bzw. derer, die über die „richtige" Bibellektüre wachten. Die Herrschaft der Könige konnte durch Gottes Königsherrschaft legitimiert werden, die der Männer und Väter durch Gott als Mann und Vater. Daß gegenwärtig eine Suche nach anders akzentuierten Gottesbildern zu beobachten ist, hängt auch mit veränderten gesellschaftlichen Strukturen zusammen. Allerdings bleibt zu fragen, ob die legitimatorische Funktion der je gesuchten Gottesbilder weniger kritisch zu beurteilen ist, wenn es nun darum geht, *veränderte* gesellschaftliche Strukturen zu legitimieren. Haben wir das Recht, uns je die passenden Bilder aus einem großen Fundus biblischer Rede auszuwählen? Können sich in diffus gewordenen Strukturen in einer immer weiter sich ausdifferenzierenden Gesellschaft alle Gruppen „bedienen"? Gott als sanfter Vater für die neuen Männer, Gott als Mutter für die

Mütter - warum dann nicht auch Gott als Geldverleiher für die Banker, Gott als Kriegsherr für die Generäle, Gott als Quelle und Sonne für die Naturliebhaber, Gott als Arbeiter für die Arbeiter usw.

Es gibt seit längerem eine Form, über Gottesbilder zu sprechen, die von solchen Zerrbildern nicht so weit entfernt ist. Da beginnen die Sätze mit „Für mich ist Gott...“, es folgt bald ein „irgendwie“ und dann eine je nach Geschmack als „ganz subjektiv“ oder auch als „beliebig“ oder „willkürlich“ zu bezeichnende Imagination, die zudem oft aus diversen Versatzstücken unterschiedlichster Religionen zusammengesetzt ist. In solchen Gesprächsrunden ist nichts so schlimm wie ein intellektueller Widerspruch, man wäre denn so tollkühn, sich den Vorwurf der „Verkopftheit“ einzuhandeln. Stattdessen kann man aber ohne Gefahr „sein“ Gottesbild dazustellen - „und für mich ist Gott...“ - und am Ende haben alle viel über sich und wenig über Gott gesagt. Recht ähnlich verlaufen Gespräche über Jesusbilder - je „mein“ Jesus kommt dabei auf verblüffende Weise dem angestrebten eigenen Rollenbild nahe. Da gibt es - nicht nur in spiritualisierten Gesprächsrunden, sondern auch in Bestsellern - Jesus, den Revolutionär, Jesus, den Frauenfreund, Jesus, den Tierfreund, Jesus, den „neuen Mann“, Jesus, den Kirchenfeind und viele weitere Jesusbilder. „Für mich war Jesus der erste Atheist“, hörte ich in einer Fernsehrunde einen berühmten Schriftsteller sagen, und ein anderer berühmter Autor setzte dem entgegen, für ihn sei Jesus der größte Gottsucher...

Es ist gewiß ein Fortschritt, daß heute Menschen, deren Auffassungen von Gott oder Jesus von der je herrschenden Lehre abweichen, nicht mehr verbrannt oder aus dem Lande gejagt werden. Das postmoderne „anything goes“ ist mir um vieles sympathischer als jede Diktatur. Aber dennoch kann die Abwanderung theologischer Diskurse in die Warenhausregale der Sparte „Gottesbilder en gros et en detail“ nicht recht befriedigen. Gibt es zwischen verordnet-legitimatorischen Gottesbildern auf der einen und dem Selbstbedienungsladen auf der anderen Seite einen Weg?

III.

Die Bibel *redet* von Gott in *Bildern* - Wort und Bild sind dabei nicht zu trennen -, sie redet in verschiedenen Wort-Bildern (...und sie verbietet das Bildermachen). Gibt es einen Unterschied zwischen der biblischen *Vielfalt* der Wort-Bilder und der gegenwärtigen *Beliebigkeit* von Projektionen?

Eine Zwischenüberlegung: Daß Religion Projektion sei, ist als Theorie Feuerbachs bekannt. Feuerbach wollte mit dieser Theorie Religion entlarven und destruieren. Daß, wie dieser und andere Religionskritiker darstellten, die „himmlische Familie“ die Widerspiegelung und Legitimation der „irdischen“ sei, sollte dem Glauben die Basis entziehen. Die „Dialektische Theologie“ antwortete auf die Projektionstheorie so, daß sie sie prinzipiell für die *Religion* anerkannte und umso mehr auf der kategorialen Differenz von Religion und *Theologie* bestand. Inzwischen haben Theologie und Kirche einen anderen Weg gefunden, sich gegen Feuerbachs Einrede zu immunisieren. Sie haben nämlich aus der Entlarvung eine Bestätigung gemacht. Die eigenen Kräfte der Seele werden zur Basis von Glaubensaussagen, die Psychologie wird in neuem Sinne zur „Hilfs“-Wissenschaft. Statt einer theoretischen Erörterung ein kleiner Textfund, den ich meinem Kollegen Rainer Kessler verdanke. In Peter Barnes' Theaterstück „The Ruling Class“, einer bitterbösen Satire auf den englischen Adel, gibt es einen exzentrischen Earl, der sich - neben anderen Eigentümlichkeiten - einbildet, Gott zu sein. Seine Tante fragt ihn:

How do you know you're ... God?

und er antwortet:

Simple. When I pray to Him I find I'm talking to myself.

Biblische Gebete sind keine psychoregulierenden Selbstgespräche, sondern emotive Rede - Lob und Dank, Klage und Anklage - vor und an Gott. Sie sind somit auf der einen Seite von subjektivistischen Zuschreibungen zu unterscheiden, auf der anderen Seite nicht minder von objektivistischen Beschreibungen. Für die Psalmensprache typisch wäre weder eine Formulierung wie „Für mich ist Gott ein Fels“ noch „Gott ist ein Fels“, sondern „Gott ist mein Fels“ bzw. „unser Fels“. Die Differenz ist gering, aber entscheidend. In den biblischen Bild-Worten geht es um *Relation statt Projektion* und, umgekehrt akzentuiert, um *Begegnung statt Definition.* Wie Gott einem Menschen begegnet, ist nicht unabhängig von der Situation, der Lage, in der dieser Mensch ist. Wie ein Mensch Gott sieht, ist nicht unabhängig von der Weise, in der er ihn zu sehen vermag.

Es gibt eine biblische Geschichte, die *diesen* subjektiven Faktor zum Thema hat, nämlich die von der Gotteserscheinung vor Elia in 1.Könige 19. Zwischen den Erzählungen vom gewaltigen, gewalttätigen Elia in 1.Könige 18 und 21 (Kampf mit den Ba'alspropheten und weiterer Konflikte mit Ahab und Isebel um Nabots Weinberg) begegnet uns in Kapitel 19 ein verzagter, ein depressiver Elia. Er ist auf der Flucht, vor den Verfolgungen der Isebel und mindestens ebenso sehr auf der Flucht vor den selbstauferlegten Normen („Ich bin auch nicht besser als meine Väter...“). Elia flieht in die Wüste, flieht vor dem Leben. Die Erzählung beschreibt einen Weg hinab, am Ende steht nur noch der Todeswunsch. Ein Engel kommt und richtet den Depressiven auf. Nicht durch Ermahnungen, nicht durch Vorhaltungen, nicht durch Auferlegung externer oder interner Normen, sondern durch das Elementarste: „Steh auf und iß!“ Elia ißt und geht weiter, zunächst weiter zurück, tiefer hinein in die Wüste, an den Ursprung der Gebote, zum Gottesberg. Und dort begegnet ihm Gott:

> *Siehe, da ging Jhwh vorüber: Ein großer gewaltiger Sturm, der Berge zerriß und Felsen zerbrach, kam vor Jhwh her; aber Jhwh war nicht im Sturm. Nach dem Sturm ein Erdbeben, aber Jhwh war nicht im Erdbeben. Nach dem Erdbeben ein Feuer, aber Jhwh war nicht im Feuer. Nach dem Feuer das Flüstern eines leisen Wehens. Als Elia das hörte, verhüllte er sein Angesicht mit dem Mantel, ging hinaus...*

Elia bekommt einen neuen Auftrag; er kann wieder handeln, nachdem Gott ihm so begegnet ist. Wie begegnet ihm Gott? Zuerst und ausführlicher wird geschildert, wie er ihm *nicht* begegnet: nicht im Sturm, nicht im Erdbeben, nicht im Feuer. *Wie* er dann erscheint, nach dem Text eher hör- als sichtbar wird, ist schwer exakt wiederzugeben. „Das Flüstern eines leisen Wehens" (Zürcher Bibel), „ein stilles, sanftes Sausen" (Luther-Bibel), „eine Stimme verschwebenden Schweigens" (Martin Bubers Verdeutschung), nahe am Text übersetzt: „eine Stimme abgemagerter Ruhe". „daqqā", dünn (wie feines Haar), abgemagert (wie die mageren Kühe in Pharaos Traum) - so wird hier Gottes Erscheinung beschrieben. So kann man aber auch Elias Lage, Elias Zustand, Elias Gemüt beschreiben. Gott begegnet Elia so, wie er ihn in dieser Lage wahrnehmen, hören kann. An der Erzählung ist noch manch anderes zu entdecken; für unser Thema möchte ich nur folgende Punkte festhalten:

-Gott begegnet Elia so, wie Elia ihn wahrnehmen kann. Er begegnet ihm aber gerade nicht so, wie es Elias „Gottesbild" entsprochen hätte. Dem nämlich hätte ein machtvolles, gewaltiges, dröhnendes Auftreten mehr entsprochen.

-Gott ist nicht im Sturm, im Erdbeben, im Feuer. Diesmal nicht. Hier wird keineswegs definiert, wo Gott ist und wo nicht. Sturm, Erdbeben und Feuer waren Formen der Gotteserscheinung und sind es weiter.

-Elia *hört* Gottes Erscheinung. Zuweilen bis an die Grenze der Logik besteht die biblische Rede darauf, daß die Bilder Hör-Bilder sind.

IV.

Daß biblische Bilder Hör-Bilder sind, möchte ich mit einem weiteren kleinen Beispiel *illustrieren* (soll hier heißen: zu *Gehör* bringen). In der Szene der Berufung des Jeremia erscheint vor dem Propheten ein Mandelzweig:

Und es geschah das Wort Jhwhs zu mir. Jeremia, was siehst du? Ich sprach: Ich sehe einen Mandelzweig. Und Jhwh sprach zu mir: Richtig siehst du, denn ich bin wachend über meinem Wort, daß ich es tue. (Jeremia 1,11f.)

So wiedergegeben ist die Szene unverständlich. Warum bedeutet das Bild eines Mandelzweigs, daß Gott sein Wort wahrmachen, d.h. an dieser Stelle Unheil wirken werde? Als *Bild* steht der Mandelzweig eher für Frühling, für aufblühende Natur, erblühendes Leben. Die „Lösung" liegt darin, daß Bild und Deutung im *Wort* zusammen kommen. šaqed ist das Wort für den Mandelzweig, soqed die partizipiale Wendung „ich bin wachend". Jeremia versteht, was er sieht, weil er hört, was er sieht. Das verstandene Bild geht also ins Ohr, während das nur gesehene und auf der visuellen Symbolebene gedeutete (nicht nur hier) „ins Auge ginge".

Biblische Bilder also sind Wort-Bilder, Hör-Bilder und deshalb ist *das* biblische Gottes*bild* der Gottes*name*. (Gisela Kittel hat mit allem Recht den alttestamentlichen Band ihrer Biblischen Theologie unter die Überschrift des Namens Gottes gestellt.) Wenn vom Gottesbild und seinem Wandel die Rede sein soll, muß daher vom Namen Gottes und der in ihm steckenden Dynamik die Rede sein. Wir sind damit an die Erzählung von der Offenbarung des Eigennamens des Gottes Israels an Mose (Exodus 3,14) verwiesen. Abermals kulminiert eine Gottes*erscheinung* - im brennenden Dornbusch - in einer Gottes*rede* - das Gottes*bild* realisiert sich als Gottes*wort*. Das Wort aber ist ebenso Enthüllung wie Verhüllung. Auf die Frage, was Mose denn antworten solle, wenn er nach dem Namen des Gottes gefragt werde, in dessen „Namen" er reden solle, antwortet Gott: ’ähjä ’aöär ’ähjä. Die angemessene Übersetzung dieser drei Worte wäre eine vollständige „Biblische Theologie". „Ich bin, der ich bin", „Ich werde sein, der ich sein werde", „Ich werde mich erweisen als der, der ich bin", „Ich bin für euch da als der, als der ich für euch da sein werde" - das sind nur einige der Übersetzungs- und Verstehensmöglichkeiten. Deutlich ist immerhin, daß diese Offenbarung des Gottesnamens eine Erklärung des Tetragramms j-h-w-h ist, und zwar als Ableitung von dem Verb haja, welches „sein", „dasein" bedeutet. Gott offenbart sich in seinem zeitlich offenen, Vergangenheit, Gegenwart und Zukunft zusammenschließenden Sein als Dasein für Israel. Deutlich ist ebenso, daß diese Offenbarung *auch* eine Verhüllung, diese Antwort *auch* die Verweigerung einer Antwort ist. „Ich bin der, der ich bin" - das hat auch etwas von einer Warum?-Darum!-Struktur. Du fragst, wer ich bin? Ich bin, der ich bin!

Eine weitere Pointe steckt aber nun darin, daß *diese* Verweigerung die Antwort *ist*, m.a.W. daß sich nicht etwa hinter dem so verborgenen Wesen das wahre Wesen einst enthüllen werde.

Die Antwort von Exodus 3,14 ist also auch eine Abweisung. In der Antwort, die auch eine Abweisung ist, steckt aber die ganze Antwort.

So taucht das Motiv des Bilderverbots in der Offenbarung des Namens wieder auf. Sachlich mit dem Bilderverbot zusammen hängt deshalb auch die schon in biblischer Zeit belegte Praxis, den Eigennamen des Gottes Israels nicht auszusprechen, sondern in der Rede durch Adonaj - eine nur für Gott gebrauchte Bezeichnung Gottes als Herr, die nicht mit dem sonst gebrauchten Wort „Herr" identisch ist - oder durch den Namen „Namen" (haššem) zu ersetzen. Der gemeinsame Grund von Bilderverbot und Namensheiligung durch Ausspracheverzicht liegt darin, daß jede Form der Verfügung über Gott oder der Praxis mit Gott als Mittel unmöglich werden soll.

In dem Gottesbild, das sich als Gottes Name enthüllt, steckt nun aber auch der Wandel. Schon die offene Zeitform des ’$^{\ddot{a}}$hjä ’^{a}öär ’$^{\ddot{a}}$hjä (ein Imperfekt im Wortsinne des Nicht-Abgeschlossenen) hält fest, daß sich die Weise, in der Gott sichtbar und hörbar wird, wandeln kann. Die Dynamik der Offenbarungen streitet gegen die Beliebigkeit der Projektionen ebenso wie gegen jede definitorische Identifikation. Gottesbilder haben darin ihr Recht und ihre Grenze. Sie sind wie alle Aussage über Gott nur als Grenzaussagen möglich.

Ein Beispiel: Von Gottes *Allmacht* zu sprechen kann nur bedeuten, daß Gottes Macht in der gewöhnlichen Erfahrung von Macht nicht aufgeht. Allmacht ist nicht etwa die Summe aller Macht. Bekanntlich wäre anderenfalls das Allmachtsprädikat mit einer einfachen Frage (man denke an Russels Axiom) auszuhebeln, z.B. der Frage, ob Gott einen Stein erschaffen könne, den er selbst nicht heben könne. Ganz gleich, ob man diese Frage mit ja oder mit nein beantwortete, sie brächte die Allmachtsaussage als Aussage innerhalb der Logik zum Einsturz, denn er müßte ja jeden denkbaren Stein machen, aber andererseits auch jeden denkbaren Stein heben können.

Dieser Vorbehalt gilt auch gegenüber jedem Gottesbild und hat u.a. zur Konsequenz, daß keine metaphorische Ist-Aussage umkehrbar ist. Gott ist Liebe heißt deshalb nicht: Liebe ist Gott, und ebensowenig ist ein Sturm, ein Erdbeben, ein Feuer oder ein leises Wehen Gott. Diese Überlegung hat nicht nur ihre logische, sondern auch ihre politologische Seite. Die Frage ist nämlich, ob die Aussagen über Gott, seine Attribute, metaphorischen Zuschreibungen, Eigenschaften die entsprechenden empirischen legitimieren oder delegitimieren. Das Gemeinte wird wiederum an einem Beispiel deutlicher: Zu den geläufigsten Bild-Worten über Gott gehört das Wortfeld des Herrschens, z.B. König, Herrscher, der Höchste. Was bedeutet es, Gott als König, als Höchsten zu bezeichnen, ihn so zu sehen? Das kann prinzipiell zweierlei bedeuten, und für beide Sehweisen/Lesarten gibt es in der Kirchengeschichte eine wirkungsgeschichtliche Linie. Gott ist der höchste Herrscher - das konnte bedeuten, daß sich von seiner Herrschaft her alle andere legitimieren. Von Gott über Papst und Kaiser, die Könige, Fürsten, Bischöfe, Edelleute, Gutsherren über die Pfarr- und Lehrherren bis zu den Eltern entsteht eine Deszendenz legitimierter Herrschaft „von Gottes Gnaden". Was dabei wirklich gemeint ist, kam vor gut einem Jahrhundert unfreiwillig und unnachahmlich in einer Zeitungsnotiz zum Ausdruck, in der von der Einweihung des Kölner Doms unter Anwesenheit des deutschen Kaiserpaares die Rede war. In der Zeitung war nämlich am Tag nach dem feierlichen Ereignis zu lesen: Die Allerhöchsten begaben sich in den Dom, um den Höchsten zu ehren.

Daneben und dagegen gab und gibt es aber auch eine andere Weise, aus Gottes Herrschaft Konsequenzen für die irdischen Herrschaften zu ziehen. Sie ist in den Friedenskirchen Praxis, indem z.B. ein Mennonit weder vor dem Richter noch vor der Fahne den Hut abnimmt, weil er das nur in der Kirche tut. Gott als den Herrn anzuerkennen bedeutet hier, keine andere Herrschaft anzuerkennen. So kann dasselbe „Gottesbild" ganz unterschiedliche Konsequenzen zeitigen. Es kann legitimieren *und* delegitimieren, es kann affirmativ *und* kritisch sein, bestätigend *und* subversiv wirken.

V.

Was in den genannten Beispielen für die gesellschaftliche und politische Ebene gilt, gilt auch für die Frage, was ein bestimmtes Gottesbild bei einzelnen Menschen bewirkt, die sich ihm aussetzen. Biblische Bilder und biblische Worte können uns zu Bundesgenossen werden, aber auch zu Gegenworten und Gegenbildern. Was es für wen in welcher Lage bedeutet, ist nicht ausgemacht. In einer ganzen Reihe von Beobachtungen zur Wirkung der Worte von Psalm 139 ist mir das besonders deutlich geworden.

Ich rufe einige Worte dieses Psalms in Erinnerung. Da heißt es:

> *Herr, du erforschest mich und kennest mich. Ich sitze oder stehe, so weißt du es... Führe ich gen Himmel, so bist du da, bettete ich mich bei den Toten, siehe so bist du auch da. Nähme ich Flügel der Morgenröte und bliebe am äußersten Meer, so würde auch dort deine Hand mich führen und deine Rechte mich halten...*

Die Worte und Bilder dieses Psalms lösen bei verschiedenen Menschen extrem unterschiedliche Reaktionen aus. Kaum jemanden läßt der 139.Psalm kalt. Aber während ihn viele Menschen als ihren Lieblingspsalm, ja oft ihren biblischen Lieblingstext nennen, weil sie in ihm Geborgenheit spüren, reagieren andere auf denselben Psalm geradezu mit Horror. Es sind dieselben Bilder, die Gott für die einen als Hort der Geborgenheit erscheinen lassen, für die anderen als

„Big Brother“, als eine Art „Super-Stasi“, als Überwachungsinstanz, der niemand je entkommen kann. Geborgenheit oder Überwachung? Es sind dieselben Bilder, die das eine und das andere auslösen. Noch einmal bildlich verdichtet erscheint das *Auge Gottes* in dieser doppelten Weise. Gott sieht alles - das kann Sicherheit als Gefühl auslösen oder größte Angst. Vermutlich muß man noch weiter differenzieren. Es könnten auch dieselben Menschen sein, die die Wort-Bilder einmal so und einmal so wahrnehmen. Oft sind es bestimmte Situationen, in denen wir es mit einem Bibeltext zu tun bekommen, und von nun an ist der Text mit dieser einen Situation auf Dauer verbunden.

Aber was wäre denn nun - in diesem Fall und weiteren - die „richtige“ Weise, die Wort-Bilder aufzufassen?

Es kann auf diese Frage keine eindeutige Antwort geben. Es ist das Wesen großer Literatur - Shakespeares und der Bibel z.B. -, daß jede Zeit, jede Generation, jeder Mensch in ihr je Neues finden kann, daß sie über die historische Bedeutung hinaus immer wieder und immer neu Bedeutungen bereit hält, finden läßt, gestalten läßt. Ein Shakespeare-Drama so aufzuführen, wie es der historischen Situation seiner Entstehung und - gesetzt, man wüßte es - den ursprünglichen Intentionen des Autors entspräche, könnte seinen eigenen Reiz haben, aber die Bedeutung des Dramas ginge in einer solchen historischen Rekonstruktion nicht auf. *Daß* es je neu zu gestalten ist, hebt es aus anderen zeitgenössischen Dramen heraus, *macht* es zur großen Literatur. Mit der Bibel verhält es sich ähnlich. Die Frage, welche Bedeutung ein biblischer Text zu seiner Entstehungszeit hatte, kann als Kontrolle gegenwärtiger Rezeption fungieren - als letzte Norm *nicht*. Umso mehr kommt es darauf an, nicht die *eine* Deutung, die sich einer, einem nahelegt, als die einzig richtige auszugeben, es vielmehr für möglich zu halten, daß andere, die anderes in und aus einem biblischen Text hören, lesen, sehen, dies ebenfalls nicht ohne Grund, nicht ohne Redlichkeit und nicht ohne Glauben tun müssen. Mir tut es weh, z.B. in unserer Kirchenzeitung (UK) bei der Lektüre der LeserInnenbriefe feststellen zu müssen, daß in aller Regel die, die sich etwa beim Protest gegen einen redaktionellen Artikel auf die *Bibel* berufen, dies in einengender, andere Auffassungen aburteilender, die alleinige Wahrheit beanspruchender Weise tun. Da gibt es das angeblich eindeutige Wort Gottes zum Thema „Homosexualität“, da hat Gott in seinem Wort den Sozialismus, den Kommunismus, den interreligiösen Dialog und die feministische Theologie eindeutig abgewiesen und dergleichen Eindeutigkeiten mehr. Merkwürdiger-, aber nicht erstaunlicherweise gibt es in dieser Sicht nie die Bibelworte, die der eigenen Auffassung widersprechen. Zuweilen habe ich den Eindruck eines tragikomischen Dilemmas, das man etwa so ausdrücken könnte: Wer sich da auf die Bibel beruft, tut es unter Berufung auf deren Eindeutigkeit, Widerspruchslosigkeit, klare Wahrheit - was ein Indiz für eine, vorsichtig gesagt, nicht sonderlich aufmerksame Lektüre ist.

Auf der anderen Seite (weniger in der „UK", versteht sich) gibt es die, die die Vieldeutigkeit biblischer Worte und Bilder wahrnehmen und die Bibel *deshalb* als widersprüchlich, unlogisch und allemal überholt ablehnen.

Warum sind so wenige Menschen bereit, gerade in den Bildern *und* Gegenbildern, Geschichten *und* Gegengeschichten, Worten *und* Gegenworten die bleibende und immer neue Bedeutung der Bibel zu erkennen?

Wiederum ein Beispiel der biblischen Tradition selbst: In Exodus 13 findet sich ein bezeichnend doppeltes „Gottesbild". Israel ist aus dem ägyptischen Sklavenhaus ausgezogen und macht sich auf den langen Weg durch die Wüste. Und nun heißt es in Vers 21:

> *Und Jhwh zog vor ihnen her, am Tage in einer Wolkensäule, um sie den richtigen Weg zu führen, und bei Nacht in einer Feuersäule, um ihnen zu leuchten, damit sie bei Tag und bei Nacht gehen konnten.*

Wir reflektieren auf *Gottesbilder im Wandel.* Wandel bedeutet in der alten deutschen Bibelsprache auch „Gehen" (man denke z.B. an „Jesu Seewandel"). *So* gelesen ist die Stelle aus Exodus 13 geradezu die klassische Belegstelle für unser Thema. Denn um die Gottesbilder im Wandel geht es. Der „Wandel" ist zuerst das Gehen der Menschen, hier das Gehen durch die Wüste. Vor ihnen wandelt Gott und wandelt sich das Bild, in dem er erscheint.

Feuerschein und Wolkendunkel sind Gegensätze. Gemeinsam ist ihnen, daß sie je für sich im Gegensatz zur Umgebung stehen. Am Tag, wenn alles hell ist, erscheint Gott in der dunklen Wolke. Nachts, wenn alles dunkel ist, erscheint Gott im hellen Feuerschein. Das Bild von diesen beiden - so gegensätzlichen und in ihrem gemeinsamen Kontrastcharakter wiederum parallelen - Gottesbildern läßt sich weiterdenken. Ich möchte es heute z.B. so übersetzen: In der klaren Welt der hellen, eindeutigen Begriffe und Definitionen, in der Welt der „Aufklärung" („enlightenment"/„les lumières"/ „illuminismo") wird Gott in der Wolke sichtbar, im Undeutlichen, Dunklen, Mythischen. Wo aber das Dunkel herrscht, wo Mythos und Wolkigkeit der Gefühle walten, erscheint Gott im klaren, hellen Feuerschein, z.B. in der eindeutigen Helle des Begriffs, der Klarheit des Denkens. Das Bild, in dem Gott sichtbar wird, stellt sich dem, was sonst ist, diametral entgegen. Gottesbilder im Wandel - buchstäblich: damit sie (die Menschen) wandeln, wandern, gehen konnten...

VI.

Ein kurzer Abschnitt nun, der eher ein Hinweis auf eine mögliche Verstehensebene unseres Themas ist, die ich *nicht* begehen will. Gottesbilder im Wandel - da könnte man ja auch erwarten, daß von Gegensätzen zwischen dem alttestamentlichen und dem neutestamentlichen Gottesbild die Rede wäre etwa nach dem Muster: Der Gott des Alten Testaments - ein Gott der Rache / der Gott des Neuen Testaments - ein Gott der Liebe, oder: der Gott des Alten Testaments - ein Stammes- und Volksgott / der Gott des Neuen Testaments - ein Gott aller Menschen. Solche und ähnliche „Wandlungen" sind uns als Schlagworte vertraut. Sie halten einer Nachprüfung nicht stand. Gott ist Gott der Rache und Gott der Liebe - im Alten und im Neuen Testament, Gott ist Gott Israels und Gott der Welt - im Alten und im Neuen Testament. Die Differenzen etwa zwischen Paulus und dem priesterlichen Pentateuch sind nicht größer als die zwischen dem Buch Ruth und den Büchern Esra und Nehemia. Die Differenzen zwischen dem Matthäusevangelium und dem Buch Josua sind nicht größer als die zwischen Jona und Esther oder zwischen der Bergpredigt und Texten der Johannesoffenbarung. Das zu entfalten bedürfte viel mehr Raum, als hier zur Verfügung steht. Über all die nötigen Differenzierungen im einzelnen hinaus nach einem kategorialen Wandel von einem alttestamentlichen zu einem neutestamentlichen oder gar von *dem* jüdischen zu *dem* christlichen Gottesbild zu fragen, scheint mir kein empfehlenswerter Weg zu sein. Man lese diesen Abschnitt deshalb bitte lediglich als Problemanzeige im Blick auf Stereotype christlicher Bibellektüre bzw. als Andeutung einer Auskunft darüber, warum ich so nicht frage.

VII.

Stattdessen möchte ich an den Anfang zurückgehen und noch einmal nach dem Bilderverbot fragen.

Du sollst dir kein Bildnis noch irgendein Gleichnis machen...! Gibt es eine Weise, Bilder Gottes wahrzunehmen, von Gott in Bildern und Gleichnissen zu reden, die dem Bilderverbot treu bleibt? Die Bibel selbst redet von Gott in Bildern, und vom Reich Gottes kann gar nicht anders als in Gleichnissen geredet werden. Wie geht das mit dem Bilderverbot zusammen?

Eine erste wichtige Differenz zwischen den im Bilderverbot untersagten Bildern und den biblischen Bildern selbst besteht darin, daß in den Zehn Geboten dreidimensionale Bilder untersagt sind, kurz: Statuen. Solche Bilder konnte man handhaben, sie z.B. in Prozessionen durch die Stadt und über die Felder tragen und somit den göttlichen Segen zur Wirksamkeit bringen. Solche Bilder kann man verehren, als ob sie die Gottheit selbst wären. Man kann sie auch erobern, deportieren, zerstören - und damit die Gottheit schädigen, zuletzt tilgen. Gegenüber all diesen möglichen Machenschaften ist der bildlose Gott Israels unverfügbar. Um die Bewahrung der Unverfügbarkeit Gottes geht es im Bilderverbot. Dazu kommt: Eine Statue des Gottes Israels hätte zwangsläufig einem bestimmten Typ einer Gottheit entsprechen müssen, wäre in der kanaanäischen Tradition wahrscheinlich ein Ba'albild geworden.

Bilder wären in diesem Fall Definitionen, Begrenzungen. Solche Gottesbilder gibt es auch heute. Wer sich Gott nur als alten Mann mit einem weißen Bart vorstellen kann, definiert ihn und schließt andere Aspekte aus. Wer Christus als braunhaarigen Europäer in pseudogotischem oder nazarenischen Gewand sehen gelernt hat, wird ihn in einem asiatischen Kind oder einer afrikanischen Frau nicht erkennen können. Aber wir wissen auch, daß das, was durch Gottesbilder nicht geschehen soll, durch andere Definitionsweisen ebenso (und womöglich noch wirkungsvoller) geschehen kann. Solche untersagten „Gottesbilder" können auch dogmatische Sätze sein, zu solchen Gottesbildern können auch Glaubensbekenntnisse werden.

Ich möchte noch weiter gehen. Gerade die moderne Kunst könnte darin, daß sie gegen Verfestigungen, eingefahrene Sehgewohnheiten, Definitionen aller Art streitet, dem Bilderverbot treu sein. Marcs blaue Pferde oder ein Christusbild Beckmanns oder Bacons, surrealistische Bilder oder abstrakte erfüllen das Bilderverbot eher als mancher „christliche" Leserbrief gegen die moderne Kunst, wie sie sich z.B. vor einiger Zeit in den ostwestfälischen Zeitungen aus Anlaß der Ausstellung später Picassobilder in Bielefeld austobten.

Eine zweite Differenz zwischen den im Dekalog untersagten Bildern und der biblischen Bildersprache liegt also auch in der Differenz zwischen Bildern, die man *her*stellt, und Bildern, die sich *ein*stellen. Wiederum geht es um die Abweisung der Verfügbarkeit. Vielleicht könnte man scheinbar blasphemische moderne Kunst und scheinbar christliche Devotionalien an diesem Kriterium messen...

Und dann gibt es noch einen biblischen Hinweis. Menschen sollen kein Bild Gottes machen, denn - so möchte ich zwei unterschiedliche biblische Traditionen mit (das sei nicht unterschlagen) unterschiedlichen Worten für „Bild" dennoch zusammen lesen - Gott hat den Menschen (männlich und weiblich!) nach seinem Bild geschaffen. Der Mensch soll kein Bild Gottes *machen*, weil er Bild Gottes *ist*. Wenn man das so zusammen lesen darf, wird erkennbar, daß zwischen dem Verfertigen von Gottesbildern und dem Verfertigen von Menschenbildern eine Gemeinsamkeit besteht und daß deshalb die Schriftsteller, die wie B. Brecht und M. Frisch das „Bilderverbot" als Verbot lasen, Menschenbilder zu machen und Menschen nach diesen Bildern, die Intention des biblischen Bilderverbots nicht verfehlen. Wenn der Mensch Bild Gottes ist, *der* Mensch, d.h. weder der Mann, noch der Priester, noch der Herrscher, noch der Weiße und was es dergleichen zuweilen als ontologisch ausgegebene Kategorien noch gab und gibt und geben mag, wenn *der* Mensch, d.h. alles, was Menschenantlitz trägt, als Bild

Gottes erschaffen ist, dann muß es so viele Gottesbilder geben, wie es Menschen gibt - und keines ist wahrer als das andere.

Wider die verfertigten Götzen der Macht. Zur Metaphysik der okzidentalen Unmenschlichkeit.

Franz Hinkelammert

Wenn man heute über Alternativen zum neoliberalen System sprechen will, kann man sich dabei nicht auf technische Diskussionen über alternative Politiken beschränken. Im Grunde sind die Alternativen ziemlich klar. Das gegenwärtige System hat tödliche Konsequenzen. Es zerstört die Menschen und die außermenschliche Natur in wachsendem Maße. Wenn die Menschheit überleben will, muß eine Änderung eintreten. Wir wissen durchaus, in welcher Richtung Änderungen vorgenommen werden müssen. Wir brauchen neue Wege in der internationalen Zusammenarbeit: eine neue Marktordnung, eine neue Finanzordnung, eine neue Umweltordnung. Aber ebensosehr brauchen wir neue Handlungsräume auf regionaler und nationaler Ebene. Eine neue Entwicklungsplanung ist nötig, die von den menschlichen und natürlichen Überlebensbedingungen ausgeht. Die Entwicklungsplanung kann nicht den multinationalen Unternehmen überlassen bleiben, die wie Staaten ohne Staatsbürgerschaft handeln und die Entwicklung ausschließlich unter dem Gesichtspunkt der von ihnen gemachten Gewinne beurteilen. Es ist eine dringliche Aufgabe, die von den multinationalen Konzernen durchgesetzte, verantwortungslose Planung durch internationale, regionale und nationale Planungen zu ersetzen, die sich an den Überlebensbedingungen von Mensch und Natur orientieren.

Solche Ziele politisch-ökonomischer Planung sind gegenwärtig jedoch für jede Politik unerreichbar. Ein Politiker, der heute diese offensichtlichen Aufgaben zum Maßstab seines Handelns machte, würde sehr schnell von der politischen Szene verschwinden. Schon der Versuch, solche alternativen Lösungen zu unterbreiten, würde sehr bald unterbunden werden. Wer heute also über Alternativen sprechen will, muß zugleich über jene Mächte sprechen, in deren Namen alle Versuche, Alternativen zu denken oder zu verwirklichen, unmöglich gemacht werden.

Diese Mächte sind durchaus namentlich bekannt: es sind vor allem die sogenannten G-7-Länder (USA, Japan, Deutschland, Großbritannien, Frankreich, Italien, Kanada), der Weltwährungsfond, die Weltbank, aber ebensosehr das transnationale Finanzkapital.

Diese Mächte können ihre Macht letztlich nur deshalb ausüben, weil es ihnen gelingt, die Legitimität ihrer Macht glaubhaft zu behaupten. Ich möchte über die Wurzeln dieser vorgeblichen Legitimität sprechen. Sie stützt sich auf eine Metaphysik der Unmenschlichkeit, die weitgehend unsere öffentliche (oder besser: veröffentlichte) Meinung bzw. unsere Kommunikationsmittel beherrscht und daher auch in der Bevölkerung Wurzeln schlägt.

Das System handelt mit einer eigenen Metaphysik und Mystik, die sich aus seinem zentralen Rationalitätsprinzip ableiten: dem Prinzip von Effizienz und Wettbewerb. Aus diesem Grund genügt es für unsere Arbeit nicht, das System unter rein wirtschaftlichen bzw. soziologischen Kriterien zu analysieren. In solchen rein wirtschaftlichen bzw. soziologischen Analysen stattet man das System mit einem scheinbaren Pragmatismus aus, läßt dabei aber die Tatsache außer Betracht, daß es sich auf eine tiefverzweigte Metaphysik stützt. Ich möchte mich deshalb darauf konzentrieren, die Metaphysik des uns beherrschenden Systems zu analysieren. Dabei orientiere ich mich an einigen Thesen, die uns heute fast tagtäglich übermittelt werden. Sie decken die unterschwellige Metaphysik des Systems auf.

Gott ist tot

Der erste Tote, den die Metaphysik des Systems ankündigt, ist Gott selbst. Seit Nietzsche dies aussprach, wird uns versichert: Gott ist tot.

Die Losung „Gott ist tot" überzeugt nicht etwa nur, weil Nietzsche sie verkündet hat. Eher gilt umgekehrt: Nietzsches Losung überzeugt, weil viele so etwas wie den Tod Gottes erfahren.

Ich möchte einige Texte von Nietzsche kommentieren, um uns diese Erfahrung gegenwärtig zu machen. Der berühmteste Text stammt aus „Die fröhliche Wissenschaft" und trägt den Titel „Der tolle Mensch":

'Wohin ist Gott?' rief er, 'ich will es euch sagen! Wir haben ihn getötet - ihr und ich! Wir alle sind seine Mörder! Aber wie haben wir dies gemacht? ... Hören wir noch nichts vom Lärm der Totengräber, welche Gott begraben? Riechen wir noch nichts von der göttlichen Verwesung? ... Es gab nie eine größere Tat - und wer nur immer nach uns geboren wird, gehört um dieser Tat willen in eine höhere Geschichte, als alle Geschichte bisher war.' ... Dies ungeheure Ereignis ist noch unterwegs und wandert - ... Man erzählt nur noch, daß der tolle Mensch desselbigen Tages in verschiedenen Kirchen eingedrungen sei und darin sein Requiem aeternam deo angestimmt habe.

Hinausgeführt und zur Rede gesetzt, habe er immer nur dies entgegnet: 'Was sind denn diese Kirchen noch, wenn sie nicht die Grüfte und Grabmäler Gottes sind.'[1]

Der Schlüssel für diesen Text ist in der Behauptung Nietzsches zu suchen, daß „wir“ Gott ermordet haben - daß „wir“ die Gottesmörder sind - und daß diese Tat so groß ist, daß es nie „eine größere Tat“ in der menschlichen Geschichte gab.

Die Behauptung der Größe dieses Gottesmordes ist keineswegs eine atheistische These. Nietzsche sagt nicht etwa, daß Gott nicht existiert. Dieser Art metaphysischer Behauptung ist ihm völlig fremd. Ein bestimmter Gott ist tot:

In der Tat, wir Philosophen und 'freien Geister' fühlen uns bei der Nachricht, daß der 'alte Gott tot' ist, wie von einer neuen Morgenröte angestrahlt; unser Herz strömt dabei über von Dankbarkeit, Erstaunen, Ahnung, Erwartung - endlich erscheint uns der Horizont wieder frei, gesetzt selbst, daß er nicht hell ist, endlich dürfen unsere Schiffe wieder auslaufen, jedes Wagnis des Erkennenden ist wieder erlaubt, das Meer, unser Meer liegt wieder offen da, vielleicht gab es noch niemals ein so 'offenes Meer'.[2]

Nietzsche beklagt sogar, daß solch lange Zeit keine neuen Götter erschienen seien:

... sie haben seitdem keinen Gott mehr geschaffen. Zwei Jahrtausende beinahe und nicht ein einziger neuer Gott! Sondern immer noch und wie zu Recht bestehend, wie ein ultimatum und maximum der gottbildenden Kraft, des creator spiritus im Menschen, dieser erbarmungswürdige Gott des christlichen Monotono-Theismus![3]

Und er bietet einen alternativen Gott an zu diesem christlichen Gott, der aus der jüdischen Tradition stammt:

Ein Volk, das noch an sich selbst glaubt, hat auch noch seinen eignen Gott. In ihm verehrt es Bedingungen, durch die es obenauf ist, seine Tugenden, - es projiziert seine Lust an sich, sein Machtgefühl in ein Wesen, dem man dafür danken kann. Wer reich ist, will abgeben; ein stolzes Volk braucht einen Gott, um zu opfern ... Religion, innerhalb solcher Voraussetzungen, ist eine Form der Dankbarkeit. Man ist für sich selber dankbar: dazu braucht man einen Gott. - ... In der

---

1 Nietzsche, Friedrich: Die fröhliche Wissenschaft. Nr.125, II, S.127/128 In: Nietzsche, Friedrich: Werke in drei Bänden. Hrgb. Karl Schlechta. Hanser, München, 1982.

2 op.cit. II, 206

3 Nietzsche, Friedrich: Der Antichrist. Fluch auf das Christentum. op.cit. II, 1178/1179.

Tat, es gibt keine andre Alternative für Götter: entweder sind sie der Wille zur Macht - und so lange werden sie Volksgötter sein -, oder aber die Ohnmacht zur Macht - und dann werden sie notwendig gut ...[4]

Das „wir“, auf das Nietzsche sich bezieht, wenn er sagt „Wir alle sind seine Mörder“, hat durchaus keinen universalen Bezug. Es besagt daher keineswegs, daß es sich um alle Menschen handelt. Es bezieht sich vielmehr auf „wir Philosophen und ‘freien Geister’“„ , d.h. auf all jene, die diesen Gottesmord verwirklicht haben. Diejenigen, die sich diesem Gottesmord verweigern, sind keineswegs mitgemeint und können daher als Feinde betrachtet werden. Dabei handelt es sich um die „Schlecht-weg-Gekommenen“ und jene Priester und Asketen, die in ihrem Namen handeln. Sie halten zwar den Schatten eines Gottes hoch, eines Gottes, der noch nicht begraben ist, dessen Verwesungsgeruch überall hin dringt, der stinkt, der aber bereits tot ist. Und diejenigen, die Nietzsche „wir“ nennt, „wir Philosophen und ‘freien Geister’„, haben ihn tatsächlich getötet.

Der Mord Gottes als größte Tat aller menschlichen Geschichte enthält eine spürbare Umkehrung und eine leicht sichtbare Aggressivität. Nietzsche will neue Götter schaffen. Aber es sollen Götter der Macht und des Sieges sein, welchen die Mächtigen die Dankbarkeit für ihren Sieg ausdrücken und denen sie Dankbarkeitsopfer darbringen. Der ermordete Gott hingegen ist der Gott der Schwachen und der Geopferten. Eben dieser Gott ist durch die größte Tat der menschlichen Geschichte getötet worden . In dieser These Nietzsches wird offensichtlich die jüdisch-christliche Tradition der Götzenkritik in ihr Gegenteil verkehrt. In der jüdisch-christlichen Tradition wird Gott als der Gott der Armen, der Geopferten, der Witwen und der Waisen verehrt, der sich in der Gerechtigkeit offenbart; der Gott der Mächtigen dagegen ist ein falscher Gott, ein Götze. Nietzsche kehrt dies um. Nietzsche predigt zwar keinen neuen Gott, aber wenn schon ein neuer Gott sein muß, dann kann es nur ein Gott der Mächtigen sein, der sich von den Schwachen lossagt. Nietzsche könnte daher aus seiner Perspektive durchaus behaupten, daß der Gott der Schwachen ein falscher Gott, ein Götze, ist. Die Siegreichen selbst sind das Bildnis ihres Gottes. So ergibt sich das Wechselspiel der Götzen. Was in der jüdisch-christlichen Tradition als Götze gilt, ist in den Augen Nietzsches der wahre Gott, und umgekehrt, was in der jüdisch-christlichen Tradition als wahrer Gott verehrt wird, ist für Nietzsche ein Götze. Von diesem Gott der Armen sagt Nietzsche, daß „wir“ ihn gemordet haben und daß er tot ist.

Aber obwohl Gott tot ist, bleibt für Nietzsche ein Problem, : „Riechen wir noch nichts von der göttlichen Verwesung? - auch Götter verwesen!“ Gott ist tot

---

4 op.cit. Nr.16, II, 1176.

und die Totengräber gehen um. Aber er ist noch nicht begraben. Er verwest und stinkt.

In anderem Zusammenhang kommt Nietzsche auf dieses Problem wieder zurück:

> Nachdem Buddha tot war, zeigte man noch jahrhundertelang seinen Schatten in einer Höhle - einen ungeheuren schauerlichen Schatten. Gott ist tot: aber so wie die Art der Menschen ist, wird es vielleicht noch jahrtausendelang Höhlen geben, in denen man seinen Schatten zeigt. - Und wir - wir müssen auch noch seinen Schatten besiegen![5]

Dies ist das Schicksal des jüdisch-christlichen Gottes. Er ist tot; in seiner Verwesung riecht er schlecht, aber als Schatten ist er weiter gegenwärtig. Nietzsche muß sich also weiterhin gegen diesen Gott zur Wehr setzen, obwohl er tot ist. Offenbar genügt es nicht, daß er tot ist, auch seine Leiche und sein Schatten müssen verschwinden Auch die Höhlen, in denen immer noch sein Schatten gezeigt wird, sind zu beseitigen. Hier setzt die Aggressivität all dieser Behauptungen ein. Denn - so können wir zumindest schließen - es gibt Schuldige dafür, daß der tote Gott immer noch gegenwärtig ist.

Dies ist vor allem bemerkenswert, wenn man es von Nietzsches Behauptung aus betrachtet, daß 'wir' den Gottesmord begangen haben. Nietzsche weiß sicher, was er hier sagt. Er bezieht sich offensichtlich auf die Tradition des christlichen Antisemitismus, in der die Juden als Gottesmörder verfolgt wurden. Diese Art von Antisemitismus lebt in der liberal-kapitalistischen Gesellschaft der Zeit Nietzsches in säkularisierter Form fort, und zwar in populistischer und scheinbar antikapitalistischer Gestalt. Nietzsche bricht also mit der jüdisch-christlichen Tradition und zugleich mit ihrem säkularisierten Fortbestand. „Wir haben ihn getötet - ihr und ich! Wir alle sind seine Mörder!". Nietzsche behauptet hier also: Es waren nicht die Juden, die diese größte Tat der Geschichte vollbracht haben; „wir" waren es. Dieses „wir" Nietzsches kann zwar auch Juden einschließen, aber nur unter der Bedingung, daß sie ihren Gott Jahwe in einen Gott der Sieger verwandeln.

Damit taucht ein neuer Schuldiger auf, der dafür verantwortlich ist, daß der bereits tote Gott nicht endgültig verschwand. Dieser Schuldige hat sich nicht des Gottesmordes schuldig gemacht, sondern trägt die Schuld daran, daß der Mord Gottes nicht vollendet wurde, daß Gott noch nicht begraben ist, daß sein Verwesungsgeruch überall hin dringt und daß er weiterhin seinen Schatten wirft. Jene, die sich nicht zu den Mördern Gottes bekennen wollen und die größte Tat der

---

5 Die fröhliche Wissenschaft, op.cit. II, 115

menschlichen Geschichte, den Mord Gottes, ablehnen, sind in der Logik Nietzsches die neuen Schuldigen. Soweit allerdings die Juden sich weiterhin zur Tradition ihres Gottes Jahwe bekennen und auf diese Weise Juden bleiben wollen, gehören auch sie zu den Schuldigen, den Nicht-Bekehrten. Damit taucht ein neuer Antisemitismus auf, der seit Nietzsche den deutschen Antisemitismus beherrscht. Dieser neue Antisemitismus verfolgt keine Gottesmörder mehr, sondern jene, die daran festhalten, daß Gott lebt. Beide Gestalten des Antisemitismus begründen sich durch einen Gottesmord, der frühere Antisemitismus verfolgte die Juden als Gottesmörder, der neue Antisemitismus verfolgt sie, weil sie Gott nicht ermorden wollen und weil sie durch ihre bloße Existenz den jüdischen Gott Jahwe gegenwärtig halten. Diese neuen Antisemiten spielen sich selbst als Gottesmörder auf. Sie nehmen diese Pose an und ziehen daraus verheerende Konsequenzen. Sie sind 'Möchte-gern-Gottesmörder'. Da sie nicht werden können wie Gott, möchten sie gern seine Mörder sein. Die Juden aber gelten als der dunkelste Schatten, den der ermordete Gott wirft.

Um dieses Feindbild zu verstehen, müssen wir daran erinnern, daß das Problem Nietzsches nicht in dem Gegensatz zwischen Theismus und Antitheismus besteht, sondern zwischen Gott und Götze. Der Gott der Schwachen und der Geopferten ist in der Logik Nietzsches der Götze und sein wahrer Gott der Gott der Sieger. Der Gott des universalen Menschenbildes, der niemanden ausgrenzt und deshalb für den Ausgegrenzten optiert, ist also in der Logik Nietzsches der Götze. Dort, wo jemand für den Ausgegrenzten, den Armen und den Geopferten optiert, dort findet - so kann man Nietzsche interpretieren - Götzendienst statt, ganz unabhängig davon, ob jemand sich als Atheist oder Theist versteht.

Aus diesem Grunde gehört der atheistische Humanismus, wie er etwa bei Marx erscheint, nach Nietzsche in die jüdisch-christliche Tradition. Marx gilt für Nietzsche nur als eine der vielen Spuren dieser Tradition. Dies mag erklären, warum Nietzsche sich nur am Rande um den Anarchismus oder den Sozialismus kümmert. Er kennt beide Bewegungen nur sehr oberflächlich und hält es auch nicht für wichtig, sie zu kennen. Er betrachtet all diese Bewegungen ausschließlich als Ergebnisse der jüdisch-christlichen Tradition. Daher macht er aus dem Apostel Paulus seine zentrale Feindfigur. Paulus ist in Nietzsches Augen alles Böse gleichzeitig: Jude, Christ und Anarchist. Alle Geschichte des Okzidents dreht sich für Nietzsche um Paulus und dessen Predigt eines Gottes, der sich in den Schwachen offenbart, jenes gekreuzigten und auferstandenen Jesus als Hoffnung derer, die von der Macht überrollt worden sind.

Die Geschichte kreist für Nietzsche um zwei Pole. Der eine Pol ist Paulus. Nietzsche deutet ihn als Gründer des Christentums, der die Figur des Jesus nur für seine Zwecke benutzte. Paulus vollzog die erste große Umwertung aller Werte, als er die Schwachen und Verachteten anstelle der Mächtigen zu Repräsentanten Gottes machte. Den anderen Pol der Weltgeschichte erkennt Nietzsche in seiner eigenen Person. Auch er wiederum verspricht eine Umwertung aller Werte, indem er die von Paulus verwirklichte Umwertung überwindet. ‚Nietzsche gibt dem Mächtigen das Recht zurück, sich selbst in den Mittelpunkt aller Werte zu setzen und einen Gott zu erschaffen, durch den sich die Macht legitimieren kann.

Dies ist die wirkliche Alternative, die Nietzsche vertritt. Wenn daher Nietzsche einem seiner Bücher den Titel gibt: „Der Antichrist. Fluch auf das Christentum", muß man dieses Buch als einen „Anti-Paulus" verstehen. Paulus ist für Nietzsche die Summe alles Jüdischen und alles Christlichen, aber gleichzeitig die Summe alles ethischen Universalismus, und schließt daher selbst Liberalismus, Anarchismus, Sozialismus und Marxismus mit ein. Alles dies ist der Gott, der ermordet worden ist durch einen Mord, den „wir" begangen haben und der die größte Tat der Geschichte darstellt. Daher ist auch alles dies der Feind, der dafür verantwortlich ist, daß der tote Gott nicht verschwunden ist, dessen Körper weiterhin verwest und dessen Verwesungsgeruch wir ertragen und dessen Schatten man in den Höhlen zeigt.

Marx ist tot

Damit der tote Gott verschwinden kann, müssen diejenigen sterben, die sein endgültiges Verschwinden verhindern. Nur in der Logik von Nietzsche kann man verstehen, daß dies in den Ruf einmündet: Marx ist tot. Die Formulierung stammt nicht von Nietzsche. Aber Nietzsche hat in seiner Philosophie nicht einfach ein philosophisches Luftschloß gebaut, sondern die Logik eines sozialen Systems ausgedrückt. In dieser Logik aber erscheint das: Marx ist tot. Wenn Gott tot ist, und dieser Gott der Gott des universalen Menschenbildes ist, denn folgt daraus die Forderung nach dem Tod Marxens. Gott ist tot nur dann, wenn aller menschlicher Universalismus tot ist. Aber das am meisten vollendete Denken eines Universalismus des konkreten Menschen, das die Moderne hervorgebracht hat, ist das marxsche. Es ist gleichzeitig das fundamentale Denken von Alternativen zur bürgerlichen Gesellschaft. In der Logik von Nietzsche folgt: wenn Marx nicht tot ist, kann auch Gott nicht wirklich tot sein, denn weiterhin wird man in den Höhlen den Schatten Gottes sehen. Das, was der bürgerlichen Gesellschaft so schlecht an Marx riecht, ist das, was sie als den Verwesungsgeruch der Leiche des toten Gottes wahrnimmt, der immer noch nicht begraben ist.

Diese These „Marx ist tot" erscheint zum ersten Mal kurze Zeit nach der posthumen Veröffentlichung durch Friedrich Engels des dritten Bandes von „Das Kapital" von Marx. Böhm-Bawerk schreibt im Jahre 1896 seinen bekannten Artikel mit dem Titel: „Zum Abschluß des marxschen Systems". Das Wort Abschluß hat in diesem Artikel einen doppelten Sinn. Auf der einen Seite bedeutet es Vollendung. Mit dem dritten Band war das Werk von Marx vollständig veröffentlicht. Aber das Wort Abschluß hatte bei Böhm-Bawerk noch eine zweite Bedeutung. Es sollte ausdrücken, daß hiermit der Fall Marx abgeschlossen sei und endgültig zu den Akten gelegt werden könne. Indirekt bedeutete dies bereits: Marx ist tot, obwohl Böhm-Bawerk dies noch nicht wörtlich sagte. Die Geschichte dieses Artikels ist bemerkenswert. Wenn man heute noch Böhm-Bawerk erinnert, so ist es wegen dieses Artikels. Die Kapitaltheorie, die er erarbeitete, wird heute höchstens noch in Geschichtsbüchern über Wirtschaftsdoktrinen erwähnt. Nicht einmal die überzeugtesten Neoklassiker geben heute dieser Theorie auch nur die geringste Bedeutung. Daher wird sie auch nicht mehr veröffentlicht und es ist schwierig, noch Werke von Böhm-Bawerk aufzufinden. Niemand hat sie kritisiert, sie wurden einfach vergessen. Die einzige Ausnahme ist dieser Artikel zum Abschluß des Marxschen Systems und daher über das: Marx ist tot. In Spanisch wurde er noch im Jahre 1974 veröffentlicht, und zwar von einem marxistischen Verlag. In andern Sprachen ist dies ähnlich. Böhm-Bawerk lebt vor allem deshalb, weil er den Tod von Marx propagiert hat. Er wird davon zweifellos noch Jahrhunderte leben können; man kann ihm dies getrost prophezeien. Aber niemand hat den Tod von Böhm-Bawerk erklärt. Er starb ruhig und verschwand, ohne daß irgendwer Triumphgeschrei von sich gegeben hätte. Er ging den Weg allen Irdischen.

Hingegen erklärte man bis heute, Jahr für Jahr, den Tod von Marx. Anscheinend benutzte als erster Benedetto Croce ausdrücklich die Worte „Marx ist tot“, die sich dann einbürgerten.[6]

Marx spielt hier eine durchaus einmalige Rolle. In bezug auf keinen bedeutenden Denker hat man auch nur annähernd so oft und laut und so kontinuierlich behauptet, er sei tot. Dabei wissen wir ziemlich genau, daß dies in der Zukunft so weiter gehen wird. Niemand hat den Tod von Adam Smith erklärt, niemand den Tod von David Ricardo. Man hat auch nicht den Tod von Kant und Hegel erklärt, auch nicht den von Nietzsche. Aber wie jede Generation aufs neue ihre Geschichte schreibt, so verkündet jede Generation der bürgerlichen Gesellschaft auf ihre Weise das: "Marx ist tot“.

Heute, da die bürgerliche Gesellschaft den Tod Gottes in der Logik Nietzsches zu vollenden trachtet, kommt die Ankündigung des „Marx ist tot“ mit unerhörter Kraft zurück. Das Bürgertum, das dabei ist, sich einen Gott zu erschaffen, in dem es seinen absoluten Sieg feiern kann, braucht gerade die Losung: „Marx ist tot“. Der Tod von Marx wird jetzt ausgedehnt: Tod der Utopie, Tod der Ideo-

6 Den Hinweis hierauf verdanke ich Michael Löwy.

logie, aber auch Tod der Dependenztheorie. Im Grunde handelt es sich um die Todeserklärung für allen ethischen Universalismus, für jede Sicht des Menschen unter dem Blickpunkt eines universalen Menschenbildes. Man erklärt den Tod allen Menschenrechts auf Anerkennung des Rechtes eines jeden Einzelnen zu einem menschenwürdigen Leben, das das Leben aller wäre. Tatsächlich ist dies der Tod Gottes, wie Nietzsche ihn versteht, der den Tod allen kritischen Denkens dem System gegenüber, das uns heute beherrscht, einschließt. Denn kritisches Denken meint ein Denken, das die Welt unter dem Blickpunkt des Schwachen, des Armen, des Geopferten betrachtet.

Der Tod der Befreiungstheologie

Als der heutige Erzbischof von San Salvador vor wenigen Jahren ernannt worden war, erklärte er öffentlich, die Befreiungstheologie in El Salvador sei tot. Als der Papst Anfang 1996 Zentralamerika besuchte, erklärte er ebenfalls den Tod der Befreiungstheologie, diesmal in Guatemala. Keiner von beiden wies auf die Tatsachen hin. Zwar war nicht die Befreiungstheologie tot, wohl aber die große Mehrheit der Befreiungstheologen von San Salvador. Im November 1989 waren fast alle Befreiungstheologen der Universität UCA in San Salvador ermordet worden. Sie wurden ermordet durch die legitimen bewaffneten Organe des demokratischen Rechtsstaats El Salvador. Der gegenwärtige Erzbischof von San Salvador war zur Zeit dieser Morde Militärbischof mit dem Grade eines Obersten und sah auch nach diesen Morden weder einen Grund zum Protest noch zum Rücktritt. Die Liquidierung des dortigen Zentrums der Befreiungstheologie wurde durchgeführt in einer Nacht-und-Nebel-Aktion im besten Stile der totalitären Regime der dreißiger Jahre. Als der Papst auf seiner Reise nach San Salvador kam, weigerte er sich, die Gräber der ermordeten Theologen zu besuchen.

Was war geschehen? Wenn die Befreiungstheologie etwas mit Nietzsche gemein hat, dann ist es die These, daß das Problem des Christentums nicht ein Problem von Theismus/Atheismus ist, sondern von Gott und Götze. Innerhalb dieser Gemeinsamkeit allerdings, stehen beide in einem Gegensatz zueinander. Was vom Blickpunkt Nietzsches her gesehen der Götzendienst ist, ist vom Blickpunkt der Befreiungstheologie her der Glaube. Aber in beiden Fällen liegt das Kriterium zur Unterscheidung von Gott und Götze, Glaube und Götzendienst in der Bezugnahme auf einen ethischen Universalismus. Für Nietzsche ist jeder ethische Universalismus Beweis des Götzendienstes, für die Befreiungstheologie enthält der christliche Glaube selbst einen ethischen Universalismus. Der Glaube Nietzsches besteht in der Verurteilung des Geopferten, in der Befreiungstheologie hingegen ist der Schwache und der Geopferte der Ort der Offenbarung Gottes. In der Befreiungstheologie hat die Hoffnung ihre Wurzel in einem lebendigen Gott, bei Nietzsche hingegen im Tod Gottes. So bietet Nietzsche den Tod Gottes als Auferstehung des Menschen an:

> Nun aber starb dieser Gott. Vor dem Pöbel aber wollen wir nicht gleich sein. Ihr höheren Menschen, geht weg vom Markt! ...
>
> Seit er im Grabe liegt, seid ihr wieder auferstanden. Nun erst kommt der große Mittag, nun erst wird der höhere Mensch - Herr! ... Nun erst kreißt der Berg der Menschen-Zukunft. Gott starb: nun wollen wir - daß der Übermensch lebe.[7]

Für die Kirchen allerdings entsteht hiermit ein großes Problem, das zu einer Versuchung werden kann. Was Nietzsche ausdrückt, ist tatsächlich die Logik eines sozialen Systems. Damit aber bedroht er sämtliche bequemen Positionen der christlichen Kirchen - ihre billige Gnade, wie Bonhoeffer es nennt -, und zwar stärker, als dies das marxsche Denken vermochte. Nietzsche zeigt wie keiner, daß Kapitalismus und Christentum unvereinbar sind. Der Kapitalismus braucht einen Gott der Sieger, nicht einen Gott der Schwachen. Er muß den Gott der Schwachen morden, damit er seinen Gott der Herrschaft installieren kann. Aber hier ergibt sich wieder eine Gemeinsamkeit Nietzsches mit der Befreiungstheologie. Auch die Befreiungstheologie behauptet die Unvereinbarkeit von Kapitalismus und Christentum, und sehr viel spricht dafür, daß dies richtig ist. Aber wieder sind die Schlüsse, die daraus gezogen werden, konträr. Die Befreiungstheologie gerät in Konflikt mit dem Kapitalismus, während bei Nietzsche der Mord an Gott die Bedingung des Überlebens des Kapitalismus ist. Daher sein Ruf nach einem Neuen Gott, wenn man denn einen Gott braucht. Es ist der Gott, der sich in der Macht der Mächtigen offenbart, im Sieg über die Völker und im Menschenopfer der Sieger. Ein Auserwählter dieses Gottes zu sein, gibt die Macht um den Andern niederzuringen. Es ist der Gott, der sich im Sieg offenbart, im militärischen Sieg und Sieg im Wettbewerb.

Der Konflikt einiger Kirchen mit der Befreiungstheologie kann sicher verschiedene Gründe haben. Aber ein Grund ist offensichtlich. Das Christentum ist immer in der Versuchung gewesen, sich einen Gott der Sieger zu schaffen und dies gilt für heute ganz ebenso. Die offene Betonung, daß Gott ein Gott der Schwachen ist, wird dann störend. Unter den Gründen, die zur Verurteilung der Befreiungstheologie und zu ihrer Todeserklärung führen, ist gerade dieser Grund derjenige, der theologisch relevant ist. Er führt dann zum „Die Befreiungstheologie ist tot", sodaß der Konflikt mit dem Kapitalismus nicht mehr entsteht. Aber je

7 Nietzsche, Friedrich: Also sprach Zarathrustra. Vierter Teil. Vom höheren Menschen. op.cit. II, 522/523.

mehr die Kirchen dies tun, um so mehr werden sie bestätigt bekommen, daß Gott tot ist. Sie können dann nur noch das Requiem Eternam Deo singen.

Norbert Blüm, Sozialminister der Bundesrepublik Deutschland, reiste 1987 nach Polen mit dem Schlachtruf: Marx ist tot, Jesus lebt. Nach dem Fall der Mauer von Berlin reiste Blüm in die Ex-DDR. Da es sich im Fall der DDR um ein Land handelte, das in hohem Grad säkularisiert ist, wiederholte er nicht, was er in Polen gesagt hatte. Statt dessen war sein Kampfruf jetzt: Marx ist tot, Ludwig Erhard lebt. Er dachte wohl: auch wenn Erhard kein Jesus ist, so hat er doch zumindest ein Wunder gewirkt: das Wirtschaftswunder.

Heute allerdings wiederholt Blüm auch diesen Kampfruf nicht. Er müßte sagen: Marx ist tot, es lebt der totale Markt. Erhard ist heute bereits eher „links" einzuordnen, zumindest, wenn man ihm noch die „soziale Marktwirtschaft" früherer Zeiten unterstellt. Damit aber wird der Blümsche Schlachtruf hinfällig, Denn wenn der totale Markt lebt, wieso ist Marx und seine Kapitalismuskritik dann tot?

Das Wechselspiel der Verrücktheiten

Nietzsche ist kein Denker des Klassenkampfes, sondern ein Denker der Vernichtung derer, die die Verlierer sind. Er ist ein Denker der Ausgrenzung, der über ein System spricht, von dem er zur Kenntnis nimmt, daß es ausgrenzt. Die Befreiungstheologie ist ebenfalls kein Denken des Klassenkampfes. Je mehr die die Ausgrenzung legitimierenden Ideologien sich vordrängen, formulierte sie sich als das Denken für eine Gesellschaft ohne Ausgrenzung, einer Gesellschaft in der alle Platz haben, einschließlich der außermenschlichen Natur. Deshalb spricht sie nicht von einer klassenlosen Gesellschaft, sondern von einer Gesellschaft ohne Ausgrenzung.

Es ergibt sich daher eine seltsame Gemeinschaft zwischen diesen vom Okzident erklärten Toten. Was sie vereint, ist in Wirklichkeit ein einziger Tod: der Tod des Menschen; der Menschheit selbst. Ein in Lateinamerika viel publizierter Leitartikler, Carlos Alberto Montaner, faßt dies Ergebnis geradezu beispielhaft zusammen:

Der erfolgreiche Kapitalismus besteht nicht nur in einer Art, Güter und Dienstleistungen zu produzieren, sondern in einer speziellen Psychologie, bestimmten Werten, einer besonderen Art das Leben zu verstehen. In den Ländern, in denen er triumphiert hat, beneidet man nicht diejenigen, die auf ehrliche Art sich bereichert haben, sondern man verehrt sie und macht es ihnen nach. Man zeigt sie auf der ersten Seite der Zeitschriften. Niemand oder fast niemand sieht es mit Schrecken, daß man von der Terrasse eines winners aus, in einem Wolkenkratzer von New York, die elende Wohnung eines losers in Harlem sehen kann, denn die Gleichheit ist in den kapitalistischen Ländern kein Ziel. (La Nación, San José, 23.12.90)

Wenn Gott einst tot sein sollte, und wenn alle kritische Analyse und jede Forderung im Namen der Gerechtigkeit Gottes verstummt sein sollte, dann würde die Welt so sein, wie Montaner sie sich hier erträumt. Es handelt sich um die anti-utopische Utopie, die heute sehr häufig unsere veröffentlichte Meinung fasziniert und die die Ideologie des Imperiums darstellt. Aber es handelt sich um eine Utopie und keineswegs um das, was heute ist. Man möchte, daß unsere Wirklichkeit so wäre und man stellt sie folglich so dar, als wäre sie - fast - schon so. Dies weiß natürlich auch Montaner. Daher ruft er zur Gewalt auf, zu einer Gewalt, die endgültig diese anti-utopische Utopie durchsetzen soll:

... in einigen Nationen Lateinamerikas - Peru, Kolumbien, vielleicht El Salvador - wird der Kampf gegen den kommunistischen Fundamentalismus wahrscheinlich sehr viel blutiger sein als er bisher war. Diese fanatisierte und wütende Guerilla wird zu allgemeinen Massakern übergehen und damit von seiten der Gesellschaft eine ebenso energische und brutale Antwort provozieren wie es die Aggressionen sind, die sie ausübt ... Sowohl in Peru wie auch in Kolumbien setzt sich immer mehr der Vorschlag durch, Militärgerichte als geheime Gerichtshöfe zu konstituieren, die die der Subversion Angeklagten summarisch richten und aburteilen können ... So, als ob alle auf instinktive und fatale Weise damit beginnen, zuzugeben, daß der endgültige Moment der Ausrottung (hora final del exterminio) gekommen ist. (La Nación, San José, 9.5.1990)

Dies ist die Ankündigung einer endgültigen Durchsetzung der Utopie der winners, der Gewinner. Noch hat diese anti-utopische Utopie sich nicht durchgesetzt, aber sie soll durchgesetzt werden. Die „winners" kündigen den „endgültigen Moment der Ausrottung" an für diejenigen „losers", die der Durchsetzung dieser verheerenden Utopie der „winners" widerstehen. Dies ist das „Gott ist tot" des Endes der Geschichte, das die Schöpfung eines neuen Gottes ankündigen soll, des Gottes der winners. Die Opposition hat keine Alternative mehr. Entweder bekehrt sie sich zu dem, was Montaner Liberalismus nennt, oder es droht die „endgültige Stunde der Vernichtung".[8]

---

8 Eine solch extreme Sprache ist sicher heute nur in Amerika möglich, sei es in Lateinamerika oder in den USA. Die Sache allerdings wird ähnlich auch in der deutschsprachigen Literatur vertreten.

So läßt Winterberger es in einem Aufsatz, in dem er unsere heutige Demokratie kritisiert, offen, „ob eine derartige „Schacherdemokratie" (Hayek) unter Verzicht auf autoritäre oder gar totalitäre Instrumentarien rein rechtsstaatlich überwunden und in liberalere Bahnen gelenkt werden kann." Winterberger, Andreas K.: Freiheit und Politik. Von der liberalen Demokratie zur liberalen Verfassungsreform - oder: Kann der Parteienstaat gebändigt werden? In: Baader, Roland (Hg.): Wider die

Geht man von einem Weltbild aus, wie es Montaner hier aufzeigt, so überrascht es nicht, daß jede Opposition zur gegenwärtigen Globalisierung und Totalisierung des Marktes einfach nur als „Idiotie“ gesehen wird. Montaner schrieb daher zusammen mit anderen Autoren ein Buch, das in Lateinamerika zum Bestseller des Jahres 1996 wurde. Es trägt den Titel: Manual des perfekten lateinamerikanischen Idioten[9]. Die „perfekten Idioten“ sind alle die Anderen: Sozialdemokraten, Christlich-soziale, Marxisten, Linke überhaupt, Nationalisten, von Simon Bolivar bis in die Gegenwart. Das Buch wurde zum Bestseller, weil Mario Vargas Llosa, bekannter Schriftsteller und Träger des Friedenspreises des deutschen Buchhandels im Jahre 1996, dazu das Vorwort schrieb. In diesem Vorwort sagt er:

Werden die zum Gespräch geladenen Idioten die Augen öffnen und der Herausforderung der drei Musketiere des Manuals mit widersprechenden Ideen und Argumenten antworten? Hoffentlich! Nichts ist wichtiger als eine große De-

---

Wohlfahrtsdiktatur. Zehn liberale Stimmen. Reihe: Freiheitsdenker der Gegenwart. Resch. Gräfelfing, 1995, 205.

Im gleichen Buch sagt Anthony de Jasay: „Für Pragmatisten gehört der Wohlfahrtsstaat zum modernen Leben. Es ist undenkbar, ihn mit den in der herkömmlichen Politik vorhandenen Mitteln „umzukehren“. Allerdings dürften außergewöhnliche Mittel ihn in einer anderen Form beenden. Sie würden weiß Gott etwas anderes an seine Stelle setzen... Die Abschaffung der Umverteilung hätte allerdings in einer wohl rechtsverletzenden Art stattzufinden...“ Anthony de Jasay: †ber Umverteilung. In: Baader, Roland (Hg.) op.cit. 46.

Auch Radnitzki schließt sich an: „Dennoch kann die demokratische Methode - als „faux de mieux-Methode“ - das beste sein, was wir zue Zeit... haben. Aber, wenn das so ist, dann sollte man sich auch eingestehen, daß ihr Anwendungsbereich beschränkt ist. Sie kann zufriedenstellend funktionieren... nur dann, wenn das Wahlrecht von anderen Kriterien abhängig gemacht wird als von der Zugehörigkeit zur biologischen Spezies Mensch.“ Radnitzky, Gerard: Information und Mobilität können die Umverteilungsdemokratie zähmen. In: Baader, Roland (Hg.): op.cit. 104.

In der Anmerkung Nr.13 fügt er hinzu: „Z.B. kein aktives Wahlrecht für jemanden der keine Lebenserfahrung hat, wobei zur Lebenserfahrung auch zählt: die Erfahrung, selbst ein Einkommen verdient zu haben, Steuern bezahlt zu haben, und zwar aus einer anderen Tätigkeit als politischer Aktivität. Ebenso kein aktives oder passives Wahlrecht für Personen, die in ihrer Existenz von staatlichen Geldern abhängig sind.“

„Eine tiefe Krise könnte zu einer Systemveränderung führen.“, 105.

Auch Norbert Walter bleibt nicht weit davon entfernt: „Es ist dagegen ein verdecktes Eigentumsdelikt... wenn dem Wettbewerb Fesseln angelegt werden...“ Walter, Norbert: Ethik + Effizienz = Marktwirtschaft. In: Baader, Roland (Hg.): op.cit. 80/81.

Wie man leicht sieht, sind auch in diesem unserm Lande Demokratie und Rechtsstaat nicht mehr so ganz „in“.

9 Mendoza, Plinio Apuleyo, Montaner, Carlos Alberto, Vargas Llosa, Alvaro: Manual del perfecto idiota latinoamericano. Con presentación de Mario Vargas Llosa. Barcelona, 1996.

batte, die ein intellektuelles Fundament, eine Grundlage von Ideen gibt, damit die Veränderungen in Lateinamerika lange Dauer haben ...[10]

So sieht dann die Einladung zum Gespräch aus: Ein Gespräch mit erklärten Idioten, dessen Ergebnis von vornherein durch Vargas Llosa selbst festgelegt ist.

Nun dürfte kein Zweifel bestehen, daß mit jemandem, der alle anderen für Idioten hält und nur sich selbst für vernünftig, möglicherweise etwas nicht so ganz in Ordnung ist.

So ergibt sich ein Wechselspiel der Verrücktheiten, wie sich vorher ein Wechselspiel der Götzen ergab. Vargas Llosa erklärt alle Anderen für Idioten, aber diese Anderen können nur Vargas Llosa selbst für verrückt halten. Wer ist denn jetzt der Verrückte?

Kindleberger, ein Wirtschaftswissenschaftler aus den USA, analysiert dieses Problem des Wechselspiels der Verrücktheiten an Hand von Analysen von Börsenpaniken. Er zitiert einen Spekulanten, der sein offensichtlich irrationales Verhalten in einer Börsenpanik zu erklären versucht: „Wenn alle verrückt werden, ist es das Vernünftige, auch verrückt zu werden“.[11]

In den Termini einer Marktrationalität ist das Handeln rational, aber es wird irrational gerade als Konsequenz dieser Marktrationalität. Aber was ist diese Irrationalität, wenn sie doch rational ist? Kindleberger findet folgende Lösung: „Indem jeder Marktteilnehmer sich selbst zu retten versucht, trägt er zum Ruin aller bei.“[12] So ist der Ruin aller, der den Ruin des Handelnden selbst einschließt, das Ergebnis eines Markthandels, das sich als rational versteht. Ruin aber ist Tod.

Will man also den Ruin vermeiden, muß man gerade das tun, was die Marktrationalität für verrückt erklärt. Von diesem Gesichtspunkt ist dann die Marktrationalität verrückt. Das Rationale ist das Verrückte und das Verrückte ist das Rationale. Dies ist das Wechselspiel der Verrücktheiten.

Das Wechselspiel der Verrücktheiten hat eine Lösung. Aber seine Lösung ist nicht in der formalen Rationalität des Marktes - der Marktgesetze - zu finden,

---

10 "Abriràn los ojos los idiotas convocados y reponderín al desaf'o de los tres mosqueteros del Manual con ideas y argumentos contradictorios? Ojalá. Nada hace tanto falta, para que los cambios en América Latina sean duraceros, como un gran debate que dé fundamento intelectual, sustento de ideas...." op.cit. 16.

11 „When the rest of the world are mad, we must imitate them in some measure.“ s. Kindleberger, Charles P.: Manias, Panics and Crashes: A History of Financial Crises. Basic Books, New York, 1989.

12 "Each participant in the market, in trying to save himself, helps ruin all." Kindleberger, op.cit. 178/179.

sondern darin, den Ruin aller zu vermeiden, der bei Totalisierung der formalen Marktrationalität droht.

Dieses Wechselspiel der Verrücktheiten geht durchaus parallel zum Wechselspiel der Götzen. In der jüdisch-christlichen Tradition ist der Götze ein Gott, dessen Verehrung zum Tod und zum Ruin führt. Nur deshalb ist er ein Götze. Hier scheint mir das Problem des Bildnisses Gottes und des Bilderverbots zu liegen. Das Bildnis tritt an die Stelle Gottes, damit aber ganz ebenso an die Stelle des Menschen. Darin, daß seine Verehrung den Menschen verschlingt, zeigt sich, daß Gott getötet wird. Daß Gott sich jedem Bildnis Gottes entzieht, zeigt sich darin, daß die Verehrung jedes Bildnisses Gottes den Menschen verschlingt. Der Tod Gottes zeigt sich im Ruin des Menschen. Im Namen des Bildnisses Gottes wird Gott getötet.

Das Wechselspiel der Verrücktheiten ist sicher gegenwärtig in aller menschlichen Kultur. Aber, wie ich glaube, wird es zum ersten Mal ganz explizit von Paulus dargestellt, und zwar im ersten Korintherbrief. Dort sagt Paulus:

> Wir dagegen verkündigen Christus als den Gekreuzigten: für Juden ein empörendes Ärgernis, für die Griechen eine Torheit, für die Berufenen aber, Juden wie Griechen, Christus, Gottes Kraft und Gottes Weisheit. Denn das Törichte an Gott ist weiser als die Menschen, und das Schwache an Gott ist stärker als die Menschen. (1 Kor 1,23-25)

Und er fügt hinzu:

> Denn die Weisheit dieser Welt ist Torheit vor Gott. (1 Kor 3,19)

So erscheint das Wechselspiel der Verrücktheiten. Die Weisheit Gottes ist verrückt - Torheit - unter dem Gesichtspunkt der Weisheit dieser Welt, aber die Weisheit dieser Welt ist verrückt vor den Augen der Weisheit Gottes. Die Weisheit Gottes aber ist verrückt vor den Augen der Weisheit dieser Welt, denn

> ... das Törichte in der Welt hat Gott erwählt, um die Weisen zuschanden zu machen, und das Schwache in der Welt hat Gott erwählt, um das Starke zuschanden zu machen. (1 Kor 1,27)

Die Verrücktheit der Weisheit Gottes vor den Augen der Weisheit dieser Welt zeigt sich darin, daß Gott der Gott der Schwachen ist. Bei Paulus aber ist Gott ein Gott der Schwachen, weil die Weisheit der Welt zum Ruin führt. Gott ist ein Gott der Schwachen, weil man den Ruin aller nur vermeiden kann, wenn man den Ruin der Schwachen vermeidet. Alle können nur leben, wenn die Schwächsten leben können, denn die Schwächsten sind ein Teil aller. Können die Schwachen nicht leben, kann eben nur ein Teil leben, nämlich diejenigen, die nicht zu den Schwachen gehören. Folglich können nur einige leben und nicht alle. Nur wenn Gott ein Gott der Schwachen ist, kann er ein Gott aller sein. Durch die Option für den Armen wird Gott zum Gott aller. Dies erklärt die Option für die Armen als Option für alle. Denn die Weisheit Gottes besteht darin, das Schwache erwählt zu haben. Die Weisheit Gottes denkt von der Wirklichkeit des lebenden Menschen aus, die von der Weisheit dieser Welt gerade verleugnet wird. Die Weisheit dieser Welt aber ist die Weisheit der Machthaber dieser Welt:

Und doch verkündigen wir ... nicht die Weisheit dieser Welt oder der Machthaber dieser Welt, die einst entmachtet werden. Vielmehr verkündigen wir das Geheimnis der verborgenen Weisheit Gottes, die Gott vor allen Zeiten vorausbestimmt hat zu unserer Verherrlichung. Keiner der Machthaber dieser Welt hat sie erkannt; denn hätten sie die Weisheit Gottes erkannt, so hätten sie den Herrn der Herrlichkeit nicht gekreuzigt ... (1 Kor 2,6-8)

Die Machthaber dieser Welt haben Christus gekreuzigt, weil die Weisheit dieser Welt Gott nicht als den Gott der Schwachen anzunehmen bereit ist. Christus wurde getötet von den Machthabern dieser Welt im Namen der Weisheit dieser Welt. Indem die Schwachen getötet werden, wird Gott getötet.[13]

Daher kann Paulus sagen, daß er nicht geschickt wurde, um zu taufen, was eben bei Paulus heißt, daß er nicht geschickt wurde, um von Gott ein Bildnis zu machen:

Denn Christus hat mich nicht gesandt zu taufen, sondern das Evangelium zu verkünden. (1 Kor 1,17)

Dieses Wechselspiel der Verrücktheiten, das Paulus hier entwickelt, schreibt sich durchaus in eine vorherige Tradition ein. Der Prophet Jeremias begeht während der Belagerung Jerusalems, als es keine Hoffnung mehr auf einen Ausweg gab und alle Marktrationalität genau das Gegenteil anrät, die Verrücktheit, ein Grundstück zu kaufen, für das er den Preis bezahlte, den es immer wert gewesen war. Es war die Verrücktheit der Weisheit Gottes. Aber auch später geht die Geschichte dieser Verrücktheit weiter. Zu dieser Tradition gehört das Buch von Erasmus von Rotterdam: „Lob der Torheit". Und als man Luther fragte, was er tun würde in dem Fall, er wüßte, daß morgen die Welt untergehe, antwortete er: „Ein Apfelbäumchen pflanzen". Es ist die Antwort des Jeremias.

So ergab sich eine Tradition der Verkehrung der Verrücktheiten. Wenn Dostojewski seinen vielleicht bezauberndsten Roman schreibt, nennt er ihn: „Der Idiot". Die zentrale Figur dieses Romas - Myschkin -, die Dostojewski als einen wiedergekommenen Jesus auffaßt, ist für die Gesellschaft, in der er lebt, ein „Idiot". Aber auch in „Die Brüder Karamasov" gibt es ähnliche Situationen, und

13 Wollte man die Machthaber und die Weisheit dieser Welt von diesem Vorwurf des Paulus entlasten und gar im Namen des Christentums selbst Machthaber zu werden, hatte man kaum eine andere Wahl als zu erklären, die „Juden" hätten Christus gekreuzigt. An die Stelle Gottes setzte man ein Bildnis Gottes, und man taufte, statt das Evangelium zu verkünden.

der jüngste dieser Brüder, Alioscha, ist eine ähnliche Figur wie Myschkin. Sein Bruder Ivan greift ihn an, indem er die Geschichte vom „Großinquisitor“ erzählt, in der Jesus als der Verrückte erscheint in den Augen der Weisheit dieser Welt, die durch den Großinquisitor vertreten wird. Jesus überzeugt sich, daß er tatsächlich verrückt ist und zieht sich für immer von dieser Welt zurück. Es ist eine Geschichte vom Tod Gottes, die Nietzsche später inspiriert.

Man kann daher verstehen, daß die oben von uns gebrachten Zitate des Paulus den Zorn Nietzsches hervorriefen. An keiner sonstigen Stelle bekennt Paulus so klar seinen Glauben an den Gott der Verachteten, der Schwachen, der Armen und der Geopferten. Daher konnte nichts so sehr die Reaktion Nietzsches hervorrufen „Gott ist tot“ und seinen Traum von der Rückkehr der Götter der Macht, der Siegreichen, derer, die im Kampf um die Macht gewonnen haben.

Dennoch, selbst Nietzsche folgt dem Wechselspiel der Verrücktheiten. Er nennt den Mann, der den Mord Gottes verkündet, „der tolle Mensch“. Nietzsche weiß durchaus, daß in den Augen einer anderen Weisheit der Mord Gottes eine Verrücktheit - eine Torheit - ist. Innerhalb dieser Wechselspiele der Verrücktheiten wird dann auch verständlich, warum Thomas Mann sagt, der Antikommunismus sei die „Torheit des XX. Jahrhunderts“. Dies bedeutet sehr wohl einen Unterschied zu Mario Vargas Llosa und Montaner, die solche Hintergründe offensichtlich nicht einmal ahnen und ganz einfach alle anderen für Idioten halten und sonst nichts.[14]

Wir können damit zur Frage der Alternativen zurückkehren. Das Problem liegt nicht so sehr darin zu wissen, welches die möglichen Alternativen sind. Das ist ziemlich offensichtlich und sie sind in dem Grade in dem es möglich wird, sie zu verwirklichen, auszuarbeiten. Das Grundproblem hingegen ist in der Legitimität unseres herrschenden Systems zu suchen. Die Macht kommt nicht aus den Kanonen, auch wenn Trotzki oder Max Weber dies glauben. Sie ruht auf der Legitimität, die man den Kanonen zubilligt. Aus den Kanonen, aus denen das System schießt, spricht eine tiefverwurzelte unmenschliche Metaphysik. Wir werden

---

14 Diese Verbindung zwischen dem Wechselspiel der Götzen und dem Wechselspiel der Verrücktheit kann man sehr gut an Hand der Thesen eines Buches von Bolz und Bosshart ersehen, das den Titel trägt: „Kultmarketing. Die neuen Götter des Marktes“ und das sich heute in den Kreisen unserer Oberaufseher (Manager) großer Beliebtheit erfreut. Hier stehen die „Götter des Marktes“ (248) dem „Götzen Wirklichkeit“ (68) und dem Götzen „Natur“ (35) gegenüber. Die Götter des Marktes aber haben einen Gott. Es ist der Warengott. Aber der Warengott ist der wahre Gott. In der jüdisch-christlichen Tradition der Götzenkritik ist gerade die Wirklichkeit das Kriterium für die Unterscheidung von Gott oder Götze.

S. Bolz, Norbert/ Bosshart, David: Kult-Marketing. Die neuen Götter des Marktes. Econ. Düsseldorf, 1995.

uns gegen die Kanonen nicht verteidigen können, wenn wir nicht auf diese Metaphysik der Zerstörung und des Todes antworten.

In unserer gegenwärtigen Welt, die sich der Verrücktheit der formalen Rationalität übergibt, handelt es sich darum, den Widerstand für das Leben gegenwärtig zu machen, weil er das einzige Mittel ist, die Verrücktheit der Rationalität zu überwinden. Wir müssen die formale Rationalität wieder integrieren in ein menschenwürdiges Leben in einer Gesellschaft, in der alle Platz haben. Es ist nicht unsere Aufgabe, - um mit Worten von Nietzsche zu sprechen -, eine der Höhlen zu bewohnen, in denen man noch den Schatten des toten Gottes zeigt. Gott, der Gott der Geopferten, ist nicht tot. Auch die kritische Analyse der Gesellschaft, die vom Gesichtspunkt des Schwachen, des Armen und des Geopferten her spricht und die man mit Recht so häufig mit dem Namen von Marx verbindet, ist nicht tot. Und deshalb ist auch die Theologie der Befreiung nicht tot. Außerdem ist sie so notwendig wie sie je war.

Und deshalb kommen die Alternativen zurück.

Liberalismus als Idolatrie?

Bob Brecher

Einleitung

In der Tat ist der Liberalismus ein komplexes Phänomen, ökonomisch, historisch, ideologisch, moralisch und politisch. Er erstreckt sich zwischen zwei Extremen, einer kantianisch inspirierten Verpflichtung zu moralischem, politischem und religiösem Pluralismus und Toleranz auf der einen und einem sozialdarwinistisch inspirierten Libertarismus, basierend auf der ökonomischen Autorität des sogenannten freien Marktes, auf der anderen Seite. Zudem sind die Beziehungen zwischen diesen Liberalismen, sowohl historisch als auch konzeptionell betrachtet, äußerst komplex, nicht immer eindeutig und in ständiger Entwicklung. Nichtsdestotrotz ist es aber m.E. möglich, den herrschenden Liberalismus im gegenwärtigen Europa als eine Form des zuletztgenannten Extrems zu identifizieren. Seit 1989 hat diese Variante des Liberalismus Europa zu ihrem Eigen gemacht, es mehr und mehr nach ihrem Bild geformt.

Bevor dieser Gedanke näher ausgeführt wird, soll zunächst kurz beschrieben werden, was denn den Liberalismus auszeichnet. Allgemein gesprochen, gibt es also zwei liberale Traditionen, die zu einem gewissen Grad zwar miteinander verknüpft, aber dennoch sehr verschieden sind. Die erste Tradition, die ich als den anglo-amerikanischen oder empirischen Liberalismus bezeichnen möchte, hat ihre Wurzeln im Empirismus und unterscheidet erkenntnistheoretisch radikal zwischen „Verstehen und Vernunft" einerseits und „Wollen, Lust und Affekten"[1] andererseits. Die empirische Tradition besteht im Rahmen der Philosophie darauf, daß allein die Vernunft in der Lage ist, Urteile zu fällen, während Handlungen im Gegensatz dazu Lust oder Willen erfordern. Folglich können Moral und Politik nicht rational fundiert werden, da beide handlungsorientiert sind: Eine moralische oder politische Überzeugung, die keinen Unterschied macht, wie jemand handelt, ist weder moralisch noch politisch. Moral und Politik sind entweder praktisch oder überhaupt nicht. Da Handlungen jedoch nicht der Vernunft entspringen, sondern nur der Lust oder dem Willen, also dem Begehren, ist es wichtig, einzu-

---

1 Francis Bacon, De Dignitate et Augmentis Scientiarum, bk. V.ch.1, in: J.M. Robertson (ed.), The Philosohical Works of Francis Bacon (London, Routledge, 1905), S. 499.

sehen, daß moralische und politische Überzeugungen Weisen des menschlichen Wollens und nicht des Denkens sind: „Die Vernunft ist nur der Sklave der Affekte und soll es sein“[2], so formulierte ja bekanntermaßen David Hume. Denken kann nach diesem Verständnis nicht zum Handeln bewegen. Diese Ansichten erstrecken sich von Bacon über Hobbes, Locke, Hume, Bentham und Mill bis in die Gegenwart hinein. Das *moralische* Individuum, das dieser Tradition zugrunde liegt, wird durch seine Begierde definiert - andererseits sind dessen Freiheit, Autonomie und Selbstgenügsamkeit kompromittiert. Und da es genau jene sind, die das liberale Individuum konstituieren, dürfen diese unter keinen Umständen eingeschränkt werden.[3]

Die zweite Tradition, die man vielleicht als die „kontinentale“ charakterisieren könnte, hat ihre Wurzeln in den aufklärerischen Idealen der Universalität und Gleichheit: in den Schriften der französischen Enzyklopädisten, Rousseaus und vor allem Kants. Sie unterscheidet sich von der empirischen Tradition v.a. in der Konzeption des Individuums. Hier ist das Individuum nicht das isolierte, atomistische „begehrende Ding“ der Empiristen, sondern eines, das entweder in der Gemeinschaft wurzelt - so der eher idealistische Zweig - oder aber in der Moral begründet ist, so der mehr kantianische. Folglich versteht Kant Freiheit und Autonomie nicht als die Unabhängigkeit eines atomistischen Individuums, sondern als Gehorsam gegenüber dem moralischen Gesetz, der Vernunft. Diese Traditon setzt sich in ihren verschiedensten Formen über die Junghegelianer, die Neo-Kantianer, de Ruggiero und Masaryk fort. Wie bedeutsam sie auch immer sein mag, so hat sie dennoch nicht den marktmäßigen, anglo-amerikanischen Liberalismus beeinflußt, der heutzutage Europa dominiert. Friedman, Hayek und ihre Nachfolger sind fest in der anglo-amerikanischen, empirischen Tradition verankert. Und die heutigen Kommunitarier sind entweder seriös, dann aber nicht liberal (z.B. Sandel), oder aber nicht wirklich von ihren liberalen Vorgängern (etwa Taylor) zu unterscheiden.

So gesehen wurde uns 1989, nach dem Ende des sogenannten real existierenden Sozialismus, von Francis Fukuyama und anderen nicht einfach gesagt, daß nun *der* Liberalismus triumphiert hat, sondern der Liberalismus in seiner anglo-amerikanischen, empirischen Form und daß diese Form des Liberalismus sich nun historisch siegreich durchgesetzt habe, das Zeitalter der Ideologie somit vorbei

---

2 Treatise of Human Nature, Book II, Pt.III, sec. III (Penguin 1969), S. 462.

3 Dies diskutiere ich im Detail in meinem Buch „Getting what you want? A Critique of Liberal Morality (London, Routledge, forthcoming 1997).

sei.[4] Seidem ist Europa jedoch von verheerenden nationalistischen Ausbrüchen heimgesucht worden, welche man eigentlich schon hinter sich wähnte. Auch hat sich die Kluft zwischen Armen und Reichen den Proportionen des 19.Jahrhunderts angenähert und das öffentliche Wohl wird zunehmend privaten Interessen geopfert. Während Bettler, Prostituierte und Obdachlose wieder auf den Straßen Europas zu finden sind, werden andere in geradezu obszöner und absurder Weise reich.

Eine angemessene Antwort auf all dies ist der moralische Aufschrei. Aber dieser Aufschrei ist nicht genug: Gefordert ist ein Verstehen des Phänomens und dabei gilt es zunächst festzuhalten - trotz Fukuyama und anderen -, daß der Liberalismus eine Ideologie ist, d.h.eine partikulare Strukturierung der Welt - intellektuell nicht weniger als materiell - und zugleich deren Beschreibung - maskiert als objektiv und neutral, als schlicht und einfach *die* Welt. Dies ist eigentlich kaum kontrovers, obwohl Liberale ihrerseits sich selbstverständlich jeglicher ideologischen Analyse widersetzen müssen. Daß es sich hier jedoch um eine angemessene Beschreibung handelt, mag man anhand der Reaktion überzeugter Liberaler ermessen, die anfangen, Elemente ihrer Theorie und Praxis als der eigenen Überzeugung widersprechend zu hinterfragen. Es ist das Kennzeichen jeder Ideologie, daß sie in sich selbst die Samen der Widersprüche enthält, wenigstens derjenigen, die es tatsächlich ermöglichen, sie als Ideologie zu entlarven - Widersprüche überdies, die ihre Form und Funktion als Ideologie garantieren. Folglich gibt es auf der Seite der Liberalen eine libertäre Kritik des liberalen Individualismus und der so hoch gerühmten Neutralität hinsichtlich des „guten Lebens", ja sogar geradezu naive Ängste vor dem „real existierenden Liberalismus"[5].

Eine ideologische Betrachtung, so wichtig sie auch ist, erfaßt jedoch nicht die ganze Problematik. Es gibt etwas in der Natur der liberalen Hegemonie, das sie nicht genügend zu vermitteln vermag. Liberalismus, so kann man sagen, fordert von seinen Subjekten eine gewisse Einstellung, die nicht adäquat durch den Terminus „ideologisch" begriffen wird - eine Einstellung vielmehr, die durchaus mit dem Wort Anbetung charakterisiert werden kann. Dies soll in den folgenden Ausführungen anfanghaft entwickeln werden. Zunächst möchte ich eine kurze Charakterisierung des Zusammenhangs bieten, den ich im Sinn habe, um zumin-

---

[4] Siehe dazu: Francis Fukuyama, „The end of history?", in: The National Interest, 16, 1989, S. 3-18. Eine exzellente Diskussion der These Fukuyamas findet sich bei: Gregory Elliot, „The cards of confusion: reflections on historical communism and the „end of history", in: Radical Philosophy 64/1993, S. 3-12.

[5] Vgl. besonders Tibor Machan, Individualism versus classical liberal political economy, in: Res Publica 1/1995, S. 3-23 und George Soros, Capital Crimes, in: The Guardian v. 18.01.97. Ferner:Marcus Roberts, The endurance of history, Or, Gray's odyssey?, in: Res Publica 3/1997.

dest darzulegen, warum die folgenden Ausführungen über den Begriff der Idolatrie nicht so sonderbar sind, wie sie auf den ersten Blick erscheinen mögen. Wir modernen Menschen verstehen uns als der Welt und Sprache der Theologie entwachsen, und es war doch gerade das postaufklärerische liberale Projekt, das im besonderen diese emanzipatorische Leistung forcierte. Um eine solch einfache Evolutionslogik zurückzuweisen, mag es an dieser Stelle genügen, festzuhalten, daß die konventionellen Ansichten über das „Mittelalter", das „dunkle Zeitalter", den Aufstieg der „Wissenschaft" und im besonderen die „revolutionäre" Natur des Postmodernismus zumindest ebensoviel verbergen wie sie offenbaren. Idolatrie, ob nun so genannt oder nicht, ist real und um so heimtückischer, je unerkannter sie sich in einem scheinbar säkularen Kontext entwickelt. Eine säkluare politische Theorie kann somit viel von der theologischen Sprache lernen und viel verlieren, wenn sie diese einfach zurückweist oder mißversteht.[6]

Die Anbetung, die ein Objekt fordert, ist bedingungslos; wohingegen der Gehorsam und das Schweigen, die der Totalitarismus fordert, ob explizit 'ideologisch' (folglich nicht eine Ideologie im dem oben angesprochenen Sinne, da sie sich als von der Realität unterschieden begreift und darauf zielt, diese Realität zu verändern) oder nicht, im Gegensatz dazu bedingt sind. Wo genau diese Bedingung zerschlagen ist, kann es nützlich sein, eine politische Struktur mit einer Religion zu vergleichen. Auch vermag das totalitäre Bedürfnis, Opposition zu unterdrücken - praktisch gesehen - niemals total zu sein. So offenbarte sich die Struktur des stalinistischen Ostens und Zentral-Europas 1989 als viel weniger totalitär als man angenommen hatte - dennoch kann sie als durch und durch totalitär beschrieben werden. Das Problem liegt jedoch tiefer: Daß etwas in dieser Art und Weise durchgeführt werden muß, um eine Reihe von Zwecken zu erreichen, die die Veränderung der Welt betreffen, führt zu einer Spannung zwischen dem, was ist und dem was sein könnte, und das gibt verschiedenen Meinungen Raum, Differenzen vielleicht nur im Detail, aber nichtsdestotrotz Differenzen. Demgegenüber fordert Idolatrie eine andere Art von Glauben als der politische Totalitarismus. Denn es gilt nicht, die Welt zu verändern (wenigstens nicht direkt), sondern vielmehr, die Welt als das anzuerkennen, was sie ist, die Dinge anzuerkennen, wie sie sind - oder kurz formuliert, zu glauben. Und das genau fordert der Liberalismus von uns: zu glauben, daß die Welt so ist, wie er sie sieht, und daß er folglich das natürliche Bild dieser Welt ist - aber nicht nur das. Er zwingt uns dazu, ihn als Lieferanten eines natürlichen Bildes der Welt zu

6 Hinsichtlich der Begriffe „das Böse", „Schlechtigkeit" und sogar „Sünde": Ist da nicht etwas, das diese Termini anzeigen, das der Moral fehlt, wenn sie vermieden werden? (vgl. in diesem Zusammenhang : Alasdair MacIntyre, After Virture, London, Duckworth 1985, 2nded) und Whose Justice? Which Rationality? (London, Duckworth, 1988).

betrachten, das vorgibt, unveränderbar, festgestellt, permanent und notwendig zu sein. Kein Wunder, daß Fukuyamas Prognose der permanenten Hegemonie des Liberalismus zugleich deprimiert und anzieht, und zwar beide, ihn und seine Gegner. Der Liberalismus zwingt dazu, gerade wegen seiner falschen Behauptungen, erstens, uns selbst und die Welt nach seinem Bilde zu machen und zweitens, zu glauben, daß nicht wir es sind, die das bewerkstelligen. Durch die Forderung eines solchen Glaubens, einer solchen Anbetung ist er totalitärer als der Totalitarismus, über den er triumphiert hat; und weil dieser Glaube falsch ist, sind seine Anbetung und seine Werte, die er einfordert, Götzendienst. Ihn bloß als ideologisch zu charakterisieren, verfehlt sein Ziel, die Menschen nach seinem Bilde zu machen und seine Realität als endgültige anzuerkennen.

Götzendienst

Der Terminus „Idol" erhält seine Bedeutung als Götzenbild/Trugbild auf der Basis seiner griechischen Wurzeln (δειδωλον): Erscheinung , Phantom, immaterielle Form, Wasser-/Spiegel-Bild, geistiges Bild und schließlich materielles Bild, also Statue.[7] Von Bedeutung ist nun, daß das Idol nicht bloß etwas ist, das als Symbol erkannt wird, sondern vielmehr etwas, das als real gilt. Ein Bild, angebetet als Symbol des Göttlichen, ist kein Idol; der Terminus ist speziell für Phantasiegottheiten reserviert, Gottheiten, „die es in der Welt nicht gibt" (1 Kor. 7,4). Wegen des Elements der Falschheit benutzt Francis Bacon diesen Terminus, um sich auf eine Vielzahl von Vorurteilen, von falschen und irreführenden Begriffen zu beziehen, die eine andere Wirkung haben als bloße Fehler. Diese Wirkung ist das Resultat von Idolen, die besondere Einstellungen zu Vorurteilen und letztlich zu falschen Gottheiten werden lassen. Idoloatrie, so kann man sagen, ist die Entrichtung oder der Erweis göttlicher Ehren gegenüber geschaffenen Objekten.[8]

Bacons Idole des Marktes (idoli fori), der Höhle (idoli specus), des Stammes (idoli tribus) und des Theaters (idoli theatrie)[9] haben ihren Platz in seinem Denken, weil sie systematische und eigenartige Fehler konstituieren, da sie auf Irrtümern beruhen, die die Menschen versklaven. Das Systematische der Idolatrie (ein Aspekt, den sie übrigens mit der Ideologie gemein hat) ist aber nicht alles, denn anders als die Ideologie, ist Idolatrie nicht nur die systematische Annahme von Etwas als real, das nicht real ist, sondern vielmehr die systematische Annah-

---

7 Oxford English Dictionary

8 Ebd.

9 Novum Organum IV, in James Spedding, Robert L. Ellis und Douglas Heath (Hg.), The Works of Francis Bacon (London, Longman 1857, S. 74)

me von Etwas als göttlich real (oder, was das Gleiche ist, tatsächlich göttlich), das nicht ist. So gesehen konstituieren Bacons Idole eine Art säkularer Häresie, wenn man die Vorstellung miteinbezieht, „daß Opposition oder Widerstand gegen die neuen Wissenschaften tatsächlich eine Form von Häresie ist - wenn auch nicht eine explizit religiöse Härsie, so doch zumindest eine, die tiefergehend das innere Seiende derjenigen, die sie wählen, verdirbt und unter Anklage stellt."[10] Das Gesagte läßt einiges von dem verständlich werden, was Bacon mit seiner Opposition zum Aberglauben anvisiert, repräsentiert durch die Idole der Höhle (das sind die Vorurteile des Individuums), und das verfehlt wird durch einen Blick, der Idolatrie und Ideologie als das das Gleiche Umfassende betrachtet.[11] Die systematische Verfälschung, die die Ideologie repräsentiert, ist trotz ihrer Macht und ihrer Tiefe nichtdestoweniger zu guter Letzt ein wissenschaftliches Trugbild und folglich eines, das unentdeckt bleiben kann durch wissenschaftliche Bedeutungen, seine Irrtümer beziehen sich aber nur auf die Realität, nicht auf göttliche Realität - darüber war Marx sich vollkommen bewußt. Die „Art der moralischen und geistigen Krankheit"[12], mit der die Idole der Höhle, die im Individuum selbst liegen und aus dessen Veranlagung, Erziehung, Gewohnheit und Neigung entstehen, verbunden sind - eine verdorbene und krankhaft geordnete Prä-Disposition des Geistes, die, wie sie ist, alle Antizipationen des Intellekts pervertiert und infiziert[13] -, ist jedoch nicht nur ein ideologisches Phänomen.

Um das hier Angezeigte zu verdeutlichen, kann man sich auch auf Ludwig Feuerbach beziehen. Sein *Wesen des Christentums* ist nicht nur eine der schärfsten Ausführungen des Atheismus, sondern zugleich ein Versuch, etwas von der theologischen Sprache und religiösen Einstellung des Christentums in einem durch und durch säkularen Kontext aufzubewahren. Das ist der Grund, warum die Auseinandersetzung mit diesem Atheismus in der Tat besonders schwierig ist und warum Marx in seinen *Thesen über Feuerbach* zwar einerseits durch Feuerbach inspiriert wurde, ihn andererseits aber kritiserte, nicht weit genug gegangen zu sein, und warum Karl Barth, dessen eigene Lösung des Problems der religiösen Sprache einzigartig bleibt, in einer respektvollen Entgegnung fragte, ob die Kir-

---

10 John Channing Briggs, „Bacon's Science and Religion", in: Markku Peltonen (Hg.), The Cambridge Companion to Bacon (Cambridge, Cambridge University Press 1996), S. 177).

11 So verfehlt bspw. Ian Box Wichtiges: „Bacon's moral philosophy", in: Markku Peltonen, op. Cit., S. 260. Zu einer detaillierten Auseinandersetzung mit Bacons Konzept des Götzen: Charles Whitney, Francis Bacon and Modernity (New Haven, Yale University Press, 1986), S. 37ff.

12 Bob, op. Cit., S. 279.

13 Francis Bacon, De Augmentis, IV, in: Spedding, Ellis u. Heath (Hg.). op. Cit., S. 431 (zitiert nach Box, op. Cit.).

che eher als Marx hätte sagen und in ihrer Praxis zeigen können, daß das Wissen von Gott aus sich selbst heraus und machtvoll eine Befreiung von allen Hypostasen und Götzen mit sich bringt und erzeugt und der schlußfolgerte, daß die Kirche sich von dem Stich der Feuerbachschen Frage nur erholt, wenn ihre Ethik fundamental getrennt wird von der Anbetung alter und neuer Hypostasen und Ideologien.[14] Feuerbachs Lehre ist entweder letzte Idolatrie, die Bindung menschlicher Wesen an die göttlichen Prädikate, oder aber es ist eine Art der Befreiung von der Idolatrie, die das Christentum ausmacht, die Anbetung von etwas als göttlich, das nicht ist, nämlich eine Projektion unseres Selbst. Zu unterstreichen ist in diesem Zusammenhang jedoch, daß weder seine Analyse noch seine Vorschriften ideologisch sind - daher Marxens gerechtfertigte Ungeduld über Feuerbach, die auf seinem Verständnis von Welt basiert, die er als unausweichlich mit Ideologie überzogen ansah. Feuerbach verstand das Christentum in der Tat als abgöttisch, als eine Anbetung von etwas als göttlich, das nicht ist. Das ist der Grund, warum seine Sprache theologisch und seine Herausforderung an das Christentum in einer Weise radikal bleibt, die Marx nicht aufbringt. Wie wichtig diese Thematik zwischen Marx und Feuerbach auch ist - nicht zuletzt hinsichtlich der Kritik des Liberalismus -, so gibt in dem hier explizierten Zusammenhang die eher allgemeine Frage zu denken, zu der die Überlegungen Feuerbachs führen, nämlich ob es sinnvoll sein könnte, aus dem theologischen Kontext den Begriff der Idolatrie aufzubewahren, um bspw. etwas von der Natur des Liberalismus zu fassen, das der Gebrauch der säkularen Sprache allein uns nicht zu sehen erlaubt. Ist der Liberalismus eine Ideologie tout court oder ist er eine Ideologie, die von uns fordert, daß wir ihn in analoger Weise behandeln wie eine falsche Religion?

Das liberale Individuum

Was genauer ist das Individuum im anglo-amerikanischen Liberalismus? Seitdem es die Natur dieses Individuums ist, die dem Wertesystem des liberalen Europa zugrunde liegt, ist die Frage eine kritische. Es gibt selbstverständlich Leute - ob Politiker oder Geschäftsleute, die Russische Mafia oder die Albanische Regierung -, die einfach die Vorteile der Gelegenheiten nutzen, die das System offeriert. Aber die meisten Menschen glauben tatsächlich an diese Werte, und sogar viele Angehörige des linken Spektrums lassen sich von dieser Konzeption verzaubern.

---

14 Karl Barth, An introductory essay, in: Ludwig Feuerbach, The Essence of Chstianity (New York, Harper & Row, 1957), S. XXVI/XXVII.

Es gilt nun, diese Gestalt ein wenig näher zu betrachten, und zwar anhand der Theorie von John Rawls. In *A Theory of Justice* schreibt er, daß das Gute für eine Person in der lebenslangen rational geordneten Ökonomie der Bedürfnisbefriedigung besteht.[15] Rawls' Liberalismus ist hier, hinsichtlich der Rede von einer „rational geordneten Ökonomie der Bedürfnisbefriedigung", aber auch im Hinblick auf seine Hauptargumentation, klar von Kant bestimmt. Trotz allem Anti-Utilitarismus ist der Liberalismus in *A Theory of Justice* fest in der Tradition des klassischen Liberalismus verankert, der v.a. auf John Stuart Mill zurückgeht. Was aus dieser Konzeption folgte, war, wie Mill es selbst ausdrückte, daß „die menschlichen Fähigkeiten der Wahrnehmnung, des Urteilens, Fühlens, geistiger Aktivität und sogar die Fähigkeit zu moralischen Präferenzen nur eingeübt werden in dem Akt des Wählens."[16]

So sind also Wollen und Wählen die fundamentalen Weisen, durch die die Menschen ihre Identität entwickeln und ausdrücken. Wir sind das, was wir wollen; wir artikulieren unser Selbst in dem, was wir wählen. Darin besteht unsere Freiheit, das ist ein gutes Leben, egal, was wir tatsächlich wählen - vorausgesetzt, daß wir anderen Personen keine Gewalt zufügen und sie nicht in ihrer Wahl behindern. „Nimm, was du willst" ist die Wurzel des guten Lebens.

Aber diese liberale Konzeption der Konstitution des Individuums ist radikal verfehlt. Das, was wir wollen, ist nicht das, was wir sind, wenigstens nicht in einem essentiellen Sinn. Das, was wir wollen, ist zum großen Teil das, was man uns lehrt, zu wollen (und kontrastiert so vielleicht mit dem, was wir brauchen). Unsere Freiheit realisiert sich nicht im Nehmen dessen, was wir wollen, denn die meisten unserer Bedürfnisse sind überhaupt nicht essentiell die unsrigen. Wahlmöglichkeiten zu haben, ist nicht das größte Gut, weil das Urteil, das benötigt wird, um etwas zu wählen, das Wählen an sich, zurückgewiesen werden kann zum Vorteil anderer, substantiellerer Werte. Aber dies ist nicht alles. Daß eine liberale Konzeption des Individuums vefehlt ist, haben nicht zuletzt die Kommunitarier erkannt. Wir sind nicht autonom im Sinne eines Unbezogenseins auf Andere, weil wir nicht einmal als jemand existieren könnten ohne soziale Strukturen und Verhältnisse. Wir sind als jemand in eine Reihe von Verhältnissen und in eine partikulare Kultur hineingeboren. Allein gestellt - in der Isolation einer sprichwörtlichen Wüsteninsel - würde ich nur insofern jemand sein, als daß ich und diejenigen, die ich zurückgelassen habe, sich einander erinnerten.

---

[15] Oxford, Oxford University Press 1972.

[16] On Liberty, in: M. Warnoick (Hg.), J.S. Mill, Utilitarism (Fontana 1962), S. 187 (Hervorhebung von mir).

Der Liberalismus muß die Individuen gemäß seines konzeptionellen Bildes erschaffen; er muß sie glauben machen, daß ihre Bedürfnisse die Basis dessen sind, was sie sind, und daß sie selbst essentiell atomistisch sind - andererseits würde er versuchen müssen, seine Ansprüche als substantielle Aussagen über das gute Leben zu rechtfertigen, anstatt eine solche Rechtfertigung abzulehnen.

Selbstverständlich erkennt der Liberalismus seine eigenen Widersprüche in vielfältiger Weise. So sind bspw. Schulen in Britannien aufgefordert, Moral zu lehren, und in ganz Europa sehen wir „Freie-Markt-Politiker" den von ihnen diagnostizierten Werteverfall beklagen. Oder man denke etwa an den belgischen Pädophilie-Skandal. Die Verwässerung des Familienlebens wird auch in Polen und der Tschechischen Republik beklagt. An dem Verlust der Ideale des Dienens und des Verantwortungsgefühls wird quer über den Kontinent Anstoß genommen. Der gutgemeinte, aber naive Libertinismus der 60er auf der einen und der Libertinismus der extremen Neuen Rechten auf der anderen Seite - sie sind beide in der Tat Gefahren des Liberalismus, weil sie die Leute dazu bringen, die falsche Dinge zu wollen. Aber Liberale wissen nicht, wie sie damit umgehen sollen, weil ihre liberalen Prinzipien genau die Art von Freiheit fördern, die diese Phänomene gebiert. Denn für die liberale Bequemlichkeit ist es schwer, einzusehen, warum die Dinge in den meisten Fällen falsch sind, wenn sie doch gerade das sind, was die Menschen wollen.

Diese Widersprüche - obgleich insgesamt dem Liberalismus inhärent - kommen dann an die Oberfläche, wenn keine wirksame Opposition vorhanden ist, wenn die Menschen beginnen, sie direkt zu erfahren, und folglich in die Lage versetzt werden, die Realität von der Ideologie zu unterscheiden. Genau dann müssen aber die ideologischen Anstrengungen verdoppelt werden: was jedoch nur dazu führt, daß sie leichter als ideologisch durchschaut werden können. Es wurde ja schon darauf hingewiesen, daß selbst Liberale unter diesen Umständen anfangen, einige dieser Widersprüche innerhalb ihres Systems wahrzunehmen, und zwar aus dem einfachen Grund, weil ohne Opposition das System sich zu den Extremen hinbewegt, die in ihm latent vorhanden sind. So entwickelt sich bspw. eine Spannung zwischen der Freiheit des Marktes und den globalen Monopolen, zwischen der Autonomie des Individuums und der sozialen Kohäsion, die gefordert ist, wenn nur Markt sein soll; oder zwischen den Bedürfnissen kleiner Gruppen sich frei assoziierender Individuen und nationaler Politik. Daraus resultieren die Probleme über den Besitz der Medien, die Sozial-Charta, den fin des siècle der Amoralität. Nicht zuletzt gebiert der Liberalismus selbst anti-liberale Positionen: Mary Warnock, eine anerkannte britische Erzieherin, Philosophin und eine Art allgemeiner liberaler Guru, schreibt bspw. folgendes über die höhere Erziehung: „Und so kann das Ziel der Universitäten niemals sich nach dem Markt ausrichten, in dem Sinn, daß sie anbieten, was immer die Studierenden wollen. Vorausblickende Studenten wissen oft nicht, was sie wollen und wissen sicherlich nicht, was sie tun müssen, um die akademischen Ziele zu erreichen. Im Gegensatz dazu müssen die Universitäten versuchen, die Unfähigkeit, eine intelligente Wahl zu treffen, zu der Menschen aufgrund ihrer Position auf dem ökonomischen Markt gezwungen werden, zu beseitigen."[17]

Um all diese Spanungen und Widersprüche zusammenzufassen, ist der Begriff der Gleichheit zu fokussieren. Das liberale Individuum beider Traditionen existiert nur in der Gleichheit mit anderen Individuen. In der empirischen Tradition ist diese Gleichheit das Resultat der Autonomie des Individuums. Denn wenn die Individuen wirklich autonom, wirklich frei sind, dann können sie nicht „aufgrund ihrer Natur" weniger frei sein als alle anderen Individuen, ansonsten würde ja ihre essentielle Freiheit gemindert, begrenzt - und damit ihre Gleichheit. Das Resultat der liberalen Ökonomie ist nun aber gewiß nicht Gleichheit. Dies sei aber auch nicht der Punkt, so behaupten Liberale, geht es doch um die Gleichheit der Möglichkeiten. Heutzutage opponieren die Libertarier explizit gegen die Gleichheit. Sie sind zumindest konsistent, denn Gleichheit kann nicht ein fundamentales Prinzip des Liberalismus sein.

Warum nicht? In seinem mittlerweile zum Klassiker avancierten Buch *A Theory of Justice* versucht Rawls, einen überzeugenden Beitrag auf der Basis dessen zu entwerfen, was er als die Wahrheit über die menschliche Natur ansieht, daß nämlich das Bedürfnis, soviel von dem bekommen zu können, was wir wollen, ohne illegitimerweise die Fähigkeiten der anderen, dies ebenso zu tun, zu beschneiden, das fundamental Gute für die menschlichen Wesen konstituiert - das ist der klassische Ausgangspunkt für die Liberalen. Gerechtigkeit besteht aus der rational erzwungenen Distribution auf der Basis der Bedürfnisse oder der sozialen Primär-Güter, Güter, die fundamental sind, weil sie die notwendigen Bedingungen konstituieren, irgendwelche anderen Güter zu genießen. Und dieser Liberalismus fordert, daß diese gemäß dem Differenz-Prinzip verteilt werden:

„Alle sozialen Primär-Güter (Freiheit und Möglichkeiten, Einkommen und Reichtum und die Basis der Selbstachtung) sind gleich zu verteilen, es sei denn eine ungleiche Verteilung von jenem oder allen diesen Gütern ist zum Vorteil der am wenigsten begünstigten Mitglieder."[18]

Als ein Beispiel dafür, was als „Liberalismus mit einem menschlichen Antlitz" bezeichnet werden kann, ist dies bestimmt gut nachvollziehbar. Aber es zeigt seine extremen Begrenzungen. Was Rawls einfordert, ist folgendes: Nehmen wir einmal ein Gedankenexperiment vor, in dem wir entscheiden, wie diese

---

[17] Mary Warnock, Universities: Knowing our Minds (London, Chatto und Windus, 1989), S. 25.

[18] Op.cit., S. 303.

sozialen Primärgüter in einem Kontext (Rawls' Urzustand) verteilt werden, in dem unsere Perspektive nicht mehr und nicht weniger zählt als die der anderen und wir nicht wissen, wo wir uns innerhalb dieser sozialen Struktur am Ende befinden werden („Schleier der Unwissenheit"). Als ein rationales Wesen werden wir dann das Verteilungssystem wählen, das den Ärmsten am besten stellt, da wir ja selbst zu ihnen gehören könnten. So gesehen wird ein System, das den Ärmsten, nehmen wir einmal an, 100 x pro Jahr und den Reichsten 500 x pro Jahr bietet, von jedem rationalen Individuum gewählt anstatt eines, in dem die Ärmsten 50 x im Jahr und die Reichsten 99 x pro Jahr verdienen. Denn obwohl das erste größere Ungleichheit enthält, ist jeder und im besonderen der Ärmsten besser dran als im letzten. Aber was den Liberalen unbegreiflich erscheint, ist, daß eine rationale Person letztere wählt, nur weil ihm der größtmögliche Grad der Gleichheit das primäre soziale Gut ist. Das genau charakterisiert den Sozialismus. Es ist sicherlich nicht bewiesen, daß die erste Struktur der letzeren überlegen ist - nicht zuletzt weil es von dem Wert x abhängt. Liberale wenden oftmals gegen Sozialisten ein, daß, wenn der Wert tief genug ist, die Verpflichtung zur letzten Struktur die Präferenz für gleiches Elend bedeutet. Aber das zeigt nur - worauf Marx insistierte -, daß Sozialismus eine Basis materiellen Wohlstands voraussetzt. Der Kern ist, daß Ungleichheit selbst als Gewalt verstanden werden kann. Und das ist etwas, was eben eine Ideologie wie der Liberalismus nicht zugeben kann und verhehlen muß.

Liberalismus als Idolatrie

Die offene Gier und der zügellose Konsumismus, die den Liberalismus im gegenwärtigen Europa kennzeichnen - und die Entwicklung von Entfremdung und Pauperisierung ganzer Gruppen, welches die Konsequenz ist - sind weder lokale Schwierigkeiten noch unwillkommene Zufälle. Eher repräsentieren sie das reale Gesicht des Liberalismus. Sie sind der unvermeidliche Selbstausdruck eines Liberalismus, der seit dem Ende des sogenannten Sozialismus nicht länger ein menschliches Antlitz benötigt.[19] Aber wie erschreckend dieser Status heutzutage auch gewiß ist, damit ist noch nicht alles gesagt.

Je mehr die internen Inkonsistenzen des Liberalismus an die Oberfläche gelangen und seine ideologische Natur klar wird, desto radikaler wird die Verteidigung dieses Systems. Das Produkt einer partikularen historischen Kultur muß

---

[19] Es war vielleicht das schlimmste Übel des Stalinismus den Sozialismus diskreditiert, bedeutungslos und schließlich unterminiert zu haben, wie Alex Callinicosz.B. argummentiert: siehe: The Revenge of History (Cambridge, Polity Press 1991).

präsentiert werden als „ein Faktum der humanen Natur", universal wahr für menschliche Wesen als solche: Wir sind von Natur aus auf Erwerb ausgerichtete, miteinander konkurrierende und selbstbezogene Atome, die einseitig ihren eigenen Bedürfnissen nachjagen. Aber weil dies als empirische Behauptung über die Natur der menschlichen Wesen gänzlich unplausibel ist, präsentiert es mehr als nur empirische Realität. Als solche wird das Bild, das der Liberalismus sich von uns und unserem Platz in der Welt macht, immun gegenüber Infragestellungen in genau derselben Weise und aus demselben Grund wie eine mythische oder fundamentalistische Religion: empirische Ansprüche sind irrelevant, was jedoch auf dem Spiel steht, ist die Realität an sich. [20] Diejenigen, die nicht glauben, gehören nicht zu uns, diejenigen, die nicht den freien Markt anbeten, verstehen nicht die Realität. Das liberale Bild vom menschlichen Wesen ist jetzt eines, das nicht an Bedingungen geknüpft ist. Es ist die Schablone gemäß der alle anderen Ansprüche verstanden und bewertet werden. Der Glaube der Menschen steht hier auf dem Spiel. Apostaten werden verabscheut. Kurz gesagt, Liberalismus wird zu etwas, das dem Wesen einer Religion gleichkommt, obwohl natürlich am ehesten dem der oben genannten Ausprägungen. Er präsentiert nicht so sehr ein verzerrtes Bild der Welt - eine Ideologie - als vielmehr ein Über oder Jenseits eines bloßen Bildes von der Welt. Und was ist das anderes als der Anspruch des Göttlichen? Es ist als ob der Liberalismus Feuerbach auf den Kopf gestellt hat und auf die göttliche, da jenseits der Fragen angesiedelte Natur des Subjekts insistiert, während er versucht, uns zu überzeugen, daß diese und jene Prädikate tatsächlich sich auf ihn applizieren lassen. Und was ist dieser Prozeß, wenn nicht ein Beispiel zumindest dreier Idole, von denen Bacon spricht? Was historisch partikular und bedingt ist, wird präsentiert als universal und unbestreitbar, das bizarrste Knäuel dieser Logik ist seine Verteidigung, in der er die „natürlichen" Eigenschaften des Menschen definiert und das Bedürfnis, nicht außenvorgelassen zu werden, das Bedürfnis nach Ruhm, um mit Bacon zu sprechen - beide bilden den Maßstab der Wahrheit.

Der Liberalismus fordert uns auf, daß wir einem geschaffenen Objekt quasi-göttliche Verehrung zukommen lassen, nämlich ihm selbst und seinen Inkarnationen und daß wir in diesem Prozeß dazu kommen, das zu wollen, was er will,

[20] In dieser Hinsicht würde es eher als eine Art religiöser Fundamentalismus erscheinen, dem er formal entgegentritt.

das wir wollen sollen, und so zu werden wie er es von uns fordert. Er schafft uns nach seinem Bilde. Was ist das anderes als Idolatrie?

(Aus dem Englischen übersetzt von Jürgen Manemann.)

Politik nach dem Tod Gottes*

Agnes Heller

---

* Wiederabdruck aus: Huber, J./A.M.Müller (Hg.): Instanzen/Perspektiven/Imaginationen, Basel/Frankfurt a.M. 1995 (Interventionen 4), S. 75-94. Mit freundlicher Genehmigung des Stroemfeld Verlags.

Agnes Heller

Politik nach dem Tod Gottes

I

Im 19. Jahrhundert verkündeten einige deutsche Philosophen den Tod Gottes. Diese Metapher wurde zwar von Deutschen geprägt, aber die in ihr so treffend erfaßte Erfahrung von allen modernistischen Europäern geteilt. Sie bezog ihre erhellende Kraft aus einer Tradition, die in Deutschland mit Winckelmann begann und den deutschen Geist als Wiedergeburt des antiken griechischen Geistes auffaßte. Die griechischen Götter wurden als die Verkörperung der griechischen Politik und Kultur verstanden, und daher verkündete ihr Untergang auch das Ende ihrer Welt. Diese starke Identifizierung mit den Griechen warf einen dunklen Schatten auf die Modernität, in der, seit dem Jahrhundert der Aufklärung, der Thron des christlichen Gottes ins Wanken geraten war. Aufgrund dieser Entwicklung wurde der in Schillers Gedicht heraufbeschworene und in Hölderlins *Hyperion* beschriebene Untergang der »Götter Griechenlands« zu einer paradigmatischen Geschichte. Die Bedeutung dieser Geschichte war einfach und prägnant: Wenn es zutrifft, daß zwischen Göttern einerseits und Politik und Kultur andererseits eine wesentliche Beziehung besteht, dann nehmen sterbende Götter ihre ganze Welt mit ins Grab; eine ganze Kultur geht unter, die Welt, so wie man sie kannte, verschwindet, und die alten politischen Institutionen werden zu leeren Hülsen. Die Metapher legte nahe, daß das, was einmal mit den griechischen Göttern geschah, auch mit dem christlichen Gott geschehen könne – daß sich die alte Geschichte der Götterdämmerung wiederholen würde.

Diese paradigmatische Geschichte läßt auch eine andere Auslegung zu: Obwohl der Glaube an die alten griechischen Götter vergangen ist, so lautet die Alternative, bleiben diese Götter und Göttinnen in der

Form von Kunstwerken doch für immer unter uns; sie sind auf diese Weise in der Welt der Kultur einbalsamiert. Hier kann man wieder eine Parallele ziehen. Obwohl die modernen Naturwissenschaften die tote Materie an die Stelle des lebendigen Kosmos gesetzt haben – und die schlechte Unendlichkeit an die Stelle des göttlichen Kreises – wird der jüdisch-christliche Gott doch weiter unter uns bleiben, da er für alle Ewigkeit unserer europäischen Kultur innewohnt. Schillers berühmtes Gedicht wendet sich an die Hoffnung, wogegen Hegels philosophisches System im Rahmen einer philosophischen Wissenschaft Trost spendet. Philosophie, so Hegel, bewahrt den Wahrheitsgehalt der lutherischen Religion, hebt aber die religiöse Form auf. Die Philosophie ist der Modernität gemäß, nicht Religion. Für Nietzsche war auch dies nur eine Illusion, an der man in schlechter Absicht festhielt. Der Nihilismus ist laut Nietzsche sowohl dem Christentum als auch der Philosophie immanent; das Christentum ist besonders selbstmörderisch; es hat schon Selbstmord begangen. Der christliche Gott ist tot, er wurde entweder ermordet oder, so die alternative Deutung, erlag seinem hohen Alter. Ein neuer Gott müßte kommen. Einhundert Jahre später klingt in Heideggers berühmtem Interview: »Nur ein Gott kann uns retten« eine ähnliche Idee an.

Neben dem eindrucksvollen Bild vom »Tod Gottes« nahm langsam noch eine andere Metapher einen herausragenden Platz in der westlichen, vor allem in der mitteleuropäischen Vorstellungswelt ein: die »gottverlassene Welt«. Sie vermittelt die Botschaft, daß Gott die Welt ihrem Schicksal überlassen und seine Geschöpfe verlassen hat. Trotz der Gegenwehr religiöser Denker (Buber z.B. ersetzte sie durch eine andere: die Sonnenfinsternis Gottes), wurde »die gottverlassene Welt« um die Jahrhundertwende zu einer weitverbreiteten Metapher.

Das ausdruckstarke Bild des sterbenden christlichen Gottes verbreitete Furcht und erfüllte die geistige Welt mit Melancholie; die typischen Intellektuellen jener Zeit räumten der kränkelnden westlichen Zivilisation nur noch mindere Ueberlebenschancen ein. Der Untergang Gottes erfüllte ihre Seele mit Trauer und Furcht, aber auch mit Stolz. Die Idee der Aufklärung der Vergöttlichung des Menschen, wurde von vielen aufgenommen. Die Umkehrung der biblischen Schöpfungsgeschichte durch Feuerbach nahm das Vorstellungsvermögen gefangen: Nicht Gott schuf den Menschen nach seinem Bilde, sondern der Mensch Gott nach dem seinen. Aber durch die Schöpfung seines Gottes entfremdete sich der Mensch seiner eigenen Macht und Kraft, er setzte sein eigenes Geschöpf über sich und betete es an. Für die Intellektuellen war der

Zeitpunkt gekommen, diese Entfremdung aufzuheben, und dem Menschen sein eigenes Schicksal ganz in die Hand zu geben.

Aber all diesen großen oder minder großen Geistern war eines gemein, unabhängig davon, ob sie befürchteten, daß der Niedergang Gottes auch den baldigen Untergang unserer europäischen Zivilisation bedeute, oder ob sie auf die Vergöttlichung des Menschen, als der krönenden Geste eben dieser Zivilisation, stolz waren: Sie alle waren radikale Denker und trugen zur Geburt und späteren Herrschaft des politischen Radikalismus im 20. Jahrhundert bei.

Radikales Denken erschien nicht einfach aus dem Blauen heraus. An dem, was die radikalen Denker sagten, war viel Wahres; sie drückten Erfahrungen aus, die von vielen kulturell bewußten Menschen ihrer Zeit geteilt wurden. Die Metaphern vom sterbenden Gott und von der gottverlassenen Welt verdichteten eben diese Erfahrungen auf prägnante Weise.

Schon immer hat sich das sinnvolle Leben um bestimmte Gottheiten gedreht; die Götter nahmen am Leben ihrer Völker teil. Im monotheistischen Zeitalter lebten Juden, Christen und Moslems im absoluten Bewußtsein der göttlichen Gegenwart; sie handelten angesichts des lebendigen Gottes. Aber die moderne Welt entwickelte sich zu etwas ganz Anderem. Der Unterschied, oder besser, das daran Neue, wurde von Paul Weisz, dem Rabbi von Debrecen, in seiner Antrittsrede im Jahr 1937 bündig formuliert. Er sagte: »Gott entfloh der Welt. Ich kann euch geschriebene Texte und vielgelesene Bücher zeigen, in denen Gott nicht vorkommt. Man kann Ereignisse aufzählen, in denen Gott nicht gesehen werden kann, oder Taten, in denen er abwesend ist. Wir wissen um Versammlungen, zu denen viele Vertreter großer und kleiner Staaten geladen sind und die über das Schicksal von Welten, von Ländern und von Millionen Menschen entscheiden – nur Gott ist in ihnen nicht willkommen. Kleine Tragödien und unermeßliche Dramen finden ohne Gott statt – so erscheint es uns zumindest. Es gibt Paläste, aber auch Hütten, die Gott nicht betreten darf ...«

Rabbi Weisz beschrieb damit die bekannten Resultate des Säkularisierungsprozesses. Aber seine Interpretation dieses Prozesses unterscheidet sich auf bedeutsame Weise von derjenigen der radikalen Denker. Er bezieht sich auf den Atheismus als den neuen Goliath, also genau den Feind, der durch Glauben besiegt werden muß und auch besiegt werden kann. Der Säkularisierungsprozeß ist für sein Denken nur eine kontingente historische Tatsache. Jedes einzelne Individuum, so glaubt der Rabbi, kann sich von diesen zeitlichen Bedingungen ab- und dem Angesicht des Ewigen zuwenden. Um es kurz zu fassen: der Säkularisierungsprozeß ist hier nur empirisch beschrieben. Der Rabbi sagte nicht, daß Gott gestorben sei oder unsere Welt gottverlassen, er sagte nur, daß die modernen Institutionen reibungslos funktionieren, ohne sich auf Gott zu berufen, daß Individuen voller Stolz Gott ablehnen, ohne damit Strafe auf sich zu ziehen, und daß es eine Angelegenheit der freien Wahl, des Bedürfnisses oder auch nur des Geschmacks geworden sei, ob man vor dem Angesicht Gottes oder ohne Gott leben will. Aber er besteht auch darauf, daß all dies – hic et nunc – anders sein könnte.

Der Rabbi von Debrecen war kein radikaler Denker, weil er kein Historist war. Jemand, der keine bedeutende Verbindung zwischen den kontingent-zeitlich-historischen Phänomenen einerseits und dem Ewigen Sein oder Wesen andererseits sieht, kann kein Historist sein. Der Rabbi war kein Anhänger des Begriffs der Totalität: darum konnte er die Ueberzeugung aufrecht erhalten, daß wir uns dem Ewigen in jeder Welt und zu jeder Zeit zuwenden können – durch persönlichen Glauben und persönliche Verpflichtung. Jeder Mensch, sei er nun gläubig oder ungläubig, der diese Prämissen des Rabbis teilt, wird auch dessen Schlußfolgerungen teilen. Der Skeptiker, der Agnostiker z.B., wird uns sagen, daß, da wir nichts über Gott wissen, insbesondere nichts über seine Existenz, sowohl der Glaube als auch Mangel an Glauben an Gott persönliche Entscheidungen sind, die gänzlich in den begrenzten Bereich unseres eigenen Ermessens fallen. Ein Skeptiker ist normalerweise ein Skeptiker durch und durch. Er verwirft die Versuche, den Menschen zu vergöttlichen: Er lacht über diese Frechheit des unwissenden Toren namens Mensch. Er hegt ernsthafte Zweifel an der privilegierten Stellung des Menschen im Universum und noch größere Zweifel an der privilegierten Stellung des modernen Menschen in der Geschichte. Warum sollte unsere Generation alles besser wissen als die Generationen vor uns? Oder umgekehrt: warum sollte sie weniger wissen als jene. Warum sollten gerade wir Götter der Geschichte werden und alle Rätsel lösen? Oder warum sollten ausgerechnet wir, hier und jetzt, zum Untergang bestimmt sein? Kurz: die moderne religiöse Person und der moderne Skeptiker verwerfen den Begriff der Totalität ebenso wie den Historizismus und die radikale Politik.

Politik nach dem Tod Gottes

2

Schon die vorläufige Diskussion der Beziehung Gott-Mensch-Geschichte nötigte uns, zwischen radikalen und nichtradikalen Denkern zu unterscheiden. Der Radikalismus, an den ich dabei denke, hat einen historisch-politischen Charakter, keinen metaphysischen. So steht der Skeptiker oder der Agnostiker z.B. dem Heiden oder dem Atheisten metaphysisch vermutlich näher als einer religiösen Person (z.B. dem Rabbi von Debrecen), wogegen der Rabbi allen Radikalen, die sich bereit erklären, einen neuen Gott aufzunehmen, metaphysisch näher sein sollte. Denn sowohl der Atheist als auch der Skeptiker leben ohne Gott, genauso wie auf der anderen Seite auch der neue Gott ein Gott oder eine Göttin bleibt und an dem gut vorbereiteten Ort erscheint, den Heidegger »das Heilige« nannte. Aber in Wirklichkeit entwickeln sich solche Verwandtschaften auf ganz andere Weise, und dies gilt besonders für die politische Ebene. Das radikale Denken und die radikale Geschichtserfahrung bewegen sich zwischen zwei Extremen: absolute Verzweiflung einerseits und absoluter Glaube andererseits. Wenn der radikale Denker als einzelner »Existierender« und für den einzelnen »Existierenden« philosophiert, wird sein Radikalismus, wie derjenige Kirkegaards, antipolitisch. Wenn er aber als ein »Wir« im Plural denkt und spricht, werden sowohl seine Verzweiflung als auch sein absoluter Glaube auf historisch-politische Mächte und Handlungsträger übertragen. Die durch die Traumata des Todes Gottes und der gottverlassenen Welt verunsicherten Intellektuellen waren die Wegbereiter der totalitären Politik, der totalitären Gesellschaft und des totalitären Staates. Sie nahmen die Lektion, die sie am Beispiel der vormodernen Zeitalter gelernt hatten, ernst: eine eigengesetzliche Welt benötigt einen einzigen Glauben, eine einzige Kultur, einen alleinigen Gott und, vielleicht, auch einen Führer. Am Ende bekamen die radikalen Intellektuellen was sie wollten, auch wenn sie das, was sie bekamen, nicht mochten. Es gab einen Glauben, einen Führer und auch Totalität, aber die eine Kultur, von der sie träumten, wurde dadurch nicht gewonnen, sondern verloren.

Die radikalen Denker, die radikalen Heiden, verknüpften die antike griechische Idee des kairos mit dem jüdischen Messianismus oder der christlichen Apokalypse. Eine tödliche Kombination. Der griechische Begriff des kairos verweist auf einen privilegierten Moment der Tat, den es zu ergreifen gilt: Jetzt ist der richtige Zeitpunkt. Sowohl die Entscheidung als auch die Handlung selbst ist jeweils die eigene. Aber das

Kommen des Messias kann nicht beschleunigt werden, und die Apokalypse ist kein Ereignis, dessen Ausgang vom Willen des Menschen oder seiner Empfindung der Dringlichkeit abhängig ist. Wenn man kairos mit dem Messianismus oder mit der Vision der Apokalypse verbindet, denkt man die Idee eines Endkampfes, einer totalen Umkehrung von Zeit und Geschichte als etwas, das ausschließlich von unserem Sinn für den richtigen Zeitpunkt und von unseren Handlungen abhängt. Die einzigartige Verbindung von kairos und Apokalypse ist die menschengemachte Apokalypse, die diabolische Apokalypse von Auschwitz und dem GULAG. Der Mythos vom Tod Gottes und von der gottverlassenen Welt, der Mythos der historischen Verzweiflung und der absoluten politischen Verpflichtung wurden in Auschwitz und im GULAG in einem durchaus nicht mythischen, äußerst realen Feuer konsumiert.

Man muß von der Politik des Totalitarismus zum Rabbi von Debrecen zurückkehren und zu seinen Gegenspielern – oder heimlichen Verbündeten –, den Agnostikern, den Skeptikern. Anstatt radikalem Denken und radikaler Politik haben wir dann konservative und liberale Politik.

Ja, was der Rabbi sagte, ist wahr: In der modernen Welt gibt es viele Ereignisse und Taten, in denen wir nicht das Werk Gottes erkennen können, da wir sie allein menschlichen Handlungsträgern zuschreiben. Wenn man will, kann man auch in diesen Ereignissen das Werk Gottes entdecken, aber dies ist eine private Angelegenheit und geht keinen anderen Menschen etwas an. Ebenso kann man dieselben Ereignisse auch als Resultat der heimlichen Arbeit geschichtlicher Notwendigkeit erklären, sie dem Einfluß der Konstellationen der Himmelskörper zuschreiben, als Konsequenz soziologischer Gesetze betrachten, oder als Manifestation des Willens zur Macht. Es gibt keine politisch privilegierte metaphysische Sichtweise, und dies ist auch der Grund dafür, daß auch der Religion eine politisch privilegierte Position verwehrt werden muß. Das Recht auf freie Religionsausübung, d.h. die Anerkennung der religiösen Freiheit, war der entscheidende Schritt zur Verhinderung einer direkten Einmischung der Religion in die Politik. Moderne Politik bezieht ihre Autorität vom Volk, d.h. von all jenen, die von den politischen Entscheidungen betroffen sind. Politische Entscheidungen sind das Resultat von Diskussionen. Ueber metaphysische Ansichten und Verpflichtungen läßt sich aber nicht diskutieren. Da die Bürgerschaft in den Fragen nicht-diskutabler metaphysischer Ansichten nicht entscheiden kann, müssen diese Ansichten aus der politischen Domäne ausgesperrt bleiben. Wie wir alle wissen, ist das Verbot einer direkten Einmischung der Religion in die Politik die Voraussetzung für eine demokratische Politik im eigentlichen Sinne. In jüngster Zeit wollte Richard Rorty dieses Verbot auch auf den Begriff der Wahrheit ausweiten.

Die gewaltsame Wiederkehr der Religion in die Domäne der Politik wird heutzutage Fundamentalismus genannt. Der Geist des Fundamentalismus entwurzelt das Fundament demokratischer Politik. Es gibt über den religiösen hinaus auch noch andere Arten von Fundamentalismus. Überall, wo eine Gruppe von Menschen ein bestimmtes Glaubensbekenntnis, eine These oder einen Dogmenkomplex zur absoluten Wahrheit erklärt und darüber hinaus den Anspruch erhebt, wahre Politik müsse in eben dieser Wahrheit gründen, sehen wir uns mit Fundamentalismus im eigentlichen Sinne konfrontiert. Das Denken in Rassen oder Klassen gehört unter diese Rubrik, wie zum Beispiel auch der radikale Feminismus. Rorty scheint mit seiner Forderung also in gewissem Sinne recht zu haben.

Politische Institutionen werden so zu säkularen Institutionen, und selbst wenn jemand auf die Bibel schwört (z.B. vor Gericht), ist das nur ein Lippenbekenntnis, und zwar eher ein Bekenntnis zu Tradition als zu Religion. Es ist kaum möglich, dieses liberale Modell der Säkularisierung mit dem starken Anspruch der Aufklärung auf Vergöttlichung des Menschen zu verbinden. Selbst der alte republikanische Slogan »vox populi – vox dei« hat heute seinen hehren Klang verloren; man gesteht ein, daß nicht nur Menschen, sondern auch politische Institutionen fehlbar sind. Weder Institutionen, noch der einzelne Handlungsträger sind heute noch quasi-religiöse Objekte der Verehrung, wie das noch vor einem Jahrhundert der Fall war. Die demokratische Politik in Europa hat sogar einen gewissen Zynismus entwickelt. Die modernen Männer und Frauen der Politik gleichen nicht Napoleon – sie sind keine Schicksalsmenschen, die den Himmel erobern, sondern sie arbeiten eher wie Ameisen, unter der Erde.

Lassen sie mich zu den Befürchtungen des Rabbi von Debrecen aus dem Jahre 1937 zurückkehren. Der Rabbi hat seinen Goliath falsch identifiziert. Der Teufel, der das ungarische Judentum zerstörte, war nicht der liberale Säkularismus, sondern der fundamentalistische Rassismus, d.h. ein neues Heidentum. Wie wir gesehen haben bringt der Säkularismus Gott nicht um – er privatisiert Gott, macht ihn vermarktbar, vielleicht sogar modisch. Und trotzdem hat der Rabbi von Debrecen seinen Goliath auch richtig identifiziert. Denn ist es nicht so, daß ein

Gott, der genauso gut erwählt wie abgelehnt werden kann, der einmal modisch, dann wieder unmodisch sein kann, gar kein Gott im traditionellen Sinne ist? Er ist jedenfalls nicht der »Geist der Gemeinde«, um Hegels Begriff zu verwenden. Man muß also die folgende Frage stellen: Ist es genauso leicht, die Politik von der Kultur zu trennen, wie man sie einst von der Religion getrennt hat? Denn würden wir diese Frage bejahend beantworten, wäre es möglich, daß wir zu der Metapher vom Tod Gottes zurückkehren müßten.

3

Es war Carl Schmitt, ein katholischer Theoretiker der extremen Rechten, der sagte, alle politischen Begriffe der Neuzeit seien in Wirklichkeit säkularisierte theologische Begriffe. In jüngerer Zeit hat Blumenberg diese These wiederlegt. Die Inhalte der neuen Begriffe seien eher säkular als säkularisiert, so schrieb er, aber natürlich seien der neuzeitliche politische Grundwortschatz und die wichtigsten Assoziationsketten den Traditionen entnommen und damit auch der christlichen, mittelalterlichen, theologischen Tradition. Ich denke, daß beide Standpunkte etwas Wahres enthalten, und daß die Antwort auf diese Frage von Begriff zu Begriff unterschiedlich ausfällt. Man kann z.B. durchaus vertreten, daß die Begriffe der »Menschenrechte« und der »Souveränität« säkularisierte theologische Begriffe sind, aber die Idee eines »Gesellschaftsvertrags« ist ursprünglich säkular und wird durch den Bezug auf den Heiligen Bund nur legitimiert. Es liegt hier aber ein tiefergreifendes Problem vor, als man auf den ersten Blick erkennt, nämlich die Tatsache, daß alle politischen Begriffe der Neuzeit ursprünglich in ein metaphysisches System oder quasi-System eingebettet waren. Und dies gilt sowohl für den Begriff des Gesellschaftsvertrags als auch für den Begriff der Souveränität. Politik ohne Metaphysik bleibt ohne Sprache, ist stumm.

Die radikale Politik (sowohl der Linken als auch der Rechten) bediente sich einer etablierten, tief in Religion, im Mythos, in der antiken Metaphysik oder in den verschiedenen Formen der Umkehrung der Metaphysik verwurzelten Sprache. Michel Loewy zeigte auf überzeugende Weise die starken Anklänge des jüdisch-messianischen Vokabulars in den Schriften radikaler kommunistischer Intellektueller der zwanziger Jahre – unter anderem in den Texten von Benjamin und Lukács. Der Nazismus sprach die heidnische quasi-mythologische

Sprache des Rassismus (Blut und Boden). Aber auch der traditionale Liberalismus hatte seine eigene Sprache. Oder genauer: er bediente sich zweier Sprachen. Einerseits gab die säkularisierte Theologie der liberalen Sprache einen metaphysischen Rückhalt, andererseits wurde diese Funktion auch von der modernen Naturwissenschaft erfüllt. Die Amerikaner zogen die erste dieser beiden Sprachen vor. Dem Wortlaut der Unabhängigkeitserklärung zufolge, war es der Schöpfer, der die Menschen mit den Rechten auf Leben, Freiheit und dem Streben nach Glück ausstattete. Europäische Skeptiker und Agnostiker zogen die Sprache der Naturwissenschaften vor; der Fortschritt wurde zur zentralen Kategorie ihres politischen Vokabulars. Nach dem Zweiten Weltkrieg gab es eine Periode, in der amerikanische und europäische Liberale den Versuch unternahmen, eine dieser Sprachen wiederzubeleben oder beide miteinander zu verbinden. Der typischste Versuch eine Sprache für die liberale Politik zu prägen, wurde von John Rawls in seinem berühmten Buch über die *Theorie der Gerechtigkeit* unternommen.

Es muß nicht erst gesagt werden, daß Rawls sich einer politischen Sprache bedient, in der Gott nicht vorkommt. Da er eine Sprache anbietet, die unabhängig von ihren Glaubenssätzen und metaphysischen Überzeugungen für alle Bürger einer politischen Gemeinschaft gelten soll, muß die Sprache seines Liberalismus eine säkulare sein. Diese Sprache ist keine Allzwecksprache, man kann sich ihrer nicht im Privatleben bedienen, oder zumindest nur in einem sehr begrenzten Umfang. Eine politische Sprache ist eine Sprache, die man in der Öffentlichkeit und im Rahmen politischer Institutionen spricht. Es ist eine bifunktionale, keine polyfunktionale Sprache. Man bedient sich ihrer einerseits in öffentlichen, ihrem Ausgang und ihrer Dauer nach offenen Diskussionen und andererseits im (unter Zeitdruck stattfindenden) politischen Entscheidungsprozeß. Als im eigentlichen Sinne politische Sprache setzt die Rawlsche Sprache die Existenz einer einheitlichen politischen Gemeinschaft voraus, deren Sprache sie sein kann. Im Idealfall setzt sich diese Gemeinschaft aus allen Einzelmitgliedern (Bürgern) zusammen, die den Glauben teilen, daß Gerechtigkeit ein Resultat der Anwendung genau dieser Sprache ist, und die willens sind, sie gegebenenfalls anzuwenden. Diese Sprache ist keine rein formale, denn die Hauptprinzipien der Gerechtigkeit nehmen, als Grundsätze, den Platz der arche ein, sie sind substantiell, d.h. sie haben einen normativen Inhalt. So ist z.B. der Grundsatz, im Konfliktfall dem Freiheitsprinzip vor dem Glücksprinzip den Vorrang zu geben, ein solcher normativer Inhalt.

Trotz der enormen Popularität von Rawls' Buch wurde die von ihm vorgeschlagene Sprache der liberalen Politik niemals praktiziert, und zwar aus zwei – einander entgegengesetzten – Gründen. Das ganze Konstrukt einer wohlgeordneten Gesellschaft ist nichts anderes als das idealisierte, das normative, das utopische Abbild der Institutionen der Vereinigten Staaten. Wenn man Normen von einer Einheit abstrahiert, die sich empirisch in Operation befindet, erscheint das ganze Instrumentarium des philosophischen Begründungsdiskurses überflüssig. Vor kurzem gab Rawls selbst sein früheres Projekt auf, durch die Beschreibung ihres idealen Modells eine Sprache für die liberale Politik zu schaffen. Rorty hatte recht, als er den späten Rawls in die Reihen der Pragmatiker einordnete.

Auch wenn dies eine amerikanische Geschichte ist, hat sie doch eine weiterreichende Relevanz. Nach einer kurzen enthusiastischen Periode in der Nachkriegszeit wurde die Sprache des Liberalismus überall ausgedünnt (mit der einzigen Ausnahme der nachkommunistischen Länder in Ost-Mitteleuropa). Heute verbleibt von dieser Sprache erstens ihre grammaire und zweitens ein einziges Wort aus dem überkommenen Vokabular, nämlich das Wort Recht.

Die grammaire der liberalen Sprache ist die liberale Verfahrensweise. Reine Prozedur (in Abwesenheit jeglicher substantieller Werte, Prinzipien oder Glaubenssätze) ist sie eine Art Joker im politischen Spiel. Es gibt eine der liberalen Sprache immanente Logik, die zum reinen Prozeduralismus führt. Hier liegt der Grund dafür, daß, mit Ausnahme kurzer Perioden historischer Intermezzi, diese Sprache nicht die einzige substantielle politische Sprache in einem politischen Szenarium sein kann, und daß sie darüber hinaus selten die vorherrschende Sprache ist. Dies ist sowohl ihre Stärke als auch ihre Schwäche. Es ist ihre Stärke, weil diese Eigenschaft einen Pluralismus der Weltanschauungen, der Metaphysik, der Werte und Verpflichtungen, kurz, eine große Vielfalt der Lebensformen zuläßt, da es durch sie möglich wird, sich jederzeit in einen Zustand der reinen grammaire (Prozeduralismus) zurückzuziehen und dabei trotzdem die Idendität der Sprache zu bewahren. Denn, so die allgemeine Überzeugung Liberaler, solange die Diskursorganisation liberal bleibt, sehen sich alle illiberalen, fundamentalistischen und andere Gruppen gezwungen, dem Schema des liberalen Sprachspiels zu folgen, und wenn dies geschieht, wird auch das letztendliche Resultat den Prinzipien des Liberalismus genügen. Aber dies ist eine Illusion, mehr noch, ein schlimmer Fall von Selbsttäuschung.

Politik nach dem Tod Gottes

Denn die Voraussetzungen einer liberalen Verfahrensweise bestehen nur auf dem Papier oder im Geist liberaler Philosophen. Es muß nicht erst gesagt werden, daß es eine gute Sache ist, daß sie dort existieren, denn wenn man keine Norm aufrechterhält, verliert man auch den Maßstab für eine kritische Theorie. Wenn man aber eine normative Theorie als eine Tatsache hinstellt, dann heiligt man damit alle möglichen Arten des Illiberalismus, der Unterdrückung, des Zwangs und blanker Lügen, indem man sie durch den liberalen Prozeduralismus absegnet. Denn die Welt der Institutionen, in denen die liberale Verfahrensweise formal angenommen ist, ist in Wirklichkeit Foucaultisch, und der Diskurs selbst ist größtenteils von manipulativen Kräften organisiert und wird somit zum Zweck der Wahrheitsfabrikation durchgeführt.

Der Nutzen eines rein prozeduralen Liberalismus, nämlich daß er Urteile über reine Inhalte ausschließt, kann auch sein Untergang sein. Es ist möglich, mit der gleichen grammaire ganz verschiedene Sprachen zu sprechen. Außerdem können mit Hilfe des einzigen liberalen Begriffs, der immer noch als Substanz der prozeduralen Sprache bewahrt bleibt, äußerst unterschiedliche Dinge gesagt werden; genauso wie auch über diesen Begriff selbst äußerst unterschiedliche Dinge ausgesagt werden können. Dieser einzige substantielle Begriff ist Recht. Das ursprüngliche Wort Recht wurde immer im Rahmen eines bestimmten Kontextes interpretiert. So gibt es z.B. in Hegels *Rechtsphilosophie* viele Rechtsarten, wie juristische Rechte, moralische Rechte, das Recht des Weltgeistes etc. Alle diese Rechte definieren sich gegenseitig und reflektieren einander. Recht an sich, ohne Kontext, ist ein leeres Wort. Es muß mindestens einen Wert oder ein Prinzip geben, auf das sich die Rechte grundlegend beziehen. In der liberalen Tradition sind Rechte meistens Freiheiten. Rawls folgt dieser Tradition, wenn er, wie Kant, dem Freiheitsprinzip vor der Glückseligkeit den Vorrang einräumt. Aber der Begriff des Rechts ohne Kontext setzt diese Priorität nicht voraus. In den Vereinigten Staaten gibt es z.B. einige angesehene Intellektuelle (unter ihnen auch Stanley Fisch), die sich, im Namen der politischen Korrektheit, d.h. im Namen einer partikularistischen Ideologie, für Rechte einsetzen, die gegen die Ausübung der Redefreiheit gerichtet sind. Stanley Fisch verteidigt eine solche Einschränkung des Ersten Verfassungszusatzes, der die Redefreiheit garantiert. Vor etwas mehr als zwanzig Jahren argumentierten die kommunitaristischen Kritiker von Rawls, daß die substantiellen Werte einer Gemeinschaft demokratische Politik besser legitimieren, als jede noch so gerechte Verfahrensweise. Wenn aber eine politische Gemeinschaft nicht als Schmelztiegel verschiedener Lebensformen funktioniert, und alle Lebensformen ihre eigenen substantiellen Werte schätzen, und wenn diese Lebensformen außerdem für sich selber bestimmte Rechte beanspruchen, ohne bereit zu sein, auch bestimmten Pflichten nachzukommen, dann kann man sicher sein, daß die Stärkeren und die Lauteren die Oberhand gewinnen werden und die Gerechtigkeit kaum eine Chance haben wird. Es gibt dann zwar immer noch Demokratie, aber nur wenig Liberalismus. Und in einer Demokratie ohne Liberalismus hat der Neofundamentalismus einen ergiebigen Jagdgrund. In einer solchen Situation ist es dann möglich, fremde Rassen zu jagen oder das andere Geschlecht und, vor allem, das abweichende Individuum, das weiterhin für sich selbst denkt. Und wenn verschiedene kommunitaristische Sprachen in ihrem Wettstreit miteinander auch noch die letzten Reste der liberalen Prinzipien aufgeben (mit Ausnahme einer fairen Prozedur und der Verteidigung des einen oder anderen, beliebig interpretierten Rechts), dann wird einem Individuum nicht die geringste Chance bleiben, auch nur zwei Identitäten aufrechtzuerhalten. Er oder sie wird gezwungen sein, eine Loyalitätserklärung abzugeben – gegenüber seiner/ihrer Rasse, Ethnizität, Religion, usw., als Quelle seiner, seinem/ihrem Geschlecht oder ihrer einen und einzigen Identität. Durch Interpretation und Transferenz kann man soviele Rassen schaffen, wie man will; jede ethnische Gruppe kann als das repräsentative Fremde konstituiert werden, als Exemplar einer fremden Rasse. Das Individuum wurde durch den Universalismus in der Tat unterdrückt, indem dieser die Identifikation des Individuums mit der Partikularität, d.h. mit Differenz, verbot. Die Verdünnung der liberalen Sprache war zum Teil auch eine gerechtfertigte Antwort auf diesen berechtigten Einwand. Aber die Nichtanerkennung der Differenz ist nur ein Aspekt der Geschichte unfreiwilliger Unterwerfung; es kann auch geschehen, daß das Individuum ganz und genauso unfreiwillig einer Differenz unterworfen wird, nämlich der Gruppe, der Gemeinschaft, der Rasse, der Ethnizität, der Religion. Die Sprache ändert sich, die Abhängigkeit aber bleibt.

4

Es scheint so, als seien wir neuzeitlichen Menschen in einer Welt verfangen, in der man sich nur falsch entscheiden kann. Fassen wir kurz einige Resultate zusammen. Die moderne Politik ist säkular ebenso wie die moderne Wissenschaft. Wir verstehen und erklären Ereignisse, ohne uns dabei auf Gottheiten zu berufen, wir handeln, ohne zuvor göttliche Quellen zu konsultieren, wir rechnen im allgemeinen Handlungen und Ereignisse Menschen und anderen diesseitigen Wesen und Phänomenen zu. Eine direkte und öffentliche Einmischung der Religion in die Politik ist mit der Vielfalt der Lebensformen und den elementaren persönlichen Freiheiten nicht zu vereinbaren. Das Heilige sollte nicht in der Politik heimisch sein, sondern anderswo. Aber selbst wenn man der Pluralität der Lebensformen den angemessenen Respekt entgegenbringt, wird dadurch die Gefahr des Fundamentalismus noch lange nicht abgewehrt. Immer dann, wenn sich liberale Prinzipien verdünnen, werden die Bürger eines bestimmten Staates durch keinen gemeinsamen substantiellen Wert mehr zusammengehalten; die Welt der neuzeitlichen Menschen kann dann einmal mehr zum Dschungel des »Naturzustandes« werden. Diesmal wird der Kampf nicht nur zwischen einzelnen Individuen ausgetragen, sondern zwischen verschiedenen Lebensformen, Ethnizitäten, Geschlechtern, Rassen. Die verlogenen Formen des Heiligen nehmen den Platz der alten Formen des Heiligen ein. Aber warum sind es verlogene Formen? Warum nicht einfach andersartige?

Das Heilige ist dann authentisch, wenn es von seinem Verehrer oder seiner Verehrerin erstens eine gesteigerte Form der Geistigkeit und zweitens eine ethische (oder moralische) Verpflichtung erfordert. Dort, wo diese Voraussetzungen erfüllt sind, können wir mit Hegel sagen, daß Gott der Gemeinde innewohnt. Im Normalfall erfüllen die Mitglieder der Gemeinde weder diese ethischen Verpflichtungen noch die Forderung nach gesteigerter Geistigkeit – aber sie erkennen beides an und hegen den Wunsch, diese Forderungen annähernd zu erfüllen.

In den totalitären Bewegungen und Systemen war das Heilige einst pervertiert worden. Auch dort wurde die Forderung, sich selbst aufzugeben, erhoben, und die entsprechenden Motive der Selbstaufgabe waren eben jenen Religionen entlehnt, die durch den Totalitarismus verhöhnt wurden; in ihrem Wettstreit mit Gott hoben sie den Heiligen Bund auf, und gerade darum ist es gerechtfertigt, von Perversion zu sprechen. Auf der anderen Seite wird das Heilige zu etwas Verlogenem, wenn die Momente des Heiligen nicht nach Selbstaufgabe verlangen, weder nach einem geistigen noch ethischen (oder moralischen) Opfer, ja wenn sie dies noch nicht einmal vortäuschen. Zeitgenössische Ideologien, etwa des extremen Nationalismus, Rassismus und des »Geschlechterdenkens« sind Fallbeispiele einer solchen verlogenen Restauration des Heiligen.

Demokratische Institutionen sind in der Lage, uns vor einer massenhaft auftretenden Perversion des Heiligen zu bewahren, aber sie können ein starkes Auftreten der verlogenen Art nicht verhindern. Die verlogene Art das Heilige wieder einzusetzen, ist weder radikal noch ganzheitlich; aber sie ist nach wie vor historistisch. Rassen- und Geschlechtsideologien werden durch Geschichten gestärkt, die eine Idee und Praxis der historischen Rache entwickeln; z.B. die Idee und Praxis der historischen Rache von Frauen an Männern. Auf ähnliche Weise wurde der serbische Nationalismus in Vorbereitung auf den Bosnischen Krieg durch verlogene historistische Rechtfertigungen umgeformt. Und angeblich ist es die Schlacht von Kosovo, die den Serben ein Recht (!) auf albanisches Gebiet gibt.

Liberale demokratische Politik, so scheint es, wird in Zukunft pragmatisch vorgehen, ohne große Ideen oder apriorische Verpflichtungen zu bestimmten Werten. Vielleicht funktioniert ja diese leisere, »no-nonsense« Einstellung zur Frage, wie man Probleme lösen soll, für eine Weile, vor allem dann, wenn man sie mit ein wenig Zirkus verbindet; aber aller Voraussicht nach wird dies nicht sehr lange anhalten, und dann nur für einige wenige, nicht für viele Menschen. Auch ohne unsere Hypothese durch Metaphysik oder Anthropologie zu stützen, können wir doch als gegeben annehmen, daß Menschen nicht in der Lage sind, für längere Zeit zu existieren, ohne ihrem Leben einen Sinn zu geben, und daß sie nicht aufhören werden, nach irgendeiner Art von Erlösung oder »Versöhnung« zu suchen. Aber warum sollte dieser Sinn ausgerechnet in der Politik zu finden sein? Gibt es keine anderen erlösenden Kräfte, nach denen man suchen kann? Max Weber machte uns schließlich am Anfang dieses Jahrhunderts auf den polytheistischen Charakter der neuzeitlichen Welt und der neuzeitlichen Menschen aufmerksam. Weber deutete darauf hin, daß die Menschen der Neuzeit in der Lage sind, in vielen verschiedenen Sphären nach Sinngebung suchen zu können, z.B. in der Politik und in der Religion, aber auch in der Kunst oder in der erotischen Sphäre, oder, vielleicht, in der juristischen Sphäre. Man muß die Frage stellen, ob Religion, Kunst und Philosophie, also die ganze Sphäre des Hegelschen »absoluten Geistes«, durch ihren Ausschluß aus dem politischen Paradies tatsächlich schwer oder eventuell sogar tödlich verletzt worden sind, oder ob nicht vielleicht das Gegenteil der Fall ist. Wir wissen, daß die Differenzierung der sogenannten kulturellen Sphäre voraussetzt, daß jeder ihrer Bestandteile autonom oder wenigstens relativ autonom ist. Die Kunst z.B. hat ihre Autonomie erlangt, nachdem sie von ihren traditionellen sozialen, politischen, moralischen und religiösen Funktionen befreit worden war. Ist dies aber heute immer noch eine Beschreibung des Zustandes der Kunst, die auch nur annähernd zutrifft? Oder des Zustandes der Religion? Oder der Philosophie? Kann man sagen, daß sowohl die Kunst als auch die Religion eher einen unerwarteten Sieg errungen haben als ihr eigenstes Wesen verloren, da beide infolge der Differenzierung der Sphären ihre Autonomie erlangt haben? Kirkegaard sagte einmal, daß dort, wo jeder ein Christ ist, niemand versteht, was es eigentlich bedeutet, einer zu sein.

Diese Fragestellung führt uns zurück zu Schillers berühmten Gedicht »Die Götter Griechenlands«. Die Götter Griechenlands sind tot, leben aber trotzdem weiter, da man sie in Kunstwerken verehrt. Wäre es dann vielleicht möglich, daß die Kultur zwischen Politik und Religion vermittelt?

Man kann diese Frage natürlich von einer Vielzahl von Standpunkten aus als irrelevant abtun. Man könnte, wie die meisten Fukuyama-Gläubigen, aber auch wie viele Rorty-Gläubige, sagen, daß die politische Form der liberalen Demokratie als einziges für die Öffentlichkeit relevantes Thema übriggeblieben sei, wogegen kulturelle Angelegenheiten zu privaten Luxusgütern geworden seien. Dieser Sichtweise zufolge, hat die Geschichte im Prinzip ihr Ende erreicht und wird es, vielleicht, auch in Wirklichkeit erreichen. Andere würden dem noch hinzufügen, daß der Glaube an eine Religion, an irgendeine Religion, genauso eine Differenz sei, wie Fußballspielen, chinesische oder französische Küche oder die eine oder andere Art des Liebesspiels. Die eine Gruppe bevorzugt eine Art der Sinngebung, die andere eine andere. Es ist nicht nötig, einen gemeinsamen oder einen von allen geteilten Sinn zu suchen, auch nicht in einer einzelnen politischen Gemeinschaft. Es ist auch nicht notwendig, daß die Menschen sich gegenseitig verstehen, nicht einmal ihre Umgangssprache muß allgemein verständlich sein.

Ich habe willkürlich ein paar Meinungen aufgezählt, die alle aus der verdünnten oder formalisierten liberalen Tradition stammen und ebenso zu illiberalen Zwecken genutzt werden können. Von unserer Problemstellung aus betrachtet, können wir drei Merkmale ausmachen, die ihnen allen gemeinsam sind. Erstens: Wenn in einer einzigen politischen Gemeinschaft viele Kulturen nebeneinander existieren, darf keine von ihnen privilegiert werden. Zweitens: Keine bestimmte Art der

Kultur darf allen anderen vorgezogen werden; die Unterscheidung zwischen niedriger und hoher Kultur ist unzulässig. Drittens: Kultur als Unterhaltung (als Massenkultur) ist eine Angelegenheit für die Öffentlichkeit, wogegen die Sinngebung eine Privatangelegenheit oder eine Art Hobby ist. So hat Adorno das amerikanische Kulturverständnis beschrieben und sich damit als guter Prophet erwiesen. Wenn man den Zustand der Kultur im heutigen Amerika bündig beschreiben will, kann man dies gut mit einer Paraphrase der Idee Hegels tun: Der Geist der Gemeinde ist, daß es einen solchen Geist nicht geben soll. Unter solchen Umständen wäre es eine reine Illusion, in der Kultur dieser Welt die Omnipräsenz des jüdisch-christlichen Gottes zu suchen oder irgendeine Version des Heiligen (das, wie wir gesehen haben, immer eine gesteigerte Geistigkeit und eine damit verbundene feste moralische Haltung einfordert). Daher wird diese Welt von jeglichem geistigen Sinn entleert, und die »promesse du bonheur« wird durch die banausischen, massenproduzierten Modelle der *happiness* ersetzt.

Die Vision der Aufklärung von der Vergöttlichung des Menschen war einst eine stolze Vorstellung. Der Mensch hat und wird alles erschaffen, er ist der Herr der Natur. Wir haben gesehen, wie diese Idee vom radikalen Denken und letztendlich vom totalitären Denken aufgenommen wurde. Aber trotzdem ist jede dieser von mir aufgezählten Ideen in der Vorstellung von der Vergöttlichung des Menschen verwurzelt. Dies war ursprünglich eine positive Idee. Sie sagte: Ja. Ja zum Menschen als Eroberer, Allmächtiger, Allwissender. Und auch Ja zum leidenden Menschen, der das Gewicht der Welt auf seinen Schultern trägt – zu Prometheus, zu Atlas. Im Gegensatz dazu ist das zeitgenössische Herrscherbild der Vergöttlichung des Menschen negativ: es ist die typische Vorstellung des Ressentiments. Sie sieht folgendermaßen aus: Es gibt nichts Höheres, es gibt keinen Unterschied zwischen niedrig und hoch, jeder ist gleich, alles ist gleich; Qualität zählt nicht, da sie nicht verglichen, gleichgemacht werden kann. Daher ist jede Differenz jeder anderen gleich, und Unterscheidungen können nicht getroffen werden. Das, was ich den negativen Begriff der Vergöttlichung des Menschen nenne, ist die Entleerung des Raumes oberhalb des Menschen: des griechischen Olymps, des jüdisch-christlichen Himmels, des Raumes der platonischen Ideen oder der mythischen Sonne. Die eindimensionale Welt ist eine Welt ohne Götter. Ich würde dem noch hinzufügen, daß es auch eine Welt ohne unterirdische Götter ist, die im Laufe der Entsublimierungsversuche des 19. Jahrhunderts erfunden worden waren, um das göttliche Licht zu ersetzen – so waren z.B. das Unbewußte (oder das Es), die Produktionskräfte oder der Wille zur Macht nicht »hoch oben« angesiedelt, sondern »tief unten«.

Wenn das amerikanische Modell das typische ist, können wir kaum noch mit einer vermittelnden Rolle der Kultur rechnen. Und daß es, zumindest für die Modernität, das typische Modell ist, kann kaum geleugnet werden. Ich habe aufgezeigt, daß die Verdünnung des liberalen Erbes aus der Logik des Liberalismus folgt, da ein fundamentalistischer Liberalismus ein immanenter Widerspruch ist – und Liberale verstehen etwas vom Argumentieren. Auch die Eliminierung der Unterscheidung zwischen hoher und niedriger Kultur ist ein logischer Schritt in der Entwicklung der Demokratie; Gleichheit ist der höchste Wert der Demokratie, und wenn dieser Wert nicht als Mittel (Gleichheit in etwas, z.B. gleiche Freiheit oder Lebenschancen) interpretiert wird, sondern als Zweck (Gleichheit als solche, substantielle Gleichheit), dann werden die Institutionen und Ideen der Gleichheit zu den Institutionen und Ideen des Ressentiments. Schon lange vor Nietzsche hatte der junge Marx diese Gefahr bemerkt; er sah im substantialisierten Egalitarismus den Ausdruck dessen, was er »verallgemeinerten Neid« nannte.

Man muß kein Anhänger der These vom »Ende der Geschichte« sein, um zu sehen, daß die praktische Eliminierung der hoch – niedrig-Unterscheidung, ebenso wie die Eliminierung der Bipolaritäten tief – oberflächlich und Wesen – Erscheinung, demjenigen, was wir in den letzten zwei Jahrhunderten als Geschichte bezeichnet haben, ein Ende bereiten. Die Menschen fangen dann an, in der absoluten geschichtlichen Gegenwart zu leben. Wegen des Verlusts der zweiten und dritten Dimension, des geschichtlichen und des kosmischen Raumes, ist es dann unmöglich, einen potentiellen Handlungsträger aufzuweisen, der eine gewisse Veränderung herbeiführen könnte.

Der Niedergang der großen Metanarrative kam den jungen Generationen zugute; eine sogenannte postmoderne Person betrachetet ihr eigenes Zeitalter nicht als eine vorübergehende Periode, nicht als die einzige, die ihren Zeitgenossen einen privilegierten Zugang zu historischem Wissen bietet. Wir sind leider nicht privilegiert: Wir kriegen keine neuen Süßigkeiten ohne die damit verbundenen Zahnschmerzen.

In seinem Buch über die *Spectres de Marx* eröffnet Derrida die Perspektive auf einen neuen, verdünnten Messianismus. Dieser Messianismus, der angeblich derjenige Abrahams ist, hält unseren Geist und unsere Welt für die Zukunft offen, eine Zukunft, welche die Gegenwart transzendiert – er bewahrt, weil er sich des Versprechens der Erlösung erinnert. Aber dieser Messianismus behauptet nicht, die Zukunft zu kennen, und er wird gewiß nicht durch wissenschaftliches Wissen gestützt – denn wäre das möglich, würde er nicht messianistisch sein. Daher führt Derrida, nachdem er die Anzeichen des Untergangs, die sich in der absoluten Gegenwart anfänglich zeigen, aufgezählt hat, wieder eine religiöse Haltung, beziehungsweise eine religiöse Erwartung in die Gegenwart ein: die Öffnung. Und diese Öffnung ist, zumindest für Derrida, keine Privatangelegenheit, nicht die Sache eines subjektiven Glaubensbekenntnisses oder eine Geschmackssache, keine Pille, die man zur persönlichen Erlösung schluckt, es ist keine Frage der Wahl, und auch kein vermarktbares Gut.

Weiter oben habe ich schon kurz erwähnt, daß die radikalen Denker um die Jahrhundertwende theologische Begriffe gebrauchten, ebenso wie mit dem Messianismus und der Apokalypse verbundene, theologische Narrative; des weiteren habe ich auf die Perversion des Heiligen durch totalitäre Ideologien und Praktiken aufmerksam gemacht. Zuletzt habe ich dargelegt, wie das Heilige in jüngsten religiösen, rassistischen und geschlechtsbezogenen fundamentalistischen Bewegungen, Lobbies und Ideologien zu etwas Verlogenem wurde. Bei Hegel bewahrte der Gedanke vom Ende der Geschichte einen theologischen Inhalt: er stand für parusia. Aber die Version Fukuyamas und die reale, praktische Version der Erfahrung der Gegenwart als einer absoluten geschichtlichen Gegenwart haben mit parusia nichts zu tun – es sind säkulare Ideen, keine säkularisierten. Denn in der Erfahrung der absoluten geschichtlichen Gegenwart wird die Ewigkeit durch Fortdauer ersetzt. Die Teilnehmer der absoluten geschichtlichen Gegenwart leben, als würden sie niemals sterben; auch leben sie geschichtlich so, als würde die Gegenwart für immer dauern und Stück für Stück verbessert werden. Die Ethik wird durch Kalorienzählen ersetzt, Geistigkeit durch Therapie. Aber diese Selbstgenügsamkeit ist äußerst zerbrechlich. Immer neue Wellen des Fundamentalismus erobern die Vorstellungskraft der Menschen; und alle diese Fundamentalismen tragen Bilder eines bevorstehenden Todes mit sich. Die sogenannte antinukleare Bewegung der siebziger Jahre war ein typisches Beispiel einer allumfassenden und irrationalen Massenhysterie. Wir können uns darauf verlassen, daß sich immer wieder neue Wellen ähnlicher Bewegungen entfalten werden. Denn in das oberflächliche Gewebe der absoluten geschichtlichen Gegenwart sind beide Erfahrungen eingewebt, die eine, daß wir äußerst lange leben und der Tod immer in weiter Ferne liegt, so gut wie die andere, daß unser Tod und der Tod alles Lebenden oder jemals lebendig Gewesenen kurz bevorstehen.

Ist dann Derridas Gespenst des Messianischen mehr als die Laune eines subjektiven und privaten Glaubensbekenntnisses? Diese Frage kann nicht beantwortet werden und zwar aus einem sehr Kantischen Grund: In Sachen des Heiligen kann es kein Wissen geben, nur Hoffnung (oder, wie ich hinzufügen möchte, Verzweiflung). Vielleicht könnte man noch anbringen, daß dieses Gespenst einer altehrwürdigen Tradition angehört. Kritische oder radikale Philosophen, die an einem bestimmten Punkt ihrer Entwicklung die Metanarrative hinter sich gelassen haben oder sich ihnen niemals verpflichtet hatten, haben schon öfters ähnliche Gespenster heraufbeschworen. Mit Gespenst meine ich hier die heiligen Räume oder die erlösenden, rettenden Kräfte, über die wir nichts wissen, die unverkörperten Kräfte des Transzensus. Foucault sprach von den Randphänomenen, die niemals aufgrund von Notwendigkeiten oder Gesetzen zum Zentrum gelangen können, aber – vielleicht – durch Zufall (wer kann das schon wissen!) – und wenn dieser Fall eintreten sollte, dann würde dadurch die ganze wirkliche Gegenwart transzendiert. Adorno sprach vom Versprechen der Glückseligkeit, von der Versöhnung mit der Natur; Benjamin von der Erlösung der Vergangenheit von ihren Ruinen; in all diesen Fällen handelt es sich um Gespensterbeschwörung. Sobald heute ein Gespenst verkörpert wird und aufhört ein Geist zu sein, wird es von der absoluten geschichtlichen Gegenwart verschlungen, wird es assimiliert. Warum sollte man dann überhaupt erst ein Gespenst heraufbeschwören? Eben darum, weil nur ein Gespenst, das ein Geist-Gespenst bleibt, nicht verkörpert, nicht assimiliert werden kann; ein bloßes Gespenst entkommt der Totalisierung. Der Geist wird vom Gespenst gerettet, und es ist eine zweitrangige Angelegenheit, welchen Namen man diesem Gespenst gibt. Denn Geist ist sein Name.

Gibt es ein Leben nach dem Tod Gottes? Das hängt von der Interpretation der Metapher ab. Die positive Religion, mehr noch, jede Religion, mußte in der Neuzeit den politischen Raum verlassen. Denn Religion kann in der Neuzeit nicht die Rolle der legitimierenden Weltanschauung übernehmen. Eine zeitlang hegte die Wissenschaft die Ambition, diesen (fast) leeren Platz einzunehmen. Aber als Thronfolger schuf die Wissenschaft mehr Probleme als sie löste. Im Gegensatz zur Religion konnte sie der Ethik oder Moralität nicht als Krücke dienen; die

Wissenschaft ging aber gleichzeitig über die Religionen hinaus (es gab ja schließlich viele verschiedene Religionen!), indem sie Anspruch auf die einzige, nicht zu bezweifelnde Wahrheit erhob – in der Wissenschaft gab es keine Ökumene. So, wie die Dinge heute liegen, scheint es, daß die Neuzeit ganz ohne vorherrschende »Welt-anschauung« verbleibt – die Welt der Politik ist damit für den Pragmatismus geöffnet. Das Problem des Rabbi von Debrecen trifft auf uns nicht zu. Politische Institutionen können durchaus ohne Gott funktionieren und auch ohne Wissenschaft, allein mit Hilfe menschlicher Entscheidungen, menschlichen Denkens und menschlichen Willens. Mehr noch, sie funktionieren so sogar am besten. Gleichzeitig ist es der Religion und der Kunst, nachdem sie sich von ihrer Verpflichtung, der Politik zu dienen, befreit haben, ermöglicht, sich in ihren eigenen Sphären einzuschließen und den Luxus ihrer Autonomie zu genießen.

Eine solche Entwicklung wäre ein schöner Ausgang unserer Geschichte. Aber dieser Ausgang ist bei weitem nicht garantiert. Die Zukunft der Modernität ist unbekannt; es ist noch nicht gesichert, ob sie überleben wird, und noch unsicherer, ob sie, sollte sie überleben, eine Nische für das gute Leben bewahren kann. Darum muß das Gespenst des Messianischen heraufbeschwört werden, aber nur als Gespenst.

Die Gespenster des Heiligen können uns vor der Wiedergeburt des pervertierten Heiligen beschützen und die billigen und leeren Versprechen des verlogenen Heiligen abwehren (apage Satanas!). Die Tür bleibt geöffnet, solange es Männer und Frauen gibt, die sie offen halten. Der leere Stuhl wartet auf den Messias. Wenn jemand diesen Stuhl besetzt, kann man sicher sein: es handelt sich dabei um den pervertierten oder verlogenen Messiah. Wenn jemand den Stuhl wegnimmt, dann ist die Vorführung zu Ende und der Geist wird die Gemeinde verlassen.

Die Politik kann diesen unbesetzten Stuhl nicht gebrauchen; aber solange man den Stuhl beläßt wo er ist, genau dort im Zentrum des Raumes, wo er in seiner warnenden, vielleicht sogar pathetischen Leere fixiert bleibt, müssen die politischen Handlungsträger sein Dasein immer noch in Rechnung stellen. Zumindestens steht es ihnen frei, sein Dasein in Rechnung zu stellen. Alles übrige ist Pragmatismus.

Bild, Wort, Geschlecht.

Jüdische Perspektiven bei Sigmund Freud.

Hanna Gekle

Geendet hat er als Bilderstürmer. Das war ihm nicht grade an der Wiege seines theoretischen Anfangs gesungen worden. Denn immerhin war er einige Jahre lang Herausgeber einer Zeitschrift mit dem Titel Imago. Und das war kein Zufall, seine gesamte Theorie stand für eine Kritik des Bewußtseins und der Reichweite der Sprache. Ganz im Gegenteil zeigte sein Werk die Macht der Träume und der Phantasien. Und diese gehören nun mal zur Ordnung des Bildes, nicht zu der des Wortes. Dennoch - so scheint es wenigstens in seinem letzten großen, ebenso wirkmächtigen wie umstrittenen Werk - beschloß er sein theoretisches Leben mit einer Apologie des Wortes.

Die Rede ist von Sigmund Freud, dem Begründer der Psychoanalyse. Und die Entwicklung seiner Theorie enthüllt nicht nur die Herkunft ihres Urhebers aus dem Judentum, sondern auch das Scheitern von Aufklärung und Assimilation, den Einbruch von Faschismus und Nationalsozialismus - zeitlich gerade noch angehalten vor dem Holocaust durch seinen Tod 1939. Dafür steht Freuds letztes großes Werk: „Der Mann Moses und die monotheistische Religion". Umstritten wie kaum eines, angreifbar ebenfalls wie kaum eines seiner früheren Werke, aber trotzdem bis heute eine große Wirkung entfaltend - und auf jeden Fall mehr als das Werk eines vom Tod gezeichneten alten Mannes, der nicht mehr die Kraft hat, seinen gewaltigen Stoff zu bändigen.[1]

Dieses Werk zeigt Freud als offenen Bilderstürmer: die geistige und kulturelle Vorrangstellung des jüdischen Volkes gegenüber den es umgebenden heidnischen Völker mit ihrem Götzendienst führt er nicht nur auf den Monotheismus zurück, sondern auch auf das Verbot, sich ein Bild von Gott zu machen. Positiv gewendet bedeutet dies, einen Gott zu verehren, der dem Gläubigen nur über das Wort nahe kommen darf, jede Augenlust verbietet und die Sinnlichkeit des Sehens inkriminiert. Ohne zu zögern, ohne zu zweifeln interpretiert Freud dies als Fortschritt in der Geistigkeit. „Denn es bedeutete eine Zurücksetzung der sinnli-

---

1 Dennoch ist eine besondere Beziehung von Biographie und Theoriebildung gerade bei diesem Werk nicht von der Hand zu weisen. Vgl. dazu die schöne, behutsame Arbeit von I. Grubrich-Simitis; Freuds Moses-Studie als Tagtraum, Weinheim 1991.

chen Wahrnehmung gegen eine abstrakt zu nennende Vorstellung, einen Triumph der Geistigkeit über die Sinnlichkeit, strenggenommen einen Triebverzicht mit seinen psychologisch notwendigen Folgen."[2] Zwei weitere Etappen auf dem Weg zur Menschwerdung sind es, die Freud im Zusammenhang mit dem Bilderverbot hinzufügt: die Entwicklung der Sprache und den Wechsel von einer matriarchalischen zu einer patriarchalischen Gesellschaft. Auch dies seien Fortschritte in der Geistigkeit und beide aus eben demselben Grund, der das Bilderverbot zum Kulturfortschritt stempeln soll: alle drei Zäsuren erscheinen Freud als Sieg des Denkens und logischen Schlußfolgerns über die Sinnlichkeit der Wahrnehmung.[3] Bilderverbot, Zurückdrängung der Sinnlichkeit, Triebverzicht und Fortschritt in der Geistigkeit bilden demnach die zusammengehörenden Momente desselben Prozesses kultureller Entwicklung.

Bild und Wort - diese Kategorien definieren - einer Ellipse vergleichbar - auch die beiden Kernpunkte, um die sich die Differenzen von Natur und Kultur, Sinnlichkeit und Vernunft, Einzelnes und Allgemeines aufbauen. Festgemacht an Freuds Auseinandersetzung mit der Religion enthalten diese Kategorien implizit Freuds Vorstellung von Sprache und enthüllen seine Theorie der Geschlechter.[4] Diesen so verschlungenen wie vielschichtigen Zusammenhängen versuchen die folgenden Überlegungen nachzuspüren, indem sie sich von der Chronologie des Freudschen Werkes sozusagen an die theoretische Hand nehmen lassen. Wort, Bild, Geschlecht bilden dabei die Leitmotive, entlanggeführt am Thema der Religion.

Aber zunächst ein kurzer Hinweis auf das biographische factum brutum von Freuds jüdischer Herkunft im Spiegel seiner Selbstaussagen, denn Freud betonte ein Leben lang, daß zwischen seinem Judentum und der Tatsache, daß ausgerechnet er zum Begründer der Psychoanalyse werden sollte, ein innerer Zusammenhang bestünde.

---

2 S. Freud (1939); Der Mann Moses und die monotheistische Religion, Studienausgabe (SA) IX, 559, Ffm 1974

3 ders. aaO., 559ff

4 Wenngleich man u.a. die Kategorie des Bildes für eine der zentralen Bestimmungen des Freudschen Werkes halten darf, taucht sie als solche so gut wie nirgends auf; wenn, dann erscheint sie in Verbindungen: als Traum- oder Wunschbild; oder aber sie bleibt implizit: als Halluzination, Phantasie, Symbol. Selbst in der 6.500 Seiten umfassenden Konkordanz des Freudschen Werkes wird man dieses Stichwort vergeblich suchen.

In seiner „Selbstdarstellung“ von 1925 schreibt Freud, ebenso lapidar wie stolz. „Meine Eltern waren Juden. Auch ich bin Jude geblieben.“[5] Geboren am 6. Mai 1856 in Freiberg/Mähren als Sohn von Jakob Freud und dessen vermutlich dritter Frau, der um 20 Jahre jüngeren Amalia Nathanson. Jakob war ein galizischer Wollhändler, der ein Leben lang Mühe hatte, sich und seine zahlreiche Familie mit seiner Hände Arbeit zu ernähren. Der Vater, den der Sohn als innerlich sehr glücklich beschrieb, scheint bereits assimiliert gewesen zu sein und habe ihn „in voller Unwissenheit über alles, was das Judentum betrifft, aufwachsen“[6] lassen. Aber, so der Sohn mit ehrfurchtsvoller Wortwahl, Jakob las die Bibel in hebräisch und „sprach die heilige Sprache wie Deutsch oder besser.“[7] - So atmete dieses Haus einen Geist, in dem der kleine Freud der Faszination und der Wortgewalt des Alten Testamentes erlag, als er „kaum die Kunst des Lesens erworben hatte.“[8]

Allerdings erlag er nicht nur dessen Wortgewalt, sondern wie die Traumdeutung verrät, waren es auch Bilder, die sich dem noch nicht lesen könnenden Knaben bleibend einschreiben sollten: Die Bibel, durch die der kleine Freud den Heiligen Text kennenlernte, enthielt den Text nicht nur in hebräisch und deutsch, sie war auch bebildert. Und einige dieser Bilder müssen ihn so beeindruckt haben, daß noch der Autor der „Traumdeutung“ davon berichtet: Freud erzählt von einem Angsttraum mit sieben oder acht Jahren: „Er war sehr lebhaft und zeigte mir die geliebte Mutter mit eigentümlich ruhigem, schlafendem Gesichtsausdruck, die von zwei (oder drei) Personen mit Vogelschnäbeln ins Zimmer getragen und aufs Bett gelegt wird.“[9] Diese Gestalten gingen laut Freud auf Illustrationen der Philippsonschen Bibel zurück, und seien Götter mit Sperberköpfen auf einem ägyptischen Grabrelief gewesen. Die Netze der Freudschen Theorie scheinen bereits in diesem Traumbericht endgültig ausgeworfen - zumindest in ihren leitenden Themen. Bereits hier finden sich nahezu alle Motive vorgebildet, die Freud mehr als dreißig Jahre später im „Mann Moses“ ausarbeiten sollte: bereits hier ist die Rede von Religion, und zwar in der doppelten Gestalt des bildfreudigen Ägyptens und dem wortorientierten Judentum, es ist die Rede von Traum und Bild; noch allerdings ist das Geschlechterverhältnis deutlich - und mehrdeutig: ein

5 Freud (1926): Ansprache an die Mitglieder des Vereins B'nai Brith, Gesammelte Werke (GW), XVII, 51f.

6 Freud (1925): Selbstdarstellung, Gesammelte Werke XIV, 34.

7 Sigmund Freud an J. Dwossis in Jerusalem, 15. Dez. 1930, Freud Museum, London (zitiert nach P. Gay: Freud - Eine Biographie für unsere Zeit, Frankfurt 1989, 14.).

8 ders. aaO.

9 ders. (1990); Die Traumdeutung, SA II/III, 554f.

Sohn, der sich eigentlich in der Latenz befinden sollte, träumt von seiner 'geliebten' Mutter; Sexualität und Tod bilden den dunklen Untergrund dieses Traumes - bis der Knabe angstgebadet aufwacht. - Diese Kontinuität hat etwas Beängstigendes: sollte der Traum des Knaben im „Mann Moses" seine letzte Deutung erfahren haben? Und eine nachträgliche Verdrängung?

Aber zurück vom Traum zur Realität des Biograhischen. Wiewohl man mit Fug und Recht daran zweifeln darf - und dies auch bereits getan hat - wie weit diese Assimilation der Eltern tatsächlich ging, vor allem aber, wie groß Freuds „Unwissenheit" in religiösen Fragen, selbst in der Kenntnis der heiligen Sprache wirklich war - als verbindlicher Glaubensinhalt scheint das Judentum bereits bei den Eltern Freuds zumindest aufgelockert, als identitätsstiftende Form gemeinsamer Kultur indes ungebrochen. Letzteres gilt noch für Freud. In diesem einzigen Punkt blieb der himmelstürmende Sohn Jakobs absolut loyal.

Geradezu verächtlich blickte Freud auf all jene, die ihr Heil in der christlichen Taufe suchten oder durch irgendwelche andere Wege das Stigma des Juden loswerden wollten. Für Freud war es ein Stigma. Aber er trug es mit Stolz. Ein Leben lang. Und je mehr er unter Antisemitismus zu leiden hatte, desto entschiedener bekannte er sich zu seinem Volk.[10] Aber er war ein Jude ohne Gott. Dies die erste Besonderheit. Schlimmer noch: Freud war nicht einfach ungläubig, er gehört zu den großen Zertrümmerern der Religion. Und zu seiner Ungläubigkeit stand er nicht weniger bekennerisch als zu seinem Judentum. Drittens aber - und vor allem - war er Wissenschaftler und der Begründer der Psychoanalyse. Ein bekennender Jude ohne Gott, der als strenger Wissenschaftler und leidenschaftlicher Denker dem Wissen den zuvor in dunklen Tiefen verbliebenen Kontinent des Unbewußten usurpierte, ein Konquistadorentemperament, wie er es selber nannte - das scheint eine Verbindung, die sofort auseinanderfallen muß.

Dennoch war Freud der festen Überzeugung, daß gerade diese Verbindung von Jude, Gottlosigkeit und Wissenschaftlichkeit die Voraussetzung für seine „Erfindung" der Psychoanalyse bildete. So schrieb er etwas neckend an Oskar Pfister, evangelischer Pfarrer und Psychoanalytiker, mit dem ihn eine lange, herzliche und unkomplizierte Freundschaft verband: „Ganz nebenbei, warum hat kei-

10 Die Höhe des kulturellen Verlusts mag folgende Bemerkung vielleicht erahnen lassen: „Meine Sprache ist deutsch. Meine Kultur, meine Errungenschaften sind deutsch. Geistig betrachtete ich mich als einen Deutschen, bis ich die Zunahme antisemitischer Vorurteile in Deutschland und Deutschösterreich bemerkte. Seither bezeichne ich mich lieber als Jude." S. Freud 1926, zitiert nach Y. H. Yerushalmi, Freuds Moses - Endliches und unendliches Judentum, Berlin 1991, 65.

ner von all den Frommen die Psychoanalyse geschaffen, warum mußte man da auf einen ganz gottlosen Juden warten?"[11]

Man möchte gerne diese Fragen an Freud zurückgeben. Antwort darauf findet man nur begrenzt in seiner Biographie, nicht einmal in seinen direkten, meist sehr persönlich gehaltenen Äußerungen dazu,[12] sondern am besten in seinem Werk selber, das die strenge Orientierung an der Sache mit der Selbstanalyse von Anfang an so inniglich verband, daß sich das eine vom anderen nur um den Preis der Vernichtung seiner schriftstellerischen Qualität abtrennen ließe.[13]

Eines jedenfalls scheint gewiß: Die zentrale theoretische Figur der Psychoanalyse macht sich an einer Gestalt fest, die von all dem weit entfernt zu sein scheint: Es ist die antike Gestalt des Ödipus, genauer noch seine literarische Fassung als *Ödipus Rex* in der Tragödie des Sophokles, die Freud doppelt zum Vorbild des Unbewußten wurde, sowohl dem Inhalt wie der Form nach: nicht nur, daß der Sohn seinem prophezeiten Schicksal nicht entkommt, den Vater tötet und mit der Mutter das inzestuöse Bett teilt, auch das Schwanken des Ödipus zwischen unbedingtem Wissenwollen und erschrecktem Zurückweichen vor der Wahrheit erschien Freud vorbildlich für den analytischen Prozess.[14]

Von Anfang an jedoch hatte Freud auch den Ödipuskomplex mit der Religion in Verbindung gebracht. So schrieb er, auf dem Höhepunkt seiner Selbstanalyse, in seinem berühmten Brief an Wilhelm Fließ vom 15. Oktober 1897: „Ein einziger Gedanke von allgemeinem Wert ist mir aufgegangen. Ich habe die Verliebtheit in die Mutter und die Eifersucht gegen den Vater auch bei mir gefunden und halte sie jetzt für ein allgemeines Ereignis früher Kindheit, wenn

---

[11] Freud an O. Pfister, 9. Oktober 1918, in: S. Freud und O. Pfister, Briefe 1909 - 1939. Hg. v. Ernst L. Freud und H. Meng (1963).

[12] vgl. dazu P. Gay: Ein gottloser Jude - Sigmund Freuds Atheismus und die Entwicklung der Psychoanalyse. Frankfurt 1988. P. Gay's These lautet, kurz zusammengefaßt: Freud mußte zwar in der Tat gottlos sein, um die Psychoanalyse zu entwickeln, Jude indes nicht.

vgl. dazu außerdem: Y. H. Yerushalmi: Freuds Moses - Endliches und unendliches Judentum, Berlin 1991. Dieser Autor widerspricht der These von Gay und betont stattdessen besonders das Jüdische bei Freud.

[13] Ein Leben lang hat es Freud seinen späteren Biographen schwer gemacht, indem er mehrere Male in seinem Leben wichtiges Material wegwarf. Seinen Freund Arnold Zweig, der gerne Freuds Biographie geschrieben hätte, schmetterte er ab mit den Worten „die biographische Wahrheit ist nicht zu haben, und wenn man sie hätte, wäre sie nicht zu brauchen." Brief vom 31. Mai 1939, in: S. Freud, A. Zweig, Briefwechsel, hg. von E. L. Freud, Ffm. 1968, 445.

[14] Freud (1900): Die Traumdeutung, in: ders. Studienausgabe, Bd. II, Ffm. 1972, 266.

auch nicht immer so früh wie bei den hysterisch gemachten Kindern (Ähnlich wie den Abkunftsroman der Paranoia - Heroen, Religionsstifter.)".[15]

Zeitgleich entwickelte Freud seine Theorie von der Genese des Psychischen. Zwar fügt sie sich je länger desto schlechter in seine späteren Überzeugungen, aber er hat sie nie zurückgenommen. Vermutlich, weil sie nicht nur das Fundament seines Denkens bildet, sondern auch dessen Grenze bestimmt: subjektiv wie objektiv. So mag er diese teils tautologische, teils aporetische Ursprungskonstruktion stehen gelassen haben - als erratischen Block, der alle schnellen, glatten Lösungen auflaufen läßt. Gemeint ist seine Theorie der Wunscherfüllung aus dem Befriedigungserlebnis.

Am Beginn psychischen Lebens steht das Bild - als Zeichen des Übergangs von kreatürlicher Not zu einer beginnenden Eigenständigkeit des Psychischen: es ist das Bild der Mutter. In ihm haben sich die anfängliche körperliche Hilflosigkeit und Bedürftigkeit des Menschenkindes über die erfahrene Pflege und Befriedigung zu einer ersten inneren Vorstellung verbunden; der innere Drang nach Befriedigung verknüpft sich aufs Innigste mit dem Bilde eben jenes Objekts, das dem Kind diese Befriedigung zuvor wiederholt verschafft hatte. Motiviert aus dem Gefühl von Unlust des hungrigen oder sonstwie unbehaglichen Säuglings, aktiviert er aus dieser Situation des Mangels das Bild der Mutter in der Hoffnung, sie auch diesmal durch sein Schreien und Zappeln herbeirufen zu können. Das innere Bild entsteht demnach aus einem vorgängigen Ereignis: der wiederholten Wahrnehmung in der Realität. Hat es sich jedoch als inneres Bild in der Psyche erst einmal niedergeschlagen und verselbständigt, entfaltet es eine gefährliche Macht. Unter der Herrschaft des unbeugsamen Lustprinzips geht der Wunsch nach Erfüllung den kürzesten Weg und aktiviert statt des befriedigenden Objekts dessen Bild. Und dieses Bild erscheint laut Freud, den Gesetzen des Lustprinzips gemäß, notwendigerweise als Halluzination, also für das wünschende Subjekt ununterscheidbar von einem Phänomen der nicht-psychischen Realität nicht zu unterscheiden. Erst die Enttäuschung über die ausbleibende Befriedigung wird das Ich dazu erziehen, diesen direkten Weg der Wunscherfüllung über die Halluzination aufzugeben.

So ist das Bild bei Freud von vornherein als etwas hoch Ambivalentes konzipiert. Aus der realen Wahrnehmung entstanden, zeugt es von der Konstitution des Psychischen als eigenem innerem Raum, der sich jedoch unter der Macht des Lustprinzips sofort von der Realität abzukoppeln droht und das Subjekt in die Gefahr bringt, innen und außen nicht mehr unterscheiden zu können - wenn nicht die einsetzende Ichbildung als Erziehung zur Realität verhindert, daß die Wieder-

[15] Freud: Aus den Anfängen der Psychoanalyse 1887 - 1902, Briefe an Wilhelm Fließ, Ffm 1962.

besetzung des inneren Bildes bis zur Halluzination voranschreitet und als reale Erfüllung vorgaukelt, was doch nur imaginär ist. Grundlage alles Psychischen ist demnach das Wunschbild: Inhalt der Wunsch, Form das Bild. - Von der Genese aus dem Lustprinzip künden später noch die Halluzinationen der Paranoia wie das allnächtliche Träumen. Beides erscheint Freud - von den Höhen des Bewußtseins aus gesehen - als Regression.

Dieses Konzept entwarf Freud bereits im „Entwurf einer Psychologie" von 1895. Und es ist offensichtlich, daß dieses sensualistische Modell allenfalls für die Erklärung der Genese des Psychischen im allgemeinen taugen mag, keineswegs jedoch für all jene Phantasien, die im eigentlichen Sinne das Unbewußte konstituieren sollen, zeichnen sich jene Urphantasien doch gerade dadurch aus, daß sie weder erfüllt wurden noch überhaupt erfüllbar wären, daher sind sie nicht aus der Realität über die Wahrnehmung ableitbar, sondern modeln vielmehr umgekehrt diese Realität nach ihrem Bilde. Im „Entwurf" konnte Freud diese Unstimmigkeit nicht stören, ging er doch damals noch von der Realität der Verführung aus. Danach waren alle psychopathologischen Entwicklungen aus sexuellem Mißbrauch in der Kindheit ableitbar.

Damit hatte er jedoch in der größten Krise seiner wissenschaftlichen Tätigkeit gebrochen. Als er die „Traumdeutung" schrieb, lag dieser Irrtum hinter ihm, dennoch behält er das Konzept des Befriedigungserlebnisses nicht nur bei, sondern führt es sogar noch weiter. Im Gegensatzpaar von Wahrnehmungs- und Denkidentität versucht er die Unterschiede zwischen Primär- und Sekundärvorgang, zwischen Lust- und Realiltätsprinzip einzuholen. Demnach zielt der Primärvorgang, unter der Herrschaft des Lustprinzips, ohne Umschweife darauf, das Bild jenes Objekts wiederzubeleben, an das die Lust der Bedürfnisbefriedigung sich geknüpft hat. Und diesen kürzesten Weg geht die Halluzination - als Wiederherstellung dessen, was Freud „Wahrnehmungsidentität" nennt [16]. Da diese - weil völlig illusionär - in ihrem Wunsch nach Befriedigung scheitern muß, bildet sich bei Strafe des Untergangs jener Sekundärvorgang heraus, der auf „Denkidentität" ziele und seine Tätigkeit von der direkten Wunscherfüllung abkoppeln kann. Dennoch bleibt auch sie in ihrem Dienst. „All die komplizierte Denktätigkeit aber, welche sich vom Erinnerungsbild bis zur Herstellung der Wahrnehmungsidentität durch die Außenwelt fortspinnt, stellt doch nur einen durch die Erfahrung notwendig gewordenen Umweg zur Wunscherfüllung dar" [17]. Noch das Denken steht demnach unter der bestimmenden Suche nach dem verlorenen Urbild. Bild und Wunsch gehören aufs engste zusammen. Das erklärt

[16] Gesammelte Werke (GW) II/III, 571,

[17] ders. (1900): 572,

die Macht des Bildes - und wird gerade deshalb für Freud zum Äußersten menschlicher Gefährdung, gegen die er die Kraft des Logos aufbieten will.

So ist es nicht verwunderlich, daß er das Wort zu Hilfe ruft, wenn er den Übergang vom Primärvorgang des Lustprinzips zum Sekundärvorgang des Realitätsprinzips, vom Wünschen zum Denken, vom blinden Agieren zum zielstrebigen Handeln beschreibt. Auf der Ebene des Unbewußten herrscht die Ordnung des Bildes mit seinen Gesetzen, die mit den Gesetzen der Traumarbeit zusammenfallen. Alle psychische Repräsentation existiert für Freud im Unbewußten lediglich als Sachvorstellung. Soll sie bewußt werden können, dann nur, wenn sie sich mit dem Wort verbindet. Die Differenz zwischen Wort- und Sachvorstellung beschreibt zugleich den topischen Unterschied zwischen den psychischen Systemen laut Freud: „... die bewußte Vorstellung umfaßt die Sachvorstellung plus der zugehörigen Wortvorstellung, die unbewußte ist die Sachvorstellung allein.“ [18] Erst ihre Verbindung mit dem Wort zieht demnach die Bilder aus dem Sumpf des Unbewußten, sie selber scheinen keine eigene produktive Kraft zu haben, ihr Mehrdeutiges keine Möglichkeit vor den identifizierenden Zuschreibungen des Bewußtseins: ohne Übersetzung ins Wort, die Sprache als Besetzung wie als Über-Besetzung fungiert, bleiben sie stumm und von der Freiheit der Vernunft ausgeschlossen.

Daß sie gerade gegenläufig arbeitet - vom Bewußtsein und dem Denken weg - zum Unbewußten der Bildproduktion im Traum - kennzeichnet für Freud die Traumarbeit als regressiv. Aber beweist er nicht selber auf nahezu jeder Seite der „Traumdeutung“, wie erfinderisch das nächtliche Träumen sich bei der Darstellung jener Gedanken erweist, die vor dem Bewußtsein verpönt sind? Und gar der Witz, bezeugt er nicht die Produktivität und Subversion des Unbewußten, indem er die Ordnung des Denkens nach den Gesetzen der Traumarbeit tanzen läßt und die Herrschaft der Logik im Lachen außer Kraft setzt? Und noch die Sprache selber gewinnt im Unbewußten neue Dimensionen: So wenn sprachliche Äußerungen im Traum nicht als sprachliche fungieren, sondern wie andere Bedeutungselemente auch erscheinen oder gar wie Sachvorstellungen behandelt werden[19].

Aber Freud verfolgt keine dieser Möglichkeiten, die er sich selber eröffnet hat und auf die er sich nur hinaus hätte wagen müssen. Im Gegenteil, er verschließt sie sich, weil er nirgendwo, nicht bei seiner Theorie des Individuums, nicht bei seiner Konzeption der Kultur, darauf verzichten will, die psychische Genese an einem vorgängigen Ereignis festzumachen. Am Anfang war die Tat - dieser faustische Schlußsatz von „Totem und Tabu“, der alle Zweifel übertönt,

---

[18] ders. aaO., (1915), Das Unbewußte, GW X, 300,

[19] ders. aaO. (1917) Metapsychologische Ergänzungen zur Traumlehre GW, X, 418f.

steht auch am Anfang der Psychoanalyse in Gestalt der Verführungstheorie. Diese Ableitung des Psychischen aus einer vorgängigen Realität steht Pate noch am Modell des Übergangs von Unbewußtem zu Bewußtem, wenn Freud die Traumarbeit nur unter dem Aspekt der Regression abhandelt und sie sowohl als topische wie als formale wie als zeitliche Regression beschreibt. Die Unterscheidung von unbewußt und bewußt korreliert demnach - in ebenso gefährlicher wie unnötiger Gleichsetzung - mit der Unterscheidung von formal primitiv und zeitlich frühzeitig; Anfängliches, Primitives und Unbewußtes gehen zusammen, so wie Freud Kinder, Wilde und Neurotiker zu analogisieren wagt. All das verweist auf ein Ursprungsdenken, das seine Anfänge ebenso apodiktisch setzt wie normierend verachtet - aber niemals von ihnen freikommt. Und all dieser theoretische Wust lastet schwer auf dem Bild, dessen Ressourcen gefangen gehalten werden, weil Freud von der Ableitung aus einst wirklicher äußerer Wahrnehmung nicht abrücken zu dürfen glaubte. Weil die pathogenen Infantilszenen - v. a. die kindliche Beobachtung des elterlichen Geschlechtsverkehr - vor allem visuell gewesen und so in der Erinnerung des Subjekts aufbewahrt worden sein sollen, untersteht für Freud noch der Traum ausschließlich dem Modell der Regression, indem es immer noch die pathogenen Infantilszenen sein sollen, deren Anziehungskraft für „die Verwandlung von Gedanken in visuelle Bilder..."[20] verantwortlich zu machen sei. Noch der Traum wäre demnach nichts anderes „als der durch Übertragung auf Rezentes veränderte Ersatz der infantilen Szene." Das folgt immer noch dem Herleitungsschema: äußere Wahrnehmung wird inneres Bild - und paßt gar nicht zu Freuds mittlerweile gewonnenen Überzeugung von der Eigenständigkeit unbewußter Phantasien, denen kleinste Hinweise aus der Realität genügen, um sich zu entfalten. Warum er diese Unstimmigkeit nie korrigiert hat - das läßt sich kaum erraten. Vermutlich, weil er einer Ontologisierung des Unbewußten nach Jungschem Muster vorbeugen wollte, setzt diese doch apodiktisch voraus, was Freud mit seiner Ableitung aus dem Befriedigungserlebnis mühselig und widersprüchlich zu erklären versucht. Dazu würde passen, daß er unter dem Eindruck seiner Freundschaft mit Jung das sechste Kapitelt der „Traumdeutung" über die Universalität der Symbole sehr erweitert hat, später jedoch immer wieder betonte, es komme auf den spezifischen Gebrauch an, den ein Individuum von diesen kulturübergreifenden Symbolen mache. Alles sträubte sich in ihm, sich in das antagonistische Chaos der Bilderwelt des Unbewußten zu stürzen.

Aber nehmen wir wieder den Faden von Freuds Theorie der Religion auf. Wenig später, in seiner „Psychopathologie des Alltagslebens" von 1901 kann Freud bereits den zentralen Mechanismus bei der Genese religiöser Systeme angeben: Es ist die Projektion. Und er formuliert - mit rigoristischem Reduktionis-

20 ders. aaO. GW II/III, 551f.

mus und apriorischer Gewißheit, „daß ein großes Stück der mythologischen Weltauffassung, die bis weit in die modernsten Religionen hineinreicht, nichts anderes ist als in die Außenwelt projizierte Psychologie. Die dunkle Erkenntnis (...) psychischer Faktoren und Verhältnisse des Unbewußten spiegelt sich - es ist schwer, es anders zu sagen, die Analogie mit der Paranoia muß hier zu Hilfe genommen werden - in der Konstruktion einer übersinnlichen Realität, welche von der Wissenschaft in Psychologie des Unbewußten zurückverwandelt werden soll."[21]

Vom Bild ist zwar nicht explizit die Rede, doch spukt es im Hintergrund: im Begriff der Projektion ist vorbedeutet, daß die inneren Bilder der menschlichen Psyche als am Himmel dargestellte Gestalten wiedererscheinen - und in völliger Verkennung ihrer Genese - Realität für sich beanspruchen. In seiner Arbeit mit dem provokanten Titel: „Zwangshandlungen und Religionsübungen" tritt das Bild wieder zurück und verschwimmt im Unsichtbaren der unbewußten Phantasie. Von 1907 führt Freud den aufklärerisch-reduktionischen Aspekt seiner Religionskritik weiter, indem er aus der „Einsicht in die Entstehung des neurotischen Zeremoniells Analogieschlüsse auf die seelischen Vorgänge des religiösen Lebens" [22] wagt. Dabei unterschlägt er nicht den wesentlichen Unterschied, den das private Zeremoniell vom religiösen unterscheidet: während nämlich die stereotypen Handlungen und kleinen Zutaten des religösen Zeremoniells allesamt „sinnvoll und symbolisch" gemeint seien, erscheinen die des neurotischen „läppisch und sinnlos"[23]. Aber das Skandalon folgt dieser respektvollen Anerkennung der Fallhöhe zwischen Ritus und Zwang sofort, wenn Freud im folgenden nachweist, daß sich auch die privaten Zwangshandlungen allesamt und in all ihren Einzelheiten auf der Ebene des Unbewußten als sinnvolle psychische Akte erweisen. Die Zwangsneurose erscheint als „pathologisches Gegenstück zur Religionsbildung, die Neurose als eine individuelle Religiosität, die Religion als eine universelle Zwangsneurose"[24]. Die Übereinstimmung zwischen Zwang und Religion liegt demnach im Triebverzicht, den beide - letztlich vergeblich - durchzusetzen sich bemühen, doch unterscheiden sie sich darin, welche Triebe in der Verdrängung gehalten werden sollen: bei der Neurose seien es - so Freud noch in dieser frühen Arbeit - ausschließlich sexuelle Triebe, während die Religion egoistische und aggressive Triebe verpönt. Die Religion ist daher bereits in diesem frühen Text von Freud beides: Bollwerk der Kultur, indem sie die Menschen

---

[21] ders. (1901) Gesammelte Werke IV, 287f.

[22] Freud (1907): Zwangshandlungen und Religionsübungen, in: Studienausgabe Bd. VII, Ffm 1973, 13.

[23] ders. aaO. 15.

[24] ders. aaO. 21.

sozial verträglich macht, aber auch Ausdruck mangelnder Aufgeklärtheit und Sublimierungsfähigkeit, indem sie diese notwendigen Aufgaben auf indirekte, unbewußte Weise durchsetzt und damit Gefahr läuft, dasselbe Schicksal wie ein neurotischer Triebverzicht zu erleiden: je länger desto mehr weiß sich im Symptom, dieser Kompromißbildung zwischen unbewußtem Triebausdruck und Triebabwehr des Ich, der zugrundeliegende unbewußte Triebanteil durchzusetzen und führt die immer prekär gewesene Lösung ad absurdum. Damit drängt sich bereits hier der Schluß auf, den Freud indes nicht mehr expressis verbis zieht: die Religion ist als Bollwerk der Kultur selber in der Gefahr, genau von denjenigen Regungen unterhöhlt zu werden, die zu unterdrücken sie sich ursprünglich zur Aufgabe gesetzt hatte. Kein verläßlicher Verbündeter im Kampf um die Kultur also.

Es folgt „Totem und Tabu (Einige Übereinstimmungen im Seelenleben der Wilden und der Neurotiker)“ (1912/13) - ebenso kritisiert wie bewundert. Hier führt Freud die angreifbare Analogie zwischen Individualneurose und Menschheitsentwicklung ein entscheidendes Stück weiter.

Totem und Tabu - bereits der Titel deutet auf die Ehrgeizigkeit des Unternehmens: Freud begnügt sich nicht mehr damit, gestützt auf genaue klinische Beobachtung bei seinen Patienten, nach der menschlichen Genese zu fragen, er geht vielmehr zurück auf die Entstehung der menschlichen Kultur insgesamt. Totem und Tabu stehen als die frühesten Zeichen der beiden Gesetze, die die menschliche Kultur kennzeichen: das Verbot der Endogamie und das Verbot des Tötens, beides Gesetze, die in der Art, wie die Gesellschaft sie durchsetzt - und überschreitet - nicht auf eine bloß rationelle Begründung zurückzuführen sind, sondern in eine Aura von Furcht und Schrecken gehüllt erscheinen, die sie von anderen gesellschaftlichen Geboten deutlich unterscheidet. Wiewohl als die zentralen Gesetze der Kultur auf die Ebene derselben logischen Ordnung gebracht, gehören Totem und Tabu dennoch unterschiedlichen Ordnungen an: das Totemtier, an dem sich die Heiratsregeln orientieren, gehört zur Ordnung des Bildes, während das Tabu sich am Wort ausrichtet. In einer kühnen Synthese von James G. Frazer, W. Robertson Smith, Edward Burnett Tylor und - nicht zuletzt - Charles Darwin verschmilzt Freud Teile dieser Theorien mit seinen psychoanalytischen Einsichten und entwirft mit kühnem Schwung und großzügiger Pinselführung ein riesiges Sittengemälde, das er an den Übergang von Natur zu Kultur stellt, hinter das kein Nachfahre mehr zurückzugehen nötig haben sollte: der Ursprung war ebensosehr gesetzt wie gesperrt. In kurzen Worten zusammengefaßt, lautete Freuds Ursprungsmythos: Einst beherrschte ein wüster, eifersüchtiger Urvater die in kleineren Horden zusammenlebenden Menschen; wurden die Söhne geschlechtsreif, so vertrieb er sie und unterwarf sich alle Weibchen als ausschließlich für ihn bestimmtes sexuelles Eigentum. Gegen diesen brutal-potenten Urvater rotteten sich die Söhne zusammen und erschlugen ihn. Nun hätten sie frei sein und sich an seine Stelle setzen können. Aber die erfolgreiche Revolte scheiterte an ihrer Psyche, genauer an ihrer ambivalenten Bindung an den Vater. Nicht nur, daß sie ihn verständlicherweise haßten, sie liebten und bewunderten ihn zugleich. Daher mußte nach der Befriedigung des Hasses am Vater die unterdrückte Bewunderung und Liebe zu ihm zum Vorschein kommen: Sie bereuten ihre Tat und in nachträglichem Gehorsam verboten sie sich den Genuß der Prämie, die sie zu ihrem Tun überhaupt verleitet hatte: sie setzten das Tötungs- und Inzesttabu durch. So mündet das ursprüngliche Verbrechen in Kultur. Die Struktur der Nachträglichkeit schreibt sich auch hier in den Freudschen Text ein: wieviele erschlagene Urväter es immer auch gegeben haben mag: nur derjenige Totschlag verwandelt sich in einen kulturstiftenden Akt, der diese psychische Veränderung hervorbringt und das Verbot durchsetzt. In der Totemmahlzeit, diesem vermutlich ersten Fest der Menschheit in der Vermutung Freuds, feierten die Brüder künftig beides: die Erinnerung der Liebe zum Vater im Akt der oralen Vereinigung wie den Triumph des Sieges über ihn im Akt ihres vernichtenden Verzehrens.

Es ist nicht schwer, die petitio principii in dieser Konstruktion zu erkennen. Aber darauf kommt es in diesem Zusammenhang nicht an. Wichtig ist die Verbindung von Verbrechen und Schuld, auf der laut Freud alle Kultur ruht. Das Totemtier steht als verzerrt dargestellter Ersatz für den getöteten Urvater; begreift man mit Freud den Totemismus als früheste Form der Religion, so ist der Schluß zwingend: was später als Gott verehrt wird, war einst der Vater. So hat er seine Projektionshypothese weiter präzisieren können - und müssen, denn die Projektionshypothese allein wäre im Rahmen der abendländischen Religionskritik noch keineswegs spezifisch, haben sie doch allein im Deutschland des 19. Jahrhunderts bereits L. Feuerbach wie K. Marx - mit anderen Inhalten natürlich - nicht weniger leidenschaftlich vertreten. Freuds neue inhaltliche Bestimmung lautet nun: es sind die unbewußten inzestuösen Bindungen des Sohnes an den Vater, die als überhöhende Phantasien ihren Ausdruck in der Religion finden. Nicht „Und Gott schuf den Menschen zu seinem Bilde, zum Bilde Gottes schuf er ihn; und schuf sie als Mann und Weib.“ Nun gilt die Umkehrung: Der Mensch - genauer: nur der Sohn - schafft Gott nach dem Bilde des Vaters. [25] - Die Frau kommt in dieser Konstruktion nur vor als das gefährliche Objekt inzestuösen Begehrens, um dessetwillen die Söhne zwar den Mord am Vater wagten. Aber gerade deshalb muß der Zugang zu den Frauen durch Regeln bestimmt und das ungezügelte Begehren in seine Schranken verwiesen werden:, denn wer weiß besser als die Brüder selber, daß dieses Begehren Lebensgefahr für den Mann bedeutet. So bleiben die Frauen als Bild von Lust, Hemmungslosigkeit und Tod im Hintergrund; sie zwingen zur Kultur, haben selber jedoch keine. Im Bild zu überwindender Naturbestimmung existieren sie nur als Ausgeschlossene im Untergrund dieser Theorie der Kultur.

---

[25] Die Bibel, 1. Mose 1.28.

Verglichen mit diesem kühnen Entwurf zur Entstehung der Kultur überhaupt ist das nächste Werk, das Freud dem Phänomen der Religion widmet: „Die Zukunft einer Illusion“ von 1927 geradezu bescheiden. Wiewohl sieben Jahre nach „Jenseits des Lustprinzips“ geschrieben, wo Freud begann, die menschliche Aggression von einem vorgängigen negativen Prinzip, dem sogenannten Thanatos, abzuleiten, liest sich die „Zukunft einer Illusion“ fast selber wie eine Illusion: derjenigen des Sapere aude, des unerschütterlichen Glaubens an die Vernunft. Wenn P. Gay Freud als den letzten „philosophe“ bezeichnet und ihn in die Reihe von Voltaire, Diderot, Feuerbach und Darwin stellt[26], so stützt er sich vor allem auf „Zukunft einer Illusion“.

In dieser Schrift geht es Freud nicht darum, das Geheimnis der Religion zu lüften, er versucht nur, ihre Leistungsfähigkeit bei der psychischen Bewahrung der kulturellen Errungenschaften zu bestimmen. Die Religion wird zum Gegenstand des wissenschaftlichen Interesses unter der eingeschränkten Frage nach dem seelischen Besitz der Kultur. Nötig werden solche inneren psychischen Voraussetzungen bei ihren Trägern vor allem dann, wenn man wie Freud annimmt, daß die Kultur - gemeint ist damit alles, „worin sich das menschliche Leben über seine animalischen Bedingungen erhoben hat“[27] - eine Menge an Triebunterdrükkung verlangt. Durchsetzen kann sie diese Ansprüche, weil das kulturelle Zusammenleben im Gegenzug Schutz und Sicherheit verspricht: Schutz vor der Unbill und den Katastrophen der äußeren Natur, Sicherheit vor der ungehemmten Aggressionslust des Nächsten. Die menschliche Hilflosigkeit ist es demnach, die die Menschen zur Kultur geradezu zwingt. Die durch sie erlittenen Versagungen indes sind so groß, daß symbolische Entschädigungen darüber hinwegtrösten müssen. Zu diesen psychischen „Versöhnungsmitteln“ mit der Kultur zählt Freud neben den narzißtischen Idealen und den Ersatzbefriedigungen der Kunst[28] vor allem die - religiöse - Illusion. Das Wort gibt alles Weitere bereits vor: Illusion zielt auf den Vorrang des Wunsches im Glauben, der sich von den Beschränkungen der Wirklichkeit nicht beugen zu müssen glaubt. Dies ist ihre psychische Stärke, verspricht sie doch die Erfüllung „der ältesten, stärksten, dringendsten Wünsche der Menschheit“[29]. Genau diese psychische Stärke beschreibt in einem ihre intellektuelle Schwäche, hält doch der Glaube unbeirrbar an der Verwirklichung dessen fest, was sich vor dem Verstand nicht legitimieren kann: Die illu-

[26] P.Gay: Ein gottloser Jude - Sigmund Freuds Atheismus und die Entwicklung der Psychoanalyse, Ffm 1988, 48ff.

[27] S.Freud (1927): Die Zukunft einer Illusion, Studienausgabe Bd IX, Ffm 1974, 139.

[28] ders. aaO., 146ff.

[29] ders. aaO., 164.

sionäre Wunscherfüllung verlangt als Preis eine systematische Denkhemmung.[30] Die Religion wird also notwendig kontraproduktiv. Freud beendet diese Schrift geradezu mit einem Trompetensignal der Vernunft, wenn er triumphierend prophezeit: „auf die Dauer kann der Vernunft und der Erfahrung nichts widerstehen“[31]. Aber er wäre nicht er selbst, hätte er die Selbstkritik nicht mit eingebaut, denn indem er unmittelbar davor „unser(en) Gott Logos“[32] beschwört, überführt er sich selber der Illusion: ein Gläubiger der Vernunft zu sein. Bis zu diesem Zeitpunkt differenziert Freud in der Regel nicht unter den großen Religionen, das Judentum spielt - von einigen wenigen Hinweisen abgesehen - ebensowenig eine konstitutive Rolle wie der Antisemitismus. Stattdessen kommt die Kunst in diesem Werk zu höchsten Ehren. Doch bleibt sie sozial wirkungslos, solange sie „in der Regel den Massen, die durch erschöpfende Arbeit in Anspruch genommen sind und keine persönliche Erziehung genossen haben, unzulänglich bleibt.“ [33] Das ist umso bedauerlicher, weil darum die Ressourcen der Kunst, die den Menschen mit den ihm auferlegten Versagungen versöhnen könnten, ungenutzt bleiben müssen. Und dabei hätte die Kunst so viel zu bieten: in der Gemeinsamkeit des Kunstgenusses entfalten sich nicht nur Gefühle der Zusammengehörigkeit, sondern auch des Stolzes auf diese Leistungen. Vor allem aber: „Die Kunst bietet (...) Ersatzbefriedigungen für die ältesten, immer noch am tiefsten empfundenen Kulturverzichte und wirkt darum wie nichts anderes aussöhnend mit den für sie gebrachten Opfern.“ [34]

Die Zeitläufte erlaubten ihm nicht, es dabei zu belassen. Die letzte und die schwierigste Schrift Freuds zur Religionspsychologie: „Der Mann Moses und die monotheistische Religion“, geschrieben unter der zunehmenden Bedrohung durch den Nationalsozialismus, nachdem seine Bücher 1933 in vorderster Front als verwerflicher Ausdruck des jüdisch zersetzenden Geistes zum erstenmal bei einer Massenversammlung der Nazis in Berlin öffentlich verbrannt worden waren. Von Anfang an gehörte Freud zu deren erklärten Feinden.-

Angesichts dieser Gefahr stellten sich für ihn alte Fragen in neuer Dringlichkeit: was mochte das Jüdische wohl sein, das auch noch den gottlosen Juden vom Christen unterschied, und worin lagen die psychischen Wurzeln des Antisemitismus? Auf den ersten Blick könnte „Der Mann Moses“ wie eine Anwen-

---

[30] ders. aaO., 180f

[31] ders. aaO., 187.

[32] ders. aaO., 187.

[33] ders. aaO. 147

[34] ders. aaO. 147

dung von „Totem und Tabu“ erscheinen, angereichert mit Freuds geradezu obsessivem Interesse für Moses, das mit seiner Studie über die berühmte Moses-Statue des Michelangelo 1914 öffentlich geworden war. Bereits damals war Freuds Thema der Fortschritt in der Kulturfähigkeit gewesen: ging es doch um einen Moses, der den Zorn über sein Volk angesichts des Tanzes um das Goldene Kalb niederkämpft, weil er die Gesetzestafeln retten will.

Aber der „Mann Moses“ ist mehr als eine Synthese von Früherem. Beschreibt Freud in „Totem und Tabu“ zwar den hypothetischen Übergang Natur in Kultur ganz allgemein, so zielt diese Konstruktion idealtypisch auf eine Zeit vor der menschlichen Geschichte, auf die „Traumzeit der Menschheit“[35]. Der Mann Moses dagegen, so Freud selber, „ist mein erstes Auftreten als Historiker, spät genug!“[36] Damit sah er sich ganz neuen Aufgaben gegenüber. Hatte das Buch zunächst noch den Untertitel: „ein historischer Roman“[37] bekommen sollen, so wies er diese Erleichterung der historischen Konstruktion bald wieder als unpassend von sich und erklärte sie zur Sache eines Thomas Mann;[38] ihn bekümmerte der Mangel an historisch zuverlässigen Quellen, so daß er „genötigt war, ein erschreckend großartiges Bild auf einen tönernen Fuß zu stellen, so daß jeder Narr es umstürzen kann.“[39] Er sollte Recht behalten.

Was aber war nun das Ungeheuerliche dieser Arbeit, das sie bis heute so umstritten macht? Freud schreibt es selbst: die „Formel“ des Buches lautet: „Moses hat den Juden geschaffen.“[40] Das mußte bereits jeden Frommen treffen, die Gebildeten unter den Verächtern der Psychoanalyse mochten sich darüber verwundern, daß Freud Moses ohne weitere Umschweife als historische Person annehmen zu dürfen glaubte, nachdem die Religionsforschung des 19. Jahrhunderts im ganzen der Gestalt des Moses historische Realität abgesprochen hatte.[41] Daß Moses jedoch gleich im ersten Teil der Abhandlung als Ägypter identifiziert wurde, erregte die Gemüter über alle Maßen. Zu Unrecht. Denn auch wenn der Religionsstifter ein Ägypter war, so fand dieser Mann, der einen stren-

35 H. Yerushalmi: Freuds Moses - Endliches und unendliches Judentum, Berlin 1991, 42.

36 Freud 1938 in einem Brief an seinen Sohn Ernst, zit. nach Y. H. Yerushalmi, a.a.O., 38.

37 Brief vom 30. September 1934 in: S. Freud, A. Zweig: Briefwechsel, hg. von E. Freud, Frankfurt 1968, 102

38 Freud an Max Eitingon vom 13. November 1934, in: E. Jones (1960 - 62): Das Leben und Werk von Sigmund Freud. Übers. v. K. Jones und G. Meili-Dworetzki, Bern, Bd. 3, 232

39 Brief vom 2. Mai 1935 in S. Freud, A. Zweig: Briefwechsel a.a.O., 109.

40 Brief vom 30. Sep. 1934: in: S. Freud, A. Zweig, Briefwechsel aaO., 102.

41 vgl. Y. H. Yerushalmi, aaO., 44ff.

gen Monotheismus vertrat, nur im jüdischen Volk Gehör und Gefolgschaft.[42] Dies aber ist laut Freud das Wesen des Judentums: sein strenger Monotheismus, der ihm andere Gottheiten verbietet, der Zwang zur intellektuellen Disziplin, die jede Sinnlichkeit verpönt, ausgedrückt im Gebot: Du sollst Dir kein Bild machen von Deinem Gotte.

Jeder weiß, daß das Volk gegen Moses murrte. Doch bei Freud erhebt sich das Murren zum Mord: wie der Urvater in „Totem und Tabu" wurde in der Konstruktion Freuds auch der so ganz anders geartete Moses erschlagen, wie am Ursprung der Kultur insgesamt steht auch am Ursprung des Judentums ein Verbrechen. Und gerade dieses Verbrechen wird zum Unterpfand der Höhe seiner Sublimierung. Schuld ist es, was die Juden zu ihren hohen intellektuellen Leistungen zwingt, verstärkt noch dadurch, daß sie diese Schuld in der Verdrängung halten und bis heute noch auf den Erlöser warten - als das auserwählte Volk. In diesem einzigen Punkt sind die Christen dem jüdischen Volk überlegen: sie gestehen den Mord an ihrem Gotte ein und verwandeln zugleich die Vaterreligion tendenziell in eine Sohnesreligion: die Wiederkehr des Verdrängten feiert den Sieg des Sohnes über den Vater. Das beschreibt den historischen Fortschritt des Christentums vor dem Judentum, allerdings um den Preis des intellektuell disziplinierenden Monotheismus. Daher ist es für Freud kein Wunder, wenn das Christentum nach Paulus wieder tendenziell heidnisch wird. Der jüdische Monotheismus wird in der christlichen Lehre von der Dreieinigkeit aufgelöst, den Vorrang der Vaterschaft unterläuft der Marienkult und das Bild feiert seine triumphale Rückkehr - trotz des Bilderstreits im 8./9. Jahrhundert und später im Calvinismus. Die Illusion der Wunscherfüllung siegt über die Religion des Schuldgefühls und seinen tragischen ödipalen Konflikt.

Das Unbehagen in der Kultur aber bleibt: nicht das Judentum, nicht das Christentum hat in einem Punkt die Höhe der antiken Kultur erreicht, nämlich in der Feier des Eros, den die Antike kannte; beide predigen sie vielmehr die Triebunterdrückung als höchstes kulturelles Gut. Betrachtet man das Freudsche Werk als ganzes, dann liegt der Schluß nahe, daß sich am Ende Moses und Jesus, gar Paulus in die Figur des Ödipus eingeschrieben haben.

Der „Mann Moses" reformuliert die Theorie des Ödipuskomplexes, indem er ihn auf die Entstehung des Gesetzes reduziert. Mag sein, daß Freuds Identifikation so weit ging, daß ihm noch die zunehmenden faschistischen Umtriebe und die Ästhetisierung der Politik durch die Nazis wie der Kampf des Volkes ums

42 Vergleicht man Ernst Sellins 1922 in Berlin erschienenes Buch: Moses und seine Bedeutung für die isrealitisch-jüdische Religionsgeschichte", so versteht man die konstitutive Rolle, die Freud diesem Buch für seinen eigenen Mann Moses zuweist: Sellin betont wie Freud, daß Moses Monotheist gewesen sei und daß er von den Juden ermordet wurde.

Goldne Kalb erschien, denen er mit diesem Werk noch einmal die Strenge des ödipalen Gesetzes als Prinzip aller Kultur entgegenhalten zu müssen glaubt. Bild und Wort verfallen dabei einem abstrakten Dualismus, den Freud ohne Rücksicht auf Verluste durchhalten zu müssen glaubt. Nicht nur, daß das Bild - als Konstituens alles Psychischen - aus dem Anblick der Mutter abgeleitet und zur Grundkategorie des Unbewußten wird, - selbst noch die gesamte Ordnung des Bildes scheint sich für Freud zum Symbol der Erinnerung an die verlorene Mutter zu verdichten. Bild, Unbewußtes und mütterliches Prinzip fallen tendenziell zusammen, so wie umgekehrt Logos, Männlichkeit und Gesetz zusammengehören; hinter dem ersten droht eine dämonische Natur, während letzteres die Errungenschaften der Kultur verheißt; zeitlich vorgängig das eine, als Naturmacht unüberwindbar, bleibt moralisch vorrangig das andere.[43]

So ist es nicht weiter verwunderlich, daß Freud mit dem Jungschen Begriff der Imago nichts anzufangen wußte - auch wenn ihn dies vor einer Ontologisierung des Unbewußten bewahrte. Man darf gewiß in diesem Unterschied „Konfessionsstreitigkeiten" vermuten: der wortgläubige Jude scheut vor dem bildfreudigen Christentum zurück; das mehrdeutige Nebeneinander der Bilder findet keine Gnade vor den identifizierenden Synthesisleistungen des Bewußtseins, das Einheitlichkeit heischende Prinzip des Monotheismus kehrt dem antiken Götterhimmel ebenso wie der christlichen Trinität mitsamt allen katholischen Heiligen den Rücken. Mag sein, daß Freud recht hat, wenn er glaubt, er hätte ohne diese mosaische Strenge nicht die neue Wissenschaft der Psychoanalyse entdecken können, aber der Preis war hoch. Niemand weiß das besser als er selber. Denn bei aller Apologie auf den gesetzesstrengen Moses und die kulturstiftende Macht eines strengen Über-Ichs, es ging auf Kosten des Glücks. „Die Harmonie in der Ausbildung geistiger und körperlicher Tätigkeit, wie das griechische Volk sie erreichte, blieb den Juden versagt. Im Zwiespalt trafen sie wenigstens die Entscheidung für das Höherwertige."[44]

„Wenigstens" - das verweist auf Verlust. Die mosaische Moral ging auf Kosten des Eros. Und der Frauen. Das bezeugt der Mann Moses auf jeder Seite - durch ihre Abwesenheit. Blieben sie in „Totem und Tabu" als Objekte eines verbotenen Begehrens noch an der Schwelle zur Kultur, so kommen sie im „Mann Moses" überhaupt nicht mehr vor. Dieses Buch konstruiert einen Ödipuskomplex ohne Mutter. Das ist an sich schon paradox. Da ist zum einen das Problem der

---

43 Dem komplexen Zusammenspiel von Entmythologisierung und Remythologisierung des Weiblichen im Freudschen Werk insgesamt ging im deutschsprachigen Raum als eine der ersten Renate Schlesic nach in ihrer bis heute nicht ausgeschöpften, ebenso umfassenden wie souveränen Arbeit: Konstruktionen der Weiblichkeit bei Sigmund Freud, Frankfurt 1981.

44 S.Freud (1939), aaO., SA IX 561.

verschwundenen Mutter: vollzieht Freud in seinem Werk noch einmal, was er als Begründer der Psychoanalyse entdeckte? Im Angsttraum des Knaben, der ihm die geliebte Mutter, getragen von Personen mit Vogelschnäbeln zeigt, ist das erotische Moment so drängend, daß die moralische Instanz, übertölpelt, nur noch mit Abbruch reagieren kann; Angst überflutet das Kind. Demgegenüber wäre der „Mann Moses" über den negativen Ödipuskomplex konstruiert: aus Liebe zum Vater verzichtet der Sohn auf die Mutter. Aber wenn der positive Ödipuskomplex den Vatermord verlangt, dann gilt das Umgekehrte nicht weniger für den negativen. Und hat Freud diesen Muttermord nicht auf der Ebene des Textes vollzogen, indem der gesetzesgläubige Sohn des Moses der Mutter keine symbolische Anwesenheit in der Existenz des Wortes gewährt?

Zum anderen jedoch wirft das vernichtete erste Liebesobjekt seinen Schatten auf diese strenge Moral. Ein strenges Über - Ich als ausschließliche Basis der Kultur - das kann Freuds letztes Wort nicht gewesen sein. Zu genau wußte er um die sadistischen Aspekte des Über-Ich, um die Verschlingung von Tugend und Terror. Wenn die Sublimierung - und damit die Kulturfähigkeit des Menschen - an den Untergang des Ödipuskomplexes geknüpft ist, dann muß das für beide seiner Ausprägungen gelten. Neben die Restitution des Vaterbildes stellt sich als keine geringere psychische Aufgabe die Restitution des Mutterbildes - und beidesmal in ihren ödipalen wie in ihren präödipalen Ausprägungen - sind es doch gerade die präödipalen Anteile des Über-Ich, die seine Grausamkeit erhöhen.

Warum Freud diese schlichten Schlüsse nicht mehr zog? Am Ende bleibt es ein Rätsel, sein Rätsel. Dabei hatte er doch die Lösung bereits formuliert, in besseren Zeiten allerdings, nähmlich 1910, zu einer Zeit also, da noch nicht der Zivilisationsbruch des Ersten Weltkrieges vorherzusehen und Freuds Glaube an den Fortschritt der Kultur noch ungebrochen war. Die Lösung liegt in seiner Interpretation von Leonardo: beim Anblick der Gioconda, dem Vorbild der Mona Lisa, sei in diesem von schweren Arbeitsstörungen geplagten Mann die Erinnerung an seine Mutter wieder wach geworden: mit Hilfe seiner ältesten Liebesregungen überwand er seine Hemmung und erweckte sie zu neuem Leben: im Bild und als Bild.

Medientheoretische Anmerkungen zum Bilderverbot*

Gertrud Koch

Moses und Aron, die beiden mythologischen Kombattanten des Buches Exodus, sind längst Synonyma geworden für die Bedeutung, die das zweite Gebot, das Jahwe an Moses weitergegeben hat, angenommen hat: „Du sollst dir kein Gottesbild machen und keine Darstellung von irgend etwas am Himmel droben, auf der Erde unten oder im Wasser unter der Erde“ (Ex. 20,4). Dieses Gebot wird zwar schon im Deuteronomium eingeschränkt vom generellen Darstellungsverbot der Schöpfung auf Darstellungen derselben, die zur Herstellung eines Gottesbildes dienen: „Du sollst dir kein Gottesbildnis machen, das irgend etwas darstellt am Himmel droben, auf der Erde unten oder im Wasser unter der Erde“ (Deut. 5,8) - aber bis in die heutigen Debatten hinein hat sich der Verdacht, daß sich im Fetischcharakter der eigentliche des Bildes niederschlage, erhalten. Daß das im zweiten Gebot enthaltene Bilderverbot ein ästhetisches enthalte (das aus dem Erbe des theologischen entsprungen zu sein scheint), gehört zu den Kerngedanken von Theodor W. Adornos Ästhetik; daß sich das Bilderverbot im Judentum als inhärenter Konflikt produktiv niedergeschlagen habe, einerseits in der Tendenz zur „Verschriftung“ der Bilder, andrerseits in der Fokussierung auf Wort und Musik als Medien des Ausdrucks, ist eine oft geäußerte kulturhistorische Vermutung. Ihr soll im folgenden an zwei Werken, die sich auf besondere Weise mit dem Bilderverbot befassen, nachgegangen werden. Zum einen erscheint mir Adornos Konzeption des „ästhetischen Bilderverbots“ relevant als regulative Idee einer Bildästhetik, die sich negativistisch zur vorfindlichen Welt verhält, die sie nur „ver“schoben und reflexiv aufnimmt, zum anderen lassen sich die Konflikte um die idolatrischen Funktionen des Illusionskinos, wie sie Horkheimer und Adorno im „Kulturindustrie“-Kapitel der *Dialektik der Aufklärung* festmachen, vor diesem Hintergrund schlüssiger rekonstruieren, als wenn man die darin enthaltene elitäre Kulturkritik aufs bildungsbürgerliche Motiv allein reduziert. Die dialektische Spannung zwischen den beiden Polen eines radikalisierten Bilderverbots und einer nach unten vermittelnden, medialen Kultur, als deren erster Vertreter Aron, als der „Mund Moses“, angenommen werden kann, hat Arnold Schön-

---

* Dieser Text basiert auf: Gertrud Koch, Die Einstellung ist die Einstellung. Visuelle Konstruktionen des Judentums, Frankfurt a. M. 1992, S. 16-29, inkl. Einleitung S. 13-15.

berg schließlich zu seiner Oper *Moses und Aron* gebracht, deren visuelle Rezeption in Jean-Marie Straubs und Danièle Huillets Verfilmung an eben jenem Konflikt zu zerbrechen scheint.

Die vereinfachende Formel, die der *Dialektik der Aufklärung* eingeschrieben zu sein scheint, setzt „Kulturindustrie" und Propaganda als rhetorische Figuren auf einer Ebene an, nämlich der, von der aus der direkte Zugriff auf die psychischen Tiefenstrukturen der adressierten Subjekte erfolgt, deren Ressentiments und geheimer Regungen man sicher sein kann, weil sie die Propagandisten auf dieser Ebene teilen. So entstand die eigenwillige Situation, daß man sich durchaus Hollywoods bedienen wollte, um den Antisemitismus zu bekämpfen, nach dem Wagnerischen Motiv, daß nur das Schwert, das die Wunde schlug, sie auch zu heilen vermöchte. Im Rahmen der empirischen Studien zum Antisemitismus hatte sich der Plan herausgebildet, für Gruppendiskussionen einen filmischen „Grundreiz" zu konstruieren, der einem narrativen Perspektivismus folgen sollte, um verschiedene Stereotypen aufzufächern, auf deren Hintergrund das antisemitische sich klarer herausheben sollte. In den Korrespondenzen, Entwürfen und Diskussionen zu diesem Projekt sind eine Fülle von Hinweisen vergraben, die das *pragmatische* Verhältnis der Kritischen Theorie im Exil zur Nachbarschaft Hollywoods noch einmal neu beleuchten; die Auseinandersetzung schließlich um Edward Dmytryks Film *Crossfire*, einem quasi offiziellen Versuch Hollywoods, den Antisemitismus mit den Mitteln des populären Films zu schlagen, bietet sich zur Überprüfung einiger der Thesen aus dem „Kulturindustrie"-Kapitel anhand eines Films selbst an, erlaubt also die generalisierten Aussagen an einem Beispiel filmanalytisch zu überprüfen. Die Komplementarität des Moses-und-Aron-Streits um die Vermittlung findet sich hier auf sozialphilosophische Grundannahmen verwiesen, die von der anderen Richtung die Brücke zur *Dialektik der Aufklärung* wieder zurückschlagen.

Die eigentümliche Mischung aus *pragmatischen* Projekten zur Aufklärung und Erziehung einerseits und sozialanthropologischen, geschichtsphilosophischen Thesen, die das Verhältnis der Kritischen Theorie in den vierziger Jahren zu den Fakten und ins Exil vermittelten Erfahrungen der Massenvernichtung eher reaktiv erscheinen läßt, kann andrerseits kaum darüber hinwegtäuschen, daß die Ereignisse in Europa erst sehr viel später in ihrer vollen Tragweite reflektiert worden sind. Siegfried Kracauer, der einzige aus der Frankfurter Gruppe, der sich intensiv mit dem Kino beschäftigt hat, stellt sich erst spät die Frage, ob die Existenz der Vernichtungslager das Drama der Repräsentation noch einmal neu stellen könnte. Der Konflikt wäre dann der zwischen Bilderverbot auf der einen und der Verpflichtung, Zeugnis abzulegen, auf der anderen Seite, wie es im Buche Levitikus festgelegt wird, das eine weitere Moses in den Mund gelegte Liste mit Vorschriften enthält, nach der jemand, der „Zeuge" ist, „da er gesehen oder darum gewußt hat, aber er zeigt es nicht an", „damit Schuld auf sich" (Lev. 5,1) lädt.

In der von Kracauer eingeführten Figur des „Sammlers“ und des Zeugen findet sich eine komplexe Alternative zur filmischen Darstellungsproblematik, und nicht zufällig ortet Kracauer sie einer geschichtsphilosophischen Denkfigur unter. Die Debatten der letzten Jahre um narrative Konzepte und ihren Anteil an der Faktenkonstruktion der Historiographie werfen freilich ihre Schatten auch auf Kracauers geschichtsphilosophisches Konzept. Die Diskrepanz zwischen der Faktizität der Ereignisse und ihrer Darstellung, die eben immer Form ist und nicht unmittelbar, kann auch Kracauers Versuch, der Aufhebung der Fakten in ihre zeichenhafte Vermittlung hinein zu entrinnen, nicht abwerfen. Sein Programm ist nicht weniger brüchig als das der anderen.

Mimesis und Bilderverbot in Adornos Ästhetik

Das Verhältnis der Kritischen Theorie zu Kino und Film gilt als traditionell schlecht, zumindest äußerst kritisch. Wenn ich dennoch im folgenden den Versuch unternehmen möchte, die Aktualität der Kritischen Theorie auf diesem Gebiet unter Beweis zu stellen, dann verstehe ich das nicht nur als einen Versuch rettender Kritik im Sinne Walter Benjamins, den eine kritische Filmtheorie ja noch am ehesten für sich reklamieren könnte, sondern als einen Versuch der Vermittlung durch die Extreme hindurch - und diese wären für eine Bild- und damit Filmtheorie: Mimesis und Bilderverbot.

Mimesis und Bilderverbot tauchen im Denken Adornos in unterschiedlichen Konstellationen auf, von denen ich die zur ästhetischen Argumentation führenden Linien verfolgen möchte, die zwar den kulturanthropologischen und psychoanalytischen nahe kommen, aber von den Warenformanalysen des Kulturindustrie-Kapitels aus der *Dialektik der Aufklärung* wegführen. Wo sich Filmtheorie auf Kritische Theorie bezieht, geschieht dies in der Regel über zwei Aufsätze, die sich diametral entgegenstehen: Benjamins „Kunstwerk im Zeitalter seiner technischen Reproduzierbarkeit“ und eben das Kapitel über „Kulturindustrie“ der *Dialektik der Aufklärung*.

In letzterem gerinnt die mimetische Fähigkeit zum Zwang, mit dem sich die Konsumenten den Bildern anpassen sollen, die die Kulturindustrie von ihnen entwirft und die Tiefenpsychologie - im Netz ihrer „Ordnungsbegriffe“ - als deren Kern wieder hervorholt:

> *(...) ja das ganze nach den Ordnungsbegriffen der heruntergekommenen Tiefenpsychologie aufgeteilte Innenleben bezeugt den Versuch, sich selbst zum erfolgsadäquaten Apparat zu machen, der bis in die Triebregungen hinein dem von der Kulturindustrie präsentierten Modell entspricht. Die intimsten Reaktionen der*

Menschen sind ihnen selbst gegenüber so vollkommen verdinglicht, daß die Idee des ihnen Eigentümlichen nur in äußerster Abstraktheit noch fortbesteht: personality bedeutet ihnen kaum mehr etwas anderes als blendend weiße Zähne und Freiheit von Achselschweiß und Emotionen. Das ist der Triumph der Reklame in der Kulturindustrie, die zwanghafte Mimesis der Konsumenten an die zugleich durchschauten Kulturwaren.[1]

Die Aufhebung der Differenz zwischen Produkt und Konsumenten, zwischen Schein und Wirklichkeit, zwischen Subjekt und Gesellschaft findet im „Stahlbad des Fun" statt, alles ist mit „Ähnlichkeit geschlagen".

Im Gesellschaftsprozeß gehen die Verkörperungen der Kulturindustrie in „Fleisch und Blut des Publikums" über, an die Stelle der ästhetischen Sublimierung der Erniedrigung der Triebe tritt die plane Unterdrückung, die Reduktion auf die Vorlust, die Verewigung der Kastrationsdrohung. Unter der totalen Herrschaft verschwindet die Differenz zwischen Natur und Gesellschaft, weil diese sich als Natur setzt. Die Menschen werden wieder zu hohlen Monaden, in die die stampfende Maschinerie der Kulturindustrie ihre Schnittmuster stanzt.

Polemisch könnte man freilich sagen, daß Adorno und Horkheimer dem angegriffenen Kulturalismus-Konzept Fromms nie so nahe gekommen sind wie im Kulturindustrie-Kapitel - wenn auch nicht im humanistischen Sinn Fromms, sondern im Sinne negativer Kulturkritik: negativer Kulturalismus. 1963 gab Adorno in einem Vortrag *Résumé über Kulturindustrie* seinen Kritikern eine Replik, in der er zwar am Warenfetischcharakter kulturindustrieller Produkte festhielt, aber gleichwohl die steilsten Höhen der These von der völligen Identität zwischen Produkt und Rezipient etwas abmilderte:

Nur ihr (der Menschen, G. K.) tief unbewußtes Mißtrauen, das letzte Residuum des Unterschieds von Kunst und empirischer Wirklichkeit in ihrem Geist, erklärt, daß sie nicht längst allesamt die Welt durchaus so sehen und akzeptieren, wie sie ihnen von der Kulturindustrie hergerichtet ist.[2]

Der Riß im monolithischen Weltbild der *Dialektik der Aufklärung*, der sich hier zeigt, verdankt sich dem neuerlichen Rekurs auf das Unbewußte, das dem gesteuerten Bewußtsein opponiert. Daß sich in der Triebnatur ein vorgesell-

---

1 Theodor W. Adorno/Max Horkheimer, Dialektik der Aufklärung, Hamburg, Berlin, Havanna o. J., Raubdruck, S. 198.

2 Theodor W. Adorno, "Résumé über Kulturindustrie", in: Ohne Leitbild. Parva Aesthetica, Frankfurt a. M. 1967, S. 69.

schaftliches Widerstandspotential gegen die totalitären Ansprüche des Vergesellschaftungsprozesses findet, gehört zum Grundbestand des Denkens der Kritischen Theorie. Freilich ist Adorno nie so weit gegangen wie Marcuse in *Triebstruktur und Gesellschaft*, aus der Triebnatur selbst ein positives Gesellschaftsmodell herauszubuchstabieren. Für ihn war die Kunst, die ästhetische Erfahrung das Ausdrucksmedium der Opposition der geknechteten und unterdrückten Natur gegen die gesellschaftlichen Zwänge und Zurichtungen. An den Rändern, wo sich Natur und Gesellschaft reiben, entsteht die Wunde Kunst. Darum scheint es mir nicht zufällig, daß dort, wo Adorno Film nicht vom Primat der Ökonomie und vom Warenfetisch aus analysiert, sondern auf dessen ästhetische Dimension eingeht, wie in den *Filmtransparenten*, der Erfahrungsbegriff im Zentrum steht:

> *Die Ästhetik des Films wird eher auf eine subjektive Erfahrungsform rekurrieren müssen, der er, gleichgültig gegen seine technologische Entstehung, ähnelt und die das Kunsthafte an ihm ausmacht. Wer etwa, nach einem Jahr in der Stadt, für längere Wochen im Hochgebirge sich aufhält und dort aller Arbeit gegenüber Askese übt, dem mag unvermutet widerfahren, daß im Schlaf oder Halbschlaf bunte Bilder der Landschaft wohltätig an ihm vorüber oder durch ihn hindurch ziehen. Sie gehen aber nicht kontinuierlich ineinander über, sondern sind in ihrem Verlauf gegeneinander abgesetzt wie in der Laterna magica der Kindheit. Diesem Innehalten in der Bewegung verdanken die Bilder des inneren Monologs ihre Ähnlichkeit mit der Schrift: nicht anders ist auch diese ein unterm Auge sich Bewegendes und zugleich in ihren einzelnen Zeichen Stillgestelltes. Solcher Zug der Bilder dürfte zum Film sich verhalten wie die Augenwelt zur Malerei oder die akustische zur Musik. Kunst wäre der Film als objektivierende Wiederherstellung dieser Weise von Erfahrung. Das technische Medium par excellence ist tief verwandt dem Naturschönen.*[3]

In dieser Passage wird deutlich, daß für Adorno in der ästhetischen Erfahrung ein Stück Auseinandersetzung mit innerer und äußerer Natur stattfindet, daß dies eine Ästhetik des Films begründen soll. Die Analogie zur Schrift wird phänomenologisch gesehen: nicht Sprache, sondern die Grapheme der Schrift bilden den Vergleich - in einem mimetischen Abbildungsverhältnis.

3 Ders., "Filmtransparente", in: ebd., S. 81 f.

Mir scheint es nicht zufällig, daß gerade im engeren (und weiteren) Umkreis der Kritischen Theorie von Benjamin bis Adorno (und Kracauer) die Materialität des Filmbildes nicht symbolisch begründet wird, sondern phänomenologisch. Wenn das Substrat der Psychoanalyse-Konzeption der Kritischen Theorie sich auf die „naturalistische" Triebtheorie gründet, wird der Übergang zur Anthropologie fließend. Dieser haben wir Einsichten zu verdanken, die den vorsprachlichen Bereich der Menschheit und der Menschen erhellen. Der von Adorno so häufig gebrauchte Begriff der Mimesis hat dort seinen Platz. Während die Gestik durch Konventionen und Regeln definiert ist, also ein quasi-sprachliches Verständigungsmodell ist, sieht Helmuth Plessner im mimischen Ausdruck:

> *eine Bedeutung, indem sich in ihm eine Erregung (ein Zustand oder eine Aufwallung des Innern) spiegelnd äußert. (...) Im mimischen Ausdruck verhalten sich psychischer Gehalt und physische Form wie Pole einer Einheit zueinander, die man voneinander nicht ablösen und in das Verhältnis von Zeichen und Bezeichnetem, von Hülle und Kern bringen kann, ohne ihre gewachsene, unmittelbare und unwillkürliche Lebenseinheit zu zerstören.*[4]

Als modernen Zug der Kunst hält Adorno das in der *Ästhetischen Theorie* fest:

> *Das Verhältnis zur Kunst war keines von Einverleibung, sondern umgekehrt verschwand der Betrachter in der Sache; erst recht ist das der Fall in modernen Gebilden, die auf jenen zufahren wie zuweilen Lokomotiven im Film.*[5]

Der mimetische Impuls - in der Kulturindustrie Zwang, ans falsche Bild sich anzupassen - wird in glückhafteren Momenten zur Erfüllung einer vorsprachlichen, nicht-repressiven Aneignung und Transformation von Natur im rätselhaften „Bild". Gilt, wie Josef Früchtl[6] in seiner Arbeit zum Mimesisbegriff Adornos gezeigt hat, für diesen die Abhängigkeit von jeweiligen Konstellationen, die sein Umschlagen von zwanghafter Anpassung in spielerische Anverwandlung regeln, so fällt auf, daß diese ambivalente Strukturierung des Begriffs für den des Bilderverbots nicht zutrifft. Vom Bilderverbot redet Adorno als einer nicht hintergehbaren Schranke in der Kulturgeschichte der Menschheit. Das erscheint

4 Helmuth Plessner, Philosophische Anthropologie, Frankfurt a. M. 1970, S. 61, 63.

5 Theodor W. Adorno, Ästhetische Theorie, Frankfurt a. M. 1973, S. 27.

6 Josef Früchtl, Mimesis. Konstellation eines Zentralbegriffs bei Adorno, Würzburg 1986.

nicht zuletzt deswegen erstaunlich, weil sich ein Primat des Bilderverbots und eine starke Auslegung des Mimesis-Begriffs auf den ersten Blick doch eher entgegenzustehen scheinen, schließlich untersagt das Bilderverbot ja gerade die Herstellung von Ähnlichkeiten, auf der wiederum der mimetische Impuls basiert. Das rätselhafte Bild nun ist aber das Bild, das nicht auf abbildhafter Ähnlichkeit beruht, während die Kulturindustrie Bilder produziert, die den Zustand zweiter Natur der Gesellschaft abbilden, eine positive Ähnlichkeit behaupten. Damit verstoßen sie ebenso gegen das Bilderverbot wie der Positivismus gegen die immanente Negation. Die Entstehung des Bilderverbots ist gebunden ans Tabu, entstammt einer „Vorzeit", aus der auch die Mimesis herüberreicht. In der nachgelassenen *Ästhetischen Theorie* bindet Adorno Mimesis, Bilderverbot und Tabu nicht nur in einen zeitlichen Kontext ein, er stellt deren Zusammenhang als einem zeitlichen Problem geschuldet dar, dem der Dauer und des Todes:

> *Dauer des Vergänglichen, als Moment der Kunst, das zugleich das mimetische Erbe perpetuiert, ist eine der Kategorien, die auf die Vorzeit zurückdatieren. Das Bild selbst, vor aller inhaltlichen Differenzierung, ist nach dem Urteil nicht weniger Autoren ein Phänomen von Regeneration,*

schreibt Adorno, und mit einem Zitat des Kulturanthropologen Frobenius fortfahrend:

> *So stellen die Bilder der Tiere Verewigungen dar, Apotheosen, und rücken gleichsam als ewige Sterne an das Firmament.*[7]

Genau in diesem Verewigungsaspekt aber liegt das Problem der Dauer, die, so Adorno, „im Geist des Bilderverbots (...) als Schuld den Lebendigen gegenüber empfunden wird".[8] Die „Scheu, Menschen darzustellen", entstammt zudem dem magischen Denken, daß sich im Bild etwas vom Abgebildeten substantialisiert habe, das Bild wie die Puppe des Voodoo-Kults auf das Dargestellte selbst zurückschlagen könne. Der erste Halt auf dem Weg der Transformation der magischen Angst vor der Rache der Toten ist die Mumie, mit ihr sieht Adorno unter Berufung auf kulturanthropologische Forschung die „Idee ästhetischer Dauer" zuerst sich entwickeln. Ein Versuch, den Toten Dauer unter den lebendigen zu geben „Verdinglichung der einst Lebendigen" als „Revolte gegen den Tod".[9]

---

7 Theodor W. Adorno, Ästhetische Theorie, a. a. O., S. 416.

8 Ebd.

9 A. a. O., S. 417.

Das Bilderverbot, wie es sich in der „Vorzeit“, noch vor der Entstehung des jüdischen Monotheismus, andeutet, erfährt so doch eine doppeldeutige Auslegung. Zum einen führt es nämlich zu magischer Verletzung und Vernichtung des Bildes oder einiger seiner Teile, um das animistische Erbe in ihm zu beruhigen, zum anderen führt es, wie in der folgenden Beschreibung eines von Adorno herbeizitierten Anthropologen, zur Autonomie der Darstellung vom ursprünglich Dargestellten:

> *Speiser deutet diese Wandlung als Übergang von der Erhaltung und Vortäuschung körperlicher Gegenwart des Toten zur symbolischen Andeutung seiner Gegenwart, und damit sei der Übergang zur reinen Statue gegeben.*[10]

Während Adornos Ästhetik sich an eine bestimmte Variante des jüdischen Bilderverbots anschließen läßt, lassen sich die auf die Entstehung der Kunst im Totenkult beziehenden kulturanthropologischen Argumente auch in André Bazins Ableitungen einer Bildtheorie finden. In seinem einflußreichen Essay über die „Ontologie des fotografischen Bildes“ beginnt Bazin mit der Kunst der Mumifizierung, die für ihn die erste Form der bildenden Kunst darstellt: „Die erste ägyptische Statue ist der Mensch, mumifiziert, gegerbt und in Natron konserviert.“[11] Allerdings zieht Bazin diametral entgegengesetzte Schlüsse aus dem genetischen Tatbestand: indem nämlich die Mumie vor Grabräubern geschützt werden sollte durch die Gesellschaft von Terrakottastatuen, habe sich das Abbild des Menschen als dessen rettender Schatten auf dem Weg in die Ewigkeit behauptet, die Kunst des Abbilds wurde geschaffen, um den Menschen vor der Zerstörung durch Zeit und Tod zu schützen. Vom „anthropologischen Utilitarismus“ befreit, habe sich die Herstellung des Bildes schließlich vor allem an der Herstellung von Ähnlichkeit interessiert gezeigt: „Wenn die Geschichte der bildenden Künste nicht nur die ihrer Ästhetik, sondern vor allem die ihrer Psychologie ist, dann ist sie wesentlich die Geschichte der Ähnlichkeit oder, wenn man so will, die Geschichte des Realismus.“[12]

Vor allem aber ist Bazin an einem Argument interessiert, das auch Kracauer umtreibt und das mit der Frage zusammenhängt, ob es im Sinne der Phänomenologie so etwas wie die unmittelbare Anschauung einer Sache gibt. Bazin entdeckt nun, wie Kracauer, im Film (vorher der Fotografie): „Zum ersten Mal ist

---

10 Ebd.

11 André Bazin, "Ontologie des fotografischen Bildes", in: ders., Was ist Kino? Bausteine zur Theorie des Films, Köln 1975, S. 21.

12 A. a. O., S. 21 f.

das Bild der Dinge auch das ihrer Dauer, eine sich bewegende Mumie."[13] Diese Möglichkeit ist freilich nur gegeben durch die Technik, durch die Entsubjektivierung des Objektivs, das statt bloßer Ähnlichkeit von der physischen Präsenz des Objekts in einem bestimmten zeitlichen Moment zeugen kann:

> *Allein das Objektiv gibt uns ein Bild von dem Objekt, das imstande ist, in unserem Unterbewußtsein die Sehnsucht nach mehr als nur einer annähernden Abbildung des Objektes zu befriedigen: nach dem Objekt selbst, ohne dessen zeitliche Begrenzungen.*[14]

Nun ist es eine spannende Frage, inwieweit eine solche sich offenbarende Objekthaftigkeit, die durch eine Apparatur vermittelt wird, überhaupt noch mit dem alten Abbildungsproblem in Verbindung zu bringen ist, wobei es ja interessant genug ist, daß unabhängig voneinander der katholische Bazin und der jüdische Kracauer im selben ontologisch gefaßten Phänomen einen theologischen Rettungsgedanken einführen, der auf einer Kategorie von Verzeitlichung basiert. Das Heraussprengen eines zeitlichen Moments, das auch in Benjamins kurzem Programm zu einer Filmästhetik eine so entscheidende Rolle spielt, tritt offenbar an die Stelle der Abbildungsproblematik.

Von der Vortäuschung über die symbolische Andeutung zur Autonomie der Darstellung und damit auch der Vorstellung, in die die Bilder schließlich eingehen: das Bilderverbot hat seit magischer Vorzeit den Vorboten der Entwicklung ästhetischer Autonomie gespielt.

Betrachtet man die kunstgeschichtlichen Folgen des jüdischen Bilderverbots, dann kommt man zu nicht einmal ganz unähnlichen Problemlagen.[15] In den orientalischen Mystiken Babyloniens herrschte noch die klare Vorstellung einer Anwesenheit des Abgebildeten im Abbild vor. Das hieße also, daß das Bild im gegebenen Falle der Ebenbildlichkeit zu Gott göttlich sei, Gott sich darin sub-

---

13 A. a. O., S. 25.

14 Ebd.

15 Im folgenden beziehe ich mich auf die Ergebnisse neuerer Debatten, wie sie bei Malka Rosenthal dargestellt werden. Diesem Aufsatz ist nicht nur mein Argument geschuldet, auch die Talmud- und Sohar-Zitate sind nach Rosenthal zitiert. Malka Rosenthal, "'Mach dir kein Bildnis' (Ex. 20,4) und 'Im Ebenbild erschaffen' (Gen. 1,26 f.) - Ein Beitrag zur Erforschung der jüdischen Ikonophobie im Mittelalter", in: Lieselotte Kötzsche/Peter von der Osten-Sacken (Hg.), Wenn der Messias kommt. Das jüdisch-christliche Verhältnis im Spiegel mittelalterlicher Kunst, Veröffentlichungen aus dem Institut Kirche und Judentum, Band 16, Berlin 1984; außerdem Zofia Ameisenowa, "Das messianische Gastmahl der Gerechten in einer hebräischen Bibel aus dem 13. Jahrhundert. Ein Betrag zur eschatologischen Ikonographie bei den Juden", a. a. O.

stantialisiert habe - eine magische Herbeizauberung, die nur zur verbotenen Götzendienerei führen kann, zur angemaßten Herrschaft, die verboten ist. So heißt es im *Talmud* sinngemäß: „Alle Gesichter sind darzustellen erlaubt - bis auf das menschliche Antlitz“, und im *Sohar* wird daraus gefolgert: „denn das menschliche Antlitz übt über alle Dinge Herrschaft aus“. In Exodus 20,4 wird bekanntlich untersagt, sich ein Bild zu machen von dem, was im Himmel, auf Erden und im Wasser ist. Die Einhaltung dieses Verbotes hat in der jüdischen religiösen Kunst immer wieder auf verschiedene Auslegungen reagiert, die im Zusammenhang mit der biblischen Genesis entstanden sind und die Ähnlichkeitsbeziehungen regeln. Folgt man den kunst- und religionsgeschichtlichen Debatten, dann stellt sich das Problem nicht unplausibel als eines dar, das mit einer gewissen inneren Logik zu einer immer größer werdenden Autonomie der Darstellung gegenüber dem Dargestellten kommen mußte. Wo nämlich aufgrund der gnostischen Vorstellungen das Bild von Gottähnlichem selbst göttlich ist, durften nur nicht-ähnliche Bilder entstehen. Bilder also, deren Gegenstände weder im Himmel noch auf der Erde oder im Wasser zu finden sein würden, deren Nicht-Existenz folglich auch keinen Götzendienst nach sich ziehen konnte. Die babylonischen und später die kabbalistischen Gnostiker schlugen sich mit einem Ähnlichkeitsproblem herum, das seit der Durchsetzung der modernisierten Variante der Auslegung von Exodus 20,4 als Bilderverbot dessen, was im Himmel ist, also von Gott selbst, im Mittelalter nur noch an den Rändern Bedeutung behielt. Die gnostische Variante des Bilderverbots, die auf eine bestimmte Negation alles Existierenden im Bild hinausläuft, verbindet sich auf verblüffende Weise mit der Ästhetik der Moderne, so daß es nicht zufällig zu sein scheint, daß Benjamin und Kafka, wie verschlungen auch immer, sich auf kabbalistische Denkfiguren bezogen hatten bzw. beziehen lassen. Dabei geht es mir keineswegs darum, historisch zu rekonstruieren, ob Scholem, Benjamin oder Kafka mit ihren Kenntnissen der kabbalistischen Mystik und jüdischen Theologie den Forschungsstand dieser Gebiete erreicht haben, noch geht es mir darum, das Denken der Kritischen Theorie auf die jüdische Mystik zurückzuführen, vielmehr möchte ich zeigen, daß die Idee des Bilderverbots, wie sie in der Kritischen Theorie verwendet wird, vermutlich angeregt durch Debatten um Motive der jüdischen Mystik, regulativ auf den Mimesisbegriff und damit die Bildtheorie zurückwirkt.

Unter dem Datum des 12. November 1955 hält Adorno in den „Traumprotokollen“ einen sogenannten Prüfungstraum fest, der auf hintersinnige Weise auf das Bilderverbot Bezug nimmt. Der Träumende soll sich dem Examen zum soziologischen Diplom unterziehen, speziell in der empirischen Sozialforschung. Die Fragen nach empirischen Techniken und nach Begriffen werden falsch beantwortet. Auch mit dem Englischen scheint es eher zu hapern. Aber die Freudsche Logik des Prüfungstraums ist ja, die Angst vor der bevorstehenden Prüfung durch Rückerinnerung an die ausgestandenen, am Ende erfolgreich bestandenen Prüfungen zu beschwichtigen; und solcher Zweiteilung folgt auch das Protokoll:

Aus Mitleid mit meiner Ignoranz erklärte der Prüfende, nun mich in Kulturgeschichte drannehmen zu wollen. Er hielt mir einen deutschen Reisepaß von 1879 vor. An dessen Ende stand als Abschiedsgruß: „Nun auf in die Welt, kleines Wölfchen!“ Dies Motto war aus Blattgold gebildet. Ich wurde gefragt, was es damit für eine Bewandtnis habe. Langatmig setzte ich auseinander, der Gebrauch des Goldes zu dergleichen Zwecken gehe auf russische oder byzantinische Ikonen zurück. Man habe es dort mit dem Bilderverbot sehr ernst genommen: nur für das Gold, als das reinste Metall, habe es nicht gegolten. Sein Gebrauch zu bildlichen Darstellungen wäre von dort auf Barockdecken, dann auf Möbelintarsien übergegangen, und die Goldschrift in dem Paß wäre das letzte Rudiment jener großen Tradition. Man war begeistert von meinem profunden Wissen, und ich hatte das Examen bestanden.[16]

Nun läßt sich unschwer im Traumprotokoll eine Bewegung feststellen, die über die „große Tradition“ des Bilderverbots vom Bild zur Schrift gelangt. Adornos Versuch, den Film ästhetisch zu retten, geht einen ähnlichen Weg, wenn er in den *Filmtransparenten*, wie oben bereits zitiert, die Analogie zwischen Filmästhetik und Schrift aufmacht:

Diesem Innehalten in der Bewegung verdanken die Bilder des inneren Monologs ihre Ähnlichkeit mit der Schrift: nicht anders ist auch diese ein unterm Auge sich Bewegendes und zugleich in ihren einzelnen Zeichen Stillgestelltes. Solcher Zug der Bilder dürfte zum Film sich verhalten wie die Augenwelt zur Malerei oder die akustische zur Musik.[17]

Das Bild scheint legitimer Erbe des Naturschönen, als dessen Anwalt Adorno gerne den Film einsetzen möchte, nur insoweit, als es sich der Schrift ähnlich gemacht hat, von der reinen Abbildfunktion also Abschied nimmt. In einer längeren Passage der *Dialektik der Aufklärung* ist dieser Gedanke noch einmal mit der Idee des Bilderverbotes gekoppelt:

---

16 Theodor W. Adorno, "Traumprotokolle", in: Gesammelte Schriften, Bd. 20.2, Frankfurt a. M. 1986, S. 578.

17 Ders., "Filmtransparente", a. a. O.

> *Gerettet wird das Recht des Bildes in der treuen Durchführung seines Verbots. Solche Durchführung, bestimmte Negation, ist nicht durch die Souveränität des abstrakten Begriffes gegen die verführende Anschauung gefeit, so wie die Skepsis es ist, der das Falsche wie das Wahre als nichtig gilt. Die bestimmte Negation verwirft die unvollkommenen Vorstellungen des Absoluten, die Götzen, nicht wie der Rigorismus, indem sie ihnen die Idee entgegenhält, der sie nicht genügen können. Dialektik offenbart vielmehr jedes Bild als Schrift.*[18]

Wie ich zu zeigen versucht habe, entstammt die Vorstellung einer im Zuge des Bilderverbots sich bildenden „bestimmten Negation“ (Hegels) einer radikalisierten Version des Bilderverbots über Genesis, wie es für die gnostischen Strömungen verbindlich war. In figürlichen Darstellungen der jüdischen Kunst des Mittelalters finden sich fragmentierte Figuren wie die Cherubim, die nur aus Kopf und Flügeln bestehen, Hybriden, aus Mensch- und Tiergestalt komponierte Wesen, die sehr genau dem Bilderverbot entsprechen, das Ähnlichkeitsrelationen eben wegen der Gottähnlichkeit der Schöpfung untersagt (vgl. Abb.1). Darstellungen, die auf merkwürdige Weise die „bestimmte Negation“ der Empirie betrieben haben, ohne in völligen Ikonoklasmus zu verfallen. Die Modernität der Darstellungen, die Züge aufweisen, die Benjamin nicht zufällig im barocken Trauerspiel als Allegorie wiederfindet, hängt eng mit dem Verbot zusammen, die ganze Gestalt zu zeigen, deren Vollkommenheit die Ebenbildlichkeit zu Gott bedeuten würde: Fragmentierung, das Bild eben als „unsinnliche Ähnlichkeit“, die gelungene Mimesis herstellt, die mit dem Bilderverbot kompatibel wäre.

Die Entwicklungslinie vom Bildertabu über da monotheistische Bilderverbot bleibt freilich nicht in Theologie stecken, sondern wird von Adorno spätestens in der *Ästhetischen Theorie* radikal säkularisiert auf die Dimension hin, die zur Autonomie des Ästhetischen führt:

---

[18] Ders., Dialektik der Aufklärung, a. a. O., S. 36.

> *Das alttestamentarische Bilderverbot hat neben seiner theologischen Seite eine ästhetische. Daß man sich kein Bild, nämlich keines von etwas machen soll, sagt zugleich, kein solches Bild sei möglich. Was an Natur erscheint, das wird durch seine Verdopplung in der Kunst eben jenes Ansichseins beraubt, an dem die Erfahrung von Natur sich sättigt. Treu ist Kunst der erscheinenden Natur einzig, wo sie Landschaft vergegenwärtigt im Ausdruck ihrer eigenen Negativität.*[19]

Daß kein Bild von etwas möglich, Zeichen und Bezeichnetes getrennte Wege gehen, ist die Voraussetzung freilich für Autonomie und Freiheit des ästhetischen Bildes, es ist auch die Voraussetzung dafür, daß die Kunst mit dem Wahrheitsproblem verbunden wird: der ästhetische Schein ist ihre Wahrheit. Das Naturschöne an sich, wie es im Bild durch bestimmte Negation zum Ausdruck kommt, ist Allegorie der Gesellschaft und somit selbst Chiffre der Geschichte gesellschaftlicher Naturbeherrschung: In der *Dialektik der Aufklärung*, einem Buch, das selbst unermüdlich Bilder produziert, gibt es einen Passus, der das in einem Bild faßt:

> *Die Anrufung der Sonne ist Götzendienst. Im Blick auf den in ihrer Glut verdorrten Baum erst lebt die Ahnung von der Majestät des Tags, der die Welt, die er bescheint, nicht zugleich versengen muß.*[20]

Die bestimmte Negation ist die Platzhalterin der Utopie, Verneinung die Voraussetzung der Möglichkeit eines anderen.

Wie aber nun verträgt sich eine ästhetische Theorie, die aus der bestimmten Negation des gnostischen Bilderverbots „profane Erleuchtung“ zieht, mit den Beschaffenheiten des Films als eines technischen Reproduktionsmittels? Sind Filmbilder nicht immer in einem ganz technischen Sinne Abbilder, Bilder von etwas, was sich vor der Kamera bewegt, hat die atavistische Furcht, im Filmbild eines Stücks der eigenen Person beraubt zu werden, hierin einen säkularen Sinn? Gibt es nicht Züge am Film, die sich seiner Verschriftung im Adornoschen Sinne widersetzen? Sollten die neofundamentalistischen jüdischen Sekten mit Recht Film generell als Verstoß gegen das Bilderverbot auslegen?

Der Weg in die kulturindustrielle Bildproduktion scheint diesen Tendenzen das Unterfutter zu bieten: die technische Reproduzierbarkeit, der Illusionscharak-

---

19 Ders., Ästhetische Theorie, a. a. O., S. 106.

20 Theodor W. Adorno/Max Horkheimer, Dialektik der Aufklärung, a. a. O., S. 259.

ter des Filmbildes, das für Wirklichkeit gehalten werden will, kündigen das Bilderverbot auf: Die Diva wird göttlich, Idol, Fetisch, der Teil der Herrschaft ist. Die Trennung zwischen filmästhetischen Argumenten und der Warenfetischanalyse bringt beide Teile in Widerspruch zueinander, steuert in eine der zahlreichen Antinomien der Kritischen Theorie, ohne sie in diesem Fall noch dialektisch aufheben zu können. Die filmästhetischen Argumente Adornos, mit denen er Benjamin und vor allem Kracauer näherrückt, widersprechen und widerlegen zum Teil Konstruktionen des Kulturindustrie-Kapitels. Das filmästhetische Argument verklammert Einzelbilder und Montage im Film über die regulative Idee vom Bilderverbot als Verschriftung der „vorgeschichtlichen" Einzelbilder, dessen mimetische Qualitäten noch alle Vieldeutigkeiten mythischer „Vorgeschichte" und ihrer magischen Praktiken ungeschieden enthält. Die Emphase, die sich auf diese Form der „Verschriftung" der Bilder legt, haben sich Filmavantgardisten von Eisenstein bis heute zu eigen gemacht, ihnen ging es dabei auch immer darum, den Fetischcharakter des Illusionskinos zu brechen, das Filmbild als einzelnes aus der intentionalen Verklammerung der geschlossen-mythischen Struktur des Erzählkinos zur Intentionslosigkeit der *objets trouvés*, eines „apparatfreien Aspekts der Wirklichkeit" (Benjamin) kommen zu lassen. Die Theorien der Montage liefern die Theorien zur Verschriftung der Einzelbilder.

Nicht zufällig beschreibt Alexander Kluge, einer der wenigen Filmemacher, die selber im Dickicht der Ambivalenz gegenüber Bildern bei den Kritischen Theoretikern groß geworden sind, seine eigene filmästhetische Praxis ganz in diesem Kontext:

> *Kluge: Ja, wir werden nicht locker lassen. Diese Metamorphosen, diese simultanen Gleichzeitigkeiten sind das eine Element. Das andere Epiphanien, d. h. eine Einstellung, eine zweite Einstellung, und beide sind nicht das Bild, sie verletzen sich gegenseitig durch ihren Kontrast, ihre Differenz oder Tautologie. Daß also ein drittes Bild herausspringt, das in der Schnittstelle steckt und selber nicht materiell ist. Das dritte Bild ist das stille Ideal, das in den Zuschauern längst vorhanden ist.*
>
> *Koch: Das dritte Bild ist dann die Utopie, die dem Bilderverbot folgt.*
>
> *Kluge: Im wörtlichsten Sinne, weil es nicht vorhanden ist.*[21]

21 "Die Funktion des Zerrwinkels in zertrümmernder Absicht - Ein Gespräch zwischen Alexander Kluge und Gertrud Koch", in: R. Erd et al. (Hg.), Kritische Theorie und Kultur, Frankfurt a. M. 1989, S. 116.

Aber nicht nur die Filmavantgarde greift auf dergleichen Gedankengänge zurück. Eine Verstärkung hat diese Seite nicht zuletzt von der feministischen Filmtheorie erfahren. Der Fetischbegriff steht auch dort im Zentrum, freilich nimmt er Bezug auf die Freudsche Theorie, deutet den Fetisch als Zeichen der hartnäckigen Strategie der Verleugnung des weiblichen Geschlechts, das in einer männlich-patriarchal ausgerichteten Kultur der Verachtung und Verdrängung anheimfällt, die sich in dergleichen Verleugnungen zum Syndrom verdichten. Die Verleugnung des Geschlechtsunterschieds unter der Kastrationsdrohung führt genau zu der Form der Fetischbildung, gegen die das Bilderverbot einmal gerichtet schien. Wird die ganze Menschheit dem Bilde des einen Geschlechts nachgebildet, wird alles im Fetisch mit Ähnlichkeit geschlagen. Soweit stützt sich also auch die feministische Filmtheorie auf Gedanken, die der Entwicklungslogik von Fetischisierung und Identitätsdenken kritisch gegenüberstehen.

Die ideologiekritische Position der feministischen Filmtheorie führt dabei in ähnliche Aporien, vor allem aber zu ähnlichen ästhetischen Überlegungen, die sich - gegen das über den Fetischcharakter der patriarchalen Kultur determinierte Erzählkino - der Avantgarde verschwistern. Aktuell ist die Kritische Theorie für das Gebiet des Films und der Filmtheorie wohl noch immer, die produktive Umsetzung einer filmtheoretischen Vermittlung durch die Extreme von Mimesis und Bilderverbot freilich erst noch auszuführen. Insofern ist die Kritische Theorie für die Filmtheorie und -ästhetik, von einigen Ansätzen abgesehen, weitgehend noch Programm ohne Aufführungen.

Erlösung unter Bilderverbot. Zu Th. W. Adornos Idee der Versöhnung nach Auschwitz

José A. Zamora

Was ans Bild sich klammert, bleibt mythisch befangen, Götzendienst.

Das perennierende Leiden hat soviel Recht auf Ausdruck wie der Gemartete zu brüllen.

(Th.W. Adorno)

Eine christliche Theologie nach Auschwitz, die angesichts dieser Katastrophe sich verantworten ließe, hat ein unabdingbares Bekenntnis als Voraussetzung: »Wir werden uns ... versagen, das Leiden des jüdischen Volkes von uns aus heilsgeschichtlich zu deuten. *Wir* haben dieses Leid in keinem Fall zu mystifizieren! *Wir* begegnen in diesem Leid zunächst nur dem Rätsel unserer eigenen Fühllosigkeit, dem Geheimnis unserer eigenen Apathie, nicht aber den Spuren Gottes«.[1] Mit diesem Bekenntnis geht eine Aufforderung einher: Auf jede Art von Heilsmetaphysik zu verzichten, gegen alle Theodizee*antworten* die Theodizee*frage* offenzuhalten.[2] Das bedeutet, darauf zu verzichten, das Leiden überhaupt in eine argumentative Sinnstruktur einzufügen und es darin aufzuheben. Leiden ist das schlechthin Individuellste, in keinem übergeordneten Ganzen Subsumierbare, von keinem spekulativen System Wegzuinterpretierende.

Diese Aufforderung beinhaltet wiederum ein Revisionsprogramm, das die ganze Theologie in ihren historisch-konkreten Gestalten betrifft. Viel zu lange hat sie aber ihren Versöhnungsgedanken in der idealistischen Wahrnehmung der Ge-

---

1 J.B. Metz, »Ökumene nach Auschwitz. Zum Verhältnis von Christen und Juden«, in: Gott nach Auschwitz. Dimensionen des Massenmords am jüdischen Volk. Hrsg. v. E. Kogon u. Ders. Freiburg i.Br. 1979, S. 124f.

2 Vgl. ders., »Theologie als Theodizee«, in: Theodizee — Gott vor Gericht. Hrsg. v. W. Oelmüller. München 1990, S. 103-118; ders., »Plädoyer für mehr Theodizee-Empfindlichkeit in der Theologie«, in: Worüber man nicht schweigen kann. Neue Diskussionen zur Theodizeefrage. Hrsg. v. W. Oelmüller. München 1992, S. 125-137; O. John, »Zur Politik der Theodizee«, in: Jahrbuch Politische Theologie, 1 (1996), S. 66ff.

schichte eingeübt, als daß es ihr auf Anhieb gelingen könnte, sich von ihrer Leidensvergessenheit zu befreien. Gilt nicht doch auch für die Theologie, was G. Simmel der Philosophie vorgeworfen hat: ‚Es sei erstaunlich, wie wenig man ihrer Geschichte die Leiden der Menschheit anmerkt'[3]? Ist es nicht eines der größten Probleme der christlichen Theologie, daß sie von der Kritik, die an sie herangetragen wurde, auf wesentliche, von ihr vergessene Momente ihrer eigenen Identität aufmerksam gemacht werden *mußte*? Besteht nicht weiterhin der Bedarf, dieser Kritik zuzuhören, sich der möglicherweise darin enthaltenen Gefährdung auszusetzen, aber auch die Chance zur Bekehrung in ihr wahrzunehmen?

Die folgenden Seiten möchten Adorno als unverzichtbaren Dialogpartner jeder nachidealistischen Theologie empfehlen, die ja auf Selbstkritik weder verzichten kann noch will. Es soll nicht vergessen werden, daß Erlösung und Bilderverbot auch bei Adorno einen klaren theologischen Hintergrund aufweisen. Vermieden werden soll jedoch die bekannte Argumentationsfigur, die bei der Bezichtigung seiner Philosophie als Kryptotheologie stehenbleibt, die also in seiner negativen Dialektik *nur* eine ihrer Selbst unbewußte *negative Theologie* zu sehen vermag.[4] Denn selbst Theologie und erst recht eine negative kann nicht vom Zivilisationsbruch ‚Auschwitz' absehen: Von ihm aus muß das Verhältnis zwischen Erlösung und Bilderverbot neu gedacht werden, von ihm aus müßte dann auch die Beerbung negativ-theologischer Ansätze versucht werden.

Dialektik der Aufklärung und Theologie

Die radikalste Kritik am Christentum ist m.E. in der Aussage der *Dialektik der Aufklärung* enthalten, daß der Antijudaismus sich zum Christentum nicht peripher verhält, sondern wesentlich zu ihm gehört. Antijudaismus ist sozusagen die Kehrseite eines Heilsoptimismus, der an seiner Widerlegung durch die Realität krankt. Am Unheil der Juden soll sich die affirmierte, jedoch real ausgebliebene Erlösung verkehrt bewahrheiten, d.h., an denen, die mit ihrer bloßen Existenz eine lebendige Erinnerung des Unerfülltbleibens der christlichen Heilserwartung darstellen. Ohne den Unterschied zwischen christlichem Antijudaismus und modernem Antisemitismus zu leugnen, stellen Horkheimer und Adorno so eine strukturelle Analogie zwischen beiden im verletzten Narzißmus fest, der jenseits aufklärerischer Religionskritik und Säkularisierung auf untergründige Gemein-

---

[3] Vgl. Th. W. Adorno, Negative Dialektik (hinfort im Text zit.: ND), Gesammelte Schriften (hinfort zit.: GS, 1970ff.) 6, Frankfurt a.M. 1973, S. 156.

[4] Cfr. E. Nordhofen: Der Engel der Bestreitung. Über das Verhältnis von Kunst und Negativer Theologie. Würzbug 1993, S. 27f., 88ff.

samkeiten und Kontinuitäten zwischen Christentum und bürgerlicher Gesellschaft hindeutet.

Wohl sehen Adorno und Horkheimer im Christentum gegenüber dem Judentum offensichtlich eine Milderung des göttlichen Schreckens enthalten, die aber um den Preis der Idolatrie erkauft wird: der Verabsolutierung des Endlichen. Die vollzogene Vergeistigung, die sich sowohl in der Autonomie des Geistigen als auch in der Affirmation einer gelungenen Versöhnung von Natur und Übernatur ausdrückt, erweist sich als trügerisch affirmative Sinngebung. Diese kann nur durch Verdrängung des jüdisch-negativen Momentes[5] in der christlichen Doktrin und durch Wiederherstellung der Magie (der administrativen Absicherung des Heils: Kirche und Sakramente) aufrechterhalten werden. Die Unfähigkeit, die Unverbindlichkeit des geistlichen Heilsversprechens auszuhalten, läßt das Christentum zum sicheren Heilsbesitz werden, dessen Kehrseite ein unstillbares schlechtes Gewissen ist, das sich gegen alles wendet, was an die Unsicherheit des sicher geglaubten Heils erinnert: »Das Ärgernis für die christlichen Judenfeinde ist die Wahrheit, die dem Unheil standhält, ohne es zu rationalisieren, und die Idee der unverdienten Seligkeit gegen Weltlauf und Heilsordnung festhält, die sie angeblich bewirken sollen« (DA, S. 204). In diesem Ärgernis soll man nach Adorno den religiösen Ursprung des Antisemitismus suchen.

Man kann sich über die Berechtigung oder über die mögliche Einseitigkeit dieser Kritik streiten. Die ontotheologische Fundierung der Metaphysik und die darauf erbaute Theologie nicht weniger als deren Aufhebung in Geschichtsphilosophie wären jedoch kaum zu verstehen, wenn man die Intention der Absicherung eines einseitigen, von der Negativität und Sinnwidrigkeit der Realität aber stets gefährdeten Vernunft- und Heilsoptimismus an ihnen übersieht. Diese Einseitigkeit machte erst eine idealistische Konstitution der christlichen Theologie möglich, die säkularisiert in der modernen Geschichtsphilosophie neue Gestalt an-

5 Das negative Moment jüdischer Religion definieren Adorno und Horkheimer in der Dialektik der Aufklärung in folgender Weise: »Die jüdische Religion duldet kein Wort, das der Verzweiflung alles Sterblichen Trost gewährte. Hoffnung knüpft sie einzig an das Verbot, das Falsche als Gott anzurufen, das Endliche als das Unendliche, die Lüge als Wahrheit. Das Unterpfand der Rettung liegt in der Abwendung von allem Glauben, der sich ihr unterschiebt, die Erkenntnis in der Denunziation des Wahns. Die Verneinung freilich ist nicht abstrakt. Die unterschiedslose Bestreitung jedes Positiven, die stereotype Formel der Nichtigkeit, wie der Buddhismus sie anwendet, setzt sich über das Verbot, das Absolute mit Namen zu nennen, ebenso hinweg wie sein Gegenteil, der Pantheismus, oder seine Fratze, die bürgerliche Skepsis. Die Erklärungen der Welt als des Nichts oder Alls sind Mythologien und die garantierten Pfade zur Erlösung sublimierte magische Praktiken. Die Selbstzufriedenheit des Vorwegbescheidwissens und die Verklärung der Negativität zur Erlösung sind unwahre Formen des Widerstands gegen den Betrug. Gerettet wird das Recht des Bildes in der treuen Durchführung seines Verbots«. M. Horkheimer/Th.W. Adorno, Dialektik der Aufklärung (hinfort im Text zit.: DA), in: GS 3, 1981, S. 40.

nimmt.[6] Das Modell ihrer Interpretation der Geschichte hat diese, Adorno und Horkheimer zufolge, dem Christentum entlehnt, das die Ohnmacht des Guten in der Geschichte verkannt und es zu ihrer treibenden Kraft verklärt hat. Dies hat nicht nur eine falsche Interpretation der Geschichte mit sich gebracht, sondern darüber hinaus das, was dem Unheil widerstehen, ja den Gang der Geschichte brechen sollte, durch seine Verklärung zu der sie lenkenden Macht entstellt und verleugnet (vgl. DA, S. 255).

Weil das Gute bis heute dem Leiden ausgeliefert ist und eine einheitliche Theorie der Geschichte nur unter der Signatur des Grauens zu konstruieren ist, bleibt der Widerstand gegen das Leiden jedem Denken verwehrt, das den Verlauf der Geschichte als einen wie auch immer garantierten Prozeß zum Guten verklärt. Es bleibt dem erinnernden Denken vorbehalten, in dem ‚der nie erlöschende zarte Trieb der Kreatur nach Ausdruck und Licht‘ widerscheint. Der Wahrheitsgehalt der totalen Ansprüche christlichen Heils und der Forderung nach unbedingter Gerechtigkeit sind in den Augen Adornos angesichts der Leidensgeschichte der Welt nur negativ zu retten. »Kein vom Hohen getöntes Wort, auch kein theologisches, hat unverwandelt nach Auschwitz ein Recht« (ND, S. 360).

Auschwitz und die Idee der Versöhnung

Nicht erst nach Auschwitz ist »affirmative Lüge, irgend dem Dasein positiven Sinn zuzuschreiben«.[7] Die Massenvernichtung in den Todeslagern läßt jedoch alle metaphysischen oder geschichtsphilosophischen Spekulationen über die Vernunftmäßigkeit der Realität bzw. über eine weltgeschichtliche Dialektik des durch die Negativität hindurch sich verwirklichenden Absoluten als Hohn erscheinen. »Gelähmt ist die Fähigkeit zur Metaphysik, weil, was geschah, dem spekulativen metaphysischen Gedanken die Basis seiner Vereinbarkeit mit der Erfahrung zerschlug« (ND, S. 354). Adorno läßt in aller Deutlichkeit erkennen, daß seine ‚Meditationen zur Metaphysik‘ keine Restauration ihres positiven Begriffs bezwecken. *Nach Auschwitz* hat die Metyphysik, der Theodizee so verwandt, ihre Glaubwürdigkeit völlig verloren. Aus diesem Ereignis kann man nicht einmal eine Metaphysik der Grenzsituationen gewinnen, aus denen der Existentialismus die Quelle der menschlichen ‚Eigentlichkeit‘ machen zu können glaub-

---

6 Dieser Prozeß fand nicht ohne Verdrängung eigener Traditionsmomente statt — und auch nicht ohne Widerspruch. Eine Identifikation des Christentums mit einer identitätsphilosophisch fundierten Theologie wäre demzufolge nicht zulässig. Das darf jedoch nicht über das ungeheuerliche Gewicht dieser Fundierung in der Theologiegeschichte und im Bild hinwegtäuschen, das demzufolge nicht-theologische Denker von der Theologie verinnerlicht haben.

7 Th.W. Adorno: Ästhetische Theorie (hinfort im Text zit.: ÄTh), in: GS 7, 1970, S. 229.

te.[8] Wenn schon die Inkommensurabilität des Todes überhaupt alle sinngebenden Reflexionen über den Tod als hilflos erscheinen lassen (vgl. ND, S. 362), bedeutet Auschwitz eine radikalere Verunmöglichung solcher Reflexionen, denn »seit Auschwitz heißt den Tod fürchten, Schlimmeres fürchten als den Tod« (ND, S. 364). In Auschwitz starben ‚Exemplare', ihrer Individualität, d.h., auch ihres Todes als etwas ihnen Eigenes beraubt (vgl. ND, S. 355). Weil Auschwitz der menschlichen Erfahrung inkommensurabel bleibt, ist es im Medium der Sprache nicht darstellbar.[9] Hier hat die Geschichte den Positivisten Durkheim und seine Weigerung, zu verstehen, bestätigt, denn es stimmt, daß »die äußerste soziale Tatsache, Auschwitz, wirklich nicht sich verstehen läßt«.[10]

Ein Abgrund des Schweigens öffnet sich vor dem Unfaßbaren: »Schweigend nur ist der Name des Unheils auszusprechen«[11], obwohl nicht einmal »das Schweigen ... aus dem Zirkel heraus[kommt]« (ND, S. 360). Deshalb »sieht das Bewußtsein, das dem Unsagbaren standhalten möchte, immer wieder auf den Versuch zu begreifen sich zurückgeworfen, wenn es nicht subjektiv dem Wahnsinn verfallen will, der objektiv herrscht«[12]. Das läßt die Bewußtseinsarbeit als ein fast aussichtsloses Unterfangen erscheinen.[13] In diesem Zusammenhang ist

8 Vgl. Th.W. Adorno, »Engagement«, in: GS 11, 1974, S. 424; ders., »Zur Schlußszene des Faust«, in: GS 11, S. 129; ders., Jargon der Eigentlichkeit. Zur Deutschen Ideologie, in: GS 6, 1973, S. 500ff.

9 Vgl. ders., Stichworte. Kritische Modelle 2, in: G 10, 1977, S. 597-598.

10 Ders.: »Einleitung zu Emil Durkheim, „Soziologie und Philosophie"«, in: GS 8, 1972, S. 277.

11 Ders: »Versuch, das Endspiel zu verstehen«, in: GS 11, 1974, S. 290.

12 Ders., Minima Moralia (hinfort im Text zit.: MM), in: GS 4, 1980, S. 115.

13 In diesem Kontext ist die Polemik Adornos gegen den berühmten Satz Wittgensteins zu verorten. Jedes Denken, das sich nach Auschwitz verantworten ließe, muß sich an dem Äußersten messen (vgl. ND, S. 358): »Wenn der berühmte Wittgensteinsche Satz sagt, daß man das sagen soll, was man klar aussprechen kann, über das andere aber schweigen, dann würde ich dem den Begriff der Philosophie geradezu entgegensetzen und sagen, die Philosophie sei die permanente und wie immer auch verzweifelte Anstrengung, das zu sagen, was sich eigentlich nicht sagen läßt. [...]; im Tasso heißt es, daß wenn der Mensch in seiner Qual verstummt, ihm ein Gott gab zu sagen, was er leide. Das ist es eigentlich vielmehr, was die Philosophie inspiriert; man möchte fast sagen, sie wolle den Schmerz in das Medium des Begriffs übersetzen« (Th.W. Adorno, Philosophische Terminologie 1, Frankfurt a.M. 1973, S. 82f.). Auch in diesem Kontext sind seine bekannten Dikta zur Unmöglichkeit von Dichtung nach Auschwitz zu verstehen: »Nach Auschwitz ein Gedicht zu schreiben, ist barbarisch, und das frißt auch die Erkenntnis an, die es ausspricht, warum es unmöglich ward, heute ein Gedicht zu schreiben« (»Kulturkritik und Gesellschaft«, in: GS 10, 1977, S. 30). Aber auch: »Das perennierende Leiden hat soviel Recht auf Ausdruck wie der Gemartete zu brüllen« (ND, S. 355). Diese unlösbare Spannung durchdringt das ganze Denken Adornos. Vgl. dazu D. Claussen: »Nach Auschwitz kein Gedicht? Ist Adornos Diktum übertrieben, überholt und widerlegt?«, in: H. Welzer (Hg.): Nationalsozialismus und Moderne. Tübingen 1993, S. 140-247; V. Lenzen: »Sprache und Schweigen

der Vorwurf des performativen Widerspruchs zu analysieren. Kritik diskursiven Denkens in toto ist diesem Vorwurf zufolge widersprüchlich, weil sie sich des rationalen, im Identitätsprinzip fundierten Diskurses bedienen muß. Theorie muß Theorie als solche und nicht bloß eine konkrete Form von ihr kritisieren. Das Problem muß man aber von einem anderen Blickpunkt aus betrachten. Die Gefahr, die Adorno sieht, besteht darin, daß jeder Satz mit seiner bloßen Existenz, bedingt durch den notwendigen Gebrauch der Logik, Sinn erzeugt. Angesichts der Katastrophe von Auschwitz, die jeden Sinn Lügen straft, ist jeglicher Diskurs schuldig und blasphemisch. Er frevelt gegen das unsagbare Leid der Opfer, verharmlost es notwendigerweise. Man sieht sich jedoch von der Katastrophe selbst gedrängt, zu sprechen, weil das Schweigen nicht weniger mitschuldig macht an der Ungerechtigkeit, die die Opfer erlitten. Man muß also freveln. Mindestens — so Adorno — sollte man es nicht vergessen.[14]

Sowohl die sprachliche Artikulation der radikalen Negativität (Auschwitz) als auch ihr Gegenteil (Idee der Versöhnung) erscheinen als eine unmögliche, aber zugleich unverzichbare Aufgabe des Denkens, eine Aufgabe, die diesem einen paradoxen und aporetischen Charakter verleiht. Die Utopie der Eliminierung historisch verschuldeten Leidens hat ihren Ursprung in der Hoffnungslosigkeit und in der Verzweiflung über den Zustand der Welt, in der das Leiden ungerechterweise das Leben so vieler Menschen bestimmt. Leicht erkennt man daher in

---

nach Auschwitz«, in: W. Lesch (Hg.): Theologie und ästhetische Erfahrung. Beiträge zur Begegnung von Religion und Kunst. Darmstadt 1994, S. 183-200.

14 Diese Radikalität wird von Ch. Menke-Eggers verkannt, der für die moderne Todeserfahrung in bezug auf Adorno den Begriff »Krisenerfahrung« benutzt und darüber hinaus behauptet, daß »es nicht entscheidend [ist], welche empirische Gestalt im einzelnen mit der von ihr skizzierten Krisenerfahrung identifiziert wird« (Ch. Menke-Eggers, Souveränität der Kunst. Ästhetische Erfahrung nach Adorno und Derrida. Frankfurt a.M. 1988, S. 232). Menke-Eggers versucht angesichts der Todeserfahrung eine diskursiv artikulierbare ‚Negation der Leistung unserer Diskurse' von einem totalen ‚Verlust ihrer Relevanz für den Erfahrenden' zu unterscheiden. Diesen Verlust könnte man Menke-Eggers zufolge nur einklagen, wenn man den im außerästhetischen Rahmen unbegründbaren absoluten Geltungsanspruch von Diskursen auch für die Nichtbeteiligten erhebt.
Dieser Unterscheidungsversuch geht aber an der Singularität von Auschwitz vorbei. Denn in Auschwitz haben wir es mit einer für die Beteiligten — wenn man dieses Wort für die KZ-Häftlinge benutzen darf — prinzipiell nicht nachvollziehbaren Erfahrung zu tun, so daß die Negation der Leistung der Diskurse sich nicht wieder von einem durch diese Negation nicht berührten Verständnishorizont her einholen ließe. »In den Konzentrationslagern des Faschismus wurde die Demarkationslinie zwischen Leben und Tod getilgt. Sie schufen einen Zwischenzustand, lebende Skelette und Verwesende, Opfer, denen der Selbstmord mißrät, das Gelächter Satans über die Hoffnung auf Abschaffung des Todes. Wie in Kafkas verkehrten Epen ging da zugrunde, woran Erfahrung ihr Maß hat, das aus sich heraus zu Ende gelebte Leben.« (Th.W. Adorno: »Aufzeichnungen zu Kafka«, in: GS 10, 1977, S. 273). Daran zeigt sich die Unzulänglichkeit des Begriffs Krisenerfahrung in bezug auf Auschwitz, Begriff, dessen Bestimmung als totale Negativität Menke-Eggers später des Widerspruchs überführen zu können glaubt.

den Bemühungen Adornos Benjamins Idee der ‚Rettung des Hoffnungslosen', die jener sich schon sehr früh zu eigen gemacht hat.[15] In dieser Idee verbinden sich in verdichteter Weise »die radikale Diesseitigkeit und die kompromißlose Erlösungssehnsucht seines Denkens«.[16]

Das Motiv der Erlösung artikuliert sich daher allein in der radikalen Kritik des negativ Bestehenden und fällt sonst unter das Bilderverbot, d.h., es entzieht sich jedem Versuch einer positiven Bestimmung. Wie in der jüdischen Religion will Adorno Hoffnung einzig an das Verbot knüpfen, »das Falsche als Gott anzurufen, das Endliche als das Unendliche, die Lüge als Wahrheit« (DA, S. 40). Eine positive Bestimmung würde nach Adorno den Gedanken der Erlösung an die Gegenwart verraten und damit auch noch Verrat an den Hoffnungen der Opfer der Geschichte verüben, um derentwillen einzig uns Hoffnung gegeben ist. »Wer einen richtigen Zustand ausmalt, um dem Einwand zu begegnen, er wisse nicht was er wolle, kann von jener Vormacht [des Objektiven, Verf.], auch über ihn, nicht absehen. Vermöchte selbst seine Phantasie alles radikal verändert sich vorzustellen, so bliebe sie immer noch an ihn und seine Gegenwart als statischen Bezugspunkt gekettet, und alles würde schief. Auch der Kritischste wäre im Stande der Freiheit ein ganz anderer gleich denen, die er verändert wünscht« (ND, S. 345). Nur durch strikte Einhaltung des Bilderverbots widersetzt sich die Hoffnung den falschen Versöhnungen mit dem, was es gibt, und den voreiligen

---

[15] In einem Brief vom 25.1.1937 an Horkheimer kommentiert Adorno seine Kritik an Th. Haecker, wie folgt: »Ich glaube, hier tun Sie dem theologischen Motiv unrecht. Denn die verzweifelte Hoffnung, in der allein das an Religion mir zu sein scheint, worin sie mehr ist als verhüllend, ist nicht sowohl die Sorge um das eigene Ich als vielmehr die, daß man Tod und unwiederbringliches Verlorensein des geliebten Menschen — oder Tod und Verlorensein derer, denen Unrecht geschah, nicht denken kann, und selbst heute kann ich oft nicht verstehen, wie man ohne Hoffnung für jene auch nur einen Atemzug zu tun vermöchte. Benjamin hat im dritten Kapitel der Wahlverwandtschaften-Arbeit, die ich nach wie vor für sein Bestes halte, ausgesprochen, daß die Hoffnung allein für den anderen gilt und nie für den Hoffenden, und so, glaube ich, hält es auch die jüdische Theologie. Vielleicht ist es nur dieser winzige Zug, der es mir nicht gestattet, hier alles dem Erdboden gleichzumachen. Aber ich weiß freilich, daß für lang und vielleicht für unsere Lebenszeit davon zu schweigen ist.« M. Horkheimer: Gesammelte Schriften 16, Franfurt a.M 1995, S. 34f.

[16] M. Brumlik, »Theologie und Messianismus im Denken Adornos», in: H. Schröter u. S. Gürtler (Hgg.), Parabel. Ende der Geschichte. Abschied von der Geschichtskonzeption der Moderne? Münster 1986, S. 36. Zum Erlösungsbegriff Adornos vgl. u.a. H. Schweppenhäuser, »Die Religion in der Kritischen Theorie«, in: Evangelischer Erzieher 23 (1971), S. 173-181; T. Koch, K.-M. Kodalle u. H. Schweppenhäuser, Negative Dialektik und die Idee der Versöhnung. Eine Kontroverse über Theodor W. Adorno. Stuttgart/u.a., 1973; H. Hrachovec, »Was läßt sich von Erlösung denken? Gedanken von und über Th. W. Adornos Philosophie«, in: PhJ 83 (1976), S. 357-370; W. Ries: »„Die Rettung des Hoffnungslosen". Zur „theologia occulta" in der Spätphilosophie Horkheimers und Adornos«, in: ZPhF 30 (1976), S. 69-81; P. Steinacker: »Verborgenheit als theologisches Motiv in der Ästhetik«, in: NZSTh 23 (1981), S. 254-271; L. Nagl, »Das verhüllte Absolute. Religionsphilosophische Motive bei Habermas und Adorno«, in: Mesotes 4 (1994) 2, S. 176-193.

(Ver-)Tröstungen, die der negativen Realität entfliehen wollen und sie so bei ihrem Zustand belassen.

In keinem anderen Text Adornos kommt der paradoxale Charakter vom Erlösungsgedanken so zum Ausdruck als in dem viel zitierten Aphorismus, der die *Minima Moralia* abschließt (vgl. MM, 281). Adorno verlangt von der Philosophie, daß sie alle Dinge vom Standpunkt der Erlösung aus betrachtet. Unter dem Licht der Erlösung erscheinen diese Dinge jedoch nicht als erlöst, sondern bedürftig und entstellt. Sie sind nicht proleptischer Vorschein des Absoluten durch Teilhabe an ihm, wie die alte Metaphysik dachte. Vielmehr tritt der Abgrund zwischen ihrem realen Dasein und dem erlösten Zustand gerade vom Standpunkt der Erlösung aus in aller Schärfe hervor.[17] Allein einer Betrachtung der Welt sub specie redemptionis erscheint das ganze Ausmaß der Entstelltheit und Beschädigung ihres Daseins, das jegliche Ideologie durch Leugnung, Beschönigung oder Ablenkung zu verschleiern hilft.

Die mögliche affirmative Entstellung des Erlösungsgedankens wird durch einen Perspektivenwechsel verhindert, wie Adornos Deutung des Kafkaschen Werkes zeigt: Sein »Werk fingiert einen Ort, von dem her die Schöpfung so durchfurcht und beschädigt erscheint, wie nach ihrem eigenen Begriff die Hölle sein müßte. Im Mittelalter hat man Folter und Todesstrafe an Juden ‚verkehrt' vollzogen; schon an der berühmten Stelle des Tacitus wird ihre Religion als verkehrt angeprangert. Delinquenten werden mit dem Kopf nach unten aufgehängt. So wie diesen Opfern in den endlosen Stunden ihres Sterbens die Erdoberfläche muß ausgesehen haben, wird sie vom Landvermesser Kafka photographiert.«[18] Es ist diese Betrachtungsweise, die das Verlangen des entstellten Daseins nach radikaler Veränderung des bestehenden Zustandes offenlegt.

Den Standpunkt der Erlösung einzubeziehen, bedeutet also nicht, dessen mächtig zu sein, sondern die Perspektive zu gewinnen, die einzig den Gegenständen gerecht werden kann: Die ihre Entstelltheit unter der vollendeten Negativität beredt werden läßt. Diese Perspektive deckt das, was ist, als das Nichtseinsollende auf, und präsentiert Erlösung als den einzigen Zustand, der dem Entstellten und Beschädigten in der Geschichte Gerechtigkeit widerfahren ließe, wenn er einträfe.[19] Keine Philosophie kann also real den Standpunkt der Erlösung einbe-

---

17 Vgl. Th.W. Adorno: »Charakteristik Walter Benjamins«, in: GS 10, 1977, S. 252.

18 Ders.: »Aufzeichnungen zu Kafka«, in: GS 10, S. 284.

19 Die Negativität ist für Adorno die ‚Spiegelschrift' ihres Gegenteils. So umschreibt er den bekannten Satz Spinozas ‚verum index sui et falsi', indem er das Falsche zum ‚index sui et veri' macht. »Das heißt, vom Falschen, d.h. von dem als falsch Kenntlichen aus bestimmt sich das Wahre. Und so wenig wir die Utopie „auspinseln" dürfen, so wenig wir wissen, wie das Richtige wäre, so genau wissen

ziehen, keine ist dem Bannkreis des entstellten Daseins entronnen. Sie ist mit derselben Bedürftigkeit geschlagen, die das Verlangen nach Erlösung bestimmt, das sie zu artikulieren hat. Die subjektive Vernunft ist auch noch in die Herrschaftslogik verwickelt, die die historische, soziale Negativität zu verantworten hat und die in Auschwitz ihre entsetzlichsten Früchte trug.

Die Distanz, die die Philosophie braucht, um von der Erlösung her die Welt zu betrachten, hat sie nicht. Um ihrer Möglichkeit willen muß sie also ihre Unmöglichkeit begreifen. Die unmögliche Übung des Denkens, den Standpunkt der Erlösung einzubeziehen, ohne ihn real beziehen zu können, ist die Aufgabe jeder um die Wahrheit bemühten Philosophie. Die Aporie des Erlösungsgedankens ist ja gerade, daß er nicht bloßer Gedanke sein darf, wenn es mit der Erlösung ernst ist, daß er aber so lange Gedanke bleibt, wie die negative Realität fortbesteht. »Erlösung *denken*, also auch Erlösung einbeziehen *in* das Zusammenspielen, das vom Denken bestimmt wird, heißt: ein Problem angeben, an dem Denken scheitert, heißt: das Denken zusammenhalten mit dem, was es nicht denken kann, was es auch noch in dieser — denkenden — Aussage verfehlt.«[20]

Telos der Versöhnung: das Nichtidentische

Der einzige Weg, der dem Denken übrig bleibt, scheint der Weg der Kritik des Negativen zu sein. Adorno läßt aber auch in dem berühmten Aphorismus der *Minima Moralia* einen Weg erkennen, den man allerdings nicht ohne diese Kritik begehen kann, und zwar in der gewaltlosen und willkürfreien Empathie mit den Dingen. Denn diese müßte in ihrer Bedürftigkeit und Entstelltheit die Sehnsucht nach Erlösung wahrnehmen können, deren Erfüllung aus der Perspektive der Endlichkeit menschlicher Existenz und Erkenntnis nicht mit Sinn gedacht oder gar affirmiert werden kann, auf die jedoch das Denken nicht verzichten kann, ohne zur bloßen Reproduktion des Bestehenden zu werden, wenn nicht gar zu ihrer ideologischen Bestätigung.

Von dieser Empathie geleitet spekuliert Adorno, nicht ohne Selbstironie, über den Stand der Versöhnung: »*Wäre Spekulation über den Stand der Versöhnung erlaubt*, so ließe in ihm weder die ununterschiedene Einheit von Subjekt und Objekt noch ihre feindselige Antithetik sich vorstellen; eher die Kommunikation des Unterschiedenen. Dann erst käme der Begriff von Kommunikation, als

---

wir allerdings, was das Falsche ist.« (»Etwas fehlt... Über die Widersprüche der utopischen Sehnsucht. Ein Gespräch mit Theodor W. Adorno«, in: Gespräche mit Ernst Bloch. Hrsg. v. R. Traub u. H. Wieser. Frankfurt a.M. 1975, S. 70.)

20 H. Hrachovec: »Was läßt sich von Erlösung denken?...«, in: A.a.O., S. 367.

objektiver, an seine Stelle. Der gegenwärtige ist so schmählich, weil er das Beste, das Potential eines Einverständnisses von Menschen und Dingen, an die Mitteilung zwischen Subjekten nach den Erfordernissen subjektiver Vernunft verrät. An seiner Stelle wäre, auch erkenntnistheoretisch, das Verhältnis von Subjekt und Objekt im verwirklichten Frieden sowohl zwischen den Menschen wie zwischen ihnen und ihrem Anderen. Friede ist der Stand eines Unterschiedenen ohne Herrschaft, in dem das Unterschiedene teilhat aneinander.«[21]

Weit davon entfernt, Versöhnung, wie Habermas es meint, »in Begriffen einer *unversehrten Intersubjektivität* [zu beschreiben], die sich allein herstellt und erhält in der Reziprozität der auf freier Anerkennung beruhenden *Verständigung*«,[22] stellt Adorno als Bedingung für eine unversehrte (Inter-)Subjektivität sowohl das Einverständnis von Menschen und Dingen als auch das »Eingedenken der Natur im Subjekt« (DA, S. 58), das heißt, eine nicht entstellte Beziehung zur inneren und äußeren Natur. Adorno fragt nicht nach den *formalen Bestimmungen* kommunikativer Infrastruktur[23], sondern nach dem *materialen Moment* von Emanzipation, Glück und Lebensfülle, einem Moment, das sich einer wissenschaftlich-diskursiven Rekonstruktion widersetzt. Die Idee universaler Versöhnung geht über die eines herrschaftsfreien Diskurses hinaus. Sie will der Natur dazu verhelfen, was sie vergeblich möchte und nur die Kunstwerke vollbringen: »sie schlagen die Augen auf« (ÄTh, S. 104).[24]

---

21 Th.W. Adorno, »Zu Subjekt und Objekt«, in: GS 10, 1977, S. 743 (unsere Hervorhebung).

22 J. Habermas, Theorie des kommunikativen Hadelns. Bd. I, Frankfurt a.M. 21987, S. 523.

23 Vgl. J. Habermas, Vorstudien und Ergänzungen zur Theorie des kommunikativen Handelns. Frankfurt a.M. 1984, S. 489.

24 Habermas betrachtet mit großer Skepsis diese Formulierungen Adornos. Die Idee einer ‚Natur, die die Augen aufschlägt‘ oder die der ‚Resurrektion der Natur‘ sind für ihn bloß romantisierende Reste utopischer Phantasien, die sich jeder begrifflichen Konkretisierung entziehen. Vgl. dazu J. Habermas, Theorie und Praxis. Sozialphilosophische Studien. Neuausgabe. Frankfurt a.M. 1978, S. 348ff.; ders., Philosophisch-Politische Profile, Frankfurt a.M. 21991, S. 163ff. »Offensichtlich können wir«, schreibt Habermas, »um der Aufhebung vermeidbarer gesellschaftlicher Repressionen willen auf die lebensnotwendige Ausbeutung der externen Natur nicht verzichten. Der Begriff einer kategorial anderen Wissenschaft und Technik ist so leer wie die Idee der universalen Versöhnung grundlos. Diese hat ihren Grund vielmehr in einem anderen: im Bedürfnis der Tröstung und der Zuversicht angesichts des Todes, das die inständigste Kritik nicht erfüllen kann« (a.a.O., S. 177). Man darf jedoch nach Adorno die dialektische Bedingtheit von innerer und äußerer Naturbeherrschung und gesellschaftlicher Herrschaft nicht außer acht lassen. Unter dieser Voraussetzung kann der Gedanke der zwangs- und herrschaftsfreien Kommunikation nicht bei der Idee der Mündigkeit bleiben, sondern drängt von sich aus zur Idee der Versöhnung (vgl. A. Allkemper, Rettung und Utopie. Studien zu Adorno. Paderborn u.a. 1981, S. 240, Anm. 531). Habermas selbst sieht die Relevanz einer ästhetisch-moralischen Beziehung zur Natur für das moralische Handeln ein, jedoch ohne jeden kognitiven Wert: »Der Impuls zum Beistand für, zur Solidarität mit der verletzten und erniedrigten

Es kann demzufolge nicht verwundern, daß Adorno die körperliche Erfahrung als Raum kommunikativer Beziehung mit äußerer und innerer Natur und als privilegiertes Szenarium zur Thematisierung der Idee der Versöhung erachtet. Im Leiden vergegenwärtigt sich in besonderer Weise das somatische Moment der Erkenntnis, das von ihrer Gleichsetzung mit diskursivem Denken unterdrückt wird. Deshalb befindet sich auch in der Erfahrung physischen Schmerzes und psychischen Leidens die Quelle der Entzauberung des Begriffs und der Identität mit seinem Anderen (vgl. ND, S. 203). Die somatische Innervation verhält sich wie ein Seismograph, der in den Leiderfahrungen die gesellschaftliche Negativität registriert und den ideologischen Charakter ihrer Legitimationen nachspürt. Der Zwang auf den Einzelnen, der im Leiden zutage tritt, ist der Nachweis der Partikularität des herrschenden Allgemeinen, der Einschränkung der Vernunft, die sich durch es durchsetzt (vgl. ND, S. 311f.). Die Resistenz des Leidens gegen die diskursive Erkenntnis, der jenes fremd bleibt, läßt die Brüche im Diskurs entstehen, an denen die Identität selbst brüchig wird. Weil das Leiden aber die Grenzen setzt, die das Denken als seine eigene erkennen kann, wird es am Leiden dessen bewußt, wie wenig diskursiv-identifizierendes Denken überhaupt ans Gedachte heranreicht, wie wenig es sein Ziel erreicht: das Nichtidentische.

Das ist der Grund dafür, daß das Leiden als somatisches Moment der Erfahrung, zwar nicht ohne subjektive Vermittlung, doch die Tendenz des Bestehenden bricht, sich zu perpetuieren. Nietzsches Satz —»Weh spricht: vergeh«— drückt das aus, was das somatische Moment der Erkenntnis stets verlangt, »daß Leiden nicht sein, daß es anders werden solle« (ND, S. 203). Aber auch Wunschphantasien und sehnsüchtige Träume können Boten des somatisch-naturhaften Impulses sein, der den ‚Anstoß von außen' gibt, in dem der Geist als ausdifferenzierter und modifizierter Impuls seiner Naturbasis gewahr werden kann. Negative Dialektik nimmt sowohl Leiden als auch Phantasien in sich auf und versucht sie produktiv zu mobilisieren. Im Gegensatz zur idealistischen Dialektik ist das Ziel der negativen jedoch nicht die absolute Identität von Identität und Nicht-Identität, sondern die Freigabe des Nichtidentischen, die erst die Vielheit des Verschiedenen eröffnete, ohne die keine Versöhnung stattfinden kann: »Der versöhnte Zustand annektierte nicht mit philosophischem Imperialismus das Fremde, sondern hätte sein Glück daran, daß es in der gewährten Nähe das Ferne

---

Kreatur, das Mitleiden mit ihren Qualen, der Abscheu vor der nackten Instrumentalisierung der Natur für Zwecke, die unsere Zwecke, aber nicht die ihren sind, kurz: die Intuitionen, die die Mitleidethiken mit unzweifelhaftem Recht in den Vordergrund rücken, dürfen nicht anthropozentrisch ausgeblendet werden« (J. Habermas, Vorstudien und Ergänzungen, a.a.O., S. 515). Was sich aber in solchen Erfahrungen und in ihren Formulierungen ausdrückt, sind bloß die Grenzen der Diskursethik. Sie gehören in die unverbindliche ästhetisch-expressive Sphäre oder in die Lebenswelt.

und Verschiedene bleibt, jenseits des Heterogenen wie des Eigenen« (ND, S. 192).

Die Tatsache, daß diese Idee der Versöhnung sich gegen ihre Assimilierung ins Reich argumentativen Diskurses widersetzt, daß sie also unversöhnlich »deren Affirmation im Begriff« (ND, S. 163) verwehrt, zeigt verstärkt den aporetischen Charakter, aber auch die Unabdingbarkeit eines Denkens, das mehr sein will als bloße Nachkonstruktion dessen, was es gibt. Trotzdem sucht Adorno in der Mimesis als dem vermeintlichen Anderen des Begriffs keine Alternative, die einen neuen Zugang zur Idee der Versöhnung gewähren könnte. Philosophie kann nicht anders als mit Begriffen denken, und mit ihnen nimmt sie auf sich die Unwahrheit und die Schuld der falschen Identität (vgl. ÄTh, S. 382). Einzig bleibt ihr übrig, sich gegen das Vergessen des Vergessens, das diese falsche Identität bedeutet, zu wehren, die Arbeit der Selbstreflexion auf sich zu nehmen und ihre eigene Unwahrheit zu reflektieren — und womöglich zu berichtigen; zu versuchen, das Begrifflose mit Begriffen aufzutun, ohne es ihnen gleichzumachen (vgl. ND, S. 21), d.h. über die Begriffe durch diese selbst hinauszugelangen (vgl. ND, S. 27).

Adornos Philosophie bewegt die Hoffnung, »in zweiter Reflexion die Suprematie des Denkens über sein Anderes« zu brechen (ND, S. 201). Sie wendet sich in ihrer Kritik am konstitutiven Bewußtsein gegen die Unterschlagung des Nichtidentischen. Ihr wahres Interesse hat sie im Besonderen, Begrifflosen, Ausgeschlossenen und Vergessenen, dort, wo die philosophische Tradition ihr Desinteresse bekundete. Statt sich wie die prima philosophia im Besitz des Absoluten zu dünken, müßte sich eine transformierte Philosophie frei von vorfabrizierten Schemata ihren Objekten hingeben und sich in ihr Heterogenes versenken. Diese Philosophie, ungeschmählerte Erfahrung im medium begrifflicher Reflexion, versuchte nicht, sich das Verschiedene und Fremde zu unterwerfen, sondern sich ihm buchstäblich anzuschmiegen. »Nicht anders vermag der Begriff die Sache dessen zu vertreten, was er verdrängte, der Mimesis, als indem er in seinen eigenen Verhaltensweisen etwas von dieser sich zueignet, ohne an sie sich zu verlieren« (ND, S. 26).

Wie man sehen kann, das Telos der Versöhnung ist das Nichtidentische, dies Unauslöschliche, das der Begriff nicht völlig einholen und in sich verschwinden lassen kann, d.h., jene Realität, der eine nicht reglementierte und unverkürzte Erfahrung gerecht werden will. Diese Erfahrung wäre selbst Ausdruck und Index der Versöhnung.[25] Aber nur eine Erkenntnis, die sich anstrengt, ihre Gewalt gegen das Objekt zu destruieren, und den Schleier zu zerreißen, den sie unentwegt

---

[25] Vgl. A. Thyen, Negative Dialektik und Erfahrung: zur Rationalität des Nichtidentischen bei Adorno. Frankfurt a.M. 1989, S. 218.

um es webt, kann sich ohne Angst ihrer eigenen Erfahrung anvertrauen.[26] Durchs Eingedenken des im Subjekt und von ihm Unterdrückten kann dieses sich gegen die Herrschaft wenden, die ihm als Fundament dient. Eingedenken ist ein Reflexionsakt des Geistes über sich selbst als entzweite Natur. In der Selbstreflexion »ruft Natur sich selber an, ... als Verstümmeltes« (DA, S. 57). Es handelt sich nicht um eine romantische Rückkehr zur (ersten) Natur, sondern um die Kritik instrumenteller Vernunft als Funktion der Selbsterhaltung. Es handelt sich letztlich um eine Suche nach den Spuren des durch sie Unterdrückten und Verstümmelten, nach den Ansprüchen der lebendigen Natur im Subjekt und den Leibtrieben, deren Gestalt sich unter repressiven Bedingungen entstellt darstellt.

Wie gesehen, hat die Idee der Versöhnung mehrere Bedeutungen. Sie bezeichnet die Utopie einer durch die Freiheit zu ihrem Objekt geleiteten Erkenntnis, d.h., durch die freie Kommunikation von Subjekt und Objekt, aber auch durch die Kommunikation des Verschiedenen. Sie bedeutet die Überwindung der Herrschaft, die der Ermächtigung des Subjekts entstammt; die Abschaffung ungerechten und sinnlosen Leidens; die Konvergenz von theorischem Bewußtsein und somatischem Moment der Erfahrung; usw. Ohne eine bloß formale Idee zu sein, da sie die *materiale Dimension* von Emanzipation, Glück und Lebensfülle in sich aufnimmt, wird Adornos Idee der Versöhnung nicht affirmativ in schlecht metaphysischem Sinn. Sie bleibt an die Kritik der negativen Realität und an die nicht verkürzte oder reglementierte Erfahrung des Nichtidentischen gebunden, und so mit offenem Ausgang. Ist diese Idee der Versöhnung aber mehr als ein vergeblicher Wunsch?

Die Unausdenkbarkeit der Verzweiflung

Adorno stimmt mit Nietzsche überein, der Theologie und Metaphysik kritisierte, weil sie Hoffnung mit Wahrheit verwechselten: aus der Unmöglichkeit, ohne das Absolute, d.h., ohne Erlösung, leben zu können, aus dem Wunsch nach Gott seine Existenz zu behaupten (vgl. MM, S. 107). Gegen diese überaus starke Tendenz, aus den Bedürfnissen das Dasein dessen abzuleiten, wessen wir bedürfen, hat sich die Aufklärung durch ihre Ideologie- und Religionskritik mit Recht gewehrt. Aber: »Wenn wir gar nicht aus Bedürfnis mehr denken, wenn wir also so denken, daß aus unseren Gedanken das wishful thinking, der Wunsch als Vater des Gedankens, ganz und gar unterdrückt ist, dann können wir eigentlich überhaupt nichts mehr denken. Weil wir dann über das, was ist, nicht mehr hin-

---

26 Vgl. Th.W: Adorno, »Zu Subjekt und Objekt«, in: GS 10, 1977, S. 752.

ausreichen, weil wir das bloß Seiende dann gar nicht mehr zu transzendieren vermögen«.[27]

Die total vergesellschaftete Gesellschaft präsentiert sich als ‚ein ausweglos dichtes Gewebe der Immanenz‘ (ND, S. 362), d.h., mit dem mythischen Schein einer durch hermetische Wiederholung bestimmten Natur. Indem die Gesellschaft zum System wird, das sich unter selbstgestellten Bedingungen reproduziert und entfaltet (d.h., indem sie sich in ein selbstgesteuertes System verwandelt), dehnt sie ihren Umfang aus, wird sie zum Kosmos, der nichts außer sich duldet, von dem es keinen Ausweg gibt. Sie verhindert jede Infragestellung ihrer Voraussetzungen und vermeintlichen Sachzwänge. Aber eine zum Kosmos verwandelte Gesellschaft wird zugleich in ihrer geschlossenen Immanenz zur Hölle.[28] Ohne das Absolute als das radikal Andere des Bestehenden, ohne den Mut und die Fähigkeit zu seinem Begriff, scheint jede Möglichkeit verloren, dem »absoluten Anspruch dessen, was nun einmal so ist«[29] zu widerstehen.

War ein Fehlschluß der Metaphysik, Hoffnung mit Wahrheit zu verwechseln, so sieht Adorno in Nietzsches amor fati, nämlich in der Bejahung dessen, was ist, allein weil das, was radikal anders wäre, nur erhofft werden kann, auch einen Fehlschluß vergleichbaren Ranges. Eine prinzipielle Unrealisierbarkeit der Utopie zu behaupten, ist kein geringerer Verstoß gegen das Bilderverbot als der Versuch, die Utopie konkret auszumalen. Weder kann man dem Wunsch Wirklichkeit noch dem widersinnigen Gang der Dinge Sinn zuschreiben. Dem Fetisch des So-und-nicht-anders-Seins, der Irrevokabilität des Seienden opponiert die Einsicht in das Gewordene des Bestehenden, in die unverwirklichten Möglichkeiten dessen, was ist: »Womit negative Dialektik ihre verhärteten Gegenstände durchdringt, ist die Möglichkeit, um die ihre Wirklichkeit betrogen hat und die doch aus einem jeden blickt« (ND, S. 62).

Adorno optiert demzufolge für ein Denken, das Hoffnung als ein wesentliches Moment in sich aufnimmt, das es begleitet und ihm seine Grenzen zeigt, denn nur durch die Hoffnung geht Denken über sich hinaus, ohne sie aber mit Realität versehen zu dürfen: »Am Ende ist Hoffnung, wie sie der Wirklichkeit sich entringt, indem sie diese negiert, die einzige Gestalt, in der Wahrheit erscheint. Ohne Hoffnung wäre die Idee der Wahrheit kaum nur zu denken, und es ist die kardinale Unwahrheit, das als schlecht erkannte Dasein für die Wahrheit auszugeben, nur weil einmal erkannt ward« (MM, S. 108).

---

27 Ders., Philosophische Terminologie, Bd. 1, a.a.O., S. 129.

28 Vgl. Ders., »Versuch, das Endspiel zu verstehen«, in: GS 11, 1994, S. 320.

29 A.a.O., S. 319.

Nur ein Denken, das das Unrecht verneint, kann Ausdruck der Wahrheit sein (vgl. DA, S. 248). Wahrheit ist für Adorno nicht anders möglich, als in der Hoffnung, daß Unterdrückung und Unfreiheit nicht das letzte Wort behalten möchten.[30] Das Absolute ist so die Chiffre einer Möglichkeit ohne Realitätsgarantie, der Möglichkeit der Erlösung, zu der das Denken von der Negativität des Bestehenden und von der Verzweiflung darüber verpflichtet wird. Und trotzdem kann die Verzweiflung »das Dasein des hoffnungslos Entbehrten« (ND, S. 365) nicht verbürgen. Hoffnung ist von daher kein sicherer Besitz, denn als solcher versperrte sie sich gegen das Leid, das zur Verzweiflung zwingt, und verginge sich gegen es, um dessentwillen einzig gehofft werden darf.

Nicht eine festgemachte Transzendenz, die in Natur und Geschichte erscheinen würde, liefert demzufolge das Fundament der Hoffnung; nicht eine scheinlose Wahrheit bietet sich dem liebenden Betrachter im Antlitz des Seienden, sondern nur im Zerfall, im Dunkel der Natur, in den Brüchen und Schründen des entstellten Seienden erstrahlt das Bilderreich des Wunsches und der Sehnsucht, in dem die Spuren des Anderen, Bilderlosen gebrochen aufblitzen. »Wenn [...] Phantasie es nicht vermag, das letzte Bild der Verzweiflung konkret zu fassen [...], dann ist ihr Unvermögen nicht Schwäche sondern Stärke; das Teil von Versöhnung, das verschwindend in ihr erscheint, reicht hin, Verzweiflung ins Wesenlose aufzulösen, während Existenz unaufhaltsam dieser zustürzt. Die Unvorstellbarkeit von Verzweiflung durch Phantasie ist deren Bürgschaft für Hoffnung. In Phantasie übersteigt Natur sich selber; Natur, aus deren Trieb sie kommt; Natur, die in ihr sich anschaut; Natur, die in der geringsten Versetzung durch Phantasie als gerettete sich darbietet«.[31]

Nicht, daß Natur oder ihre Bedürftigkeit ein Garant von Erlösung wären. Es ist die Phantasie, die in der Natur sich selbst überbietet und über sich hinaus geht, die durch Erinnerung die Spuren des Zerfalls in Zeichen der Hoffnung verwandelt. Die Fragmente des zerfallenden Wirklichen lassen sich nur durch auf Rettung zielende Erinnerung in Chiffren der Verheißung transformieren. In den Bildern, die die Phantasie aus den Rissen des Zerfalls rettet, lebt die Sehnsucht, die von sich aus keine Rettung garantieren, ihr aber die Bahn eröffnen kann, durch die sie einmal Realität werden könnte. Denn »Bewußtsein könnte gar nicht über das Grau verzweifeln, hegte es nicht den Begriff von einer verschiedenen Farbe,

---

30 Vgl. Ders.,: »Wozu noch Philosophie«, in: GS 10, 1977, S. 465. Der Zusammenhang von Wahrheit und Erlösung wird einsichtig, wenn man Wahrheit mit Adorno als endgültige Rettung der Phänomene versteht (vgl. R. Buchholz: Zwischen Mythos und Bilderverbot. Die Philosophie Adornos als Anstoß zu einer kritischen Fundamentaltheologie im Kontext der späten Moderne. Frankfurt a.M. u.a. 1991, S. 126).

31 Th. W. Adorno, Kierkegaard, in: GS 2, 1973, S. 196.

deren versprengte Spur im negativen Ganzen nicht fehlt. Stets stammt sie aus dem Vergangenen, Hoffnung aus ihrem Widerspiel, dem, was hinab mußte oder verurteilt ist« (ND, S, 370).

Hier hat der Versuch Adornos, den Schein der Metaphysik und der Kunst zu retten, seinen Ort. In Metaphysik und Theologie artikuliert sich nicht nur eine rechtfertigende Überhöhung des Bestehenden, die der Ideologiekritik mit Recht zum Opfer gefallen ist, sondern auch ‚die Protestation gegen das wirkliche Elend', um es mit K. Marx zu sagen. Das ‚Eingedenken der Transzendenz' bezweckt im Grunde ein Eingedenken des protestativen Impulses gegen Unrecht, Entstellung und Beschädigung des Daseins, eines Impulses, der Religion und Metaphysik zugrunde liegt und der gegen seine idealistische Verschüttung zur Geltung gebracht werden muß.

Gerettet werden soll also nicht ein von affirmativ gesetzter Transzendenz ausstrahlender Sinn, der sich dann als der Sinn der Immanenz manifestieren würde. Diese durch die Geschichte wiederholt dementierte Metaphysik hat nach Auschwitz definitiv kein Existenzrecht mehr. Rettung des metaphysischen Scheins ist nur durch seine materialistische Verwandlung möglich: »Der Gang der Geschichte nötigt das zum Materialismus, was traditionell sein unvermittelter Gegensatz war, Metaphysik« (ND, S. 358).

Nicht fern vom Materiellen, Somatischen und Niederen, wie die alte Metaphysik es wollte, sondern gerade in all das, in die materielle Existenz als Schauplatz des Leidens muß die metaphysische Fragestellung einwandern, will sie nicht mit der Kultur, mit der sie fusioniert war und die in Auschwitz ihr Mißlingen unwiderleglich unter Beweis gestellt hat, ihr Existenzrecht verlieren. »Kein vom Hohen getöntes Wort, auch kein theologisches, hat unverwandelt nach Auschwitz ein Recht« (ND, S. 360).

Adorno will also das, wofür Metaphysik einst stand, das Hinausgehen über das, was ist, an die geschichtliche Realität rückbinden. Transzendenz bleibt ohnmächtig gegenüber dem Dasein und ist bloß seine Bestätigung oder Kompensation, wann immer sie der dualistischen Gegenüberstellung verfällt. Transzendenz in Adornos Sinn verweist daher auf reale Veränderung des Bestehenden: »Nur wenn, was ist, sich ändern läßt, ist das, was ist, nicht alles« (ND, S. 391).

Im metaphysischen Schein will Adorno mehr als das notwendige Regulativ der Vernunft retten: die reale Möglichkeit von Transzendenz im Seienden. Diese Möglichkeit erscheint nur im Augenblick des Sturzes der Metaphysik. »Der transzendierende Impuls meint nicht ein Jenseits der geschichtlichen Welt, sondern eine andere Verfassung der Welt.«[32] Durch das, was ist, sieht sich die Reflexion zum Hinausgehen über die bestehende Welt gezwungen als deren Kritik. Materialistische Transformation der Metaphysik verleiht dem Innerweltlichen und Geschichtlichen eine neue Relevanz für das, was die traditionelle Metaphysik als Transzendenz abhob. »Kein Eingedenken an Transzendenz ist mehr möglich als kraft der Vergängnis; Ewigkeit erscheint nicht als solche sondern gebrochen durchs Vergänglichste hindurch« (ND, S. 353).

Dies zeigt sich in aller Deutlichkeit an der Todeserfahrung. Versucht die idealistische Metaphysik den Tod zu verklären, über seine Inkommensurabilität mit dem Leben hinwegzutrösten, ihn in der Immanenz des Geistes einzuholen, der sein Widersacher sein sollte, so möchte die materialistisch transformierte Metaphysik die Resistenzkraft gegen die zivilisatorische Integration des Todes und gegen die sich darin ausdrückende Verdinglichung freisetzen, Resistenzkraft, die sich im Verfallsprozeß, in der leibhaft verspürten Inkommensurabilität des Todes anmeldet. »Indem der Tod als nichts anderes mehr wahrgenommen ist denn als das Ausscheiden eines natürlichen Lebewesens aus dem Verband der Gesellschaft, hat dieser ihn schließlich domestiziert: Sterben bestätigt bloß noch die absolute Irrelevanz des natürlichen Lebewesens gegenüber dem gesellschaftlichen Absoluten. [...] Was die Nationalsozialisten an Millionen von Menschen verübt haben, die Musterung Lebender als Toter, dann die Massenproduktion und Verbilligung des Todes, warf seinen Schatten voraus über jene, die von Leichen zum Lachen sich inspirieren lassen. Entscheidend ist die Aufnahme der biologischen Zerstörung in den bewußten gesellschaftlichen Willen. Nur eine Menschheit, der der Tod so gleichgültig geworden ist wie ihre Mitglieder: eine die sich selber starb, kann ihn administrativ über Ungezählte verhängen« (MM, S. 263f.).

Der Tod ist dieser ‚negativen' Metaphysik keine invariante Größe, sondern geschichtlich determiniert bis in seine biologische Dimension hinein, wie Auschwitz vor Augen führt. In der Unausdenkbarkeit des Todes, die nicht weniger eindringlich ist als die der Unsterblichkeit, manifestiert sich deshalb nicht nur die Selbsttäuschung einer am Interesse an Selbsterhaltung sich konstituierenden Subjektivität, sondern der Ausgangspunkt des Widerstandes gegen die bestehenden gesellschaftlichen Verhältnisse, von denen die konkret-historische Gestalt des Todes abhängt.

Kants *Kritik der praktischen Vernunft* läßt etwas vom objektiven Gehalt des Unsterblichkeitspostulats erkennen, Gehalt, der sich nicht in subjektiver Konstruktion ausschöpft. »Daß keine innerweltliche Besserung ausreichte, den

32 A. Wellmer: »„Metaphysik im Augenblick ihres Sturzes"«, in: Metaphysik nach Kant? Stuttgarter Hegel-Kongreß 1978. Hrsg. v. D. Henrich u. R.-P. Horstmann. Stuttgart 1988, S. 771.

Toten Gerechtigkeit widerfahren zu lassen; daß keine ans Unrecht des Todes rührte, bewegt die Kantische Vernunft dazu, gegen Vernunft zu hoffen. Das Geheimnis seiner Philosophie ist die Unausdenkbarkeit der Verzweiflung« (ND, S. 378). Kants Philosophie artikuliert in unvergleichbarer Weise die Aporetik der Hoffnung. Sie öffnet den Raum, wo die Hoffnung existieren kann und den eine melioristische Theorie kollektiver Praxis auf Machbares und Produzierbares reduziert, erliegt jedoch nicht der Versuchung, das Objekt der Hoffnung, die Transzendenz, zu fixieren, was nichts anders bedeuten würde, als sie zu verraten.

Den unsicheren Postulatcharakter schützt die Hoffnung davor, mit einem kognitiv schlagenden Argument verwechselt zu werden. Die Postulatenlehre der praktischen Vernunft respektiert die Grenzen der reinen Vernunft und weigert sich, zur spekulativen Affirmation des Absoluten überzugehen. Die Grenze, die Kants Erkenntnistheorie zwischen Vernunftideen und gegenständlicher Erfahrung zieht, bewahrt Kants Begierde des Rettens davor, zur Affirmation zu verkommen, läßt ihn jedoch, so meint Adorno, nicht zur lebendigen Erfahrung durchdringen, die sich dem Verbot, das Absolute zu denken, widersetzt: sie will ins Offene.

Sind die Postulate keine Existenzialurteile, so verlangen sie die Rettung ihrer Objektivität durch das Subjekt hindurch. Das gelingt nicht durch Rehabilitierung der schlecht affirmativen Metaphysik, sondern nur dadurch, daß man einen emphatischen Erfahrungsbegriff zur Geltung bringt, d.h., durch die Rehabilitierung der Dignität des Körperlichen in der Erfahrung. Wie wir gesehen haben, ist die vielleicht sinnferne Schicht des Somatischen, als deren Ausdruck sich aber das Denken zu bewähren hat, der ‚Schauplatz des Leidens'. Alles Denken, das nicht versucht, ihm Ausdruck zu verleihen, »ist [...] vom Schlag der Begleitmusik, mit welcher die SS die Schreie ihrer Opfer zu übertönen liebten« (ND, S. 358). Für Adorno ist das »Bedürfnis, Leiden beredt werden zu lassen, [...] Bedingung aller Wahrheit« (ND, S. 29).

Denken kann nur Wahrheit als Ausdruck des Leidens verstehen, wenn es in sich selbst Instinkt, Bedürfnis und Wunsch wahrnimmt. Nur dann wird Dauer zu seiner notwendigen Form, d.h., nur dann wird es zum Eingedenken, Impuls zur Rettung des Vergangenen als Lebendigen. Die Transzendenz, die der rettende Impuls des Geistes anruft und die eine Erfahrung in emphatischem Sinn erreichen will, ist die einer Erlösung, die bis zur somatischen Schicht durchdringt, ja bis zum körperlich erlittenen Leiden. Hier findet sich das Bedürfnis verankert, daß die Erfahrung die Sphäre des Intelligiblen erreichen muß. Dieses ist nicht eine bloß abstrakte Verneinung dessen, was ist. »Der Begriff des intelligiblen Bereichs wäre der von etwas, was nicht ist und doch nicht nur nicht ist« (ND, S. 385)

Im verstörten und beschädigten Weltlauf gerade meldet sich der Anspruch nicht nur nach Abschaffung gegenwärtigen Leidens an, sondern auch nach einer Verfassung der Welt, in der »noch das unwiderruflich vergangene [Leid] widerrufen wäre« (ND, S. 395). Der Glaube an die Auferstehung des Fleisches steht dieser unverbindlichen Sehnsucht der Kreaturen viel näher als alle hohen Ideen spekulativer Metaphysik. Diese Sehnsucht eines jeden utopischen Bewußtseins wird nicht in den Ideenhimmel projiziert, sondern wandert in die Konstellationen von Realitätselementen ein, in denen der Schein eines Anderen das Scheinlose verspricht. »Die kleinsten innerweltlichen Züge hätten Relevanz fürs Absolute« (ND, S. 400).

Nur indem sie sich vorbehaltlos den Dingen in ihrer geschichtlichen Dimension anvertraut, kann Kritik das offenlegen, was unabgegolten blieb, und den Rechten des Möglichen gegenüber dem Gewordenen Ausdruck verleihen. »„Alle Verdinglichung ist ein Vergessen“, und Kritik heißt eigentlich soviel wie Erinnerung, nämlich in den Phänomenen mobilisieren, wodurch sie das wurden, was sie geworden sind, und dadurch der Möglichkeiten innewerden, daß sie auch ein Anderes hätten werden und dadurch ein Anderes sein können.«[33] In den Dienst dieses anamnetischen Momentes der Kritik tritt das Konstellationsdenken, die mimetische Gestalt von Rationalität. Während im Einzelbegriff sich der Anspruch meldet, mit dem Gemeinten identisch zu sein, Wahrheit auf Verschwindenlassen von Differenz hinausläuft, so daß seine Wahrheit notwendigerweise verfehlt wird, erhofft sich Adorno nicht nur von der Mehrzahl der Begriffe, sondern vor allem auch von ihrer ‚konstellativen‘ Anordnung, was der identifizierende Begriff verhindert: in das Innere der Sachen einzudringen und die in ihnen geronnene Geschichte zu mobilisieren, ohne sich die Sachen gleichzumachen. »Das Innere des Nichtidentischen ist sein Verhältnis zu dem, was es nicht selber ist und was seine veranstaltete, eingefrorene Identität mit sich ihm vorenthält« (ND, S. 165).

Geschichte meint hier also soviel wie ihre Konkretion, ihre Singularität, ihre Nichtidentität mit sich selbst, ihr Werden. Statt den isolierten Gegenstand abstrakt durch Subsumtion zu identifizieren, bezieht sich die konstellative Erkenntnis auf den Prozeß seines Werdens, und dadurch löst sie die Verhärtungen der Identifizierungen auf. Die Naturwüchsigkeit des Bestehenden wird auf ihr Gewordensein hin als Schein durchschaut, und die utopischen Potentiale des Faktischen werden als Möglichkeit seines Andersseins offengelegt. Indem sie die ganze Negativität sinnlosen Leidens sichtbar machen, objektivieren Konstellationen die Bedürftigkeit der Realität und werden so zur inversen Schrift der Transzendenz. Sie können diese nicht garantieren, aber sie bezeugen ihre Möglichkeit durch die Relativierung des Bestehenden, indem sie Distanz gegenüber einer Im-

33 Th.W. Adorno: Einleitung in die Soziologie (1968), Hrsg. v. Ch. Gödde, Frankfurt a.M. 1993, S. 250.

manenz anmelden, die die von ihr verlangten Opfer ausblendet, um sie so unerbittlicher zu perpetuieren.

Die Bedeutung der Kunst besteht nach Adorno gerade darin, dieses Desiderat zur Geltung zu bringen. Sie richtet sich nach dem jüdischen Theologumenon, nach dem alles im richtigen Zustand um ein Geringes anders wäre, als es ist. Kunstwerke sind die Sprache des Willens dieses Anderen. Seine Elemente sind in der Realität versammelt, sie müßten nur um jenes Geringe versetzt werden, um so in einer neuen Konstellation ihre rechte Stelle zu finden. Dadurch deuten Kunstwerke darauf, »daß das Nichtseiende sein könnte« (ÄTh, S. 200). Die ästhetische Synthesis unterscheidet sich von der Totalität des Funktionszusammenhangs und seiner idealistischen Überhöhung in Identität dadurch, daß sie nicht das Besondere, die Einzelmomente, die Details eliminiert oder subsumiert. Sie ist Moment und nicht das Ganze des Kunstwerkes (vgl. ÄTh, S. 450 u. 263).

Adorno denkt vor allem an moderne Kunstwerke und an ihren fragmentarischen Charakter. In der parataktischen Konfiguration ihrer Elemente werden das Einzelne und Besondere nicht einer gesetzten Totalität unterworfen. Dadurch visieren diese Kunstwerke das herrschaftsfreie Miteinander des Verschiedenen an. Sie können als Modelle des Nichtidentischen betrachtet werden: »Die Erfahrung des Nichtidentischen in der Kunst drückt ein Approximationsverhältnis aus, eine sich zur allernächsten Nähe verringernde unüberbrückbare Distanz.«[34] Gerade hier wird deutlich, daß das Nichtidentische nicht bloße Faktizität meint, sondern die Utopie einer Beziehung zu der äußeren und inneren Natur ohne Herrschaft. Diese Utopie ist jedoch nicht das ganz Andere des Faktischen. Sie speist sich vielmehr aus der Bedürftigkeit alles Seienden, die im Eingedenken seiner Genesis und der mit ihr verbundenen Leidensgeschichte zutage tritt. Was ‚mehr' ist, als es ist, existiert in dem, was ist, als unabgegoltene Vergangenheit, die nach ihrer Einlösung drängt, ohne daß man sagen kann, ob es je sein wird.

Aber Kunstwerke haben nicht das Licht der Versöhnung abstrakt auszudrücken oder gar die Realität als versöhnt darzustellen. Sie haben nur die Elemente der schlechten und falschen Realität so in neue Konstellationen treten zu lassen, daß diese unter dem Licht der Versöhnung erscheint. Paradox hat Kunst »das Unversöhnte zu bezeugen und gleichwohl tendenziell zu versöhnen« (ÄTh, S. 251). Das qualitativ Neue und Andere tritt in der Kunst nur in Korrespondenzen mit dem Vergangenen auf durch seine bestimmte Negation (vgl. ÄTh, S. 67-68). Diese artikuliert sich als Dialektik von mimetischem Ausdruck und rationaler Konstruktion. Durch ihr expressiv-mimetisches Moment ist Kunst Ausdruck der

---

34 N. Zimmermann: Der ästhetische Augenblick. Theodor W. Adornos Theorie der Zeitstruktur von Kunst und ästhetischer Erfahrung. Frankfurt a.M./u.a. 1989, S. 120.

Negativität des Leidens, durch ihr konstruktives Moment versucht sie dem Leiden standzuhalten und den utopischen Horizont seiner Überwindung offenzuhalten. Dadurch wird Kunst Erinnerung eines Versprechens: des Versprechens »des Glücks, das gebrochen wird« (ÄTh, S. 205).

Erinnerung des Glücks als verlorenes erhält in der Kunst denselben kritischen Wert wie die Erinnerung des Leidens. Sie ist ‚Widerschein vergangener Hoffnung', verlorener Möglichkeiten, die von der Gegenwart aus wie eine versprochene Zukunft aufgenommen werden. In der Erinnerung verwandelt sie sich in Verlangen und Sehnsucht nach Erfüllung, die an die Gegenwart gerichtet sind. »Was die herrschende Gesellschaft transzendiert, ist nicht nur die von dieser entwickelte Potentialität, sondern ebensowohl das, was nicht recht in die historischen Bewegungsgesetze hineinpaßte« (MM, S. 170).

Kunst bleibt weiterhin nur Schein und keine reale Versöhnung. Wenn sie aber diese Antinomie, Erscheinung der Versöhnung und zugleich ihr illusorischer Schein zu sein, nicht verschleiert, verheißt sie im Schein das Scheinlose: die Versöhnung.

Absenz des Absoluten

Die Relevanz des Bilderverbots bei Jean-François Lyotard

Saskia Wendel

Daß die postmoderne Philosophie gleichbedeutend mit der Legitimation von Beliebigkeit und Willkür und daher nichts anderes als platter Relativismus sei, ist ein gängiges Urteil über diese philosophische Richtung. Dieses Urteil erweist sich jedoch als voreilig und undifferenziert, gibt es doch philosophisch-postmoderne Ansätze, die sich von einer feuilletonistischen, etikettierenden Verkürzung des Begriffs „Postmoderne" und damit von einem relativistisch-verspielten „Postmodernismus" absetzen. Solch ein Ansatz ist z.B. die postmoderne Philosophie Jean-François Lyotards.[1] Lyotard wendet sich explizit gegen relativistische Tendenzen und exemplifiziert dies an der Kunst:

„Wir befinden uns in einer Phase der Erschlaffung, ich spreche von Tendenzen der Zeit. (...) Eklektizismus ist der Nullpunkt zeitgenössischer Bildung: Man hört Reggae, schaut Western an, ißt mittags bei McDonald und kostet zu Abend die heimische Küche, trägt französisches Parfum aus Tokyo, kleidet sich nostalgisch in Hong Kong, und als Erkenntnis tritt auf, wonach das Fernsehquiz fragt. (...) Indem Kunst zu Kitsch wird, schmeichelt sie dem Durcheinander, das den 'Geschmack' des Liebhabers beherrscht. Künstler, Galerist, Kritiker und Publikum gefallen sich in schierer Beliebigkeit; es ist die Zeit der Erschlaffung."[2]

Lyotards Verdikt gegen die „Erschlaffung" mag zunächst überraschen, steht doch die Dignität des Pluralen und Heterogenen im Zentrum seines postmodernen Ansatzes. Lyotard geht jedoch - entgegen der These, seine Philosophie sei eine neue Variante des Relativismus - von einem Absoluten aus, das als Legitimationsbasis der Forderung fungiert, Pluralität und Heterogenität anzuerkennen. Dieses Absolute will Lyotard allerdings nicht mehr metaphysisch verstanden wissen und bezieht sich dabei zum einen auf die Metaphysik-Kritik Kants, zum ande-

---

1 Dieser Aufsatz ist eine modifizierte und erweiterte Fassung des Aufsatzes "Ein Bindestrich zwischen Prämoderne und Postmoderne. Jean-François Lyotards Überlegungen zu "Jüdischem" und "Christlichem". In: Orientierung 11/96. 124-127.

2 Lyotard, Jean-François, Beantwortung der Frage: Was ist postmodern? In: Welsch, Wolfgang (Hg.), Wege aus der Moderne. Schlüsseltexte zur Postmoderne-Diskussion, Weinheim 1988, 193 und 197f.

ren auf die jüdische Mystik und das biblische Bilderverbot. Worin genau besteht die Lyotardsche Rezeption des Bilderverbots?

1. „Postmodernes" Bilderverbot: Die Absenz des Absoluten

Lyotards Gedanken über das Absolute stehen im Kontext seiner Überlegungen zur Möglichkeit einer Ethik. Dort geht er - wie Kant - von der Gültigkeit einer absoluten Verpflichtung aus, eines unbedingten Sollens als Legitimationsfundament ethischer Urteile. Wenn Lyotard also vom Absoluten spricht, meint er damit zunächst die Absolutheit des moralischen Gesetzes, das mich in die Pflicht nimmt. Die Absolutheit des Gesetzes ist jedoch für Lyotard weder bestimmbar noch darstellbar, es ist eine leere, nicht empirisch bzw. material füllbare und somit rein formale Obligation.[3] Damit durchbricht das Absolute für Lyotard die Metaphysik der Präsenz: Es ist radikale Absenz und Transzendenz und als solches undarstellbar, unnennbar, unbestimmbar.[4] Dennoch bleibt die Möglichkeit der Präsentation dieser Absenz, die Möglichkeit einer negativen Darstellung; man kann zwar nicht das Wesen des Absoluten, aber dessen Existenz darstellen.[5]

Lyotard verknüpft in seinen Überlegungen zur Absenz und Undarstellbarkeit des Absoluten die Transzendentalphilosophie Kants, insbesondere dessen Ausführungen zur Unerkennbarkeit des Noumenons in der Kritik der reinen Vernunft und zur Unableitbarkeit und Unerkennbarkeit des unbedingten Sollens in der Kritik der praktischen Vernunft,[6] mit einer an der jüdischen Mystik orientierten Philosophie, wie sie sich auch bei Levinas oder Derrida findet.[7] In

---

3 "Es [das Gesetz] mag vorschreiben, entweder energisch zu handeln oder ruhig zu bleiben und zu schweigen. Wir wissen nicht, was es vorschreibt, das Gesetz ist lediglich Vorschrift (prescription) als solche. (...) Das Gesetz schreibt ein Etwas vor, ein 'Ich weiß nicht was', und zugleich schreibt es sich selbst vor: es verbietet uns und hält uns davon ab, uns mit ihm zu identifizieren und aus ihm Nutzen zu ziehen." (Lyotard, Jean-François, Streifzüge. Gesetz, Form, Ereignis, Wien 1989, 30). Vgl. hierzu auch ders./Thébaud, Jean-Loup, Au Juste. Conversations, Paris 1979, 102.

4 Vgl. z.B. Lyotard, Jean-François, Vorstellung, Darstellung, Undarstellbarkeit. In: Ders., Immaterialität und Postmoderne. Berlin 1985, 98. und ders., Das Erhabene und die Avantgarde. In: Ders.: Das Inhumane. Plaudereien über die Zeit, Wien 1989, 178.

5 Vgl. ders., Vorstellung, Darstellung, Undarstellbarkeit, 98.

6 Vgl. ders., Der Widerstreit, München 1987, 115; vgl. ders./Thébaud, Au Juste, 91ff.

7 Für Levinas ist die absolute Andersheit ein 'Jenseits des Seins', eine absolute und radikale Transzendenz, eine unvordenkliche Vergangenheit und unpräsentierbare Absenz, die sich jeder Darstellungsmöglichkeit entzieht. (Vgl. z.B. Levinas, Emmanuel, Jenseits des Seins oder anders als Sein geschieht, Freiburg/München 1992, 23ff., 38 und 42. Ders., Wenn Gott ins Denken einfällt. Diskurse über die Betroffenheit von Transzendenz, Freiburg/München 1985, 125 und 210.) Bei Derrida ist es

der jüdischen Mystik wurde das Göttliche als En-Sof gedacht, als das Unendliche, das weder Attribute noch Bestimmungen hat. Das Göttliche ist unbekannt, verborgen, und dadurch weder anvisierbar noch nennbar, es ist ewig unergründbar, undefinierbar, unaussprechliches Geheimnis jenseits aller Bedeutung und Bestimmung.[8] Lyotard identifiziert nun das moralische Gesetz mit dem Absoluten und Undarstellbaren, mit dem En-Sof jüdischer Mystik. Ebenso identifiziert er es mit der Formalität des unbedingten Sollens und des Kategorischen Imperativs bei Kant.

Wer also das Absolute darstellen will, verfällt dem 'transzendentalen Schein', der Illusion, das Absolute positiv darstellen zu können. Das Absolute ist jedoch nicht direkt darstellbar, es unterliegt, so könnte man sagen, dem Bilderverbot.

Jenes nicht-darstellbare Absolute, das gleichbedeutend mit einer absoluten Verpflichtung ist, mit einem an mich ergehenden Ruf unbedingten Sollens, ist jedoch nicht identisch mit einem absoluten Wesen, das mich ruft. Das Absolute ist nicht Gott, sondern die Verpflichtung selbst bzw. die Absolutheit des Ereignisses, das mich verpflichtet. Das Pflichtgefühl verpflichtet mich nämlich dazu, das Ereignis bzw. Vorkommnis zuzulassen, es zeigt sich „in der ursprünglichen Empfänglichkeit für das Ereignis, das Gegebenes ist."[9] Deshalb bezeichnet Lyotard das Ereignis auch als „Es gibt" bzw. als „Arrive-t-il"[10], als ein Ankommen und ein Geben, das gibt und sich gibt. Damit ist das Ereignis zugleich auch Gabe, Gabe des unbedingten Sollens, das Ereignis und damit das Geben und Sich-Geben zuzulassen. Trotz expliziter Parallelen zur jüdischen Mystik liegt also der entscheidende Unterschied darin, daß es keinen moralischen Gesetzgeber für Lyotard gibt, keinen hinter dem Ereignis bzw. der Verpflichtung verborgenen Gott: „Das Vorkommnis ist nicht der Herr. Die Heiden wissen darum und lachen über diese erbauliche Verwechslung."[11]

Das Absolute ist also kein rufendes Wesen, es ist Ruf, es ist, wie Lyotard in *Ein Bindestrich* sagt, „Stimme", jedoch eine Stimme, die sich entzieht, eine

---

zum einen die différance, zum anderen das Ereignis und die Gabe, die sich der Darstellung entziehen. (Vgl. z.B. Derrida, Jacques, Die différance. In: Engelmann, Peter (Hg.), Postmoderne und Dekonstruktion. Texte französischer Philosophen der Gegenwart, Stuttgart 1990, 80f. und ders., Falschgeld. Zeit geben I, München 1993, 23ff., 32, 43ff., 123.)

8 Vgl. hierzu Scholem, Gershom, Die jüdische Mystik in ihren Hauptströmungen, Frankfurt am Main 1980, 12ff., 27ff., 227.

9 Lyotard, Jean-François, Grundlagenkrise. In: Neue Hefte für Philosophie 26 (86), 23.

10 Ders., Le Différend, Paris 1983, 14.

11 Ders., Der Widerstreit, 196f.

stimmlose Stimme jenseits von Sein und Zeit.[12] Diese Stimme unterliegt dem Verbot der bildlichen Darstellung, „dem Verbot, versucht zu sein, die *Stimme* selbst zum Sprechen zu bringen, direkt, sichtbar.“[13] Dennoch bleibt die paradoxe Möglichkeit einer Präsentation der nicht-präsentierbaren Absenz des Absoluten, einer „Verkörperung“ der stimmlosen Stimme. Diese negative Darstellung des Absoluten vollzieht sich jedoch nur als Spur, als Zeichen des transzendenten Absoluten in der Immanenz, ohne daß dadurch das Transzendente in der Immanenz aufgeht.[14] Die Stimme tritt nicht unmittelbar, sondern nur vermittelt in die Geschichtlichkeit ein, ohne dadurch ihre Transzendenz und ihre radikale Absenz zu verlieren. Der Gedanke der Spur läßt sich erneut auf die jüdische Mystik beziehen, denn dort ist das Symbol kein bloßes Zeichen eines Bezeichneten bzw. Abbild eines Urbildes, sondern Ausdruck des Verborgenen[15]:

„Im mystischen Symbol wird eine Wirklichkeit, die in sich selbst, vom Menschen her gesehen, keinen Ausdruck hat, unmittelbar in einer anderen Wirklichkeit transparent. Erst von ihr her bezieht sie ihren Ausdruck, insbesondere wenn sie sich mit einem formulierbaren, ja sichtbaren Inhalt ausstattet (...). Der zum Symbol gewordene Gegenstand bleibt dann in seiner ursprünglichen Form und in seinem ursprünglichen Gehalt bestehen. Er wird nicht sozusagen entleert, um einen anderen Gehalt aufzunehmen, sondern in ihm selber, aus seiner eigenen Existenz heraus, erscheint an ihm jene andere Wirklichkeit, die sich anders gar nicht mitteilen kann. (...) Ein verborgenes Leben, das keinen Ausdruck hat, findet ihn im Symbol. (...) Das Symbol ‘bedeutet’ nichts und teilt nichts mit, sondern läßt etwas sichtbar werden, was jenseits aller Bedeutung steht. (...) Das Unendliche leuchtet durch das Endliche und macht es mehr und nicht weniger wirklich.“[16]

Eine solche Spur und Verkörperung des Absoluten in der Geschichte ist der Buchstabe der Schrift, „Miqra“: „Die Stimme läßt ihre selbstlautlosen Buchsta-

---

[12] Vgl. Lyotard, Jean-François/Gruber, Eberhard, Ein Bindestrich. Zwischen "Jüdischem" und "Christlichem", Düsseldorf/Bonn 1995, 28.

[13] Ebd., 49.

[14] Entsprechende Gedanken finden sich auch bei Levinas und Derrida. Bei Levinas bricht die Transzendenz in die Immanenz des Seins als "Spur einer Abwesenheit" im Antlitz des Anderen ein (Levinas, Jenseits des Seins oder anders als Sein geschieht, 209). Für Derrida ist die différance als radikale Absenz nur als Spur repräsentierbar (Derrida, Die différance, 104ff.)

[15] Vgl. hierzu auch Levinas' Verständnis der Spur jenseits der traditionellen Repräsentationstheorie (Levinas, Emmanuel, Die Spur des Anderen. Untersuchungen zur Phänomenologie und Sozialphilosophie, 230ff.)

[16] Scholem, 29f.

ben stimmlos, auf dem Wüstenstein. Sie läßt sie einem Volk zur Aussprache, damit es sich erfreue, bemerkt worden zu sein, von ihr, die nichts Sichtbares ist (...). Sie, die nichts Zeitliches ist, zwingt das Volk, diese Buchstaben *urkundlich zu erhandeln* (...)".[17] Der Körper des Absoluten ist die Schrift, in ihr materialisiert sich das immaterielle Absolute in der Weise der Spur.

Eine andere Spur des unhörbaren, unsichtbaren, unnennbaren Absoluten ist der Name, was Lyotard in *Der Widerstreit* im Anschluß an die Namentheorie Kripkes ausgeführt hatte: Der Name ist eine Darstellungsmöglichkeit des 'Namenlosen', insofern er auf das 'Daß' des Absoluten hinweist, dessen 'Was' undarstellbar und unerkennbar ist.[18] Der Name weist auf etwas hin, ohne in metaphysischer Art und Weise ein Wesen definieren zu wollen, denn er ist bedeutungsleer, rein formal.[19] JHWH, der unaussprechliche, unnennbare Name, ist somit gerade in seiner Unaussprechlichkeit Spur, Zeichen des unnennbaren Absoluten, nicht aber der Name eines göttlichen Wesens: Nicht als - im Kontext der griechischen Philosophie stehendes - „Ich bin der Ich bin" versteht Lyotard den Namen, sondern als „Das-was-da(bei)-ist"[20]: „Jahwe ist zu jeder Zeit da(bei). Dieses 'da(bei)'ist unvordenklich, und bleibt *in absentia*, mit wechselnden Intensitäten, im Lauf der Geschichte präsent."[21]

Eine Spur des Absoluten findet sich schließlich sowohl im präskriptiven Satz als auch im Pflichtgefühl. Der präskriptive Satz ist Zeichen des Absoluten, weil er auf das undarstellbare moralische Gesetz hinweist, das unbedingte „Du sollst!"[22], und im Faktum des Gefühls der Pflicht zeigt sich die Evidenz der Faktizität des moralischen Gesetzes.[23]

---

17 Lyotard/Gruber, S. 27.

18 Vgl. Lyotard, Der Widerstreit, 72ff.

19 Ebd., 83.

20 Lyotard/Gruber, 102.

21 Ebd., 102f.

22 Vgl. hierzu auch entsprechende Überlegungen von Levinas zum "Sagen" des Absoluten im Sprechen und Rufen des Antlitzes (Levinas, Emmanuel, Totalität und Unendlichkeit. Versuch über die Exteriorität, Freiburg/München 1987, 88ff., 138ff.)

23 Lyotard stellt eine Analogie zwischen dem ethischen Gefühl der Pflicht und dem ästhetischen Gefühl des Erhabenen her; das Gefühl des Erhabenen ist für ihn ein herausragender Ort der negativen Darstellung des Absoluten. Das erhabene Gefühl und mit ihm die avantgardistischen Kunstwerke, die dieses Gefühl auslösen, werden als Darstellung des Undarstellbaren der Forderung des Bilderverbotes gerecht. (Vgl. hierzu z.B. Lyotard, Jean-François, Das Erhabene und die Avantgarde. In: Ders., Das Inhumane. Plaudereien über die Zeit, Wien 1989, 159-187; ders.. Der Augenblick, Newman. In: Ders., Philosophie und Malerei im Zeitalter ihres Experimentierens, Berlin 1986, 7-23; ders., Die

Das Denken, das der Undarstellbarkeit des Absoluten angemessen ist, nennt Lyotard anamnetisch: Es erinnert sich an das Paradox der negativen Darstellung des Absoluten und damit an das Absolute selbst und vergegenwärtigt so als Haltung der Erinnerung das sich nur als Spur präsentierende Absolute.[24] Auch hier steht Lyotard in jüdischer Tradition, gilt doch die jüdische Religion auch und insbesondere als Religion der Erinnerung an die Heilstaten Gottes.

2. „Infantia“ statt Emanzipation: Die „Beschlagnahme“ durch das Absolute

Wenn das Absolute ein Ruf ist, dann braucht es jemand, an den dieser Ruf ergeht. Es braucht einen Empfänger, einen Hörer des Rufes. Im Hören und der Empfänglichkeit für das Absolute liegt deshalb für Lyotard die adäquate Haltung der Menschen. Empfänglichkeit für das Absolute, die gleichbedeutend ist mit einer Haltung der Passivität und des Gehorsams der rufenden Stimme gegenüber, stellt Lyotard der neuzeitlichen Vorstellung von autonomer Subjektivität entgegen.[25] Die Machtposition des Subjekts löst sich auf zugunsten reiner Empfänglichkeit, Passivität, Hingabe, Gehorsam. Bedingung dieser Empfänglichkeit ist die Leere, die „Ent-Leerung, dieses Vakuum, die das genaue Gegenteil identifikatorischer, selektiver, einnehmender Aktivität ist.“[26]

Lyotard bezeichnet diese Haltung als infantia, als Kindschaft bzw. Kindheit: „Ich verstehe unter Kindheit, daß wir schon geboren sind, bevor wir für uns selbst geboren sind. Somit von anderen geboren sind und, obzwar auch die anderen entdeckend, den anderen wehrlos ausgeliefert sind.“[27] Die Haltung der Kindheit, d.h. die Haltung hörender und damit gehorchender Passivität und Empfänglichkeit, in der das Ich sich verliert, ja verlieren muß, um wahrhaft empfänglich sein zu können, nennt Lyotard auch ‘gute’ Emanzipation im Gegensatz zur

---

Analytik des Erhabenen. Kant-Lektionen. Kritik der Urteilskraft §§ 23-29, München 1994.) Auf die Verbindung zwischen Erhabenem und dem Bilderverbot hatte bereits Kant hingewiesen.(vgl. Kant, Immanuel, Kritik der Urteilskraft, Hamburg 1974, 122). Vgl. zur Bedeutung des Nicht-Darstellbaren in Lyotards Ästhetik des Erhabenen auch: Wendel, Saskia, Ästhetik des Erhabenen - ästhetische Theologie? Zur Bedeutung des Nicht-Darstellbaren bei Jean-François Lyotard. In: Lesch, Walter/Schwind, Georg (Hgg.), Das Ende der alten Gewißheiten. Theologische Auseinandersetzungen mit der Postmoderne, Mainz 1993, 48-72.

24 Vgl. hierzu Lyotard, Jean-François, Anamnèse. In: Hors Cadre 1991, 107-114.

25 Vgl. z.B. Lyotard, Der Widerstreit, 188ff.

26 Ders., Ob man ohne Körper denken kann. In: Ders.: Das Inhumane. Plaudereien über die Zeit, Wien 1989, 41.

27 Lyotard/Gruber, 9f.

'bösen' Emanzipation der Autonomie, der Selbstbestimmung und Entscheidungsfreiheit, die im Emanzipationsideal der Aufklärung zum Ausdruck komme.[28] Wahre Freiheit bestehe dagegen darin, sich wie ein Kind durch den Ruf des Absoluten in die Hand, in Beschlag nehmen zu lassen. Freiheit ist Gehorsam, und emanzipiert zu sein heißt empfänglich zu sein für das, was in Beschlag nimmt: „Befreiung besteht (...) darin, auf die Stimme zu hören."[29] Dabei bezieht sich Lyotard explizit auf Levinas' Überlegungen zur Geiselnahme durch den Anderen[30]:

„Aus dem Ich [*je*] macht der andere sein Du, wirft sich damit zum Herrn auf und nimmt es als Geisel. Herr ist er aber nicht, weil er es beherrscht, sondern weil er es auffordert. Das Ich [*je*], das in der Ordnung des Selbst und seiner Welt eingeschlossen ist, weiß nichts vom anderen und kann nichts von ihm wissen. Das Erscheinen des anderen ist kein Ereignis der Erkenntnis. Es ist aber ein Ereignis des Gefühls. In der *Du*-Position ist das Ich jemand, an den eine Vorschrift gerichtet wird, und zwar die ganz einfache Vorschrift, daß es Vorschrift gibt (...). Du sollst. Lévinas kommentiert die Mittellosigkeit des anderen: er taucht in meinem Gesichtskreis in absoluter Armut auf, eigenschaftslos, ortlos, zeitlos, substanzlos, er ist nur seine Forderung und meine Verpflichtung. (...) Die Verpflichtung ist unmittelbar und geht jeder Einsichtsfähigkeit voraus, sie wohnt im 'Empfang des Fremden', im Ruf an mich, der mehr tut, als eine vorgegebene Beziehung umzustürzen: der ein neues Universum errichtet."[31]

Die Haltung der infantia, des Gehorsams, „vom Anderen als Geisel genommen"[32] ist für Lyotard eine „jüdische" Haltung, ebenso wie in der Haltung des Gehorsams eine Haltung des Hörens einer Botschaft mitschwingt: „*Auf jemanden hören*, jemandem zuhören, jemandem Gehör schenken; *das ist gehorsam zu sein.* (...) *Obéir* heißt *gehorchen.* Davon ist *gehören*, zu einer Instanz, einem Gebiet, einer Autorität, einem *dominus* gehören, nicht weit entfernt. Und *zuhören.* Das Netz, das das Hören mit dem Gehörten, im Sinne einer Verpflichtung,

---

[28] Ebd., 11f.

[29] Ebd., 19.

[30] Vgl. Lyotard, Der Widerstreit, 188; ders., Der Gehorsam. In: Ders., Das Inhumane. Plaudereien über die Zeit, Wien 1989, 300. Vgl. zum Gedanken der Geiselnahme bei Levinas z.B. Levinas, Jenseits des Seins oder anders als Sein geschieht, 248ff.

[31] Lyotard, Der Widerstreit, 189.

[32] Ders., Heidegger und "die Juden", Wien/Böhlau 1988, 33.

im Sinne einer Passivität verbindet, die ich mit *Empfänglichkeit* übersetzen möchte, ist unerschöpflich."[33]

3. Der 'Widerstreit' zwischen Jüdischem und Christlichem

Lyotard stellt heraus, daß sowohl die negative Darstellung des Absoluten im Buchstaben der Schrift als auch die Haltung der infantia Kennzeichen der jüdischen Religion ist. „Jüdisch" ist die Haltung der Empfänglichkeit, des Hörens auf die Stimme des Anderen, die als Schrift-Spur ruft, „jüdisch" ist die Anerkenntnis des Bilderverbots und die Haltung der Offenheit und Unvollendetheit. Die jüdische Haltung der Unvollendetheit gehe davon aus, so Lyotard, daß man niemals sicher sein könne, die Stimme wahrhaftig zu hören. Es bleibe immer ein Rest von Sinn, das Geheimnis.[34]

Darin, in der Unvollendetheit, im Ausstehen von Erlösung, und in der bloßen negativen Darstellung und Verkörperung des Absoluten in der thora, sieht Lyotard eine Lücke, einen Widerstreit zwischen Judentum und Christentum. Beide sind für ihn - gemäß seiner in *Das postmoderne Wissen* und *Der Widerstreit* erläuterten postmodernen Sprachphilosophie - zwei heterogene, inkommensurable Diskursgenres, und deshalb ist die unüberwindliche Lücke zwischen „Jüdischem" und „Christlichem" niemals zu schließen, schon gar nicht durch einen Bindestrich, der Judentum und Christentum zu einem „Jüdisch-Christlichen" verbinden möchte.[35] Im Gegenteil: Der Bindestrich ist quasi eine zur Schrift gewordene transzendentale Illusion, weil er die Heterogenität nicht anerkennt, weil er die Lücke streicht und damit den Widerstreit zwischen Judentum und Christentum zu tilgen versucht. Worin liegt aber dieser Widerstreit genau?

Während das Judentum von der radikalen Absenz des Göttlichen ausgeht, die nicht direkt präsentierbar ist, hat sich für das Christentum Gott direkt in der Immanenz der Geschichte präsentiert. Das Absolute verkörpert sich nicht nur als Spur in der Schrift, im Buchstaben der thora, sondern es wird Fleisch. Die Stimme inkarniert sich, materialisiert sich in einem Körper, das Unsichtbare und Unnennbare wird sichtbar und hat einen Namen: Jesus Christus. Lyotard betont zwar, daß im Hören auf den Ruf und damit in der Haltung der Kindschaft, eine Gemeinsamkeit zwischen Juden und Christen bestünde. Jesus begibt sich in die Hand des Vaters, er ist gehorsam bis zum Tod am Kreuz und wird gerade da-

[33] Ders., Der Gehorsam, 299f.

[34] Lyotard/Gruber, 135.

[35] Ebd., 50f.

durch zum Bild der Freiheit, der Erlösung. Und Paulus, so Lyotard, weise in Röm 6,19f. darauf hin, daß diese Haltung die der Christen ist: Man emanzipiere sich nur vom Tode, indem man zum 'Sklaven Gottes' werde.[36] Und trotz dieser Gemeinsamkeit zwischen „Jüdischem" und „Christlichem" herrsche tiefste Zwietracht. Emanzipation im jüdischen Sinne bestehe darin, „das Schreiben zur Schrift und zum Ereignis weiter zu verfolgen."[37] Und das heißt: Das Judentum kennt kein Opfer des Sohnes, das Freiheit erst möglich macht. Es kennt zwar die Gewißheit, daß Gott für die Emanzipation Sorge trage, es gibt die Gewißheit des Versprechens, aber keine Gewißheit darüber, wie dieses Versprechen realisiert wird. Die Möglichkeit von Freiheit, Erlösung, 'guter' Emanzipation, bleibt für das Judentum offen, unvollendet, eben weil sich das Absolute nicht direkt verkörpern kann.

Das bedeutet: In der incarnatio des Absoluten, die sich in der passio Jesu vollendet und die zum Bild der 'guten' Emanzipation geworden ist, liegt der zweite Unterschied zwischen „Jüdischem" und „Christlichem" begründet, nämlich der Glaube, daß beides, incarnatio und passio des Göttlichen in Jesus, Erlösung und Freiheit für alle und damit auch Vollendung impliziert: „Jesus hat die Auslösung aus der Verknechtung bezahlt, in der geschichtlichen Wirklichkeit und durch den Tod, und zwar für alle sowie 'ein für allemal', wie es der *Hebräerbrief* (...) des öfteren wiederholt."[38] Das letztlich Trennende, die niemals zu überbrückende Lücke zwischen Juden und Christen ist damit der Glaube an die Einzigartigkeit Christi[39], an die letztgültige, unüberbietbare und unwiederholbare Fleischwerdung, Inkorporation des Absoluten in Jesus Christus. Die Inkarnation schließt die Verkörperung des Absoluten in der thora und im Namen JHWH mit ein und überbietet sie zugleich, handelt es sich doch nicht nur um eine indirekte, negative Präsentation, sondern um eine direkte Präsenz des Absoluten in der Geschichte, um die Fleischwerdung der Stimme selbst. Für die Christen, so macht Lyotard am Beispiel der paulinischen Briefe deutlich, hängt Israel nicht der wahren Verkörperung Gottes, nämlich der Fleischwerdung in Jesus Christus an, sondern immer noch dem Buchstaben der thora und damit der überholten Verkörperung des Absoluten: „Israel ist zwar ausersehen worden, um die Buchstaben der *Stimme* zu empfangen. Es hat jedoch die *Stimme* nicht zu hören vermocht, hat

[36] Ebd., 19f.

[37] Ebd., 22.

[38] Ebd., 35.

[39] Ebd., 38.

bloß die Buchstaben gelesen.“[40] Israel hängt immer noch dem sündigen Fleisch des Gesetzes an, dem „Fleisch vor der Fleischwerdung (...) Adams Fleisch“[41] Es ist fluchbeladenes und im Stich gelassenes Fleisch, das sich durch Gesetzesvorschriften, durch Werke zu retten sucht statt durch den Glauben an das wahre Fleisch, das Christus ist.[42]

Lyotard wirft damit dem Christentum vor, gegen das Bilderverbot verstoßen zu haben. Es macht sich der transzendentalen Illusion schuldig, dem Versuch der direkten Darstellung des Nicht-Darstellbaren.[43] Damit kritisiert er das grundlegende christliche Bekenntnis, nämlich den Glauben an das „ein-für-allemal“ der Fleischwerdung Gottes in Jesus Christus. Das Absolute kann und darf sich nicht verleiblichen, auch nicht als ‘Leib Christi’, wie Lyotard polemisch in Anspielung an die Eucharistiefeier erläutert: „Das Andere gibt sich da(bei) nicht zum Verzehrtwerden hin, auch nicht häppchenweise, im geduldigen, hermeneutischen Verdauungsprozeß.“[44]

Für Lyotard impliziert der metaphysische Glaube an die Möglichkeit der Präsenz des Transzendenten und Absenten eine Haltung der Herrschaft. Denn wenn etwas direkt darstellbar ist, dann ist es auch bestimmbar, abschließend fixierbar, und dadurch wird Offenheit und Pluralität zerstört. Die Möglichkeit der endgültigen Verkörperung, das ‘ein für allemal’ der Fleischwerdung, führt zu einer imperialen Haltung. Das Absolute, so Lyotard, ist nicht allein anwesend in Jesus Christus, sondern auch in denen, die ihm nachfolgen, in der Kirche und im christlichen Staat. Im Namen des Absoluten, das sich direkt in Kirche und Staat manifestiert, üben beide Herrschaft aus, eine „Strategie der Eroberung: Die *civitas Dei* ist (...) ermächtigt, sich bis hin zu imperialer Gestalt zu verkörpern. Rom wird, christlich geworden, Rom nachfolgend herrschen.“[45] Der Glaube an die Inkarnation des Absoluten impliziert also für Lyotard eine autoritäre, wenn nicht sogar totalitäre Haltung, die sich in die Moderne hinein fortsetzt: „Das im römischen Weltreich zu tragender Bedeutung gekommene christliche Denken versucht nicht von ungefähr, seit Augustinus, die Erlösungsverheißung als *die* Geschichte (...), als Große Erzählung, zu verriegeln. Die gesamte Moderne (...) bildet sich

---

40 Ebd., 41.

41 Ebd., 39.

42 Ebd., 39f.

43 Ebd., 45.

44 Ebd., 107.

45 Ebd., 49.

aufgrund dieses Zur-Rede-Bringen-Wollens heraus."[46] Das „Jüdische" dagegen, das mit dem metaphysischen Glauben an die Präsenz des Absoluten bricht, untersagt das Imperiale, es ist herrschaftskritisch, und es ist insofern postmodern, als es sich dem christlich-modernen Erlösungsglauben widersetzt. Damit nimmt das „Jüdische" für Lyotard das vorweg, was die postmoderne Philosophie später formuliert: den Bruch mit der Metaphysik der Präsenz, die Kritik am Totalitarismus, die Absage an ein teleologisches Denken. Deshalb besitzt das „Jüdische" für Lyotard eine herausragende Dignität und nimmt folgerichtig eine zentrale Funktion in dessen philosophischem Denken ein.

4. Lyotards „Bindestrich" zwischen Prämoderne und Postmoderne

Was ist nun von Lyotards Anknüpfungen an die jüdische Tradition des Bilderverbots und eines anamnetischen Denkens des Hörens wie auch von seinen Ausführungen über das Verhältnis zwischen „Jüdischem" und „Christlichem" zu halten?

Erhellend sind zunächst Lyotards Abgrenzungen gegen ein metaphysisches Denken der Präsenz und sein Votum für die Absenz: Ich kann das Unbedingte nicht auf einen Begriff bringen, es entzieht sich nicht nur dem Darstellungsvermögen der Einbildungskraft, sondern auch der Definitionsmacht identifizierenden, begrifflichen Denkens. Die Absenz wird so zur Möglichkeitsbedingung für die Dignität des Pluralen, des „Anderen". Darin wurzelt Lyotards Kritik am imperialen Gebaren derjenigen, die sich als Manifestation des Absoluten und damit im Besitz absoluter Wahrheit wähnen, und dies wiederum ermöglicht sowohl eine staatspolitische wie auch kirchenpolitische Kritik an eben solchem imperial-autoritärem bzw. totalitärem Gebaren. Ebenso überzeugend sind Lyotards Bedenken gegen vorschnelle Vereinnahmungen und 'Verschwisterungen' hinsichtlich des jüdisch-christlichen Verhältnisses, sowohl eine Vereinnahmung des Jüdischen durch das Christliche wie umgekehrt. Er stellt das letztlich Unterscheidende zwischen Judentum und Christentum heraus, das durch keine Einheitsbekundungen verdeckt werden kann, und dieses Unterscheidende ist das traditionelle Christusbekenntnis. Eine Verbindung, ein Bindestrich zwischen „Jüdischem" und „Christlichem" im Sinne eines konstellativen 'Zwischen', so wie es in Anlehnung an Adorno Eberhard Gruber in seiner Replik an Lyotard formuliert,

46 Ebd., 108.

scheint hier unmöglich.[47] Dennoch muß man Lyotards postmodernes Konzept eines Denkens der Absenz und der „infantia“ wie auch seine Bestimmung des jüdisch-christlichen Verhältnisses meines Erachtens an entscheidenden Punkten kritisieren.

Es ist nämlich zu fragen, ob Lyotard das „Jüdische“ nicht etwas zu eigenwillig auslegt. Sicher, die Kabbala betont die Nicht-Darstellbarkeit und die radikale Absenz des Absoluten. Aber ist JHWH in der jüdischen Tradition - bei aller Verschiedenheit ihrer Traditionsstränge - nur unpersönliche 'Stimme'? In der Schrift gibt es etliche Beispiele für eine gleichwohl indirekte Offenbarung des Absoluten, die jedoch immer auch die Offenbarung einer Person ist. Im Dornbusch spricht zu Mose nicht nur eine Stimme, die den Namen kundtut. Im sanften, leisen Säuseln ist nicht nur ein unpersönliches Absolutes gegenwärtig, vor dem Elija sein Haupt verbergen müßte. Und wenn sich Lyotard in seiner Formulierung des Absoluten auf das Kantische Noumenon beruft, dann ist doch darauf hinzuweisen, daß für Kant das Noumenon zwar unerkennbar ist, daß aber diese Unerkennbarkeit keineswegs die Nichtexistenz des „Dings an sich“ impliziert.

Außerdem verwundert es, daß Lyotard in seiner Rezeption der jüdischen Mystik nicht näher auf deren Symbolbegriff eingeht. Dort ist das Absolute zwar nur als Spur in der Immanenz präsent, aber diese indirekte Präsenz vollzieht sich symbolisch. Mit Symbol ist nun kein Abbild eines Urbildes gemeint, sondern der Ausdruck des Verborgenen: Im Symbol geht das Absolute weder in der Immanenz auf, noch wird umgekehrt die Immanenz in der Transzendenz aufgelöst. Im Symbol ist das Absolute voll und ganz anwesend, ohne daß dadurch dessen Transzendenz und Absenz zerstört wird.[48] In dieser Gleichzeitigkeit von Präsenz und Absenz im Symbol liegt durchaus eine Möglichkeitsbedingung der Inkarnation: Das Göttliche kann Fleisch werden, ohne im Fleisch aufzugehen, und umgekehrt verliert sich das Endliche nicht im Absoluten. Das „unvermischt“ und „ungetrennt“ der hypostatischen Union bringt ja gerade dieses Zugleich von Präsenz und Absenz, von Immanenz und Transzendenz zum Ausdruck: Menschliches und Göttliches stehen in einem konstellativen Verhältnis zueinander, d.h. in einem Verhältnis einer Verschiedenheit, die weder in Identität aufgelöst noch in beziehungslose Heterogenität verabsolutiert wird. Lyotard nimmt dagegen weder die hypostatische Union noch den Trinitätsgedanken zur Kenntnis: Nicht das Göttliche als Ganzes inkarniert sich, nicht die transzendente, stimmlose Stimme,

47 Der Begriff "Konstellation" meint ein Verhältnis wechselseitiger Beziehung, ein Spiel gegenseitiger Kommunikation, ohne daß dieses In-Beziehung-Treten in eine umfassende Identität aufgehoben wird. Vgl. hierzu vor allem Adorno, Theodor W., Negative Dialektik, Frankfurt am Main [5]1988, 164ff.

48 Vgl. hierzu auch Scholem, 29f.

sondern das Wort, das die Stimme spricht. Das Wort wird Fleisch, nicht die Stimme. Gott ist in seiner Fülle in der Welt präsent, aber dennoch nur als Spur seiner Ganzheit, weil er Dreiheit in der Einheit ist und demgemäß nur ein Teil dieser Drei-Einigkeit „mit Leib und Blut in unserer Mitte gegenwärtig“ geworden ist - ein Teil jedoch, der zugleich das Ganze ist, so wie die Drei schon immer Eins sind. Wenn nun das Wort Fleisch wird, aber die Stimme, die das Wort spricht, verborgen bleibt, bleibt ein Rest, ein Geheimnis, das auch durch die Fleischwerdung des Wortes nicht gelüftet wird. Jesus könnte dann durchaus als „incarnatio“ des Nicht-Identischen (des trinitarischen Göttlichen) in der Geschichte angesehen werden, die mehr ist als bloße Spur einer radikal sich entziehenden Absenz, aber auch weniger als eine totale Präsenz. Dieses Zugleich von Präsenz und Absenz in der Inkarnation entzieht sich totalisierenden Herrschafts- und Absolutheitsansprüchen, da sich niemand im Besitz einer total präsenten Wahrheit wähnen kann, die als Legitimationsbasis solcher Herrschaftsansprüche fungieren könnte.[49] Darüber hinaus bricht gerade die Ohnmacht Jesu, dessen Solidarität mit den Armen und Zu-Kurz-Gekommenen, Herrschaftsansprüche auf, worauf nicht zuletzt die Politsche Theologie, die Befreiungstheologie und die Feministische Theologie immer wieder insistieren, und ein anamnetisches Denken, das Lyotard immer wieder einfordert, kann sich auch auf diese christlich-befreiende Tradition der Herrschaftslosigkeit Jesu beziehen.

Des weiteren ist anzumerken, daß Lyotards Bestimmung des Absoluten die Fortführung einer leibfeindlichen philosophischen wie theologischen Tradition bedeutet. Wenn das Absolute sich nicht verkörpern kann und darf, dann bleibt das Fleisch, die Leiblichkeit, weiterhin nur Akzidens des ‘Geistigen’ und besitzt dann keine eigene Dignität. Lyotard restituiert eine dualistische Perspektive, die den Bereich des Geistigen vom Bereich des Leiblichen trennt und die das Absolute dem Bereich des Unkörperlichen und Ungeschichtlichen, des Geistigen, zuordnet. Damit entwirft Lyotard allerdings eine Art säkularisierte Zwei-Reiche-Lehre: Der Bereich der Transzendenz und der Immanenz sind heterogen und inkommensurabel, es gibt keine Verbindungsmöglichkeit zwischen diesen beiden (Be-) Reichen, denn auch der ‘indirekte’ Übergang in der Verkörperung der Schrift kann keine wirkliche Beziehung und Vermittlung schaffen. Der christliche Inkarnationsgedanke dagegen sprengt die Leibfeindlichkeit auf, wird doch Gott Fleisch, wird be-greifbar, oder besser: berührbar, ohne sich im Fleisch quasi „aufzulösen“.[50]

---

49 Vgl. hierzu auch Hans Urs von Balthasar: „je tiefer Gott sich selbst enthüllt, desto tiefer hüllt er sich in den Menschen hinein.“ (Balthasar, Hans Urs, Gott redet als Mensch. In: Ders., Verbum caro. Skizzen zur Theologie I, Einsiedeln ^{2}1960, 92.

50 Vgl. zur Berührbarkeit Jesu und der in ihm wohnenden Kraft, die durch und im Berühren ausströmen kann, auch die Geschichte von der Heilung einer kranken Frau, die Jesu Gewand berührt (Mk 24-

Zu kritisieren ist schließlich auch Lyotards Entwurf der infantia und seiner Unterscheidung zwischen „guter" und „böser" Emanzipation. Nicht nur, daß er hier zwei Verständnismöglichkeiten von Freiheit gegeneinander ausspielt, weil er Selbstbestimmung mit dem Autonomiepathos der Aufklärung verwechselt, nicht nur, daß er dadurch Emanzipation im Sinne von Selbstbestimmung und Entscheidungsfreiheit diffamiert und letztlich negiert. Lyotard formuliert darüber hinaus ein Freiheitsverständnis, das fatal an die Hegelsche Definition der Freiheit als Einsicht in die Notwendigkeit erinnert, und dieses Verständnis von Freiheit diente bekanntlich auch dazu, die Unterwerfung unter die Autorität bzw. Totalität des Staatsapparates und der jeweils herrschenden Partei zu legitimieren. Die Haltung der Unterwerfung, des Gehorsams und der Passivität impliziert immer auch eine Haltung der Unmündigkeit und den Verlust individueller Selbstbestimmung. Und dies bedeutet letztlich den Verlust, die Aufgabe der Würde und der Freiheit des Individuums. Der Begriff „Kindheit" entlarvt ein Freiheitsmodell, in dem Menschen nur dann frei sind, wenn sie sich wie unmündige, gehorsame und gelehrige Kinder verhalten. Solch ein Freiheitsmodell ist in letzter Konsequenz autoritär. Denn wenn sich auch das Absolute nicht darstellen läßt, wenn es nicht präsent sein kann in einem gesellschaftlichen System, in einer weltlichen oder geistlichen Regierung, in einem Amt oder einer Person, einem Volk oder einer Idee: Aus der Haltung der infantia läßt sich dennoch eine Unterwürfigkeit unter Autoritäten ableiten, die beanspruchen können, Mund der Autorität, der stimmlosen Stimme zu sein, auch wenn sich in ihrer Stimme die absolute „Stimme" nur indirekt offenbarte. Läßt sich dies aber sowohl mit jüdischem als auch christlichem Denken vereinbaren, lassen sich doch schon in beiden Traditionen zumindest Ansätze des Individualitätsgedankens finden?

Lyotard vermag also mit seinen Überlegungen zur Absenz des Absoluten die Gefahr der „Erschlaffung" zu vermeiden, jedoch nur um den Preis einer - postmodern gewendeten - Fortführung prämodernen Denkens des Gehorsams und der Unterwerfung unter ein radikal der Welt entzogenes Absolutes. Ob solch ein Konzept allerdings eine wirkliche Alternative zu einem unverbindlichen Relativismus sein kann - oder besser: sein sollte, ist zu bezweifeln.

---

34). Das Berühren des Kleides Jesu kann durchaus als Zeichen seiner 'Berührbarkeit' gedeutet werden, als Möglichkeit, ihn selbst zu be-greifen, ihm nahe zu sein, ohne ihm 'zu nahe zu kommen', ihm 'zu sehr auf den Leib zu rücken'.

Die im Antlitz zurückgelassene Spur

Bilderverbot im Denken Emmanuel Levinas

Torsten Habbel

Warum nicht mit der Schwierigkeit, Emmanuel Levinas zu verstehen, beginnen, ja diese Schwierigkeit mit in die folgenden Überlegungen einfließen lassen? Gewiß, Levinas war nicht in erster Linie Didaktiker, sondern Philosoph, aber warum verfaßte er seine Gedanken in einer Sprache, die - wie Thomas Wiemer formuliert - „Überlegungen der Geduld, manchmal auch der Ungeduld“[1] sind?

Ein erster Antwortversuch: Levinas drückt in seiner Sprache das aus, was sich jenseits der konkreten Vorstellung ereignet, sich dem „Haus des Seins“ (Heidegger) entzieht, aber dennoch Wirklichkeit 'ist'. Sein Werk ist Übersetzungsarbeit: und zwar des jüdischen Denkens in die Sprache der griechischen Philosophie. Jüdische Weisheit trägt jedoch einen Überschuß in sich, der über das Gesagte hinausragt; folglich muß das Übersetzte dieses Nichteinholbare bewahren.

Levinas formuliert damit eine Philosophie, die dieses Nichteinholbare zur Sprache bringt. Sein Denken stört! Jede zur Systematik fähige (griechische) Philosophie wird an ihre Grenze geführt, indem Levinas der Philosophie die ihr innewohnende Unzulänglichkeit, das Nichtsagbare offen zu halten, vor Augen führt. Diese Störung der Philosophie ist jedoch keineswegs beliebig, sie ist einzig - aber entscheidend - störend in bezug auf den Anderen. Denn der Andere hat sich qua Antlitz jeder Systematik bereits entzogen, kann niemals vollständig integriert werden. Levinas deutet diese Störung durch den Rückzug des Antlitzes in die Unverfügbarkeit ethisch, indem er dessen fundamentalen, jeder Ontologie vorausgehenden Ruf in die Verantwortung „Töte mich nicht!“ philosophisch einklagt.

Anders ausgedrückt: Die von Levinas kritisierte Philosophie hat sich diesem jüdisch-ethischen Imperativ bisher verweigert. Denn trotz aller Dialektik geht

1 Wiemer, T., Unbequemes Erbe. Nach dem Tod von Emmanuel Levinas, in: Orientierung 60 (1996), 62-64.

bei Hegel der Andere im Selben auf; Heidegger konnte in seiner Ontologie keine Ethik formulieren, hat den Anderen entweder instrumentalisiert oder ignoriert, sein Ich bleibt einsam; ... - um nur zwei wichtige Opponenten anzuführen. Levinas hingegen geht es um das äußerst problematische, aber dennoch unvermeidbare Primat des ethischen Tuns vor dem Hören.[2] Das Antlitz des Anderen als ständiges Ärgernis in der Philosophie: „Immer gehen die Anderen vor."[3]

Doch woher kommt dieser Vorrang/Überschuß im jüdischen Denken? Woher nimmt der Andere diese unzerstörbare Kraft, das Ich in seine Verantwortung zu rufen?

„Die Andersheit des Ununterscheidbaren reduziert sich nicht auf eine bloße Differenz im 'Inhalt'. [...] Die Andersheit in den 'Ununterscheidbaren' appelliert weder an eine gemeinsame Gattung noch an eine durch das Gedächtnis oder die Geschichte in Vergegenwärtigung synchronisierbare Zeit [...] Von Angesicht zu Angesicht: der Begriff des Antlitzes drängt sich unweigerlich auf. Es ist nicht eine qualitative Gegebenheit, die empirisch zu einer vorgängigen Pluralität von Ichs oder von seelisch-geistigem Leben oder Innerlichkeiten hinzukommt, von Inhalten, die zu Totalitäten zusammengezählt werden können."[4] Das Antlitz des Anderen ist vielmehr völlig nackt, „Entblößung ohne irgendeinen kulturellen Schmuck"[5], jenseits, anders als Sein. „Antlitz - anders gesagt: Nicht-von-hier-Sein. [...] Das Antlitz bedeutet 'Jenseits'. Nicht als Zeichen oder Symbol des Jenseits. [...] Das Antlitz allein vermittelt Transzendenz. Es liefert keinen Gottesbeweis, sondern das unabdingbare Umfeld des Wortes Gott, seiner ersten Nennung, des ersten Gebetes."[6] Jede Vorstellung des Antlitzes zerstört sich selbst, da sie dem Diesseits verhaftet bleiben würde; es gibt keine Phänomenologie des Antlitzes. Es darf, es kann kein Bild, keine Ikone des Antlitzes geben! Das biblische Bilderverbot drängt sich auf. Levinas' zentrales Anliegen der Übertragung des Jüdischen ins Griechische greift hier auf das inhaltlich und argumentativ nicht einholbare zweite Gebot zurück: „Nicht sei dir andere Gottheit mir ins Angesicht.

---

2 Vgl. dazu Levinas' zweite Lektion der Vier Talmud-Lesungen, Frankfurt 1993, 57-95; vgl. ebd. 20.

3 Levinas, E., Wenn Gott ins Denken einfällt. Diskurse über die Betroffenheit von Transzendenz, Freiburg/München ²1988, 116. - Ich knüpfe damit im folgenden an meine früheren Überlegungen an: Vgl. Habbel, T., Der Dritte stört. Emmanuel Levinas - Herausforderung für Politische Theologie und Befreiungsphilosophie. Mit einem Exkurs zum Verhältnis zwischen E. Levinas und M. Buber, Mainz 1994, 137ff.

4 Levinas, Wenn Gott ins Denken einfällt, a.a.O., 208f.

5 Ders., Die Spur des Anderen. Untersuchungen zur Phänomenologie und Sozialphilosophie, München/Freiburg ²1987, 222.

6 Ders., Außer sich, Meditationen über Religion und Philosophie, München/Wien 1991, 65.

Nicht mache dir Schnitzgebild, - alle Gestalt.“[7] (2 Mose 20, 45 + 5 Mose 8,8) Denn im Antlitz des Anderen leuchtet immer schon die Spur Gottes, des Vorübergegangenen, auf. Dessen Spur - wie die des Antlitzes - reduziert sich jedoch nicht auf ein Zeichen, da das Zeichen und seine Beziehung zum Bezeichneten stets dem Sichtbaren und damit Verfügbaren verhaftet bleibt. Ethische Kategorien wie die der „Anklage“, der „Verfolgung“, der „Zeugenschaft“ oder der „Verantwortung für den Anderen“ sind gefordert, um sich dieser „Intrige zur dritt“ (sprachlich) zu nähern. Denn im Antlitz, erst recht in der Illeität[8], drückt sich jene Unverfügbarkeit aus, der das Judentum stets gerecht wurde: „Der Gott, der vorbeigegangen ist, ist nicht das Urbild, von dem das Antlitz das Abbild wäre. Nach dem Bilde Gottes sein heißt nicht, Ikone Gottes sein, sondern sich in seiner Spur befinden. Der geoffenbarte Gott unserer jüdisch-christlichen Spiritualität bewahrt die ganze Unendlichkeit seiner Abwesenheit, die in der personalen Ordnung selbst ist. Er zeigt sich nur in seiner Spur, wie in Kapitel 33 des Exodus. Zu ihm hingehen heißt nicht, dieser Spur, die kein Zeichen ist, folgen, sondern auf die Andern zugehen, die sich in der Spur halten.“[9]

Neben dem von Levinas immer wieder hervorgehobenen ersten und sechsten Gebot gewinnt auch das zweite eine herausragende Bedeutung in seinem Denken. Das Bilderverbot wird jedoch nie explizit - im Gegensatz zum ersten und sechsten Gebot, die den ‘Inhalt’ seiner Philosophie, die Ethik, entscheidend prägen. Denn das Bilderverbot verbietet sich qua Verbot selbst, ausdrücklich thematisiert zu werden. Erst so kann es zum Fundament für das Jenseits des Seins werden, aus dem das Antlitz sein ethisches Vermögen schöpft und vor dem Vorwurf der Willkür und Beliebigkeit schützt. Kein Tier, kein Ding, keine Masse hat ein

7 In der Verdeutschung von Martin Buber und Franz Rosenzweig.

8 Garrido-Maturano führt diese Überlegungen in bezug auf den Gottes’begriff’ „Illeität“ bei Levinas weiter. Vgl. Garrido-Maturano, A.E., ‘Illeität’ im Denken von E. Levinas. Vom Vorbeigehen der Illeität bis zum Zeugnis der Liebe Gottes, in: PHJ 103 (1996), 62-75, 67ff.
Interessant sind in diesem Zusammenhang auch die Ausführungen von S. Wendel zu Lyotard zu lesen: „Das Absolute ist radikal transzendent und absent, eine radikale und absolute Andersheit, und als solches nicht direkt präsentierbar. Wer das Absolute darstellen will, verfällt dem ‘transzendentalen Schein’. Oder anders ausgedrückt: Das absolut Andere unterliegt als absolute Andersheit dem Bilderverbot. [...] Der Körper des Absoluten ist die Schrift, in ihr materialisiert sich das immaterielle Absolute in der Weise der Spur.“ Wendel, S., Ein Bindestrich zwischen Prämoderne und Postmoderne. Jean-François Lyotards Überlegungen zu ‘Jüdischem’ und ‘Christlichem’, in: Orientierung 60 (1996), 124-127, 124. Vgl. auch ihren Beitrag „Absenz des Absoluten. Die Relevanz des Bilderverbotes bei Jean-François Lyotard“ in diesem Band.

9 Levinas, Die Spur des Anderen, a.a.O., 235; vgl. hierzu Brumlik, M., Schrift, Wort und Ikone. Wege aus dem Bilderverbot, Frankfurt 1994, 96ff, 111. Vgl. in diesem Zusammenhang auch Levinas’ zentralen Aufsatz ‘Gott und die Philosophie’, in: Casper, B. (Hrsg.), Gott nennen, Phänomenlogische Zugänge, Freiburg/München 1981, 81-123, insb. 108f.

Antlitz. Im Gegensatz zu Martin Buber[10] spricht nämlich Levinas nur dann vom Antlitz, wenn er die ethische Dimension des einen anderen Menschen verdeutlicht.[DTH1][11] Und diese wird von Levinas auf der Basis des biblischen Bilderverbotes mit biblischen Kategorien gefüllt.

Jede Beschreibung dessen, was das Antlitz auszeichnet, kann nur in dem Wissen gemacht werden, daß sie - aporetisch in der Sprache des Seins formuliert - sofort zurückgenommen werden muß, um erneut anders gesagt zu werden. Eine „Übung der Geduld, manchmal auch der Ungeduld" als die einzig mögliche sprachliche Annäherung. - Levinas hat in seiner Ethik als Erste Philosophie Spuren dafür aufgezeigt:

„Das Antlitz spricht"[12], es ist nackt, entblößt, es ist immer schon die Bitte eines Bettlers, das Elend eines Sterblichen. Das Antlitz begegnet in der Gestalt des Armen, der Witwe, der Waisen, des Fremden, des Entblößten, des Ausgebeuteten, des Heimat- und Obdachlosen.[13] Levinas konkretisiert in seinen Texten die Konnotationen, die in diesen 'Verbildlichungen' mitschwingen, nicht weiter. Auch unterläßt er es, seine Aussagen durch entsprechende Bibelzitate zu illustrieren. Vielmehr bleibt es den LeserInnen überlassen, hierin den biblischen Fremden, den gèr, zu erkennen: „Gedenke, daß du Knecht warst im Land Ägypten, daß Er, dein Gott, dich von dort mit starker Hand, mit gestrecktem Arm ausgeführt hat." (5 Mose 5,15) Israel war selbst fremd und soll sich aufgrund des in der Fremde erfahrenen Gottes anderen Fremden gegenüber ebenso verhalten, wie sie es durch Ihn erlebt haben. Die daraus resultierende (jüdische) Verantwortung gegenüber jeglichem Fremden überträgt Levinas (philosophisch) auf das Antlitz eines jeden Anderen. Der Andere, in seiner Fremdheit schwach, ausgegrenzt, verfolgt, ruft das Ich in seine Verantwortung. Seine Blöße und Schutzlosigkeit

---

10 Vgl. Habbel, Der Dritte stört, a.a.O., 74f.

11 In einigen Interviews spricht Levinas auch einem Kunstwerk (beispielsweise von Rodin) den Charakter des Antlitzes zu.
Auf eine - m.E. immer schwierige - ästhetische Rezeption Levinas' möchte ich hier nicht weiter eingehen. Vgl. stellvertretend den Katalog zur Kunstausstellung „Die Spur des Anderen", hrsg. Von Martin Roman Deppner, Hamburg, Heine Haus, 1988; Krewani, W.N., Emmanuel Levinas. Denker des Anderen, Freiburg/München 1992, 93ff; Oelmüller, W., Philosophisches Sprechen über Kunst in Traditionen des Bilderverbots und der negativen Theologie, in: Zeitschrift für Didaktik der Philosophie 1/1993, 3-17, insb. 7ff; siehe auch unten Anm. 21.

12 Levinas, Die Spur des Anderen, a.a.O., 221.

13 Vgl. Levinas, E., Die Zeit und der Andere, Hamburg ²1989, 55; ders.; Humanismus des anderen Menschen, Hamburg 1989, 41, 99; ders., Jenseits des Seins oder anders als Sein geschieht, Freiburg/München 1992, 342ff; ders., Totalität und Unendlichkeit. Versuch über Exteriorität, München/Freiburg 1987, 102, 105, 107; ders. Wenn Gott ins Denken einfällt, a.a.O., 33, 35 und öfter.

provozieren. „Den Befehl finde ich gerade in meiner Antwort, die mich als Zeichen an den Nächsten, als 'hier, sieh mich' aus der Unsichtbarkeit herausholt, aus dem Schatten, in dem meine Verantwortung sich hätte vermeiden lassen. Solches Sagen gehört aber genau zu der Herrlichkeit, für die es Zeugnis ablegt. Dieses 'Irgendwoherkommen' des Befehls, ohne daß man wüßte woher [...].“[14] Der Andere hat sich bereits ab-solviert, hat nur seine Spur hinterlassen. Der Lehrer und Meister[15] bleibt unverfügbar. Der Ruf in die Verantwortung erreicht das Ich aus dem Jenseits, dem Anders als Sein - Bilderverbot in der Ethik als Erstphilosophie!

Geht dieser erste Antwortversuch weit genug? Liegt es 'nur' an der Übersetzung des Jüdischen ins Griechische, die diese schwierige Sprache Levinas' zur Folge hat? Warum formuliert Levinas den entscheidenden ethischen Imperativ konsequent in negativer Sprache: „Töte mich nicht!“ - wo doch der erste Ruf eines jeden Menschen zu allen Zeiten, an allen Orten und in allen Kulturen positiv lautet: „Versorge mich! Kümmere Dich um mich!“? Warum nimmt Levinas' Ethik nicht im Diesseits, sondern in dem der Zeit und dem Raum vorausgehenden Jenseits des Seins seinen Anfang? Muß man - um Levinas richtig verstehen zu können - einen Schritt weitergehen und die jüdische Botschaft zeitigen, orten?

Levinas übersetzt die jüdische Weisheit in die griechische Philosophie nach den Grauen der Shoah!

1930 promovierte Levinas über Husserl, von 1934 bis '39 war er zuständig für die jüdische Lehrerausbildung und den Schulunterricht im Mittelmeergebiet und im Mittleren Orient. Gleich zu Kriegsbeginn wurde Levinas eingezogen und geriet von 1940-45 in Kriegsgefangenschaft. - Aber seine ersten Vorlesungen 'Die Zeit und der Andere', die seine Philosophie begründen, gehen auf die Nachkriegsjahre 1946/47 zurück! Und je weiter er seine Ethik als Erstphilosophie entwickelt, desto deutlicher kommt in seiner Sprache das Nichteinholbare der Vernichtung mit zum Ausdruck.

Levinas hat Spuren hinterlassen, in denen deutlich wird, daß er nach den Erfahrungen der Shoah nicht anders als kryptisch schreiben konnte, den Bruch des Abgrundes offenhaltend.

Die Nacktheit und Not des Antlitzes provozieren das Ich gerade durch seine Schutzlosigkeit; gleichzeitig hat sich das Antlitz schon jeglichen Machtkompetenzen des Ich entzogen. Dadurch ist das Antlitz, so Levinas, das einzige Seiende, das ich töten wollen kann, denn Mord zielt auf vollständige Verneinung, auf Vernichtung. Genau hier aber kann das Ich nur scheitern, da sich das Antlitz im-

---

[14] Ders., Jenseits des Seins oder anders als Sein geschieht, a.a.O., 328f.

[15] Vgl. ders., Totalität und Unendlichkeit, a.a.O., 89, 142ff, 248f.

mer schon ab-solviert hat und darin ab-solut ist. Das Antlitz setzt meiner Macht seinen ethischen Widerstand entgegen: „Die außergewöhnliche Gegenwart des Anderen drückt sich darin aus, daß es mir ethisch unmöglich ist, ihn zu töten: dadurch bezeichnet er das Ende der Vermögen."[16]

Mit dieser „Unmöglichkeit der Möglichkeit"[17] bewahrt Levinas philosophisch die letzte nicht der Vernichtung anheimfallen könnende Würde des Menschen. Konkret: Trotz aller Tötungswut konnten die Nationalsozialisten den jüdischen Menschen niemals vollständig vernichten: das Antlitz eines jeden hat sich immer schon entzogen, konnte nicht ermordet werden. Die Dignität eines jeden Menschen stört nicht nur, ihr anders als Sein macht auch (ethisch) unangreifbar. Selbst der physische Tod kann dem Antlitz - jenseits des Seins - nichts anhaben. Eine letzte, schwache, äußerst zaghafte Würde ist dem jüdischen Menschen in Auschwitz geblieben.[18] An diese kann Levinas nur erinnern - und zwar in einer Sprache, die eben diese Abgründe offenhält: im ethischen Anruf, im stummen Schrei - selbst wenn der Schreiende nicht mehr ‘ist’. Das Antlitz zeichnet dabei die Würde eines jeden Menschen aus, auch - aber nicht ausschließlich - des jüdischen! Eindeutig jüdisch hingegen ist nur die Quelle, aus der Levinas schöpft, um in der Philosophie die Bedeutung des Antlitzes einzuklagen: das Bilderverbot!

Levinas' Biographie wird „beherrscht von der Vorahnung des Nazigrauens und der Erinnerung daran."[19] Die Shoah und die Frage ihrer Konsequenzen für das Judentum bilden das nichtfixierbare Zentrum in seinem Werk. Vieles deutet darauf hin: Interviews; die dem zweiten Hauptwerk als Bürde auferlegten Widmungen an die Opfer des Nationalsozialismus; das Kapitel ‘Stellvertretung’ in

---

16 Ders., Totalität und Unendlichkeit, a.a.O., 120.

17 Ders., Die Spur des Anderen, a.a.O., 91.

18 Damit gehe ich über die (gängige) Deutung hinaus, nach der Levinas eine auf der mittelbaren Erfahrung rekrutierende Ethik formuliert, die allein den Anspruch auf Verantwortung zum Ausdruck bringen will (vgl. z.B. Brumlik, Schrift, Wort und Ikone, a.a.O., 96ff). Levinas geht es um mehr, denn die „ethische Unmöglichkeit des Mordes" verlangt eine Erweiterung des Bilderverbotes auf das Antlitz des Anderen. Das Bilderverbot bezieht sich folglich m.E. nicht nur auf Gott, sondern wird von Levinas auch für den anderen Menschen beansprucht! Die kabbalistische Vorstellung des Zimzum trifft auf Levinas hier nicht zu. - Anders: Manemann, J. „Weil es nicht nur Geschichte ist." (Hilde Sherman): Die Begründung der Notwendigkeit einer fragmentarischen Historiographie des Nationalsozialismus aus politisch-theologischer Sicht, Münster/Hamburg 1995, 193ff.

19 Levinas, E., Eigennamen. Meditationen über Sprache und Literatur, München/Wien 1988, 109.

'Jenseits des Seins oder anders als Sein geschieht'; die von „Narben und Brüchen“[20] gekennzeichneten Texte des späten Levinas.

Aber Levinas hat nur Spuren hinterlassen! Die Interviews, die Widmungen sowie die Art und Weise, wie Levinas seine Ethik formuliert, führen sensible LeserInnen hin zu den „Nazigrauen und der Erinnerung daran“ – sind jedoch nie direkte inhaltliche und damit eigenständige philosophische Erörterungen. Trotzdem prägen - wenn auch nur „am Rande“ ins Wort gebracht - Shoah und Bilderverbot entscheidend die Entstehung von Levinas' Philosophie und seiner Übertragung des Jüdischen.

Bisher noch ungestellte Fragen verlangen nach einer Antwort: Warum vermeidet es Levinas selbst, seine Philosophie als eine nach der Shoah zu charakterisieren? Verbieten sich - nach Levinas - entsprechend breit angelegte philosophische Thematisierungen zur Wahrung der sich in Rauch auflösenden menschlichen Würde? Und was bedeutet dies für seine Lesart? Kann eine Interpretation dessen, was Levinas nur verschlüsselt sagt, expressis verbis zum entscheidenden hermeneutischen Schlüssel werden, mit dem Levinas gelesen wird? Oder läuft eine solche Auseinandersetzung gar notwendig Gefahr, die erneute Herabsetzung der Würde eines jeden Opfers zur Folge zu haben?

Ein Öffentlichmachen dessen, was Levinas in seinem *philosophischen* Werk so vor voreiligem Verstehen schützenden Sprache zum Ausdruck bringt, verbietet nach meiner Meinung eine solche unmittelbare, direkte Interpretation seines Ansatzes. Dies gebietet der Respekt und die Achtung vor seinem - auch biographisch bedingten - Ansatz. Aber umgekehrt können diese Hintergründe nicht ignoriert werden; sie sind fundamentaler Bestandteil seines Denkens. Wäre demnach für die weitere Auseinandersetzung mit Levinas weniger die direkte Interpretation seiner Texte das vordringliche Ziel, als vielmehr die Offenheit, sich von ihnen berühren zu lassen und mit der Ethik im Sinne Levinas' weiterzudenken? Levinas' Philosophie also weniger zum Gegenstand von Auseinandersetzungen zu machen, als vielmehr so von ihm zu lernen, daß man mit ihm denkt?

Damit führen allerdings meine dargelegten Überlegungen zu ihrer eigenen Aporie; alles müßte neu formuliert, anders gesagt werden. Ein von Levinas initiierter unabschließbarer Prozeß, der aber - auf der Basis von Bilderverbot und Shoah - eine Möglichkeit zur Wahrung der Würde eines jeden einzelnen Menschen bietet.

---

20 Weber, E., Verfolgung und Trauma. Zu Emmanuel Levinas' 'Autrement qu'être ou au-delà de l'essence', Wien 1990, 26. Vgl. in diesem Kontext auch die Studien von M. Brumlik, B. Casper, G. Grunden, W. Lesch, J. Manemann und T. Wiemer.

Und die christliche Theologie? Das Bilderverbot hat für das Christentum keineswegs an Geltung verloren - wohl aber (faktisch) an Bedeutung für die Theologie. Denn wo hat sie das 'Geheimnis der Unverfügbarkeit' gewahrt? In der Gotteslehre? In der Trinitätstheologie? Gar in der Anthropologie? Ist die Lehre von der Analogie, die die Ähnlichkeit bei aller Unähnlichkeit zu beschreiben sucht, der klägliche Rest, in den christliche Lehre das Bilderverbot zu übersetzen versucht hat? Muß die Theologie ihre Dogmatik unter dem sie fundierenden Bilderverbot neu durchforsten, gar reformulieren?

Die korrektivischen Gedanken Levinas' führen meiner Meinung nach der christlichen Theologie vor Augen, daß sie viel zu viel von Gott und dem Menschen „weiß". Gegenüber den Christen hat der (jüdische) Philosoph Emmanuel Levinas das Bilderverbot konsequent weitergedacht: Laut Dekalog kann man die Gültigkeit des Bilderverbotes zunächst allein auf Gott beziehen. Die Gotteseben'bild'lichkeit des Menschen verlangt jedoch die Fortschreibung des Bilderverbotes und seiner Gültigkeit für den angemessenen Umgang mit den Menschen. Levinas' Ringen um ein Verstehen sowie Nichtverstehen des Antlitzes ist nichts anderes als der Versuch, dieser Herausforderung vor dem Hintergrund des „Nazigrauens und der Erinnerung daran" gerecht zu werden.

Hier hat die christliche Theologe von Levinas zu lernen. Seine diesbezüglichen Gedanken haben uneingeschränkte Bedeutung für das Christentum. - Christen müssen aber darüber hinaus reflektieren, was angesichts dessen die Menschwerdung Gottes in Jesus Christus zu bedeuten hat. Durch die Inkarnation wurde in Jesus Christus Gott und Mensch in einer Qualität 'sichtbar' - ohne daß das Bilderverbot aufgehoben wurde. Jesu Begegnungen mit den in Gesellschaft und Religion marginalisierten Menschen können Rückschlüsse dafür geben, in welche Richtung das Bilderverbot im Christentum auf der Basis der von Levinas aufgeführten Dimensionen Gestalt gewinnen kann.[21]

Darüber hinaus muß sich die christliche Theologie deutlicher und fundamentaler als bisher in existentieller Weise von der Katastrophe in Auschwitz berühren lassen. Die Vernichtung der Juden erfaßt ihre eigene Wurzel. Auch hier werden Anthropologie, Christologie und Gotteslehre - und nicht erst durch Levinas - vor Fragen gestellt, die sie erst langsam wahrzunehmen bereit ist.

---

21 Der Dogmatiker Josef Wohlmuth hat (von theologischer Seite) auf ästhetischer Ebene die Auseinandersetzung mit Levinas begonnen. Seine auf hohem Niveau herausgearbeiteten Thesen lassen jedoch eine Reflexion über das 'nicht fixierbare Zentrum' im Denken Levinas - nämlich die Shoah - völlig vermissen. Vgl. Wohlmuth, J., Bild- und Kunstkritik bei Emmanuel Levinas, in: Lesch, W. (Hrsg.), Theologie und Ästhetische Erfahrung. Beiträge zur Begegnung von Religion und Kunst, Darmstadt 1994, 25-47.

Auf die christliche Theologie warten mehr Fragen als Antworten - und eine spannende Suche.

Essayistisches Denken als Denken des Bilderverbotes

Gabriela Grunden

„Ich mache mir keine Bilder - das hat mich gerettet."
(Sarah Kofman)

Die folgenden Überlegungen sind nicht mehr als ein Versuch, ja: nicht mehr als die ersten Schritte eines Versuchs einer Annäherung an jüdisches Denken und jüdische Hermeneutik. Ich möchte meine Ausführungen mit einer These beginnen: Jüdisches denken ist ein experimentelles, versuchendes und fragmentarisches Denken und entspricht seiner Form nach dem Essay - zumindest in der Moderne. Anders als in der christlichen Theo-logie meldet sich im jüdischen Denken ein dem Christlichen eher fremder Logos zu Wort, der zutiefst von dem Bilderverbot stigmatisiert ist. Oder noch anders gesagt: Jüdisches Denken weiß sich dem zweiten Gebot verpflichtet und ist schon der Form nach seine Einlösung und Kommentierung[1].

Meine Ausführungen versuchen diese These plausibel zu machen. Sie versuchen zu zeigen, welchem anderen Logos das jüdische Denken folgt und welchen es hervorbringt. Das Bilderverbot impliziert das Gebot des Zweifelns, den Anfang aller Götzendienstkritik. Wer Bilder verbietet, gebietet das Zweifeln, die Unruhe des Nachfragens und die skeptische Distanznahme. Dieses Gebot läßt sich aber nicht im Sinne einer „Methode" erfüllen, an deren Ende ein wissenschaftliches System, womöglich eine idealistische Totalerklärung aus zweifelsfreien Prinzipien stünde, sondern eher im Sinne des „Methodos", eines zweifelnden Weges, der einzig und allein in der Gewißheit beschritten wird, dem Bilderverbot entsprechen zu müssen. In der Konsequenz dieses Denkens liegt die Ablehnung jedes philosophisch idealistischen System- und Totalitätsden-

1 Vgl. Verena Lenzen, Jüdisches Leben und Sterben im Namen Gottes. Studien über die Heiligung des göttlichen Namens Kiddusch HaSchem, München Zürich 1995. Und Gabriele Grunden, Fremde Freiheit. Jüdische Stimmen als Herausforderung an den Logos christlicher Theologie, Münster 1996 (= im Text in Klammern zitiert).

kens. Diese Totalitätskritik ist je anders zu studieren bei Franz Rosenzweig, Emmanuel Levinas, Theodor W. Adorno, aber auch bei Franz Kafka, um nur einige zu nennen[2].

Was aber sind die impliziten, eher verborgenen Stilmomente jüdischen Denkens, und inwiefern folgen sie dem Bilderverbot? Zunächst wird es darum gehen, die vielleicht eher verborgenen Stilmomente jüdischen Denkens aufzuspüren. Meine Aufmerksamkeit richtet sich dabei auf die Erkundung des Verhältnisses von Bild und Wort, von Wort und Tradition, von Kontinuität und Diskontinuität, von Auslegung und Existenz. Das zweite Gebot zielt ja nicht auf ein Schreibverbot, Metaphernverbot, Imaginationsverbot, sondern markiert und fordert die Begrenzung des Sagbaren, Darstellbaren und Mitteilbaren, indem es Deutungsräume entschieden vakant hält. Dies geschieht nicht in der Verweigerung von Wort und Metapher, sondern in der Komposition von Bildern der Welt, deren semantisches Potential sich dem Begriff nicht verweigert, aber von keinem ausgeschöpft werden kann. Essayistisches Denken ist erprobendes, wagendes Denken, ein methodisches Verfahren, das - und darin Montaigne verwandt - im Stil des Versuchs vorgetragen wird. Aber anders als bei Montaigne und der von ihm literarisch geprägten Form trägt jüdisch-essayistisches Denken deutliche Züge kollektiver, nicht rein individueller Selbsterkundung.

Wie auch anders läßt sich die reichhaltige talmudische Literatur verstehen, die als unendliche Kommentierung der Thora gelesen werden kann und muß und „zuerst die Idee des unendlichen Buches" geprägt hat[3].

Wort und Tradition

Das Interesse an der Hermeneutik erwacht dort, wo Selbstverständliches unselbstverständlich und bisher Verstandenes und Einsichtiges un-

2 Vgl. auch Eveline Goodman-Thau, Zeitbruch. Zur messianischen Grunderfahrung in der jüdischen Tradition, Berlin 1995, S.117ff.

3 Peter Sloterdijk, Medien-Zeit, Preisrede S. 60. Literaturgeschichtlich mag die Traktatform dem hier zu explizierenden Phänomen jüdischen Denkens entsprechen. Der Großteil der jüdischen Überlieferung wird speziell als Traktat bezeichnet (Mischna, Tossefta, Talmud). Die exakte Grenze zwischen Essay und Traktat ist nicht eruierbar. Entscheidender als die literarische Gattung scheint mir die gedankliche Bewegung zu sein, die eine eigene Denkform geprägt hat.

verständlich wird. Wo Traditionen abbrechen und ererbte und vermittelte Identifikationsangebote fraglich werden, da ist Kontinuität - und sei sie auch noch so schwach - nur duch hermeneutische Identitätsvergewisserung möglich, da beginnt die mühselige und gefährdete Arbeit der Rekonstruktion und Transformation. Unter historischer Perspektive wird man jegliches hermeneutische Bemühen als eine letztlich künstliche Rekonstruktion vergangener Plausibilitäten deuten können.

Das stets wiederaufgerollte Streben nach Sprache und Verstehen setzt die Erfahrung des Scheiterns aller Verständigungsversuche voraus. Und es scheint ein unwandelbares Zeichen jüdischer Identitätssuche zu sein, gegen die häufig blutdurchtränkten Traditionsbrüche, in der ständigen Übersetzung und Relecture vergangener Traditionen Kraft und Orientierung für die Deutung der Gegenwart zu finden. Zwischen Traditionsbruch und Traditionsbewahrung findet dieser unendliche Prozeß der Neuinterpretation, der Neubuchstabierung oder der immerwährenden Hermeneutik seinen Ort, zu dem Juden durch die faktische Geschichte genötigt wurden und werden. Jüdisches Denken ist Denken im und aus dem Exil, begabt mit dem scharfsichtigen Blick der Erniedrigten, verdammt zu einer Hermeneutik, die sich ihr Thema nicht selbst wählt. Die dergestalt durch die exilierte Situation bedingte und geprägte Form des Denkens sei hier im folgenden mit dem Begriff „Exilshermeneutik" gekennzeichnet. Ich halte diesen Begriff durchaus für geeignet, eine Andeutung davon zu geben, was jüdisches Denken auszeichnet.

Existenz und Auslegung

In einer Annäherung an die jüdisches Denken leitende Hermeneutik ist es hilfreich, an die Tradition rabbinischer Hermeneutik zu erinnern, die jüdisches Denken jahrhundertelang in die exegetischen Tugenden des Kommentierens und Analysierens eingewiesen hat und noch immer einweist. Die rabbinischen Interpretationen beruhen auf dem Grundaxiom der Vielfalt der Schriftsinne. In bezug auf die rabbinische Auslegungsweise des Talmud ist zu beachten, daß es sich hierbei um schriftlich niedergelegte Diskussionen handelt, die im Laufe der Jahre wieder und wieder kommentiert wurden. Das hermeneutische Vehältnis ereignet sich zwischen Text und Text. Der Text der Thora beansprucht eine Dignität und Autorität, die sich jeglicher freien Verfügungsmacht entzieht. „Ein Text, der in dieser fundamentalen Weise über die Lesbarkeit der Wirklichkeit entscheidet, ist kein Text im banalen Sinne des Wortes mehr. So erfährt der Begriff der Auslegung hier eine Ausdehnung, die ihn auf die Existenz selber und die Wirklichkeit insgesamt anwendbar macht. Der große Kodex löst Auslegungs- und Verstehensprobleme aus, die sich nicht in den geistigen Raum einer Bibliothek einsperren lassen"(156). Der Kommentar entspringt einem konkreten Diskussionskontext, in dem es nicht um Urteile a priori geht, sondern um die jüdische imitatio Dei in einer bestimmten Situation in einer bestimmten Zeit. Es handelt sich also um eine - der biblisch-monotheistischen Tradition verpflichtete - kommentierende Deutung, die ohne Kontext, Zeit, Ort und Tat keine Wahrheit kennt, zumindest keine, die der biblisch-monotheistischen verpflichtet ist. Die Wider-, Gegen- und Einsprüche talmudischer Literatur sind nicht Ausdruck eines Mangels an systematisch-stringentem Denken, sondern folgen konsequent der dialogischen Grundstruktur rabbinischer Auslegung. „Solches Denken ist nie am Ende, es ist nach- und vorsichtiges Beginnen, offen - nicht einfach für alles, sondern für etwas ... offen also für erfahrendes und erfahrenes Denken, das sich zur Verfügung stellt und verführen läßt"(157). Textauslegung und Existenzdeutung stehen in einem unmittelbaren Zusammenhang, werden immer neu aufeinander bezogen, ergänzen einander.

Die Thora als Bundesgabe erweist ihre Aktualität für die jüdischen Denker in ihrer dialogischen Struktur von Wort und Antwort, in der Korrelation, im Sprachdenken von Tat und Gehorsam, in der Dynamik ständig erneuerter Gegenwart, der Offenbarung zwischen Gott und Mensch auf der Grundlage des Primats des Hörens, wie er im jüdischen Credo des „Höre Israel" offenkundig wird. Schrift ist die Urkunde vom geschichtlichen Ereignis des Zwischens von Gott und Mensch und bedarf stets neu intensiver Aufschlüsselung, Auslegung und Übertragung, des Ringens um Buchstabe und Sinn, um der unendlichen Möglichkeiten Gottes und der menschlichen Lebensfülle gerecht und ansichtig zu werden. Daher ist das Studium, die Disputation, die Mühsal der Übersetzung, der Hermeneutik von Schrift und Lebensgestalt von elementarer Bedeutung für jeden Juden, nicht nur für Theologen. Die Genauigkeit des Lesens, die Penetranz, in den Text hinein und über ihn hinaus in seine Lesarten zu gelangen, der Sinn für die noch bestehenden Möglichkeiten, die er verborgen hält(157f.).

Jüdische Schriftdeutung, jüdisches Denken gleicht einem Aufbruch in das ungewisse Abenteuer der Hermeneutik, „der dennoch nicht ins Leere führt“ (158). Die Situation des Exils nötigt zu neuer Interpretation, die eine geschärfte Aufmerksamkeit abverlangt. Das Fehlen des Tempels, das Ausgesetztsein im fremden Land nötigen zu einem Exilsdenken, das seine Identität und Verhaftetheit nicht an Orte, sondern zunächst an einen Text bindet. Die Thora wird zum transportablen Heiligtum, sie ist heilig und wahr nur in ihrer Bezeugung. Daß die Worte der Thora an Aktualität und Relevanz bis heute nichts verloren haben, beruht auf dieser Befähigung zur Traditionsbewahrung, die alle Exile der Geschichte überlebt hat. Jürgen Habermas versucht die Besonderheit des aus den Erfahrungen des Exils entsprungenen Denkens wie folgt zu erläutern: „Vielleicht ist die Physiognomie des jüdischen Denkens auch dadurch geprägt worden, daß sich in ihm etwas von der Distanziertheit eines ursprünglich fremden Blicks erhalten hat. Wie dem Emigranten, der nach langer Zeit heimkehrt, das einst Vertraute nackter vor Augen steht, ist auch dem Assimilierten eine besondere Scharfsichtigkeit eigen: ihm fehlt die Intimität mit jenen kulturellen Selbstverständlichkeiten, die zum Material seiner Aneignung erkalten, ihre Strukturen umso unverhohlener preisgeben.“[4]

Der Akzent liegt auf dem Fragen und Ausloten der Probleme, nicht auf dem jeweiligen Antworten. Die Methode rabbinischer Kommentierung liegt nicht in der Darlegung eines Systems, sondern darin, auf bestimmte Zeitumstände bestimmte Antworten zu suchen - also in der dialektischen Methode im ursprünglichen Sinn des Wortes. Insofern lassen sich auch die verschiedenen Messiasvorstellungen und Auferstehungshoffnungen der jüdischen Schriften nicht einfach synthetisieren.

Jüdisches Denken ist dem Kerngedanken der hermeneutischen Philosophie verwandt, demzufolge es - wie Hans-Georg Gadamer betonte - „keine mögliche Aussage gibt, die nicht als Antwort auf eine Frage verstanden werden kann.“[5]

Die Konzentration der Begriffslogik auf die Form der Aussage übersieht und übergeht den unabdingbaren Antwortcharakter des Wortes, seine Angewiesenheit auf ein Früheres, nämlich auf die vorbegriffliche, darin immer auch unvordenkliche Frage. „Allein im Gespräch, in der Be-

---

4 Jürgen Habermas, Der deutsche Idealismus der jüdischen Philosophen, in:Thilo Koch (Hg.), Portraits deutsch-jüdischer Geistesgeschichte, Köln 1961, S.106.

5 Zit. nach Jean Grondin, Einführung in die philosophische Hermeneutik, Darmstadt 1991, S.154.

gegnung mit Andersdenkenden, die in uns selbst hausen können, können wir hoffen, über die Begrenztheit unserer jeweiligen Horizonte hinauszukommen. Deshalb kennt die philosophische Hermeneutik kein höheres Prinzip als das Gespräch"(160).

Gemeinsam ist ihnen die dialektische Vorgehensweise, die immer Spuren der Dialogik aufweist. Die Fixierung des abendländischen Denkens auf eine Begriffslogik bedeutet, und darauf machen jüdische Denker u.a aufmerksam, eine Verkürzung der Sprache um ihre entscheidende Dimension, nämlich um die Einbettung einer jeden Rede in einen Dialog. Auch das zweite Gebot verlöre schließlich seine kritische Kraft, entzöge man es seiner ursprünglichen Dialogsituation.

Hermeneutik des Zweifelns

Einem Denken gemäß dieser Tradition geht es nicht um spekulative Begründungen philosophischer Systeme, sondern um die Evidenz, die aus der Erfahrung als reflektiertem Geschehen abgeleitet wird. Im Vordergrund steht nicht die Wissensvermittlung spezifischer Denkakte, sondern der „Methodos", der Weg der geschärften Aufmerksamkeit zur Erschließung des eigenen Daseinsverständnisses. Es geht um Lebensform und Denkform - um die Eröffnung neuer Erfahrungsräume, die immer auch die Kritik alter und die Eröffnung neuer Denkräume implizieren.

Der Protest gegen die Totalität im Namen offener Unendlichkeit, das Denken der Trennung, des Nicht-Identischen wird zur präzisen Methode (vgl. 159). Eine Methode, die sich weigert, den Gedanken zu behaupten, ohne nochmals seine Widerlegung zu bedenken, und die Offenheit für die Korrektur des eigenen Denkens aus dem Denken des Nicht-Identischen bezieht. Jüdisches Denken trägt Züge des Trotzes wie der Treue, die aus Lebensfreude und Widerstand gegen den Tod ein antimetaphysisches, ethisch orientiertes Denken erzeugen.

Es geht nicht um heillose Relativität grenzenloser Interpretationsmöglichkeit, sondern es geht um die Aufforderung zur immerwährenden Relecture, für die Zweifel am Bestehenden, prinzipielle Offenheit und inhaltliche Bestimmtheit keinesfalls Kontradiktionen bilden.

Solches Denken erhebt keine zeit- und kontextlosen Geltungsansprüche, wohl aber Erfahrungsansprüche. Es folgt dabei einer dialogischen Grundstruktur, die, weil einem Zwischenbereich zugehörig, sich jeder endgültigen Adaption entzieht.

Auch hierin mag es der modernen philosophischen Hermeneutik verwandt sein, die zu philosophieren beginnt, nicht aufgrund der Erkenntnis der absoluten Wahrheit, sondern aufgrund ihres Fehlens; eben darum ist sie genötigt, die Auslegung im Sinne einer Annäherung an die Wahrheit voranzutreiben.

Das Gesagte erschöpft sich nicht in der Form, in der es auftritt, es behauptet keine Identität zwischen Wort und Inhalt. Die Expressivität, das anarchische Potential jüdischen Denkens findet Anhalt in einer „Hermeneutik des Zweifelns", die keinem allgemeinen Skeptizismus huldigt, sondern die kritische und hellsichtige Aufmerksamkeit derer markiert, die dem Zukommenden, noch Ungesagten, dem Noch-Nicht-Erfüllten entgegenharren. Die Sprache, auf die rekurriert wird, ist gerade nicht hermetisch, sondern hermeneutisch, keine Rätselsprache des Unaussprechlichen. Um die Sprache selbst geht es, nicht darum, sie zu umgehen. Die Sprachhermeneutik nimmt also von der Grenze der Sprache, der Aussage ihren Ausgang.

Essayistisches Denken bleibt Erprobung eines neuen Denkens im Wechsel der Perspektiven, einzig und allein im Bemühen um die Angemessenheit des Gegenstandes, des Themas. Unter dieser Rücksicht gilt es auch die Kongenialität von Sprache und Schweigen zu begreifen[6].

Vermutlich eröffnet sich hier ein neuer Horizont, um das Verhältnis von Sprache und Schweigen auch und gerade im Angesicht der Shoah neu verstehen zu lernen. Sarah Kofman bringt es so zum Ausdruck: „Dennoch gilt es zu sprechen, wenn man nicht ersticken will; es gilt Worte zu wechseln."[7]

Das Bilderverbot erweist sich als ein Gebot zum Schutz, zur Rettung und Bewahrung wahrheitsfähiger Worte: „Wenn auch nach Au-

---

6 Vgl. Verena Lenzen, Jüdisches Leben, S.20.

7 Sarah Kofman, Erstickte Worte, Wien 1988, S. 41.

schwitz keine Erzählung mehr möglich ist, besteht doch die Pflicht zu sprechen, ohne Unterlaß für jene zu sprechen, die nicht sprechen konnten, weil sie das wahre Wort bis zum Äußersten bewahren wollten, ohne es zu verraten.“ [8]

8 Ebd., S. 53.

Bemerkungen zur nominalistischen Tiefenschicht der Neuen Politischen Theologie

Jürgen Goldstein

Der Moderne gehen ihre Begriffe aus. Ob vom Subjekt oder vom Individuum, von der Geschichte, von Freiheit oder Gerechtigkeit, vom Sein oder vom Nichts oder von der Universalität und Transzendenz die Rede ist, es stellt sich stets die Verlegenheit ein, ob mit solchen Kernbegriffen in ihrer modernen Lesart überhaupt noch anders als historisch umgegangen werden kann. Die Spätmoderne scheint den jeweils kleineren Maßstab zu bevorzugen, indem etwa die geschichtsphilosophische Großerzählung der einen Geschichte zugunsten der Pluralität der vielen Geschichten aufgegeben wird. Längst hat die Metaphysik als die Verwalterin der erhabenen Substantive abgedankt.

Gilt das auch für den Begriff der Moderne selbst, der 'Neuzeit' als dem Prototyp der 'Epoche', die die ihr vorausliegenden Epochen zwecks Selbstdefinition erstmalig benannte? Läßt sich noch sinnvoll von der Moderne als dem epochalen Horizont eines geschichtlichen Selbstverständnisses sprechen, dem eine Modernität als Bewußtseinsmodus entspricht? Für diese Vergewisserung ist die Anstrengung vonnöten, noch einmal den stets größeren Maßstab zu wählen, um anhand der schon fragwürdig gewordenen Begriffe nach Facetten der Modernität zu fragen, um sie auf ihre unabgegoltene Aktualität hin überprüfen zu können.

Um anhand eines exemplarisch ausgewählten und theologisch konnotierten Themenbereiches zu skizzieren, worin eine unabgegoltene Modernität bestehen kann, die nicht einfach auf eine naive Restauration der brüchig gewordenen Begriffe setzt, muß an den Anfang der Moderne zurückgegangen werden. Der Modernitätsbegriff, den ich entfalten möchte, hat sich wesentlich im 14. Jahrhundert, also noch im Spätmittelalter, herausgebildet. Er ist ein Produkt des theologischen Nominalismus vor allem Wilhelms von Ockham.[1] Auf eine Formel gebracht lautet er: *Modernität ist der universale Versuch, mit dem Singulären umzugehen.*

---

1 Die theologischen Werke Ockhams sind erschienen als Opera theologica, hrsg. unter der Leitung des Institutum Franciscanum, St. Bonaventure, 10 Bde., St. Bonaventure, New York, 1967-1986 (im folgenden jeweils mit Band und Seitenangabe zitiert als OTh); die philosophischen Werke als Opera philosophica, hrsg. unter der Leitung des Institutum Franciscanum, St. Bonaventure, 7 Bde., St. Bo-

Diese Formel hat ihren Sinn erfüllt, wenn sich mit ihr arbeiten läßt. Anwenden möchte ich sie als ein Erläuterungsmodell auf einen expliziten und einen impliziten Nominalismus: Für den expliziten theologischen Nominalismus Ockhams dient die Formel als ein hermeneutischer Schlüssel. Von den zu entfaltenden Erläuterungen zu diesem radikalen Singularitätsdenken ausgehend, soll dann in einem zweiten Schritt eine Nähe zwischen der Neuen Politischen Theologie von Johann Baptist Metz und dem theologischen Nominalismus aufgewiesen werden. Dabei gilt es zu fragen, inwiefern die Neue Politische Theologie implizite Voraussetzungen hat, die man eine 'nominalistische Tiefenschicht' nennen könnte. Als eine nominalistische Tiefenschicht bezeichne ich dabei nicht ein nachweisbares Rezeptionsverhältnis, sondern eine affirmative Nähe. Bei allen durch die geistesgeschichtlichen Standorte bedingten Unterschieden, die zugunsten falscher Parallelen oder Aktualitäten zu verwischen sträflich wäre, ergibt sich dennoch eine systematische Nähe des theologischen Nominalismus Ockhams zur Neuen Politischen Theologie, die in einer 'Theologie der Welt' gründet, deren Kern in einem versuchten Umgang mit Singularitäten besteht und der die Erfahrung der konstitutionellen Bedeutung des Subjekts ermöglicht. Wenn man sagen kann, daß der Idealismus des Allgemeinen in der Theologie die für die Anforderungen der Vernunft transformierte Gestalt der Bilder ist, dann ist die theologische Idealismuskritik, die im Kern eine Nichtdenkbarkeit Gottes zu denken versucht, der Versuch, innerhalb der Theologie das alttestamentliche Bilderverbot wachzuhalten.

Die Freiheit des verborgenen Gottes

Der theologische Nominalismus Ockhams ist im Kern eine Reaktion, eine Antwort, die als eine Korrektur gemeint war. Wie lautete die Frage?

Betrachtet man die problemgeschichtliche Situation des 14. Jahrhunderts jenseits mediävistischer Detailtreue, läßt sich aus den Diskussionen der Zeit eine für sie konstitutive Frage herausdestillieren: Ist von einer uneingeschränkten Allmacht Gottes auszugehen, die auf den menschlichen Bedarf an rationalen Konstanten keine Rücksicht nimmt und eine Ohnmacht der Vernunft provoziert, oder steht dem Menschen ein rational abgesicherter Vernunftgebrauch zur Verfügung,

naventure, New York 1974-1988 (im folgenden jeweils mit Band und Seitenangabe zitiert als OPh); die politischen Schriften wurden z.T. bereits kritisch ediert als Opera politica, ed. by J.G. Sikes, R.F. Bennet u. H.S. Offler, 3 Bde., Manchester 1940-1956 (im folgenden jeweils mit Band und Seitenangabe zitiert als OPol; Hervorhebungen im Text der genannten kritischen Ausgaben werden von mir nicht übernommen). Aus der umfangreichen Sekundärliteratur zu Ockham sei allein verwiesen auf die umfassende Darstellung von M.McCord Adams, William Ockham, 2 Bde., Notre Dame/Indiana 1987, und auf die Einführung von J.P. Beckmann, Wilhelm von Ockham, München 1995.

der eine Selbstbeschränkung göttlicher Macht voraussetzt? *Utrum deus potest facere quod non fecit*, ob Gott etwas machen könne, was er nicht gemacht hat - Fragen dieser Art sind es, die die spätmittelalterliche Forderung nach einer theologischen Interpretation der göttlichen Allmacht mit dem erstarkten Anspruch einer autonomen Vernunft des Menschen konfrontieren. Zweifellos ist dies zunächst ein binnentheologischer Konflikt. Aber mit seiner Lösung sollte versucht werden, einen Schlußstrich unter das bis in die Antike zurückreichende Universalienproblem zu ziehen. Und mit der Neubeantwortung der Frage nach dem Allgemeinen verband sich eine Umwandlung des Wirklichkeitsverständnisses, die im Kern die Moderne eröffnen sollte. Ockhams bedeutender Beitrag zu diesem Transformationsprozeß besteht darin, angesichts der Alternative 'Allmacht *oder* Vernunft' nicht für die eine oder andere Seite Partei ergriffen zu haben. Seine Lösung lautet: Allmacht *und* Vernunft.

Es ist kein Zufall, daß die Frage nach der Allmacht Gottes im 14. Jahrhundert akut wurde. Zur engeren Vorgeschichte gehört die Aristotelesrezeption des 13. Jahrhunderts mit ihrer versuchten Synthese von Theologie und antiker Philosophie. Ohne die feinen Verästelungen dieser Problematik hier verfolgen zu können, ist festzuhalten, daß sich der konfliktreiche Aneignungsversuch in der nicht zu tilgenden Diskrepanz zwischen dem biblischen und dem aristotelischen Gottesverständnis zuspitzte. War der biblische Gott ein allmächtiger Schöpfer einer endlichen Welt, dem ein apokalyptischer Eingriff in die Geschichte zugetraut werden mußte, verkörperte der aristotelische Gott die Idee oder das oberste Prinzip eines metaphysischen Garanten für eine anfangslose und im Kern geschichtslose Welt. Als der 'unbewegte Beweger' verbürgte er die gleichmäßige Himmelsrotation und somit die Homogenität der Zeit. Der aristotelische Gott war gleichermaßen ein ruhiggestellter Gott, dessen metaphysische Denkbarkeit die Uneinsehbarkeiten eines Willens ausschloß. Innerhalb einer Welt der Notwendigkeiten war er als die Spitze einer hierarchischen Pyramide der Allgemeinheiten das Notwendigste.

Diese angenommene Denkbarkeit Gottes als die Konsequenz seiner ontotheologischen Dechiffrierbarkeit enthielt die Gefahr einer reinen Selbstbezüglichkeit der Vernunft. Sie provozierte als Gegenzug eine nominalistische Betonung der göttlichen Willensfreiheit, die sich einem blanken Voluntarismus anzunähern drohte. Es ist Ockhams überragende Leistung, dieser Versuchung durch ein ausbalanciertes Verhältnis von göttlicher Freiheit und humaner Autonomie entgangen zu sein.

Ockham bricht grundsätzlich mit dem nezessitaristischen Postulat, alles geschehe aus Notwendigkeit.[2] Er setzt dem das Postulat entgegen, alles geschehe durch Gottes Willen: *voluntas divina est prima causa omnium.*[3] Dieser Willen Gottes ist grundsätzlich frei und allmächtig: Es ist die *potentia dei absoluta*, die verbürgt, daß Ockhams Gottesbegriff nicht der metaphysischen Reglementierung unterliegt. Zugleich handelt Gott kraft seiner geordneten Macht in der Gestalt eigenwirksamer Zweitursachen: Gottes *potentia ordinata* hat eine Schöpfungsordnung begründet, die so verläßlich ist wie Gottes Wille.

Diese Lehre von einer 'doppelten Macht' Gottes[4] - leider hat sich diese mißverständliche Formel eingebürgert - hat Ockham hauptsächlich in seinem 6. *Quodlibet* vorgetragen. Er definiert dort, Gott könne manches durch seine *potentia ordinata* und anderes durch seine *potentia absoluta* tun.[5] Das bedeute aber keinesfalls, eine reale Zweiteilung der Macht Gottes anzunehmen: Diese Unterscheidung sei nicht so zu verstehen, als gäbe es in Gott realiter zwei Potenzen, eine geordnete *und* eine absolute.[6] Vielmehr handele es sich um zwei Weisen, über die eine göttliche Macht zu sprechen,[7] denn die göttliche Macht sei einheitlich und mit dem göttlichen Wesen identisch.[8]

Die unbedingte Einheit seiner Macht - *unica potentia est in Deo*[9] - und die Anerkenntnis der Eigenwirksamkeit der Schöpfungsordnung schließen aus, daß Gott durch seine *potentia absoluta* etwas in reiner Willkür in Widerspruch zu seiner *potentia ordinata* tun kann: Obwohl sein Handeln frei ist, ist es aufgrund der Einheit seiner Macht an den Satz vom Widerspruch gebunden: Gott kann al-

---

[2] Opus nonaginta dierum, cap. 95 (OPol II, 719): "... dicunt isti quod iste hic dogmatizat implicite haeresim detestandam, scilicet quod omnia eveniunt de necessitate..."

[3] Scriptum in librum primum Sententiarum I, dist. 10, qu. 2 (OTh, III, 339).

[4] Vgl. K. Bannach, Die Lehre von der doppelten Macht Gottes bei Wilhelm von Ockham. Problemgeschichtliche Voraussetzungen und Bedeutung, Wiesbaden 1975.

[5] Quodlibeta septem VI, qu. 1 (OTh IX, 585): "Circa primum dico, quod quaedam potest Deus facere de potentia ordinata et aliqua de potentia absoluta."

[6] Ebd. (OTh IX, 585 f.): "Haec distinctio non est sic intelligenda quod in Deo sint realiter duae potentiae quarum una sit ordinata et alia absoluta..."

[7] Opus nonaginta dierum (OPol. II, 726): "... unica tamen potentia realiter est in Deo, sed locutio est diversa."

[8] Ebd. (OPol. II, 725): "... quia unica potentia est in Deo, immo ipsa unica potentia est unica essentia..."; Scriptum in librum primum Sententiarum I, dist. 45, qu. 1 (OTh IV, 664): "... nulla penitus est distinctio inter essentiam et voluntatem nec inter voluntatem et intellectum..."

[9] Quodlibeta septem VI, qu. 1 (OTh IX, 586).

les tun, was keinen Widerspruch einschließt.[10] Er kann also niemals etwas ungeordnet tun,[11] ist aber frei in der Einsetzung der bestehenden Ordnung.

Die Kehrseite der Freiheit Gottes ist seine Nichtdenkbarkeit. Diese macht ihn zum verborgenen Gott, zum *deus absconditus*, der zwar verläßlich, aber eben nicht metaphysisch dechiffrierbar ist. Die Folge ist eine Transformation des gesamten klassischen Wirklichkeitsverständnisses, die sich als eine Wendung im Universalienstreit manifestieren sollte.

Das Allgemeine und das Besondere

Der Höhenflug der Vernunft hatte sich seit der Antike bevorzugt mit dem Allgemeinen abgegeben und das Hochgebirge der Metaphysik den Niederungen des Sinnlichen vorgezogen. Verkörperte das extramental als Entität gedachte Allgemeine das reinere, wirklichere und reflexionswürdigere Sein, erhielt das konkrete, sinnliche, individuelle Seiende das Stigma des Marginalen. War das Allgemeine notwendig, war das Singuläre zufällig.

Eine der folgenreichsten Entscheidungen der patristischen Theologie war ihre Beerbung dieser antiken Metaphysik. Dem spätantiken Neuplatonismus entnahm sie die Idee, daß die Geordnetheit der Welt die strukturelle Präsenz Gottes in der Welt sei. Die Interpretation der platonischen Ideen als schöpferische Gedanken Gottes - bei Augustinus für das Mittelalter verbindlich gemacht - führte zu der Annahme einer Präfiguration der Welt im Denken Gottes. Das ermöglichte eine ontologisch argumentierende affirmative Theologie, für die alles Seiende einen anagogischen Verweischarakter besaß. Der neuplatonisch inspirierten Theologie wurde die Wirklichkeit zum anagogischen Verweis auf Gott, jedes Seiende wurde zum *exemplum*, zum Spiegel für das Sein Gottes.

Der Preis für diese Metaphysizierung der biblischen Theologie war die beibehaltene latente Abwertung der sinnlichen Wirklichkeit. Bereits dem Platonismus war eine asymmetrische Bewertung der Ideen als dem idealen Sein und dem sinnlichen Seienden als dem nur abbildhaften Sein eigen. Die Gnosis hatte diese Spannung gleichsam bis zur völligen Stigmatisierung des Weltlichen überdehnt. Es ist daher verständlich, daß die Patristik in der Reaktualisierung antiker Metaphysik unter dem Horizont einer Schöpfungstheologie einen Schutzwall gegen die Gnosis erblickte. Das sich dabei einstellende ontologische Paradox besteht darin,

---

10 Ebd. (OTh IX, 586): Deus "posse facere omne illud quod non includit contradictionem fieri..."

11 Ebd. (OTh IX, 586): "Nec sic est intelligenda quod aliqua potest Deus ordinate facere, et aliqua potest absolute et non ordinate, quia Deus nihil potest facere inordinate."

daß auch die schöpfungstheologisch gedachte Wirklichkeit nicht das ist, was sie sein will - ihre Existenz besitzt so sehr einen Verweischarakter, daß ihre Faktizität zur denkerischen Verlegenheit und Religion zur Entweltlichungstendenz wird.

Eben in der Metaphysizierung des biblischen Gottesbegriffs fußt auch die einengende Festlegung Gottes auf ein oberstes metaphysisches Prinzip. Schöpfungstheologisch wurde der christliche Gott demnach zunehmend als der platonische *deus geometra*[12] verstanden, der die Welt ordnend entwirft und der als Garant für diese Ordnung dem biblischen Souveränitätsanspruch entfremdet wurde. Die Vernünftigkeit der geschaffenen Ordnung wurde zur Fessel für die Kreativität dieses Gottes und des Menschen. Die Welt war ein festgefügter Seinsbestand, dessen Ordnung Sinn machte, aber die Freiheit der Variablität ausschloß.

Mit all dem bricht der theologische Nominalismus Ockhams. Aufgrund der betonten, allerdings vor dem Verdacht der Willkür geschützten Schöpfungsmacht Gottes, hat für Ockham die Welt aufgehört, eine metaphysisch explizierbare Ordnung im Modus der Notwendigkeit zu besitzen. Zwar besitzt sie eine Ordnung, aber diese ist im radikalen Sinne kontingent. Dies bedeutet nicht weniger als eine Transformation des gesamten klassischen Wirklichkeitsverständnisses. War der Kern dieses traditionellen Begriffs von Wirklichkeit ein Primat des Allgemeinen vor dem Besonderen, demnach alles Singuläre ein *exemplum*, eine auf eine Allgemeinheit anagogisch verweisende Entität war, führte dagegen die gedachte Abhängigkeit alles Seienden von dem freien schöpferischen Willen Gottes den Nominalismus zu einer grundsätzlichen Ablehnung extramentaler Universalien und zu einer Aufwertung des Singulären aufgrund seiner schöpfungstheologischen Dignität. Indem Ockham die unmittelbare Mitursächlichkeit Gottes bei allem Seienden betont,[13] zerfällt für ihn die Wirklichkeit in die Fülle klar voneinander abgrenzbarer Singularitäten. Jedes Seiende ist ein ungeteiltes und ohne jede Hinzufügung bestehendes Individuum, das sich von allen anderen unterscheidet.[14] Der theologische Nominalismus sperrt sich also aufgrund seiner Gotteslehre gegen jede idealistische Subordination des konkreten, singulären, kontingenten und

---

12 Zum Topos des geometrisierenden Gottes vgl. F. Ohly, Deus Geometra. Skizzen zur Geschichte einer Vorstellung von Gott, in: N. Kamp u. J. Wollasch (Hrsg.), Tradition als historische Kraft. Interdisziplinäre Forschungen zur Geschichte des früheren Mittelalters, Berlin/New York 1982, 1-42.

13 Vgl. Quaestiones in librum secundum Sententiarum II, qu. 4 (OTh V, 60): "Deus est huiusmodi respectu cuiuslibet creaturae"; ebd.: "Dico ... quod Deus est causa prima et immediata omnium quae producuntur a causis secundis..."

14 Vgl. Expositio in librum Porphyrii de Praedicabilibus, Prooemium (OPh II, 11): "Est autem tenendum indubitanter quod quaelibet res imaginabilis existens est de se, sine omni addito, res singularis et una numero..."; Scriptum in librum primum Sententiarum I, dist. 2, qu. 1 (OTh II, 23): "... unde quod nominis unius est quod est ens indivisum in se et ab aliis divisum vel distinctum..."

somit individuellen Seienden unter metaphysisch explizierte Allgemeinheiten. Er ist entschieden metaphysikkritisch, ohne aber die Möglichkeit von Metaphysik gänzlich bestreiten zu wollen. Dabei hält er durchaus an dem Allgemeinen fest, dem aber jeder extramentale Seinsstatus abgesprochen wird - das Allgemeine ist einzig und allein ein Produkt des tätigen und begriffsbildenden Intellekts.[15]

Nie zuvor hat das *ens singularis* eine vergleichbare theologische Betonung erfahren. Die nominalistische Lehre vom verborgenen als dem idealistisch nicht dechiffrierbaren Gott überträgt sich gleichsam auf jedes Seiende: Dessen Dignität besteht in der nicht preiszugebenden Faktizität als einer unvergleichlichen Einzigartigkeit.

Die neue Freiheit des Menschen

Die nominalistische Welt hat jeden Abbildcharakter verloren. Weder ist sie eine Abbildung der metaphysisch explizierbaren Gedanken Gottes noch überhaupt einer intelligiblen Struktur, deren Eigenschaft ihre Allgemeinheit ist. Wie der verborgene Gott sich der Einsehbarkeit durch die menschliche Vernunft entzieht, läßt die von ihm geschaffene Wirklichkeit ihre Verallgemeinerung als einer Unterordnung unter ein Denken des Allgemeinen nur um den Preis der Erkenntnisungenauigkeit zu.[16]

Die epochale Bedeutung des theologischen Nominalismus für das Selbstverständnis des Menschen ist nun nicht, wie von Kritikern behauptet,[17] eine Infragestellung der humanen Rationalität durch die Zersetzung aller rationalen Konstanten unter dem Druck einer göttlichen Allmacht, sondern ihre Neudefinition. Die humane Rationalität wird dabei nicht mehr „vom Allgemeinen her verstanden, sondern durchaus vom Einzelnen her“[18]. Und in seinem Bezug auf das

[15] Quodlibeta septem V, qu. 13 (OTh IX, 531): "... universale non est aliquid extra animam; et certum est quod non est nihil; igitur est aliquid in anima..."; vgl. auch: Summa logicae I, cap. 15 (OPh I, 50-54).

[16] Innerhalb der für jeden Nominalismus entscheidenden Abstraktionstheorie stellt nach Ockham der Akt der Abstraktion Ähnlichkeiten zwischen Erkenntnisobjekten fest, die sich nur einstellen können, wenn von der radikalen Singularität alles Seienden abgesehen wird. Der Akt des Abstrahierens ist somit "nicht ein Akt des Vergleichens, sich Ausrichtens auf ein Universale ..., sondern ein blosses Entlassen, Weglassen, Verabschieden (dimittere)" - er ist eine "gezielte oder bewusste Unaufmerksamkeit" (P. Schulthess, Sein, Signifikation und Erkenntnis bei Wilhelm von Ockham, Berlin 1992, 230 f.).

[17] Vgl. vor allem H. Blumenberg, Die Legitimität der Neuzeit, erneuerte Ausgabe, Frankfurt am Main 21988.

[18] P. Schulthess, Sein, Signifikation und Erkenntnis bei Wilhelm von Ockham, Berlin 1992, 176.

kontingente Einzelne erfährt der Mensch eine neue schöpferische Freiheit. Jenseits des Interpretationstopos des nominalistischen Willkürgottes zeigt sich daher, daß Ockham sowohl eine neue Freiheit Gottes als auch des Menschen gedacht hat. Systematisch läßt sich diese Bemühung eines ausbalancierten Verhältnisses von Theonomie und humaner Autonomie auf die Formel bringen: *Aufgrund der Freiheit Gottes ist die Welt kontingent, und aufgrund der Kontingenz der Welt ist der Mensch frei.*

Die Folge ist eine Theologie der Welt, die dem Menschen eine starke Rationalität und souveräne Entscheidungsfreiheit zuweist. So hat Ockham an einer Erkenntnistheorie festgehalten, die trotz der Allmacht Gottes von einer evidenten Erkenntnis singulärer Gegenstände ausgeht.[19] Der von ihm wesentlich mitgeprägten Suppositionslogik kommt dabei die Aufgabe zu, die Relation der Termini auf die von ihnen bezeichneten Gegenstände zu überprüfen.[20] Alles in allem beweist sich die Leistungsfähigkeit der Vernunft in der strikten Anwendung des Ökonomieprinzips (des sogenannten 'ockhamschen Rasiermessers') als einer komplexitätsreduzierenden Maxime angesichts theoretischer Probleme.[21] Und im Bereich des Politischen hat Ockham anhand des Problemfalles der Machtausübung in der Kirche ein an Marsilius von Padua erinnerndes Modell einer demokratisierten Machtlegitimation entwickelt, das dem einzelnen eine vorher nicht gekannte politische Bedeutung zuspricht.[22] All dies kann hier nicht entfaltet werden. Es muß der Hinweis genügen, daß die theologisch definierte Freiheit Gottes bei Ockham keine Ohnmacht der menschlichen Vernunft, sondern eine neue rationale Stärke zur Folge hat. Seine Grenze hat der neu entfaltete Vernunftbegriff nicht primär an der geschaffenen Wirklichkeit, sondern an der Totalität Gottes. Der nicht denkbare Gott verweist die Vernunft auf die geschaffene Welt als Bewältigungsaufgabe.

Dabei ist für Ockhams Vernunftbegriff ein Prinzip leitend, das er angesichts der Legitimation von Machtverhältnissen aufgestellt hat. Für die Begründung menschlicher Machtverhältnisse gilt für ihn die Formel: *a Deo, sed per homines.*[23] Zwar ist die Macht von Gott gegeben, ihre konkrete Ausgestaltung ist aber

---

19 Vgl. P. Schulthess, Sein, Signifikation und Erkenntnis bei Wilhelm von Ockham, Berlin 1992.

20 Vgl. M. Kaufmann, Begriffe, Sätze, Dinge. Referenz und Wahrheit bei Wilhelm von Ockham, Leiden/New York/Köln 1994.

21 Vgl. J. P. Beckmann, Ontologisches Prinzip oder methodologische Maxime? Ockham und der Ökonomiegedanke einst und jetzt, in: W. Vossenkuhl u. R. Schönberger (Hrsg.), Die Gegenwart Ockhams, Weinheim 1990, 191-207.

22 Vgl. J. Miethke, Ockhams Weg zur Sozialphilosophie, Berlin 1969.

23 Dialogus (zitiert wird nach dem Abdruck in: M.H. Goldast, Hrsg., Monarchia Sacri Romani Imperii, Bd. II, Frankfurt am Main 1614, Nachdruck Graz 1960, 396-957) III, cap. 26 (Goldast, 899).

dem Menschen überlassen. Dies kann als die Standardformel gelten, die für die gesamte Wirklichkeitsbewältigung des Menschen Berechtigung besitzt.

Die Theologie der Welt als eine Theologie des Subjekts

Der Nominalismus Ockhams repräsentiert eine Theologie der Welt, die aufgrund ihrer schöpfungstheologischen Prämissen dem Phänomen des Singulären in besonderem Maße verpflichtet ist. Die Kontingenz der Welt wird zum zentralen Gedanken des Nominalismus, der eine grundsätzliche Unableitbarkeit alles Seienden aus überindividuellen Prinzipien behauptet. Die erkenntnistheoretische Konsequenz war, das Allgemeine als das 'Universale' nicht mehr als eine extramentale Entität, sondern als ein Produkt des tätigen Intellekts aufzufassen. Das erkennende Subjekt wird zum konstitutiven Faktor seiner Wirklichkeitsbeziehungen. Daher ist die nominalistische Theologie der Welt im Kern eine Theologie des Subjekts.

Diese 'Wende zum Subjekt' sollte sich als für die Moderne unhintergehbar erweisen, ja selbst ihren Kern ausmachen. Dennoch scheint ein Vergleich des theologischen Nominalismus mit der Neuen Politischen Theologie von Johann Baptist Metz gewagt. Ausdrücklich ist die Neue Politische Theologie eine praktische Fundamentaltheologie in der Gestalt einer politischen Theologie des Subjekts. Die nicht vergleichbaren, aber konstitutiven zeitgeschichtlichen Hintergründe beider Theologien ließen einen hermeneutischen Sprung über die Jahrhunderte hinweg als zu riskant erscheinen, wäre nicht auf inspirierende Weise am Modernitätsbegriff der Neuen Politischen Theologie die Interpretation eines mittelalterlichen Denkers beteiligt: Thomas von Aquin.

In einer von Karl Rahner inspirierten Deutung hat Metz an Thomas von Aquin dessen in die moderne einweisende Denkform herauszuarbeiten versucht.[24] Als Thomas' epochaler Beitrag erscheint dabei die Überwindung der in der Antike begründeten Kosmozentrik durch eine christliche Anthropozentrik, für die das Subjekt zum unhintergehbaren Ausgangspunkt der theologischen Reflexion wird. Metz hat damit in entscheidendem Maße dazu beigetragen, die normative Thomas-Interpretation der objektivistischen Neuscholastik zu überwinden und das Denken des Aquinaten einer Relektüre unter der Fragestellung einer Genealogie der Moderne zuzuführen. Es ist dabei die von Thomas vollzogene theologische 'Wende zum Subjekt', die sich als der Quellpunkt des Modernitätsbegriffes auch der Neuen Politischen Theologie behaupten sollte. Das Individuum, das bei Thomas „in den formalen philosophischen Partien noch stark unter dem Zwang der

24 J. B. Metz, Christliche Anthropozentrik. Über die Denkform des Thomas von Aquin, München 1962.

aristotelischen Vorstellung als ein Numerus der allgemeinen Natur gedacht wird, gewinnt in dieser theologischen Besinnung eine ursprüngliche Würde und unableitbare Einmaligkeit".[25]

Eben diese ursprüngliche Würde und unableitbare Einmaligkeit macht auch den reflektorischen Kernbestand des theologischen Nominalismus aus, der sich für ihn aus der Allmachtsprädikation und der daraus gefolgerten Brechung der nezessitaristischen Metaphysik des Allgemeinen ergibt. Was Thomas noch unter einer affirmativen Einbeziehung der aristotelischen Philosophie versucht hat - eben die Hinwendung zur singulären Erscheinung - ist im Jahrhundert Ockhams nur noch in der Gestalt einer radikalen Aristoteleskritik möglich. Dennoch eint sie der gemeinsame Versuch, sich der Singularität denkerisch zu nähern. Daher ist man heute bereit, das Denken des Aquinaten vor seinem nominalistischen Hintergrund zu lesen: dem frühen Nominalismus des 12. Jahrhunderts mit seinen Vertretern Roscelin und Abaelard.[26] Thomas selbst wie das gesamte 13. Jahrhundert erscheinen in vielem bereits als eine versuchte Antwort auf diese frühe Infragestellung der Metaphysik des Allgemeinen. Der im 13. Jahrhundert rezipierte Aristotelismus bot sich gleichsam als ein Vermittlungsversuch an: Einerseits betonte er gegenüber den platonisch-neuplatonischen Traditionen das Sinnliche als Ausgangspunkt aller Erkenntnis, andererseits bewahrte die aristotelische Lehre, daß das Allgemeine im Gegenstand inkorporiert sei (*universale in rebus*), die Vernunft vor der Preisgabe des metaphysischen Primats des Allgemeinen. Mit seinem ausgleichenden Versuch, sich dem Singulären zuzuwenden, besitzt das Denken des Aquinaten eine nominalistische Tiefenschicht, die als unausgesprochene Motivation erkennbar ist. Das 13. Jahrhundert ist weder die voraussetzungslose Blüte der Scholastik noch die mustergültige Befriedung aller Aporien.

Sollte sich die These von einem nominalistischen Hintergrund, der bereits die hochmittelalterliche Theoriebildung stimulierte, bewähren, wäre der Durchbruch des Hoch- und Spätmittelalters zum Phänomen der Singularität das epochale Ereignis, das als Bewältigungsaufgabe in die Moderne hineinführen sollte. Modernität ist demnach der universale Versuch, mit dem Singulären umzugehen. War die klassische Metaphysik ein Transzendieren der bestehenden Verhältnisse, betont der theologische Nominalismus die Variabilität aller Verhältnisse aufgrund ihrer kontingenten Verfaßtheit. Dem Notwendigkeitsschwund entspricht somit

---

25 Ebd., 61.

26 Zu nennen sind hier vor allem die Arbeiten G. Menschings: Das Allgemeine und das Besondere. Der Ursprung des modernen Denkens im Mittelalter, Stuttgart 1992; Thomas von Aquin, Frankfurt am Main/New York 1995; Zur Neuentdeckung des Individuationsprinzips im 13. Jahrhundert und seinen Antinomien bei Thomas von Aquin und Duns Scotus, in: J.A. Aertsen (Hrsg.), Individuum und Individualität im Mittelalter (Miscellanea Mediaevalia Bd. 24), Berlin/New York 1996, 287-302.

eine Freiheit zur Weltlichkeit, die in der Formel von der zunehmenden 'Weltlichkeit der Welt' ihren Ausdruck gefunden hat.[27]

Nun scheint mit Recht die Rede von einem nominalistischen Hintergrund der anthropologischen Wende bei Thomas die Behauptung einer nominalistischen Tiefenschicht der Neuen Politischen Theologie noch nicht zuzulassen. Der Bezug auf Thomas allein kann hier nicht ausreichen, müßte man dann doch auch Karl Rahners Transzendentaltheologie auf apokryphe Nominalismen hin untersuchen. Entscheidend ist vielmehr, daß Metz bei dem idealistisch eingefärbten und transzendentaltheologisch gedeuteten Subjektbegriff Rahners nicht stehengeblieben ist. Hatte dieser die Subjektivität für die Theologie von den neuscholastischen Verkrustungen normativer Objektivität befreit, verortete Metz das Subjekt radikal in seiner jeweiligen geschichtlichen, gesellschaftlichen, politischen und somit kontingenten Situation.

Die bleibende Herausforderung durch die Singularität

Nun müßte im einzelnen gezeigt werden, inwiefern eine affirmative Nähe zwischen einzelnen Theoremen der nominalistischen Theologie und der Neuen Politischen Theologie besteht und wo die klar zu benennenden Differenzen liegen. Es müßte darüber hinaus aufgezeigt werden, aus welchen Quellen sich der Modernitätsbegriff der Neuen Politischen Theologie ausdrücklich speist - unbedingt natürlich aus der Aufklärung - und wie diese Modernismen mit einem theologischen Nominalismus zu vermitteln wären. Darauf kann ich an dieser Stelle nicht eingehen.

Überhaupt kann eine affirmative Nähe zum Nominalismus nicht in einer Rezeption seiner ausformulierten Positionen bestehen. Ockhams Antworten auf die Fragen seiner Zeit waren modern, sind aber oftmals rasch überholt worden. Die Aporien seines Denkens erlauben nicht, es ohne weiteres als ein Fundament für weitere Theoriegebäude zu nutzen, hat doch sein ausbalanciertes Verhältnis von Theonomie und humaner Autonomie nicht einmal die Reformation überdauert. Wenn aber die Grundform des ockhamschen Werkes, wenn seine 'Denkform' von dem Versuch bestimmt ist, auf radikale Weise einen Umgang mit dem Singulären zu versuchen, sich gleichsam von der Welt des Individuellen in die Pflicht nehmen zu lassen, dann ist eine Parallele benennbar, die Beachtung verdient.

Mit Blick auf die Vernichtungskatastrophe von Auschwitz formuliert Metz, es sei Aufgabe, „keine Theologie mehr zu treiben, die so angelegt ist, daß sie von

27 Vgl. J. B. Metz, Zur Theologie der Welt, Mainz ^{5}1985, 11 ff.

Auschwitz unberührt bleibt bzw. unberührt bleiben könnte".[28] Dieser Satz ist für jede Theologie eine offene Provokation, ja eine Zumutung, ist die Theologie doch stets in der Gefahr, sich der Versuchung hinzugeben, das geschichtslose Heil denken zu wollen und die heillose Geschichte sich selbst zu überlassen. Statt dessen soll ein singuläres Ereignis[29] in der Geschichte mit einem bis dahin ungekannten Vernichtungswillen[30] und einer Vernichtungspraxis mit dem Resultat einer für das Verstehen übergroßen Zahl individueller Opfer unabweisbar verpflichtend sein und eine Verhältnishaftigkeit auferlegen - und das nicht nur für das eigene moralische Verhalten, sondern auch für die Theologie insgesamt. Ein singuläres geschichtliches Ereignis wird zum Anlaß für eine grundsätzliche „Überprüfung der christlichen Theologie, also christlicher Gottesrede überhaupt"![31] Damit wird nicht weniger verlangt als die Bereitschaft zu einer sich als Korrektur verstehenden Transformation der gesamten traditionellen Theologie, die weiterhin nur beerbt werden kann, wenn ihre Rezeption nicht zu einer Immunisierung gegenüber der Leidensgeschichte etwa durch eine Entweltlichungstheologie führt. Die radikale Einweisung in die Weltlichkeit aufgrund eines Gotteseingedenkens, das anthropozentrisch fundiert ist, ist der Modernitätskern der Neuen Politischen Theo-

---

[28] J. B. Metz, Ökumene nach Auschwitz - Zum Verhältnis von Christen und Juden in Deutschland, in: E. Kogon/J. B. Metz (Hrsg.), Gott nach Auschwitz. Dimensionen des Massenmords am jüdischen Volk, Freiburg 1979, 121-144, hier: 138; ebd. 124: "Auschwitz standhalten heißt keineswegs, es begreifen. Wer hier begreifen wollte, hätte nichts begriffen. Unbegreiflich, wie es uns aus unserer jüngsten Geschichte entgegenstarrt, entzieht es sich jedem Versuch, sich mit ihm schiedlich-friedlich zu versöhnen und es dann aus unserem Bewußtsein zu verabschieden. 'Objektiv' sind hier nur die Affizierten, die Trauernden. Und die Büßenden. Angesichts von Auschwitz gibt es keine Stimmenthaltung, keine Verhältnislosigkeit; sie wäre, wo sie versucht wird, schon wieder geheime Komplizenschaft mit dem unbegriffenen Grauen." Von Metz vgl. auch: Plädoyer für mehr Theodizee-Empfindlichkeit in der Theologie, in: W. Oelmüller (Hrsg.), Worüber man nicht schweigen kann. Neue Diskussionen zur Theodizeefrage, München 1992, 125-137.

[29] Die Rede von der Singularität von Auschwitz enthält - trotz der Betonung des bis dahin ungekannten Vernichtungswillens und der aus ihm resultierenden neuartigen Praxis des Mordens - keine geschichtsphilosophischen Implikate, die das dortige Geschehen auf Kosten anderer Leidensgeschichten auszeichnen oder hervorheben könnten. Vielmehr gilt das humane Verbot, Leid zu vergleichen oder objektivistisch einzuordnen. Ein Diskussionsüberblick und ausführliche Literaturhinweise zu dieser Problematik und der nötigen Unterscheidung von Individualität, Einmaligkeit, Einzigartigkeit und Singularität sind zu finden bei J. Manemann, "Weil es nicht nur Geschichte ist". Die Begründung der Notwendigkeit einer fragmentarischen Historiographie des Nationalsozialismus aus politisch-theologischer Sicht, Münster/Hamburg 1995.

[30] Vgl. J. Goldstein, Die Zeit der absoluten Politik. Bemerkungen zur Politisierung der Zeit bei Hitler, in: Orientierung 60 (1996) 34-36; ders., Absolute Gewalt. Bemerkungen zu einer zeitgenössischen Form der Gewalt, in: Orientierung 61 (1997), 81-83.

[31] J.B. Metz, Theologie als Theodizee?, in: W. Oelmüller (Hrsg.): Theodizee - Gott vor Gericht?, München 1990, 103-118, hier: 104.

logie. In der Tradition der Negativen Theologie - der ja auch Ockham zuzuordnen ist - unterbricht die Neue Politische Theologie die Denkbarkeit Gottes - etwa in der Gestalt einer trinitätstheologischen Dechiffrierung bei Hans Urs von Balthasar - und stellt der Weltlichkeit der Welt einen nichtdenkbaren Gott gegenüber, der angesichts der Leidensgeschichte zum 'vermißten Gott' wird.[32] Es ist das alttestamentliche Bilderverbot in der Gestalt einer modernen binnentheologischen Idealismuskritik, welches die Denkbarkeit Gottes angesichts der Leiden der Opfer ablehnt, um nicht durch einen theologischen Pakt des Verstehens die Opfer um ihre radikale Weltlichkeit und Würde zu bringen.[33]

Die daraus resultierende Bereitschaft als eine explizite 'Theologie nach Auschwitz' mit einem metaphysischen Denken des Allgemeinen, mit universalen Geschichtsphilosophien, mit transzendentaltheologischen Universalismen, überhaupt mit Idealismen und privaten Identitätsharmonien zu brechen,[34] um die Verpflichtung auf diese Vernichtungskatastrophe - und in der Folge auf das Leiden von Menschen überhaupt - nicht zu verraten, muß man nicht nominalistisch inspiriert nennen. Aber welche Theologien haben in gleichem Maße den Versuch gewagt, mit dem Singulären als dem sie bestimmenden Moment umzugehen?[35] Dabei sind sie weit entfernt von der postmodernen Vorliebe für das Partikulare. Der Nominalismus Ockhams ist von dem universalen Versuch bestimmt gewesen, eine allgemeingültige Erkenntnis singulärer Gegenstände zu begründen. Die Neue

---

32 Vgl. T.R. Peters, Mystik. Mythos. Metaphysik. Die Spur des vermißten Gottes, Mainz/München 1992; dort zu Metz besonders: Johann Baptist Metz - Theologie des vermißten Gottes (91 -100).

33 Hier wäre zu erörtern, wie das Verhältnis von alttestamentlichem Bilderverbot und der Rede vom deus absconditus genau zu bestimmen ist. Aus profilierter jüdischer Sicht hat etwa Hans Jonas den deus absconditus als eine "zutiefst unjüdische Vorstellung" bezeichnet und somit den skizzierten Zusammenhang bestritten (H. Jonas, Der Gottesbegriff nach Auschwitz. Eine jüdische Stimme, Frankfurt/Main 1987, 38).

34 Ausführliche Belege hierfür können an dieser Stelle nicht angeführt werden. Die genannte Unterbrechungsbereitschaft der Neuen Politischen Theologie kann an folgenden ausgewählten Texten von J.B. Metz in einem ersten Zugriff abgelesen werden: Zur Theologie der Welt, Mainz 1968; Glaube in Geschichte und Gesellschaft. Studien zu einer praktischen Fundamentaltheologie, Mainz 1977; Jenseits bürgerlicher Religion. Reden über die Zukunft des Christentums, München/Mainz 1980; Unterwegs zu einer nachidealistischen Theologie, in: J.B. Bauer (Hrsg.), Entwürfe der Theologie, Graz/Wien/Köln 1985, 203-233; Theologie versus Polymythie. Kleine Apologie des biblischen Monotheismus, in: O.ÊMarquard (Hrsg.), Einheit und Vielheit, Hamburg 1990, 170-186.

35 Bei dieser Annäherung der beiden Theologien kann 'Singularität' nur als ein Oberbegriff fungieren. Der Nominalismus Ockhams ist aufgrund seiner erkenntnistheoretischen Ausrichtung vorrangig an der Singularität von Gegenständen interessiert. Singularität und Individualität werden in diesem Verständnis zu Synonymen. Etwas anderes ist es, von einer Singularität von Ereignissen oder Erfahrungen auszugehen. Dennoch eint die beiden Theologien der Versuch, sich dem 'Phänomen der weltlichen Singularitäten' zu stellen. (Vgl. dazu Anm. 29).

Politische Theologie ist universal in dem Sinne einer 'großen Moral' als einem Zuständigkeitsimperativ angesichts individuellen Leidens.

Man muß Ockham nicht gelesen haben, um die Moderne zu verstehen, aber man versteht sie besser, wenn man Ockham gelesen hat. Gilt nicht das Gleiche für die behauptete nominalistische Tiefenschicht der Neuen Politischen Theologie? Man muß die Grundanliegen dieser Theologie nicht nominalistisch nennen, aber versteht man sie nicht besser, wenn man sie auf ihre affirmative Nähe zum theologischen Nominalismus hin befragt? Ist dies nicht um so mehr angebracht, wie ein angemessener Umgang mit dem Singulären eine auch in der Moderne noch unabgegoltene Aufgabe ist?

Rahners Geheimnisbegriff als anonyme Tradierung des Bilderverbotes

Ottmar John

Vorbemerkung

Die nachstehenden Überlegungen verfolgen das Ziel, den Geheimnisbegriff Rahners zu entwickeln und ihn dadurch als „anonyme“ Tradierung des Bilderverbotes Israels zu erweisen. Obwohl Rahner kaum auf das AT ausdrücklich Bezug nimmt[1], besitzen - so die These - seine Überlegungen ein inneres Gefälle und können bis zu einem Punkt vorangetrieben werden, an dem das Gottesverständnis Israels (über das das Bilderverbot wacht und dessen Norm es ist[2]) als seine Wurzel schemenhaft sichtbar wird. Daß dies nicht ohne Spannungen, Brüche, ja Verluste von statten geht, mag zuallererst auf das Konto des Rezipienten gehen, zu einem geringeren Teil auf das des behandelten Autors.

Von vornherein scheint dabei zweierlei ausgeschlossen:

Erstens darf der Zusammenhang zwischen Bilderverbot und Geheimnis nicht als vollständige, unterschiedslose Einheit oder gar Identität erscheinen: als sei die christliche Rede von Gott als dem absoluten Geheimnis nichts anderes als eine Auslegung oder eine Implikation des Gottesverständnisses Israels - Die Selbstmitteilung Gottes in Jesus Christus und ihre Auslegung in der Trinitätslehre trennt das christliche Verständnis vom radikalen Monotheismus Israels, wenn auch vielleicht letztlich nicht in der Sache, so aber in der Denkbewegung: War die Befolgung des Bilderverbotes eine *Distanzierung* von heidnischen polytheistischen Religionspraktiken, so ist die Trinitätslehre eine *Vermittlung* des tradierten Monotheismus mit der polytheistisch grundierten antiken Philosophie.

---

1 Ausführlich beschäftigt sich Rahner mit Fragen der Hermeneutik des AT - siehe dazu den Aufsatz "Altes Testament und christliche Dogmatik“, in: derselbe, Schriften zur Theologie, Einsiedeln/Zürich/Köln 1954 - 1984 (künftig nur unter Angabe der Bandzahl) I, 224-240; ebenda 224 Anm.1 weist Rahner auf seine weiteren Veröffentlichungen zum Thema hin.

2 Dohmen spricht von einer Wächterfunktion des Bilderverbotes für die Verhältnisbestimmung von Gott und Mensch - in: Ch.Dohmen/Th.Sternberg (Hg.), ... kein Bildnis machen, 22.

Zweitens darf der Zusammenhang zwischen Bilderverbot und Rede vom absoluten Geheimnis nicht so verstanden werden, daß das christliche Gottesdenken die Gotteserfahrungen Israels überbietet und aufhebt: als sei die Unsichtbarkeit Gottes, die im gelebten und praktizierten Verzicht auf jede innerweltliche Abbildung anerkannt und vollzogen wird, eine bloße Vorstufe zur wesentlichen Unbegreifbarkeit und Geheimnishaftigkeit des inneren Lebens und Vollzug des dreieinigen Gottes. - „...die Juden sind nach dem Zeugnis der Apostel noch immer von Gott geliebt um der Väter willen; sind doch seine Gnadengaben unwiderruflich.“[3] Der Heilsweg Israels bleibt gültig. Der erste Bund wird durch den zweiten nicht ersetzt.

Vielmehr muß damit gerechnet werden, daß im großen Zusammenhang der jüdisch-christlichen Tradition (vom Bilderverbot bis zum Denken in das absolute Geheimnis hinein) einem christlichen Gottesverständnis unabgeltbare Momente bleiben[4], die sich jeder Integration und Aufhebung widersetzen und keinem zum System ausgebauten Gottesdenken sich fügen.[5]

2. Überwindung des schultheologischen Geheimnisbegriffs

a) Man kann Rahners Begriff des absoluten Geheimnisses kaum verstehen, wenn man seine eigentümliche opponierende Bindung an dessen neuscholastische Fassung nicht berücksichtigt: Die Neuscholastik und das Vat.I vertraten einen eher engen und partikularen Geheimnisbegriff, der grob und skizzenhaft in drei Punkten zusammengefaßt werden kann:

Erstens ist „Geheimnis“ das Stichwort der letzten Stufe der Gotteslehre: Zunächst ist Gott nach dem breiten biblischen Zeugnis unsichtbar. Wenn er aber als Unsichtbarer gedacht und sein Dasein aus seinen Werken sicher erkannt wird, bleibt er dennoch unbegreiflich und in seinem Wesen undurchschaubar. Werden aber die von ihm geoffenbarten Wahrheiten über sich selbst und sein inneres Wesen im Glauben angenommen - und d.h. im neuscholastischen Glaubensverständ-

3 Siehe dazu die Verlautbarung “Nostra aetate” des Vat.II unter Nr.4 unter Berufung auf Röm 11,28f

4 Dies scheint auch ein wichtiges Implikat einer zentralen Formulierung des biblischen Geheimnisverständnisses zu sein. Am Schluß der Verhältnisbestimmung von Judentum und Christentum in Röm 9 - 11 formuliert Paulus: "O Tiefe des Reichtums, der Weisheit und der Erkenntnis Gottes! Wie unergründlich sind seine Entscheidungen, wie unerforschlich seine Wege!“

5 Wenn das Bilderverbot jedoch ein widerständiges Moment im Zusammenhang mit dem christlichen Gottesdenken ist, und wenn der Geheimnisbegriff zu Recht Allgemeingültigkeit beansprucht, dann muß aus ihm ein Gedanke deduzierbar sein, der um diesen Rest weiß; aus der christlichen Gotteslehre muß ein Verweis auf die Unabgegoltenheit der eigenen Wurzel möglich sein.

nis, daß auch die Vernunft Einsicht in sie gewinnen können muß[6] -, dann bleiben einige Wahrheiten Geheimnisse im strikten Sinne.[7]

Zweitens sind auf dieser letzten Stufe der Gotteslehre Geheimnisse die spezifischen *Inhalte* der Offenbarung.[8] Sie sind nicht nur nach der Art und Weise ihrer Mitteilung, sondern substanziell übernatürlich. Geheimnisse sind Offenbarungen und indizieren als solche eine streng übernatürliche Offenbarung. Weil sie die in Gott verborgenen Geheimnisse seines innersten Lebens und Selbstvollzugs sind, überragen sie die menschliche Natur im allgemeinen und den natürlichen Verstand im besonderen.[9] Andererseits müssen sie dem Verstand einigermaßen zugänglich sein, sonst könnten sie nicht im Glauben angenommen werden und den ganzen Menschen auf das übernatürliche Heil finalisieren.[10] Verständlich sind die Geheimnisse nun - und das ist der entscheidende Schritt -, weil sie Sätze, Mitteilungen über die geheimnisvolle Wirklichkeit sind. Ihr übernatürlicher Inhalt - Gottes geheimnisvolles Leben selbst - wird so mitgeteilt, wie sich auch Menschen über sich und ihre Welt verständigen: in sprachlichen Urteilen. Die Satzform ist gewissermaßen die Konzession, die Gott in der Offenbarung seines übernatürlichen Wesens macht. Damit ist jedoch die Form der Geheimnisse entfremdet von der Offenbarung quoad modum, von der Art und Weise, wie Gott sich mitteilt.[11]

---

6 "Wir können nicht verlangen, lieben, verehren, was wir nicht erkennen, ..." J.Kleutgen, Theologie der Vorzeit III, Münster 1860 n. 379

7 Dieser Aufstieg von der biblisch dominierenden Rede von der Unsichtbarkeit Gottes über seine Eigenschaft der Unbegreiflichkeit bis hin zur Geheimnishaftigkeit der Inhalte seiner Offenbarungen stammt nach Kleutgen von Johannes von Damaskus - siehe Theologie II 33 f. Diese Dreiteilung kann noch einmal der grundsätzlichen Unterscheidung von natürlicher und übernatürlicher Erkenntnisordnung subsumiert werden - ebenda 34, ebenso Theologie III n. 432. Der mittlere Teil der Eigenschaften bildet dann eine Art Pufferzone zwischen natürlichem Daseinsbeweis und der Glaubenseinsicht in die Geheimnisse. Weil die verschiedenen Eigenschaften zwischen natürlich und übernatürlich changieren, kommt es zu einer gewissen Dynamik in der Abstufung: Nach Kleutgen ist die Unbegreiflichkeit Gottes eine Wesenseigenschaft und deswegen übernatürlich - Theologie III n.449 ff -, nach Auer ist die Unbegreiflichkeit eine theologische Reflexion über den Status der Aussagen über Gott, die das biblische Zeugnis der Unsichtbarkeit Gottes hervorruft - siehe J.Auer/J.Ratzinger, Kleine Kirchliche Dogmatik, Regensburg 1972 -1988 (KKD) II 96 - 103.

8 M.J.Scheeben, Gesammelte Schriften, Freiburg 1943 - 1957 (GS) I 23 ff

9 Das Vat. I zitiert in diesem Zusammenhang 1 Kor 2,9 "Hat doch kein Auge gesehen und kein Ohr gehört, noch ist es in eines Menschen Herz gedrungen, was Gott denen bereitet hat, die ihn lieben." NR 34; siehe dazu auch Kleutgen, Theologie III n.404

10 Kleutgen, Theologie III n. 379

11 Das ist auch dann noch nicht vermieden, wenn für die Überbringung der Informationen über Gott die Notwendigkeit eines absoluten Mittlers gedacht wird - siehe Scheeben GS I 27. Es bleibt, daß die

Drittens gibt es Geheimnisse in der Mehrzahl. Wenn die geheimnisvollen Sätze deswegen eine Vielzahl bilden, weil eine Vielzahl von Inhalten im Innersten Gottes angenommen wird, dann ist das satzhafte Verständnis der Geheimnisse nach Rahner nicht nur eine Konzession an den menschlichen Verstand, sondern bedeutet letztlich ihre Naturalisierung, ihre Reduzierung auf geschöpfliche Wirklichkeit.[12]

b) Die schwerwiegendste Verengung des neuscholastischen Geheimnisbegriffs besteht nach Rahner darin, daß Geheimnisse lediglich ein defizienter Modus der Vernunft[13] sind und nur auf eine bestimmte Vernunftkonzeption, nämlich die aristotelisch-thomistische, hin konzipiert werden.[14] Faktisch dominiert im neuscholastischen Verständnis die natürliche Satzform ihren Inhalt.

Wenn ein Satz der Vernunft deswegen unverständlich ist, weil sein Inhalt übernatürlich ist, und diese Unverständlichkeit seine Übernatürlichkeit indiziert und aussagt, dann müßte das Geheimnis auch dann bestehen bleiben, wenn die Vernunft als menschliches Aktzentrum von aller Endlichkeit und Begrenztheit befreit ist. Diese Befreiung wird in der Anschauung Gottes geglaubt. Nun ist genau von Thomas bis zur Neuscholastik die Anschauung Gottes dasjenige Verhältnis des Menschen zu Gott, in dem der Schleier und das Dunkel des Glaubens von der menschlichen Seele gewichen ist und Gott sich selbst in seiner Wirklich-

Wirkung dieses absoluten Mittlers, der Gott in seinem eingeboren Sohn selbst ist, darin besteht, Wissen mitzuteilen und zu verkünden. Die Art und Weise seines Lebens und Geschicks, ja das geheimnisvolle Faktum der Offenbarung durch Menschwerdung bleibt tendenziell bedeutungslos bzw. hat nur eine attestierende Funktion für das, was Gott über sich sagt.

12 IV 65f - Diese Geheimnisse im Plural sind eigentlich keine strikten Geheimisse, da es diese im Plural nicht geben kann. Pluralität ist immer eine Dimension der geschöpflichen Wirklichkeit. Weil sie aber in der Ähnlichkeit ihres Inhaltes mit dem absoluten Geheimnis auf dieses verweisen, haben sie an diesem Anteil.

13 IV 57

14 Wenn Geheimnis diejenige Wirklichkeit bezeichnet, die die Natur überragt und die nicht aus der Natur ableitbar und erkennbar ist, dann muß Geheimnis nur derjenigen Vernunft unverständlich sein, die aus dem Begriff auf die Wirklichkeit schließt bzw. im Begriff die Wirklichkeit des Inhalts bereits zu besitzen beansprucht. Genau so ist im Aristotelismus im weitesten Sinne Vernunft konzipiert: Der Begriff eines Sachverhaltes ist die Einsicht in seine innere Möglichkeit und Notwendigkeit, als solcher die Kenntnis aller seiner Ursachen. Von daher kann ohne jede Anschauung im Begriff die Wirklichkeit an sich gewiß sein. Wenn eine so konzipierte Vernunft das Geheimnis begreift, dann kommt die Vernunft für seine Wirklichkeit selbst auf. Dementsprechend hat die Neuscholastik auf die Ursachelosigkeit der Offenbarung, der Unableitbarkeit des Inhaltes des Geheimnisses aus dem innersten Geheimnis Gottes insistiert - siehe dazu H.-J.Pottmeyer, Der Glaube vor dem Anspruch der Wissenschaft, Freiburg 1968 (Glaube) 370.

keit zu erkennen gibt.[15] Geheimnishaft sind die geoffenbarten Sätze also nicht, weil ihr Inhalt selbst übernatürlich und geheimnisvoll ist, sondern weil sie von der natürlichen Vernunft angenommen werden und ihr unbegreiflich bleiben. Geheimnisvoll sind die Glaubensaussagen also nur, weil sie von der menschlichen Ratio nicht verstanden werden. Kriterium für einen derartigen Geheimnisbegriff ist die Ratio. Die Ratio macht den Geheimnischarakter der Glaubensaussagen aus.

Damit ist aber die ursprüngliche Intention des neuscholastischen Geheimnisbegriffs, die Übernatürlichkeit des Inhaltes zu bezeichnen, aufgehoben. Die Prädikate der Unsichtbarkeit und Unbegreiflichkeit Gottes sind relativiert. Denn unsichtbar und unbegreiflich ist Gott nur für die endliche und begrenzte menschliche Natur. Sie sind keine eigentlichen Prädikate, die Gott selbst zukämen, um sein Wesen zu bezeichnen, sondern Aussagen über das defiziente Verhältnis des Menschen zu Gott.

c) Rahner knüpft nun an die neuscholastische Konjunktion von Geheimnis und Offenbarung an. Ja er radikalisiert diese, indem er sämtliche Aussagen der Gotteslehre mit dem umfassenden Offenbarungsgeschehen auf eine doppelte Weise in Verbindung bringt: Zum einen ist alles, was über Gott gesagt werden kann, durch sein Offenbarungshandeln bedingt: Bevor der Mensch sich zu Gott hinwenden kann, hat Gott ihm längst mit seinem universalen Gnadenangebot umgriffen. Zum anderen kann die Theologie von Gott nichts Größeres aussagen, als daß er der sich Offenbarende, der sich selbst Mitteilende ist.

Daß alle Gottesaussagen unter der Bedingung von Offenbarung gemacht werden, trägt der Tatsache Rechnung, daß auch im ersten Bund Israel Empfänger von Offenbarungen war, ja begreift auch das göttliche Schöpfungs- und Gnadenhandeln sowie die Vollendung unter dem Aspekt der Offenbarung.[16] Vor allem die Anschauung Gottes nach dem Tode ist von einer thomistischen Erkenntnismetaphysik her als Offenbarungsgeschehen aufzufassen.[17] Und von einer so begrif-

---

15 Siehe NR 43 letzter Satz; Scheeben GS I 23; R.Garrigou-Lagrange, Der Sinn für das Geheimnis und das Hell-Dunkel des Geistes, Paderborn/Zürich 1937 (Hell-Dunkel) 152 ff

16 Siehe dazu Fries, in: Mysterium Salutis. Grundriß heilsgeschichtlicher Dogmatik (hrsg.v.J.Feiner und M.Löhrer) Einsiedeln/Zürich/Köln 1965 - 1973 (Mysal) I 180 - 235

17 "Die Anschauung Gottes ist als personal freie Selbstmitteilung Gottes und als Höhepunkt der übernatürlichen, d.h. jeder geistigen Natur in voraus zu einer eventuellen Sündigkeit und Unwürdigkeit ungeschuldeten Gnade schlechthin ungeschuldet.(D 475), das Wunder radikaler Liebe Gottes, die von ihrem Adressaten her nie eine Forderung der Gerechtigkeit oder Billigkeit oder eine bloße Konsequenz seines Wesens sein kann." Rahner Art. Anschauung Gottes, in: Herders Theologisches Taschenlexikon (hrsg.v.K.Rahner) Freiburg 1972 (HTTL) I 117; zum Zusammenhang mit thomisti-

fenen Anschauung Gottes werden die Aussagen der Unsichtbarkeit und geschichtlichen Verborgenheit, vor allem die Aussage der Unbegreiflichkeit reinterpretiert: „Die Lehre von der Unbegreiflichkeit Gottes bekommt daher nur von diesem Glaubenssatz der Möglichkeit einer unmittelbaren Gottesschau her ihre ganze Tiefe und Problematik. Die incomprehensibilitas Gottes darf von vornherein nicht verstanden werden als die Unbegreiflichkeit eines Fernen; sie nimmt in der Gottesschau nicht eigentlich ab, sondern zu.“[18]

Daß Offenbarung die Bedingung jeder Gottesrede ist, muß man in Rechnung stellen, wenn man die ontischen Formulierungen Rahners betrachtet. Gott selbst ist Geheimnis.[19] Diesen Satz kann man nur sprechen, weil Gott sich als Geheimnis mitgeteilt hat. Gott ist Geheimnis, insofern er sich als Geheimnis mitgeteilt hat und insofern seine Selbstmitteilung für die Empfänger seiner Mitteilung nicht weiter auf Gründe zurückgeführt werden kann, die außerhalb ihres Subjektes namhaft gemacht werden könnten. Damit ist auch der Widerspruch zwischen Offenbarung und Geheimnis gelöst, in den sich der neuscholastische Begriff verwickelte: Wenn Gott als absolutes Subjekt der Offenbarung etwas über sich mitteilen will, dieses aber in der Satzform den Empfängern der Offenbarung unverständlich bliebe, dann wäre die Offenbarung gescheitert. Vom Offenbarwerden eines absoluten Subjektes zu sprechen impliziert also immer, daß seine Mitteilung auch verstanden wird. Wenn dieses absolute Subjekt aber, wie Schrift und Tradition bezeugen, sich darin als Geheimnis geoffenbart hat, dann kann das Geheimnis nicht nur eine negative Vernunftbestimmung sein, sondern ist eine positive Aussage. Eine derartige positive Erkenntnis des Geheimnisses entspricht genau darin ihrem Inhalt, daß in ihr zum Bewußtsein kommt, daß Gott nie erreicht wird, wenn er nur erkannt wird.

Die Kombination bzw. wechselseitige Konstitution von Offenbarung und Geheimnis als deren Inhalt und Modus heißt nichts anderes, als daß Gott sich selbst als Geheimnis zu erkennen gibt. Das Geheimnis ist kein Satz, sondern Name. Er benennt den objektiven, sich selbst gebenden Grund von Sätzen. Es ist das umfassendste und zugleich konkreteste Wort, mit dem das jede Theologie Konsti-

scher Erkenntnismetaphysik siehe N.Schwertfeger, Gnade und Welt, Zum Grundgefüge von Karls Rahnes Theorie der "anonymen Christen", Freiburg/Basel/Wien 1982 (Gnade) 128 f

18 XII 308

19 Das gilt vor allem für eine bei Rahner angedeutet, aber nicht weiter ausgeführte Spekulation, ob Gott auch an und für sich Geheimnis sei. Wenn Gott selbst Geheimnis ist, dann impliziert das, daß er es auch in seiner Selbsterkenntnis ist - siehe dazu IV 67 f. Im Sinne des negativen Geheimnisbegriffs der Neuscholastik müßte dies verneint werden. Gottes Erkenntnis ist nicht getrennt von seinem Sein und Wesen. Was er ist, erkennt er. Geheimnis ist er für sich selbst, insofern er in diesem Beisichsein, in dieser Einheit von Sein und Bewußtsein sich als Geheimnis vollzieht, als der Hervorgang seines Logos , ohne darin seine absolute Einfachheit zu verlieren.

tuierende bezeichnet werden kann.[20] „Rahner hat klargemacht, daß jede theologische Rede, die sich in ihrer Struktur nicht von der Erfahrung des absoluten Geheimnisses bestimmen läßt und sich nicht als indirekte Vermittlung solcher Erfahrung versteht, ihren Gegenstand verläßt.“[21]

Das hat erhebliche Konsequenzen für die Auffassung dessen, was ein Glaubenssatz ist. Ein Glaubenssatz ist nicht an sich selbst defizitär geheimnishaft, sondern a) ein erläuterungs- und begründungspflichtiger Satz und b) geheimnisvoll, insofern er auf das absolute Geheimnis als seinen Grund verweist. Diese Verweisungpotenz ist dann gewissermaßen das Kriterium dafür, ob es sich um eine authentische Glaubensaussage handelt oder nicht.

Als eine solche reductio in mysterium gewinnen die gegenständlichen Aussagen eine existentielle Dimension.[22] Was diese existentielle Dimension bedeutet und wie sie näherhin bestimmt werden muß, kann in der gerafften Darstellung ausgewählter materialdogmatischer Reflexionen Rahners gezeigt werden.

3. Die Aussagen über die Trinität, Inkarnation und Gnade als Verweis auf das absolute Geheimnis

a) Für Rahner ist der materiale Ausgangspunkt der „reductio in mysterium“ nicht beliebig.[23] Die verschiedenen Phänomenbereiche besitzen eine unterschiedliche Eignung dazu, auf das Geheimnis zu verweisen.

Das ist auch der Grund dafür, daß es für Rahner innerhalb der Glaubensaussagen ein inhaltliches Gefälle gibt, eine Steigerung in der Verweisungspo-

---

20 Damit ist die neuscholastische Konzeption umgekehrt: Die Neuscholastik unterschied zwischen Formal- und Materialobjekt der Theologie. Aus dem oben gesagten ist sofort verständlich, daß der Geheimnisbegriff hier lediglich eine Rolle in der Bestimmung der Materialobjekte der Theologie spielte, bzw. im höchsten, alle anderen Sätze zusammenfassenden Grundsatz - siehe dazu Kleutgen, Theologie III n.305-308. Das Formalobjekt, das die Theologie zur Theologie macht, ist nach Kleutgen Gott selbst (n. 299, zusammenfassend n. 303). Gottes eigene und innere Vollkommenheit ist aber zu unterscheiden von seinem Werk, der Schöpfungs- und Erlösungsordnung, ja vom Zweck des menschlichen Daseins und der Gnade, dem Heil (n. 300). Wenn Gottes innere Vollkommenheit die Theologie konstituieren kann, dann deswegen, weil er sich offenbart hat. Die Offenbarung hat dann nur eine Bedeutung für das Wissen über Gott, für die Gotteserkenntnis, keine oder nur eine vermittelte, abgeleitete für das Streben nach Gott.

21 Peukert, Wissenschaftstheorie, 303

22 IV 52 und X 114 ff; grundsätzlich zur existentiellen Relevanz als entscheidendes Indiz universaler Wahrheitsansprüche von Glaubensaussagen siehe X 289 ff

23 Siehe dazu R.Miggelbrink, Ekstatische Gotesliebe im tätigen Weltbezug. Der Beitrag Karl Rahners zur zeitgenössischen Gotteslehre, Altenberge 1989 (Gottesliebe) 76 ff

tenzialität. An der Spitze stehen für ihn diejenigen Formulierungen, die als mysteria stricte dicta bekannt sind. Er fragt, „wie sich die Geheimnisse des Christentums im Plural“[24] zum absoluten Geheimnis verhalten.

„Die apriorische Durchmusterung der als mysteria stricte dicta in Frage kommenden Glaubenssätze ergab (...) nur drei, die nach den Aussagen der Theologen dafür ernsthaft in Betracht kommen: die Trinität, die Inkarnation und die Vergöttlichung des Menschen in der Gnade und Glorie.“ [25]

Diese drei Glaubenssätze haben eine Struktur: Die Aussagen zur Trinität betreffen Gott, wie er an sich und in sich selbst ist, die Aussagen zu Inkarnation und Gnade betreffen das Verhältnis Gottes zum Nichtgöttlichen. Bei „genauerer“ theologischer Betrachtung „fällt uns sofort eine Gemeinsamkeit zwischen“ den beiden letzten „auf, die sie untereinander verbindet, scharf und eindeutig von allen anderen Verhältnissen Gottes zum Nichtgöttlichen unterscheidet.“[26]

Die beiden Aussagen über das äußere Verhältnis Gottes zur kreatürlichen Welt benennen nun nicht zwei unterscheidbare Handlungen, zwei Geschichtsereignisse des Sich-Verhaltens Gottes zur Kreatur (Kommen und Gekommensein Gottes in die Geschichte), sondern begreifen das Mitteilungshandeln Gottes als quasiformale Kausalität.

Dieser sehr umstrittene zentrale Begriff der Rahnerschen Transzendentaltheologie kann hier nicht in seiner gesamten Tragweite erörtert werden. Auf der einen Seite läßt er Rahners Ansatz tief in der Neuscholastik und Scholastik wurzeln[27], auf der anderen Seite gewinnt dieser Begriff eine eigene Bedeutung im Duktus der Rahnerschen Denkbewegung. Seine erste Bestimmung ist negativ.

---

24 IV 82.

25 IV 98

26 IV 89; diese eindeutige und scharfe Unterscheidung scheint mit dem Grundsatz der Rahnerschen Trinitätslehre zurückgenommen: in ihr formuliert er die Identität zwischen immanenter und ökonomischer Trinität. Wenn das nicht bloß als Ungenauigkeit oder Versehen abgetan werden soll, so muß nach seiner Bedeutung gefragt werden: Ökonomische und immanente Trinität sind von daher auf der Ebene des theologischen Satzes durchaus zu unterscheiden. Als satzhaft unterschiedene verweisen sie auf ihren einheitlichen Grund, auf das absolute Geheimnis, das aber nicht mehr als in sich strukturiert erachtet werden kann. Sein innerer Vollzug bildet sich aber als spezifische Struktur im urteilenden Verstand ab.

27 Für Brinktrine ist der Begriff der Offenbarung erst dann vollständig - real - definiert, wenn die vier Ursachen des Offenbarungsvorgangs benannt sind: Die causa formalis ist sowohl die göttliche Erkenntnis als auch sein Wille zur Offenbarung; die causa materialis der Mensch; die causa efficiens das Sprechen, die locutio Jesu und die causa finalis das Heil der Menschen - nur wenn alle vier Ursachen gedacht sind, ist der actus revelationis in seiner inneren Notwendigkeit erkannt. Siehe dazu J.Brinktrine, Offenbarung und Kirche (Offenbarung) I, Paderborn 1949, 201-204.

Die formale Ursächlichkeit Gottes in visio und Inkarnation ist etwas anderes als seine schöpferische Wirkursächlichkeit: In der Schöpfung schafft Gott ex nihilo etwas anderes von sich selbst, in Inkarnation und Gnade teilt er sich selbst mit.[28] In dem durch das Schöpfungshandeln bezeichneten Verhältnis von Gott und Mensch ist der Mensch das konstitutive Moment; dementsprechend wäre der formale Grund des göttlichen Schöpfungshandelns seine Andersheit, der Unterschied von Gott und Mensch.[29] Im Gnadenhandeln ist Gott das konstitutive Moment, das sich mitteilt; die Wirkung dieses Handelns wäre dann die Teilnahme des Menschen am innersten göttlichen Leben; sie ist von der Finalität insofern verschieden, als sie den Menschen nicht nur auf das Heil hinordnet, sondern die Teilnahme schon vor der Erreichung dieses Ziels beginnen läßt.[30]

Diese anfanghafte Realität des Heils vor seiner Erreichung ist nur von der hypostatischen Union her zu denken. Auf der einen Seite gibt es ein tertium comparationis von Gnade und Inkarnation. Auf das absolute Geheimnis (das sich selbst mitteilt, dadurch sich als Geheimnis offenbart und Geheimnis bleibt) müssen die beiden Glaubenssätze zurückgeführt werden. Auf der anderen Seite gibt es ein Gefälle zwischen beiden Sätzen: Die Gnade „folgt“ der Menschwerdung und hat diese zur Voraussetzung. Die reductio beider Sätze in das eine Mysterium bildet sich noch einmal auf der Ebene ihres strukturellen Zusammenhangs ab: Die Inkarnation ist der Glaubensinhalt, der die Verheißung des Heils für alle und die Unmittelbarkeit zu Gott hervorbringt und überhaupt erst denkbar und erahnbar macht. Die Visio ist die Auslegung der universalen Bedeutung des in Jesus Christus einmalig und exemplarisch Wirklichkeit gewordenen Gott-Mensch-Verhältnisses. Wenn Gott Mensch wird, hat das eine grundsätzliche, wesentliche Bedeutung für das Menschsein.

b) Wenn sich die reductio in unum mysterium auf der Ebene des strukturellen Zusammenhanges der Glaubenssätze abbildet und umgekehrt diese gerade

---

28 Eine solche Gewinnung des Begriffs der Formalursächlichkeit durch die Negation der Ursächlichkeit Gottes in seinen Schöpfungshandeln ist deswegen ein Problem, weil hiermit nicht ein klarer Begriff negiert wird, sondern ein analoger. Denn die effiziente Kausalität im Handeln der Geschöpfe ist etwas anderes als die Kausalität, mit der das Schöpfungshandeln gedacht wird: Wirkungen im natürlichen Bereich zu erzielen, setzt die Existenz von getrennten raumzeitlich bestimmten Wirklichkeiten voraus; es handelt sich dabei immer um das Einwirken von einer Sache auf eine andere. Die Übertragung dieses Begriffs auf Gott besagt zunächst, daß es sich beim Schöpfungshandeln nicht um eine Teilgabe von göttlicher Wirklichkeit handelt, ebenso nicht um ein Rückzug Gottes in sich selbst und damit Schaffung eines Freiraumes menschlicher Welt und Freiheit.

29 Zur neuscholastischen Definition der Schöpfung nach den vier causae siehe Brinktrine, Ofenbarung, 201-204

30 I 354; dazu Schwertfeger, Gnade 128 f.

wegen und auf Grund ihres Zusammenhanges ein Höchstmaß an Verweisungspotenzialität und Bedeutsamkeit für das Verhältnis der Menschen zu Gott haben, dann muß die Inkarnation die „These" für alle weiteren Gottesaussagen sein.[31] Dann stellt sich natürlich die Frage, wie sich die Glaubensaussage über die Trinität hierzu verhält bzw. wie sie von der Inkarnation her erläutert werden kann.

Die Aussagen über die Dreieinigkeit Gottes haben in der Tradition eine doppelte Stoßrichtung: Auf der einen Seite ist der Ursprung jeder Trinitätsspekulation der Versuch, die biblisch bezeugte Erfahrung der Gottheit Jesu bzw. sein Selbstverständnis als „Sohn"[32] denkerisch einzuholen. Von hierher ergeben sich Aussagemöglichkeiten über Gott selbst.[33] Diese an der Heilserfahrung ansetzenden Aussagen über die Wesensgleichheit Christi mit dem Vater führen zunächst zum Verständnis der Eigenheiten und Verschiedenheiten in Gott, zum Begriff des Gegenübers der Personen etc.[34] , zur sogenannten ökonomischen Trinität.

Dieser Ansatz kann das menschliche Denken zu leicht „auf den Irrweg des Tritheismus führen".[35] Und dieser Irrweg ist im Kern die Loslösung des Gottesverständnisses, das im Festhalten an der Gottheit Christi gewonnen wurde, von dem Gott, auf den sich Jesus selbst bezog, nämlich auf den Gott, der Israel aus dem Sklavenhaus geführt hat und sich in diesem Befreiungshandeln als der eine und einzige geoffenbart hat. Daraus ergibt sich unmittelbar die gegenläufige Stoßrichtung der immanenten Trinitätslehre. Unter den Begriffen des Ineinanderseins der drei Personen, des Wesens und der Wesensvollkommenheiten Gottes, der Einheit von Wollen und Wirken aller drei göttlichen Personen etc. wurde die Trinitätslehre zurückgebunden an das atl. Gottesverständnis. Und diese Rückbindung implizierte methodisch die Unterscheidung von Wirken Gottes nach außen und seinem inneren Leben und gegenseitigen Beziehungen und Strukturen der Personen zueinander. Diese Unterscheidung entwickelte sich im Laufe der Theo-

---

31 siehe dazu W.Löser, Trinitätstheologie heute. Ansätze und Entwürfe, in: Trinität. Aktuelle Perspektiven der Theologie (hrsg.v.W.Breuning) Freiburg/Basel/Wien 1984 (Trinität) 26

32 "Am Anfang steht der 'Sohnestitel' für Christus, der selbst von sich gesagt hat: 'Ich bin vom Vater ausgegangen und in die Welt gekommen; ich verlasse die Welt wieder und gehe zum Vater' (Joh 16,28)" KKD II 287

33 KKD II 290 unten

34 Werbick, in: Handbuch der Dogmatik (hrsg.v.Theodor Schneider) Düsseldorf 1995 (HbDog) II 525

35 KKD II 319

logiegeschichte bis zur Trennung und Verselbständigung der immanenten Trinitätslehre.[36]

Dagegen setzt Rahner die These von der Einheit von ökonomischer und immanenter Trinität.[37] Mit ihr denkt er den Zusammenhang, ja die perspektivische Identität der Selbstmitteilung Gottes in seinem Offenbarungshandeln gegenüber dem Nichtgöttlichen und dem dreieinigen göttlichen Selbstvollzug. Wir wissen durch die Offenbarung nicht nur etwas vom innergöttlichen Selbstvollzug, sondern in der Selbstmitteilung in der Menschwerdung seines Sohnes hat er sich selbst vollzogen und zu erfahren gegeben.

In einer starken Deutung der Einheit sind die innergöttlichen Hervorgänge und die Selbstmitteilung nur jeweils wechselnde Begriffe für ein und denselben identischen Vorgang.[38] In einer schwächeren Deutung erläutert sie den Zusammenhang der Prozessionen und Missionen[39], von göttlichem Selbstvollzug und Selbstmitteilung, von Selbstliebe Gottes[40] und der Liebe, die er gegenüber seiner Schöpfung verströmt.[41] Insofern ist der Offenbarungsbegriff, der an seine Voraussetzung, an die innergöttlichen Prozessionen, zurückgebunden[42] wird, ein

---

36 Werbick, in: HbDog II 526

37 Rahner, in: Mysal II 329 f

38 Formulierungen in XII 324 legen eine solche Deutung nahe.

39 KKD II 304

40 Die Brisanz auch einer schwächeren Deutung wird spürbar, wenn man sie vor dem Hintergrund der neuscholastischen Unterscheidung von Natur und Übernatur betrachtet. Kleutgen hatte formuliert: Die absolute Souveränität und Freiheit Gottes impliziert, daß er die Welt auch nicht schaffen konnte. Er wurde zum Schöpfungsakt weder durch den blinden Drang seiner Natur, noch durch die ethische Nötigung seiner Weisheit bestimmt. "Da er nun aber schaffen wollte, konnte er nur zu seiner Verherrlichung schaffen. Denn der eigentliche Gegenstand all seines Wollens kann nur er selbst, der Unendliche, sein,..." Kleutgen, Theologie II 1 Die Neuscholastik konnte auf Grund ihrer Vernunftkonzeption Souveränität nicht in einer Bezugnahme auf ein äußeres und anderes denken, weil dann der Akt durch diese andere spezifiziert, bzw. formal determiniert wäre.

41 Mit dieser Formulierung ist eigentlich über das Rahnersche Trinitätskonzept hinausgegangen: Rahner denkt die Einheit von Selbstvollzug und Selbstmitteilung nicht inhaltlich oder attributiv, sondern formal. Seine Trinitätslehre ist die verbindliche Form der Aussagen über Gott. Werbick hat mit dieser Form die Glaubensaussage, daß Gott absolute Liebe sei, formuliert und damit eine Synthese von Rahner und von Balthasar geliefert. - Siehe dazu HbDog II 538 f.

42 Man kann in Bezug auf Rahner kaum sagen, daß er die immanente Trinität auf die ökonomische reduziert und die "Metareflexion" gestrichen habe; eher hat er umgekehrt die Dreipersonalität Gottes und ihre geschichtlich bezeugte Erfahrung monosubjektivistisch in das immanente Geschehen der Selbstbeziehung Gottes in sein freies Bei-sich-Sein aufgehoben - siehe dazu Werbick, in: HbDog II 536 f.

Grenzbegriff.[43] Als Grenzbegriff benennt er die Unbegreiflichkeit des göttlichen Willens zur liebenden Hinwendung zur Schöpfung. Selbstmitteilung ist das Geheimnis, das Gott selbst ist.[44] Daß er sich geschichtlich offenbart hat, dafür leuchten auch in der visio keine anderen Ursachen und Gründe ein als die absolute Freiheit und Liebe Gottes, als die er sich vollzieht. Insofern kann gesagt werden, daß die Aussagen über die Trinität deswegen mysteria stricte dicta sind und in das absolute Geheimnis verweisen, weil sie die Einheit von Inkarnation und Geistsendung in Gnade und visio noch einmal als die Einheit von göttlichem Selbstvollzug und Selbstmitteilung erläutern, „begründen".

c) Gegen die Einheitsthese ist eingewandt worden, daß mit ihr der Unterschied zwischen Gott und Schöpfung nivelliert werde. Gott sei als in die Welt verstrickt gedacht: Wenn innerer Selbstvollzug Gottes und Offenbarung gegenüber der Welt identifiziert würden und der Begriff der Selbstmitteilung das Hören- und Verstehenkönnen impliziert, dann scheint der Umkehrschluß nahezuliegen: Die Summe der Verstehens- und Interpretationsakte der Offenbarung im Laufe der Geschichte benennen das, als was sich Gott zu erfahren geben wollte. Wenn er sich selbst - restlos - mitgeteilt hat, ist er am Ende der Geschichte vollständig durchschaut und erkannt. Der Begriff der Selbstmitteilung Gottes scheint also den Namen Gottes als unsagbares, namenloses unbegreifliches Geheimnis aufzuheben.

Dieses Problem spitzt sich zu angesichts der Problematik des menschlichen Leidens: Wenn Gott sich in die Welt entäußert hat, wahrhaft Mensch geworden ist, dann hat er auch selbst in und an dieser Welt gelitten, dann ist er selbst auf Golgatha gestorben. Damit ist dann auch jede Differenz zum Leiden aufgehoben, sei es weil der äußerste und letztlich übrig bleibende Widerspruch zum Leiden sich selbst als dem Leiden unterworfen gezeigt hat oder sei es daß das Leiden nun vergöttlicht ist. Wenn das Leiden im letzteren Sinne zu einer inneren Größe in Gott geworden ist, dann ist es absolut und kann nur noch hingenommen werden. Jeder, der eine Differenz zwischen menschlichem Leiden und göttlichem Handeln bewahrt, scheint einer radikalen Identifizierung von ökonomischer und immanenter Trinität widersprechen zu müssen.

Jedoch ist Jesus Christus „in seiner Menschheit nicht einfach mit Gott identisch, sondern ist in hypostatischer Union (...) mit Gott eins; diese geglaubte Einheit sagt doch zugleich die Unterschiedenheit der menschlichen und göttlichen

43 ebenda 537

44 "..., dann muß diese reale Vermitteltheit göttlicher Art in der Dimension der Ökonomie auch eine reale Vermitteltheit in Gottes eigenem innerem Leben sein." - IV 127.

Wirklichkeit aus".[45] Eine reinchalcedonensische Interpretation wird das Leiden und Sterben Jesu immer genau als das entscheidende Ereignis der Verschiedenheit zwischen Gott und Mensch in der - größeren - Einheit erachten. „Tod und Endlichkeit gehören nur zur kreatürlichen Wirklichkeit Jesu, stehen diesseits des unendlichen Abstandes zwischen Gott und Kreatur auf der kreatürlichen Seite des einen Gottmenschen."[46] In Bezug auf das Leiden heißt das, daß Gott im Leiden Jesu dem menschlichen Leiden unendlich nahe war, nicht aber unterworfen. Er ist nicht getrennt vom leidenden Jesus. Aber er bleibt in dieser unendlichen Nähe, in der asymptotischen Einheit unvermischt, Widerspruch zur Totalität der Leidenserfahrung, die die ganze menschliche Existenz betrifft. Insofern offenbart Gott sich nicht im Mitleiden mit der gepeinigten Kreatur, sondern er teilt sich in der Leidenserfahrung als der vom Leiden befreiende Gott mit. Seine Selbstmitteilung ist die Überwindung jeder Endgültigkeit und Absolutsetzung des Leidens.

Für das Verständnis der hypostatischen Union heißt das, daß Rahner diese offensichtlich vom „Unvermischt" her denkt. Das Unvermischt ist die primäre Erfahrung. Von ihr her gilt es ein Verständnis des sich in Jesus Christus offenbarenden Gottes zu gewinnen. Diese Einheit offenbart die Nähe der Andersheit Gottes, des unendlichen Größerseins. Umgekehrt gesagt: Daß Gott Mensch geworden ist, macht überhaupt die Verschiedenheit Gottes gegenüber seiner Schöpfung als heilsame und befreiende deutlich; die Erfahrung der anfanghaften Realität des Heils die Eröffnung unendlicher Fremdheit und Neuheit, zu der die menschliche Existenz berufen ist.

Bei einem solchen Verständnis der hypostatischen Union ist ein Begriff immanenter Trinität (der die Andersheit Gottes nicht nur gegenüber der Welt sichert, sondern noch einmal die Andersheit Gottes gegenüber sich selbst, indem er sich der Welt mitteilt) überflüssig, weil in der Spannungseinheit des menschlichen Lebens der Logos sich als diese Differenz und diese Andersheit gezeigt hat. Der Bruch zwischen natürlicher Ordnung und dem göttlichen selbstgenügsamen Selbstvollzug ist für Rahner genau dort am deutlichsten, wo und wodurch dieser selbstgenügsame Gott aus souveränem Entschluß ohne einsehbare Ursachen und Gründe sich selbst mitteilt: In der größtmöglichen Nähe zum qualvollen Kreuzestod zeigt er sich als der durch den Tod nicht Besiegbare. Je größer die Nähe

45 XV 209 f

46 XV 211 Diese Unterscheidung ist keine Halbierung oder Regionalisierung des Lebens Jesu, mit der dann die Glaubensaussage, daß der ewige Logos in seiner Gottheit keine Veränderung, keine Geschichte, also auch keinen Tod erleiden kann, widerspruchsfrei gedacht werden könnte. Weiter unter wird deutlich, daß Tod nicht ein Ereignis des Lebens ist, sondern eines seiner Negation. Insofern ist die Einheit größer in Hinsicht auf das Leben. Hinsichtlich dessen, was das Leben negiert und bedroht, gilt das "Unvermischt".

gedacht wird, desto radikaler die Andersheit Gottes im Leiden und Sterben. Und genau diese Dialektik von Nähe und Andersheit ist die des Geheimnisses. Gott wird genau darin unbegreiflich und als Geheimnis bewußt, indem er sich offenbart. Das Mitteilungsgeschehen ist die geschichtliche Erfahrung der Verschiedenheit, die Ermöglichung des Bewußtseins des Unterschieds, nicht seine Überwindung.

d) Die durch die Menschwerdung konstituierte Eigenheit des Logos gegenüber dem Vater wird durch den Geist als Einssein mit dem Vater ausgesagt. Deswegen, weil Vater und Sohn eins sind, ist die Menschwerdung universal, nicht weil der Geist die Partikularität der hypostatischen Union mit dem Individuum Jesu universalisiert, indem er sie nachträglich in allen Individuen ausgießt.

Diese Universalität des Ereignisses der Menschwerdung kann nun auf zweierlei Weise begriffen werden - und damit auf zweierlei Weise die Selbstaussage der Geistsendung verstanden werden: Entweder entäußert sich der Logos in die menschliche Natur, ins menschliche Wesen oder er entäußerst sich in die Wirklichkeit eines Menschen. In seinen früheren trinitätstheologischen Schriften bevorzugt Rahner das Verständnis der Menschwerdung als Entäußerung in die menschliche Natur, als Wesensmitteilung.[47] Das legt auch der Begriff der Formalursächlichkeit nahe. Entscheidendes Argument war die vordergründige Schwäche der Individualität dieser hypostatischen Einheit im Einzelmenschen Jesus: Es wäre dann nur eine Privatangelegenheit zwischen Jesus und der ihm ungetrennt nahen göttlichen Wirklichkeit - nur das Selbstverständnis und die Wirklichkeit eines isolierten Menschen, das dann wegen individualistischen Individualitätsverständnisses keine Bedeutung für alle anderen Menschen haben könnte. Infolgedessen mußte die Menschwerdung grundsätzlicher und allgemeiner aufgefaßt werden, um für alle einzelnen Menschen und die ganze Menschheit bedeutsam sein zu können. Der Nachteil der Wesensmitteilung besteht nun darin, daß a) zwar jeder Mensch in dem getroffen und verändert wird, was ihn zum Menschen macht, als was er sich selbst versteht, nicht aber in seiner Wirklichkeit, die stets nur individuell ist[48] (auch die Wirklichkeit der Geschichte und des Geschicks Je-

---

[47] Z.B. IV 93

[48] Dem widerspricht auch nicht die Formel von der Annahme der individuellen menschlichen Natur. Die Natur des Menschen ist insofern individuell, als sie jede singuläre Realisation des Wesens als individuell begreifen kann. Das Wesen des Menschen ist von daher Individualität (jeder wirkliche Mensch ist individuell). Es ist aber nicht selbst individuell, es sei denn, man interpretiert die artliche Differenz des Menschen gegenüber anderen Geschöpfen und Lebewesen als Individualität. Daß Gott sich in die individuelle Natur des Menschen entäußert hat, heißt soviel wie: Wenn er wirklich Mensch geworden ist, ist er auch Individuum geworden. Mit der Annahme der Natur ist das aber noch nicht gewährleistet.

su wirken in dieser Interpretation wie eine nachträgliche Exemplifizierung eines Wesensbegriffs, wie eine zufällige und nachrangige Verwirklichung). Und er besteht darin, daß b) jeder Mensch sich bereits zum Geheimnis der Menschwerdung verhält, wenn er danach fragt, was ihn zum Menschen macht. Jede Frage des Menschen nach sich selbst ist dann bereits ein sich Verhalten zum Geheimnis der Menschwerdung, eine implizite Christologie.[49] Das entscheidende Gegenargument besteht nun in dem Aufweis, daß konkret vollzogene Individualität nicht notwendig solipsistisch ist, sondern Individuen sich qua Individualität zueinander verhalten in den Dimensionen von Gesellschaft und Geschichte. In der gesellschaftlichen und geschichtlichen Dimensionierung von individuellem Leben gibt es das Faktum der Mitteilung von dem, was ein konkretes Individuum gänzlich betrifft. Wenn der äußerste Punkt der Selbstmitteilung Gottes in der Menschwerdung darin festgemacht wird, daß Gott ein einzelner Mensch geworden ist, dann kann die universale Bedeutung dieses Geheimnisses auch in den geschichtlichen Wirkungen und Tradierungen des konkreten Verhaltens dieses Individuums festgemacht werden bzw. umgekehrt in dem Verhalten aller zu ihm sich realisieren und sichtbar werden.

Von daher scheint es nun möglich, von der „Eigen-Bedeutung" zu sprechen, die dem „Schicksal und der Person Jesu über ihre übliche Menschlichkeit hinaus" zukommt.[50] Wenn Gott wahrer Mensch geworden ist, dann ist er individueller Mensch geworden, verschieden von allen anderen und in dieser Verschiedenheit mit ihnen eins. Die wahre Göttlichkeit, die Ungetrenntheit dieses Jesu von Nazareth von seiner göttlichen Natur kann dann indirekt ausgesagt und erkannt werden in dem, was ihn in qualitativ-inhaltlicher Hinsicht von allen anderen Menschen unterscheidet. Das Auszeichnende und Besondere seiner Geschichte und seines Lebens ist dann das hinreichende Indiz seines besonderen Gottesverhältnisses. Diese Besonderheit ist die Auferstehung. Nicht daß er starb, sondern daß Gott im Tod noch einmal in seinem Verhältnis zu ihm die Ungetrenntheit der beiden Momente seiner Wirklichkeit bewahrte, macht seine Einmaligkeit aus. Jesus ist als Mensch gestorben, und dennoch war das nicht das Ende seines Gottesverhältnisses - sondern dieses bewahrte sich in der Auferstehung. Seine menschliche Natur hat diese definitive und unüberbietbare Nähe zu Gott als auferstandene, vom Tod befreite und erlöste.

49 Metz erachtet die Theorie des anonymen Christentums deswegen als problematisch, weil damit das jeweils kulturelle und religiöse Selbstverständnis der Menschen und damit ihr Subjektsein unterlaufe wird - siehe dazu Glaube in Geschichte und Gesellschaft. Studien zu einer praktischen Fundamentaltheologie, Mainz 1977 u.ö. (Glaube) 140-143.

50 XV 213

Wenn auf diese Weise die Überwindung des Todes als das entscheidende Signum der hypostatischen Union und unüberbietbaren Selbstmitteilung erachtet wird, dann taucht das Problem auf, wie darin das Ungetrennt und das Unvermischt einander zugeordnet werden. Trotz der reinchalcedonensischen Verortung ist für Rahner die Ungetrenntheit zwischen Logos und menschlicher Natur größer, wenn er nach dem konkreten Menschen Jesus und seinem Geschick fragt. „Jesu Schicksal ist in einem wahren Sinn Gottes eigenes Schicksal.“ [51] Auch wenn dieses Geschick „Gottes eigenes Leben mit seiner Übergeschichtlichkeit und Leidensfreiheit und schuldlosen Seligkeit unberührt läßt“ und die Wirklichkeit Gottes und die Kreatürlichkeit Jesu unvermischt bleiben, so ist doch diese Unvermischtheit in die nur im Leben Jesu erkennbare Einheit eingeschlossen.[52] Wenn das reinchalcedonensische Unvermischt vor allem die Interpretation des Todes Jesu als spezifisches menschliches Widerfahrnis betonte (und damit die Verewigung des Leidens in Gott zurückwies[53]), so wird das Ungetrennt größer[54] und umfassender im Hinblick auf das ganze Leben Jesu, das das eines wahren Menschen war, durchkreuzt durch den Tod, aber als selbiges und endliches befreit von der zeitlichen Begrenzung durch den Tod in der Ungetrenntheit von Gott. „Soll also die Wirklichkeit Jesu, in der als Zusage und Annahme die Selbstmitteilung Gottes absoluter Art an die Gesamtmenschheit für uns 'da ist', wirklich die unüberholbare und endgültige Zusage und Annahme sein, dann muß gesagt werden: sie ist nicht nur von Gott gesetzt, sondern Gott selbst.“[55]

Damit scheint vermieden, daß der Unterschied zwischen Gott und Welt, seine Andersheit gegenüber der Welt als innerer Vorgang der Person Jesu Christi ausagiert wird - gewissermaßen als Persönlichkeitsspaltung[56], die auch die Lehre

---

[51] XV 212

[52] XV 212

[53] XV 211 unten

[54] Als Imago Dei ist Christus keine Analogie. Das Merkmal der letzeren ist, daß die Unähnlichkeit größer ist als die Ähnlichkeit. Davon unterscheidet sich der einmalige Fall der Menschheit Jesu: Das Geschick Jesu ist Symbol der Selbstzusage Gottes, in dem die Einheit die Verschiedenheit dominiert - zum Symbolcharakter des Handelns Gottes in Jesus Christus siehe Th.Pröpper, "Daß uns nichts scheiden kann von Gottes Liebe..." Ein Beitrag zum Verständnis der "Endgültigkeit" der Erlösung, in: Sie wanderten von Kraft zu Kraft (hrsg.v.A.Angenendt und H.Vorgrimler) Kevelaer 1993, 301 - 319, 312

[55] K.Rahner, Grundkurs des Glaubens, Freiburg/Basel/Wien 1976 (GK) 202

[56] Weil die Proprietät des Logos sich (im ökonomischen tendenziell monosubjektivistischen Ansatz der Trinitätstheologie Rahners) allein aus seiner Menschwerdung ergibt, "so müßte ein Gegenüber zwischen dem Menschen Jesus und der Trinität als solcher und damit in Jesus Christus selbst angenom-

von den zwei Willen und den zwei Wirkungen als Vervollständigung der Zweinaturenlehre[57] nahezulegen schien.[58] Ist damit aber nicht die Differenz, die in der Unterscheidung von immanenter und ökonomischer Trinität intendiert war und im „Unvermischt" der zwei Naturen des Logos bewahrt wurde, endgültig revidiert? Kann man diese Verschiedenheit im Unterschied zwischen dem einmaligen Fall der hypostatischen Einheit und der übrigen Menschheit aussagen? Das hieße dann, daß die geschichtliche und zeitliche Differenz zwischen den vielen Glaubenden bzw. Nichtglaubenden und dem Heilsereignis den Rang erhielte, die Gott-Mensch-Differenz exakt darzustellen. Immerhin scheint Rahner in diese Richtung gedacht zu haben, wenn er danach fragt, „wie das zeitlich und örtlich bestimmt geschichtliche Ereignis von Tod und Auferstehung Jesu als eines wahren Menschen fundamental bedeutsam sein kann für das Heil aller."[59] Will man sich innerhalb des Ansatzes Rahners einer Antwort nähern, drängt sich die Rahnersche Todestheologie und sein eschatologischer Kernbegriff der visio beatifica auf.

4. Unbegreiflichkeit und Anschauung Gottes

a) Oben ist bereits auf die Bedeutung der Anschauung Gottes für den Begriff Gottes als unbegreiflich und absolutes Geheimnis hingewiesen worden: Nur wenn Gott auch in der unmittelbaren Anschauung sich als unbegreiflich offenbart, kann von einem eminenten, positiven Wesensmerkmal Gottes gesprochen werden, das freilich nicht im menschlichen Vollzug der göttlichen Selbsterkenntnis gedacht, sondern als Inhalt und Form seiner Selbstoffenbarung, gesteigert in der Unmittelbarkeit der beseligenden Schau transzendental erfahren wird. Und nur so war der relative und transitorische Geheimnisbegriff der Neuscholastik überwindbar.

Die Anschauung Gottes ist einerseits das universale, alle Menschen als Einzelwesen betreffende Moment der Inkarnation: Weil Gott Mensch geworden ist (in der Ungetrenntheit und damit Unmittelbarkeit der zwei Naturen), deswegen ist seine Offenbarung geschichtlich bedeutsam für alle Menschen, die je gelebt haben und je leben werden. Anderseits trennt die menschliche Individualität und Verschiedenheit, ihre raumzeitliche Bestimmtheit faktisch vom Heilsereignis,

men werden, der ja als Mensch mit dem ewigen Sohn des Vater hypostatisch geeint ist - ein kaum noch nachvollziehbarer, für die Christologie fataler Gedanke." Werbick, in: HbDog II 535

57 NR 296

58 Zur Lösungsperspektive Rahners siehe IV 181 f

59 XII 259

auch wenn in der Geschichte Jesu genau diese Individualität und je geschichtliche Besonderheit des Menschen gemeint ist. Insofern gibt es einen graduellen Unterschied zwischen der Gottesnähe, die in der Geschichte des einen greifbar ist, und der Gottesnähe, die allen verheißen, indem sie anfanghaft gegeben ist, weil und insofern das Heil als geschichtliches Ereignis erfahren wird. Das heißt für den Begriff der Anschauung Gottes, daß er einerseits durch das Modell des einen Falles der Gott-Mensch-Einheit erläutert werden muß, andererseits eine mehrfache Differenz Berücksichtigung finden muß.

Am Ende des letzten Abschnittes ist darauf hingewiesen worden, daß nach Rahner die Auferstehung Jesu das „endgültige Signum der hypostatischen Union" ist. Jesus ist als Gekreuzigter so sehr von Gott angenommen, daß das das Äußerste ist, was wir von seiner Einheit mit Gott sagen können.[60] Wenn es so etwas wie Auferstehung tatsächlich geschichtlich gegeben hat und sich als Asymptote einer Reihe von bezeugten Erfahrungen aufdrängt und wenn dieses geschichtliche Ereignis der Auferstehung nicht die Rückkehr ins biologische, wiederum sterbliche Leben[61], sondern die endgültige Rettung des Lebens des Gekreuzigten ist, dann muß diese von Rahner betonte Endgültigkeit und Unwiderruflichkeit der Auferstehung auch ein Inhalt der Anschauung Gottes sein.[62]

---

[60] XV 213 f

[61] XIII 181; GK 262

[62] In einem früheren Aufsatz hatte Rahner nach der Bedeutung der Menschheit Jesu für unser Gottesverhältnis gefragt: Traditionell ist diese Menschheit Gottes das Mittel, "er ist das Tor und die Tür, das A und O, in dem als dem Menschgewordenen die Schöpfung ihren Bestand hat... den Absoluten wahrhaft finden kann man nur in ihm, in dem die Fülle der Gottheit in der irdenen Scherbe seiner Menschheit geborgen ist." - III 56 f. Diese Mittlerschaft ist aber nur deswegen absolut, Jesus Christus nur deswegen das einzige Tor zum verschlossenen Himmel, weil umgekehrt er "der einmalige Gipfel und der letzte Urgrund zugleich für das Verhältnis Gottes zu seiner Schöpfung" ist - 56 - Wenn die Menschheit Christi aber so als Extremmodell einer Verhältnisbestimmung zwischen einem unendlichen Subjekt und seiner endlichen Schöpfung betrachtet wird, dann sagt dieses Verhältnisbestimmung zugleich eine Wesensbestimmung dessen, von dem dieses Verhältnis ausgeht. Also kann die Menschheit Jesu nicht nur eine vorübergehende Affäre im Selbstvollzug Gottes sein. Vielmehr hat dann die Menschheit Jesu eine ewige Bedeutung. "Jesus der Mensch... Man sieht in Ewigkeit den Vater nur durch ihn hindurch." 57 Also ist Jesus, die Menschheit Gottes, auch der Inhalt der Anschauung Gottes im Status salutis. Wie ist nun eine solche ewige Menschheit zu denken? Besteht doch die Eigenart der menschlichen Endlichkeit darin, sich zeitlich zu erstrecken, einen Anfang und ein Ende zu haben, geboren zu werden und sterben zu müssen. Das ist nur dann kein unauflösbares Paradox, bzw. nur dann geht die Menschlichkeit Jesu in der Ewigkeit nicht verloren, wenn sie die Menschlichkeit des Auferstandenen ist. Inhalt der Anschauung Gottes ist also Anschauung des Auferstandenen. Und nur durch den Auferstandenen ist Gott anschaubar.
Darin zeigt sich dann auch die trinitarische Struktur der visio - siehe dazu Rahner, Art. Anschauung Gottes, in: HTTL I 118 (III 1)

Anderseits kennt Rahner eine andere Erfahrung von Endgültigkeit, die ihrerseits konkret universal ist: Jeder Mensch lebt, indem er auf seinen Tod zugeht. Der Tod ist nach Rahner die Freiheitstat der ganzmenschlich, geistig wie leiblich vollzogenen Bejahung der eigenen Endlichkeit.[63] Und diese Erfahrung ist genau dasjenige Moment, das den Unterschied zwischen visio und hypostatischer Union konstituiert.

Dieser Unterschied ist kein inhaltlicher, sondern ein Unterschied, der aufleuchtet, wenn man danach fragt, wer das Subjekt der hypostatischen Union und wer das der visio sei. Der Höhepunkt und das endgültige Signum des Ereignisses der hypostatischen Union in einer Lebensgeschichte war die Auferstehung des Gekreuzigten. Der Tod Jesu hat von dort her prinzipiell die Bedeutung, daß sein individueller Tod nicht das letzte ist, was von seinem Vollzug der Endlichkeit zu sagen ist. Sein Tod läßt sich nicht von der Nachgeschichte lösen. Nur in Sinneinheit mit der Auferstehung kann man vom Kreuz reden - und nur von daher von der erlösenden Bedeutung einer Todesqual.[64] Nur verwandelt ist der Tod Hoffnungszeichen, ist der Sold der Sünde selbst Überwindung der Sünde.[65] Genau diese Sinneinheit von Auferstehung und Todesschicksal gibt es für die Subjekte der visio nicht bzw. noch nicht. Die Sinneinheit von Auferstehung und Kreuz ist für sie in der Anschauung Gottes gegeben. Was bedeutet dies für die Subjekte der Anschauung? Das soll ein kleiner Blick auf die traditionelle Bedeutung des Begriffes der Anschauung Gottes klären helfen.

b) Der traditionelle Begriff der Anschauung Gottes umfaßt eigentlich nicht alle Vorstellungen und Momente des status salutis, sondern ist eine Einsicht in den Zustand des Menschen zwischen Tod und Auferstehung der Toten. „Er lehrt den Eintritt der Gottesschau im Himmel bei allen Seelen der Heiligen und Geläuterten auch 'vor der Wiedervereinigung mit ihrem Leib und vor dem allgemeinen Gericht', und zwar einer unmittelbaren Gottesschau ohne Vermittlung eines Geschöpfes, die sie mit dem 'Genuß der göttlichen Wesenheit' erfüllt.“[66] Damit ist eigentlich Anschauung Gottes und Gottesnähe der Menschen gedacht ohne deren spezifische Natur. Diese ist immer leiblich. Sie hat ihre Realität allein in der Ein-

---

63 XIII 195

64 Das wird auch schon in seiner Formel deutlich, mit der er sich gegen Anselm abgrenzt: Vor dem reinchalcedonensischen Hintergrund kann das Kreuz nicht die Ursache der Erlösung sein (mit dem Jesus seinen Vater umgestimmt hätte), sondern das Kreuz ist Folge des allgemeinen Heilswillens. Sieht man diesen in der Auferstehung des Gekreuzigten am deutlichsten zum Ausdruck kommen, dann kommt der Auferstehung eine heilsgeschichtliche Priorität zu - siehe dazu XII 261 ff.

65 XIII 200

66 H.Vorgrimler, Hoffnung auf Vollendung, Freiburg 1980 (Hoffnung) 149

heit von Seele und Leib, Vernunft und Sinnlichkeit. In der visio tritt also eigentlich nicht der Mensch vor das Angesicht Gottes, sondern derjenige, dem die Auferstehung und Wiederherstellung seiner natürlichen Wirklichkeit erst noch bevorsteht. Die visio scheint, will man die Auferstehung der Toten und das Gericht nicht als belanglos erachten, überbietbar.

Rahner konzediert wohl eine gewisse Überbetonung des intellektuellen Momentes in diesem Begriff[67], hält ihn aber dennoch für einen Vorschein, ein gültiges Modell, in dem die Vollendung des Menschen in all ihren Momenten gültig enthalten ist. Soll die Anschauung Gottes nun ein wirklich eschatologischer Topos sein, dann kann zumindest die Zeit bis zur Auferstehung nicht in der gleichen Weise wie die Zeit alles endlichen Lebendigen aufgefaßt werden (sei es lineare Sukzession von Zeitmomenten, sei es als kontinuierliches, unaufhörliches, ununterbrochenes Fließen). Von Gott, dem Grund und Inhalt der Anschauung her gedacht, ergibt sich für diese schon „vor" bzw. unabhängig von der Auferstehung der Toten ein Moment der Ewigkeit. Wären die Toten nur im Gedächtnis der Menschen lebendig, so hätte ihr Zustand die gleiche zeitliche Erstreckung wie die Gedächtnisakte. Dann könnte man sagen, daß sie warten - freilich immer auch gefährdet vom Vergessen. Sind sie aber auch im Gottesgedächtnis, dann kann eigentlich nicht mehr von einem Wartezustand gesprochen werden - in Gott gibt es keine Unerfülltheit. In diesem Sinne hat der Begriff der Anschauung Gottes, der Unmittelbarkeit zu Gott eine eigene Dynamik, wie sich in der Geschichte der Dogmenentwicklung gezeigt hat: Die Anschauung Gottes überwindet eine Auffassung, daß es zwischen Tod und Auferstehung aller einen neutralen, unentschiedenen Zustand gäbe, dem gegenüber der göttliche Heilswille irgendwie indifferent sei bzw. der eine Art exterritorialen Raum außerhalb der göttlichen Allwirksamkeit darstelle[68] - zusätzlich zu dem, was durch göttlichen Willen das andere von ihm selbst ist und das als solches geschaffen wurde.

Genau in dieser Tendenz definiert Rahner das Wesen der Anschauung Gottes: Weil sie Anschauung *Gottes* ist, ist in ihr alles enthalten, was der Mensch überhaupt erwarten kann. Ist es aber *Anschauung* vor bzw. präziser: unabhängig vom Ende aller Zeit[69] und der Auferstehung der Toten, dem Gericht etc., dann ist

---

67 HTTL I 116

68 siehe dazu Nocke in: HbDogD II 440-445

69 Im Rahmen seiner Geschichtstheologie redet Rahner von einem immanenten Telos der Geschichte - siehe V 183-221; VII 596; XIV 422-432 etc. Diese immanente Vollendung steht im Spannungsfeld von Individual- und Heilsgeschichte. Profangeschichte unterscheidet sich von der Heilsgeschichte. Mit ihr ist sie lediglich koextensiv, nur ausnahmsweise materialidentisch (in deutlichem Unterschied zu Pannenberg, für den die ganze Geschichte Offenbarung ist). Fragt man aber nach dem Unterschied der Rahnerschen universalen Profangeschichte zur Individualgeschichte, dann wird diese Dif-

dieses jedoch so in der Unmittelbarkeit zu Gott enthalten, daß es eine Verheißung von einem Gewißheitsgrad ist, der die Wirklichkeit ersetzt. In der Anschauung Gottes sieht der Mensch sein eigenes Erlöstsein in dem unendlichen und allmächtigen Willen Gottes zu seinem eigenen Heil.

c) Das ganze Problem wäre vom Tisch, wenn man den Augenblick des Todes und den der Auferstehung aller identifizierte. Die Anschauung wäre dann kein Begriff des Zwischenzustandes, sondern einer der Auferstandenen - sie könnte als sinnliche gedacht werden. Dann könnte gefragt werden, was Unmittelbarkeit des Auferstehungsleibes zum sich entziehenden Gott bedeutet. Allein eine solche Frage und Spekulation ginge zu weit. Sie würde zu viel vorstellen. Der Zustand des sinnlichen Vermögens der Menschen kann im status viatoris nur gedacht werden. Ihn als wirklich vor seiner Wirklichkeit vorzustellen, wäre definitiv Phantasie und Projektion. Denn seine Wirklichkeit setzt ein geschichtlich erfahrbares Ereignis voraus, die Wiederkunft Christi in die Geschichte und die damit verbundene Beendigung der Zeit. An dieses universale Ereignis von geschichtlicher Relevanz ist die individuelle Vollendung, die Wiederherstellung von Individualität in der Auferstehung gebunden. Weil es an die Wiederkunft Christi gebunden ist, ist es ein einheitliches Ereignis. Und weil es die ganze Geschichte betrifft, betrifft es auch die dann noch Lebenden.[70] Zumindest insofern ist das Ende von Zeit und Geschichte[71] kosmisch universal[72], daß es dann niemanden

ferenz wieder rückgängig gemacht bzw. geht verloren: Die ganze Geschichte ist definitiv gerettet und zum Guten gewendet: Schuld- und Unheilsgeschichte können deswegen nur noch Konsequenzen für einzelne Menschen haben. Fragt man nun nach dem Grund dieser bedeutsamen Differenz zwischen der Gewißheit des Ausgangs der Universalgeschichte und gleichzeitiger Unsicherheit jedes Einzelnen darüber, was aus ihm einst wird, so lautet die Antwort: "Der Schöpfungsauftrag und seine Erfüllung erscheinen als inneres Moment des einen, ganzen, erlösenden und vergöttlichenden Willens Gottes zu einer Welt, in der sich seine Selbstmitteilung ereignet, und sie erhalten von diesem ganzen her auch ihren letzten Sinn und ihre konkrete Prägung; so werden sie gerade in ihre eigene Weltlichkeit eingesetzt." VIII 591 Weil die Welt und Geschichte als Ganze durch die Menschwerdung definitiv erlöst ist, deswegen kann man - ja muß man zwischen dem übernatürlich-natürlichen Telos der Geschichte und dem Geschick des Einzelnen unterscheiden. Das widerspricht der Identifizierung von individuellem Tod und Ende der Geschichte. Daß diese Verschränkung von Profan- und Heilsgeschichte andere erhebliche Probleme mit sich bringt, kann hier nicht weiter erörtert werden; dazu siehe J.Zamora, Krise - Kritik - Erinnerung, Ein politisch-theologischer Versuch über das Denken Adornos im Horizont der Krise der Moderne, Münster 1995 (Krise) 344 - 359.

70 Der Satz des Symbolons "...zu richten die Lebenden und die Toten" verbietet sowohl, die Wiederkunft postmilleniaristisch, postfinalistisch zu deuten (Christus kommt nach Erreichung des "natürlichen" Endes der Geschichte oder der selbst herbeigeführten Katastrophe) als auch die Auferstehung als Vorbereitung auf den kommenden Herrn anzunehmen.

71 Selbst wenn man der Meinung ist, daß die Geschichte nicht nur von außerhalb ihrer selbst vollendbar ist, sondern ihr Ende selbst "außerhalb ihrer selbst" liegt - Ratzinger, KKD IX 175

72 ebenda 138

mehr geben kann, der in zeitlicher Erstreckung existiert und denkt. Und umgekehrt: solange natürliche Erkenntnis schlußfolgernd, nur in der zeitlichen Sukzession von Anschauungen und Einzelerkenntnissen Ganzheiten synthetisieren kann, solange ist die Auferstehung der Toten bloße Spekulation, bloßer Gedanke, keine Wirklichkeit, die man als wirklich erkennen könnte.[73] Allein wenn bewußt bleibt, daß dieser Zustand des Auferstandenseins nur gedacht wird, ist die Vorstellung eines erlösten Zustandes wahrheitsfähig.

Man kann nun der Meinung sein, daß aus zeittheoretischen Überlegungen Auferstehung zwar für uns noch ausständig, aber für Gott schon ewige, integrale Gegenwart und Gleichzeitigkeit ist. Wenn der Tod den Verlust der eigenen Individualität und geschichtlichen Wirklichkeit ist, dann scheint er auch die Überwindung von zeitlicher Begrenztheit zu sein. Wer das Leben hinter sich läßt, läßt auch seine Grenzen hinter sich - also ist der Tod dann zumindest *zeit*gleich mit der Auferstehung. Wenn man mit guten Gründen ein triales Zeitmodell ablehnt (in dem zwischen fließender, vergehender irdischer Zeit, die zum Nichts tendiert, und ewiger Allgegenwart Gottes eine Zwischenzeit eingefügt wird, die die beiden anderen unterscheiden und vermitteln läßt[74]), dann scheint man gezwungen, von Gleichzeitigkeit von Tod und Auferstehung zu sprechen. Derjenige, der nicht mehr der vergehenden Zeit unterworfen ist, befindet sich damit nicht nur am individuellen Ende, sondern insgesamt am Ende aller Zeit.[75] Wenn man aber, wie Lüke dringend mahnt, jede Übertragung von Zeitlichkeit in die Ewigkeit vermeidet (durch die sie zur ewigen Dauer der Zeitbewegung oder des Zeitflusses depotenziert würde), dann kann man nicht von einer Erstreckung der Zwischenzeit koextensiv zur noch verbleibenden Geschichtszeit (nach dem Tod eines Menschen bis zum Zeitpunkt seiner Auferstehung) sprechen.[76] Aber damit ist dann

---

[73] In Bezug auf diverse andere Heilsdaten gibt es zwar ebenfall keine Anschauungen, aber diese Daten, wie Auferstehung und visio werden so gedacht, daß es Anschauungen geben könnte. Bzw. es indirekte, geschichtlich vermittelte Anschauungen und Zeugnisse gibt. Für die Auferstehung aller ist dies ausgeschlossen - eben bis auf den einen besonderen Fall der Auferstehung als hypostatischer Union - und genau dieser ist Inhalt der Anschauung Gottes.

[74] Von der Engelszeit des aevum (Greshakes und Lohfink in Anknüpfung an Thomas) bis zur Memoriazeit Ratzingers - siehe dazu U.Lüke, „Als Anfang schuf Gott...", Paderborn 1997, 81 ff.

[75] Das impliziert die Rezeption des thomanischen Modells der Äquidistanz jeder Zeitspanne zur Ewigkeit - wer aus der Peripherie der Ewigkeit, d.h.aus der vergehenden Zeit heraustritt, ist gleichweit vom eigenen Todesdatum wie vom Ende der Geschichte entfernt, bzw. befindet sich in jener Wirklichkeitssphäre, in dem sich auch die Auferstehung der Toten realisiert - siehe dazu Lüke, Anfang, mit Hinweis auf STh I q 57 a 3.

[76] Die Formulierung Ratzingers, solange in der Geschichte noch gelitten wird, solange kann es kein unüberbietbares Heil geben - siehe KKD IX 156 -, müßte dann "entzeitlicht" werden: Weil in der

auch die Rede von der Auferstehung im Tod, zum Zeitpunkt des Todes hinfällig. Von Gott her ist die Auferstehung eines individuellen Verstorbenen im Ende der Zeit gerade nicht datierbar, wie der Eintritt des Todes. Sie findet in jedem Augenblick statt. Denn wenn man vergehende Zeit und Ewigkeit aufeinander beziehen will, dann liegt die Annahme nahe, daß jeder Augenblick, der vergeht, Berührung mit der Ewigkeit Gottes hat. Gerade von einem solchen Modell ergibt sich eine höchst präsentische Eschatologie, in der das ewige Gegenüber jeden Augenblicks bereits alles ist, auch die eigene Vergangenheit und Zukunft, auch die der ganzen Menschheit und der Auferstehung der Toten.

Richtig ist es also, auf jede Zwischen*zeit* der Seele zu verzichten. Unverzichtbar bleibt jedoch ein *Zwischen*zustand, eine Unterscheidung zwischen Tod und Auferstehung Dieser Zwischenzustand kann nicht zeitlich gedacht werden - es sei denn das Sein der Seele bzw. das, was der Verstorbene noch ist, hat seinen alleinigen Grund in der Erinnerung der Weiterlebenden. Das wäre allerdings eine Vorstellung, die tendenziell der Ganztodthese nahe käme; denn ein kontinuierlich zunehmender zeitlicher Abstand ist zugleich eine eskalierende Gefährdung der Erinnerungen. Lüke plädiert für die „Perspektiventrennung“[77]. Wenn die Ewigkeitsperspektive hypothetisch gedacht wird, dann muß sie von ihrem Subjekt her gedacht werden, von Gott. In Bezug auf die Existenz der Verstorbenen, dem Weiterleben der Seelen in einem zeitlosen Zustand wäre dann, unabhängig von der Wiederherstellung ihrer Natur und ihres Dasein, nichts, zumindest wenig zu sagen. Insofern ist Hattrup recht zu geben, wenn er den Zwischenzustand bestimmt als „Anzeige eines Weniger-Wissens gegenüber den Aussagen, in denen ein innerweltliches Ereignis, der Tod eines Menschen, mit einem entzogenen und transzendenten Ereignis verbunden wird[78]. Dieses Weniger-Wissen besteht dann nicht nur darin, daß wir als lebendige Menschen im status viatoris nur sehr vage und andeutungsweise von der visio beatifica reden können, sondern gerade darin, daß es in unserem Sinne eigentlich niemanden gibt, der dieses Wissen besitzen könnte. Die Seelen im Zwischenzustand haben kein eigenes Wissen und Selbstbewußtsein; sie haben kein Aktzentrum, mit dem sie ihre Verschiedenheit von anderen Wirklichkeiten einsehen könnten. Sie sind nur in der Unmittelbarkeit zu Gott; allein in ihr haben sie Sein und Bewußtsein, das überhaupt nicht ihres ist,

---

Geschichte gelitten wird, deswegen kann man nicht ausnahmslos affirmativ und präsentisch von endgültigem Heil sprechen.

77 Siehe Lüke, Anfang 75

78 D.Hattrup, Eschatologie, Paderborn 1992, 337 - richtig ist, wenn Lüke kritisiert, daß Hattrups epistemologische Bescheidenheit schnell wieder umschlägt in positive Aussagen, daß der "ganze Mensch in den Zwischenzustand zwischen begrenztem tödlich beendeten Leben und Erlöstsein" kritisch befragt. Anfang 72

sondern allein dasjenige Gottes.[79] Sie sind bloß gedachte Größen - allerdings kein bloßer Begriff menschlicher Vernunfttätigkeit, sondern Inhalt eines Geistes, der in der Lage ist, jeden seiner Gedanken zu verwirklichen. Sie sind aber nicht als das andere dieses absoluten Geistes gedacht, und auch nicht als sein eigenes Sein. Die Differenz von Tod und Auferstehung ist dann die, daß in der Unmittelbarkeit der Seele zu Gott deren Nichtsein durch die Verheißung, durch die Zusage ihres Seins ersetzt wird. Gott wird angeschaut als derjenige, der die Wiederherstellung und Vollendung der menschlichen Natur will. Weil Gott *angeschaut* wird, ist das Subjekt dieser Anschauung nicht einfach Gott selbst. Aber weil es Anschauung *Gottes* ist, ist die Seele trotz ihres Getrenntseins vom Leib, trotz ihrer geschichtlichen Nichtwirklichkeit nicht einfach Nichts. Die Toten sind unmittelbar bei Gott. Nur so kann man überhaupt davon sprechen, daß sie mehr als Nichts, mehr als bloße Potenzialität sind - etwa im Sinne des scholastischen Zwischenbegriffs der Realpotenz. Sie sind nicht Gott noch Mensch, ihre geschöpfliche Wirklichkeit haben sie verloren, genau das bedeutet Tod.

Insofern ist der Tod und das Todsein Vollzug dieser Unmittelbarkeit: Nichtmehrsein als Bei-Gott-Sein. Nicht mehr Mensch zu sein heißt, unmittelbar zu sein zur Auferstehung des Gekreuzigten. Und diese Unmittelbarkeit ist nicht nur Teilhabe, sondern (insofern überhaupt sinnvoll von Existenz gesprochen werden kann) Sein in der Sinneinheit von Kreuz und Auferstehung, Sein in der Endgültigkeit der Einheit Jesu mit Gott, die in der Auferstehung ihren radikalsten und höchsten Ausdruck gefunden hat. Von hierher kann man die doppelte Endgültig-

---

79 Genau hier ist der Ursprungsort des Begriffs der Formalursächlichkeit: Wird die Seele nicht als forma subsistens aufgefaßt und kann ihr deswegen in der visio auch kein eigenes Sein zugesprochen werden, dann ist sie auf Gottes Wirklichkeit und seiner - im analogen Sinne aussagbaren - subsistierenden Förmlichkeit angewiesen und von ihr abhängig. Wichtig dafür ist der Begriff der species. Diese Begriff bezeichnet in der Erkenntnistheorie sowohl bei Thomas als auch in der Rahnerschen Thomasrezeption einer Spekulation entnommen, die sich vorzustellen versuchte, wie das Verhältnis zwischen Gott und Mensch im Zwischenzustand aussehen möge. Wenn dieses Verhältnis dann nicht mehr vermittelt ist durch Geschöpflichkeit und conversio ad phantasmata, sondern Gott selbst angeschaut wird, und wenn zugleich gilt, daß Gott selbst frei von jedem bestimmenden und begrenzendem Prinzip (als das die Scholastiker die Materie dachten), immateriell und reine Geistigkeit ist, dann ist der Grund für diese Erkenntnis, die die unmittelbare Schau ermöglicht, das Wesen Gottes selbst. In der unmittelbaren Gottesschau vertritt das Wesen Gottes selbst die spezies impressa im geschaffenen Geist. (I 355; GW 100, IV 303 Anm. 21; dazu auch Schwertfeger, Gnade 129, dem ich hier folge) „Wenn danach Erkenntnis primär das Bei-sich-Sein eines Seienden aufgrund seiner Seinshöhe (Immaterialität) bedeutet, ist auch die species nicht zuerst als 'intentionales Bild' eines Gegenstandes zu begreifen, sondern als der ontologische Grund dafür, daß der Erkennende sich selbst erkennt: species ist so die apriorische Struktur der Erkenntnisfähigkeit." - Schwertfeger 129.
Das entscheidende Argument für Rahners "Zulasssung" der These, daß die Auferstehung im Tod stattfinde, bestand darin, daß sie wie andere Modelle die Vorstellung einer anaima separata bzw. der Seele als subsistiernd zu vermeiden trachten - siehe dazu XII 460 und 463. Die Frage ist allerdings ob jeder Begriff eines Zwischenzustandes notwendigerweise eine annima separata braucht.

keit, die bei Rahner sowohl der Tod als auch die Auferstehung Jesu haben, interpretieren: Der Tod ist in diesem Verständnis eine abgeleitete Endgültigkeit. Er ist einerseits in Jesu Geschick überwunden, anderseits wird in seinem Vollzug eine Unmittelbarkeit zu seiner Überwindung erreicht. Nachfolge des Gekreuzigten im eigenen Tod ist damit immer Vollzug des überwundenen, verwandelten Todes, der durch die Auferstehung nicht rückgängig gemacht wird, sondern seine isolierte, dem Leben entgegenstehende Endgültigkeit verliert.

d) Die Anschauung Gottes trennt also die Auferstehung aller vom Tod. Sie tritt einerseits zwischen Tod und ewiges Leben, weil durch den Tod eine Unmittelbarkeit der Seelen zu Gott und damit zur bereits in einem Fall realen Auferstehungswirklichkeit vollzogen wird. Anderseits verbindet die Vorstellung der Anschauung Gottes das beendete individuelle menschliche Leben und seine Ewigkeit: Im Anschauungsinhalt greift sie aus auf die Überwindung des Todes, in der bloß potentiellen Realität der Anschauungssubjekte bewahrt sie die Kontinuität zu jener vergangenen Existenz, die in jedem ihrer Augenblicke Sterbenkönnen und Sterbenmüssen, „Sein zum Tode" ist.

Hier stellt sich jedoch die dringende Frage, inwiefern damit ein Verständnis menschlichen Lebens und seiner Endlichkeit nicht dermaßen vom Tod her abgeleitet ist, daß es eigentlich nichts anderes mehr ist als der Vollzug dieses Todes. Das menschliche Leben würde dann vorrangig selbst Vollzug dieser Unmittelbarkeit zu Gott sein, das in der Anschauung Gottes vollzogen wird. Das geschöpfliche Dasein, das die endlich Lebenden von den Toten trennt bzw. das die Toten verloren haben (wodurch ihnen ihre eigentümliche Fähigkeit zur Unmittelbarkeit zum Auferstandenen zukommt), wäre eine vernachlässigbare Größe und bloßes Hindernis zu jener Unmittelbarkeit.

Und wenn geschöpfliches endliches Dasein nicht mehr vom Todsein unterschieden werden könnte, bzw. die Unterscheidung für den Glauben, der von Rahner sehr stark von der visio her begriffen wird[80], nicht relevant wäre, dann ginge damit auch die Bedeutung der Auferstehung der Toten als eschatologischer Hoffnungsinhalt verloren. Was würde dann anderes wiederhergestellt als der Vollzug des Todes? Auferstehung zum ewigen Sterben? Ewiges Sterben, um die Unmittelbarkeit zu Gott vollziehen zu können, oder Wiederherstellung eines Lebens,

80 Stellen, an denen Rahner die visio schon im Leben für möglich bzw. wirklich hält XIII 183, 184, 186. Bisweilen identifiziert Rahner Glaube und visio - siehe z.B. XIII 197 Damit vernachlässigt er das inchoative Moment des Glaubens: Das Pneuma ist nach der Schrift und Tradition eingegossen; diese eingegossene ungeschaffene Gnade ist "Angeld und Erstlingsgabe der endgültigen beseligenden Schau, ...schon gegebener Anfang der Glorie." I 354. Es ist richtig, dies als Ansatzpunkt eines Glaubensbegriff anzunehmen. Dieser muß aber auch als spezifisch menschlicher natürlicher Akt begriffen werden, in seiner Anfanghaftigkeit und damit Differenz zur visio.

das als begrenztes, endliches und einzelnes vollzogen wird, aber eben nur solange vollzogen wird, solange es nicht zu Ende ist, solange es der Tod nicht beendet und zerstört, solange ihm der Tod äußerlich ist?

Dieses Problem kann man nur lösen, wenn man Endlichkeit und Sterblichkeit auseinanderhält. Das ergibt sich allein schon daraus, daß Rahner die Auferstehung als Höhepunkt der hypostatischen Union, der Vereinigung Gottes mit der Menschheit, als definitives und endgültiges Datum der Menschwerdung Gottes versteht. Darin ist thomistisch die Auferstehung in Kontinuität zum ganzen, endlichen Menschsein verstanden. Auferstehung Jesu erfordert also, Endlichkeit nicht nur als Möglichkeit zum Tode, sondern auch und alternativ dazu als Möglichkeit zur Ewigkeit zu denken.

Das Moment des menschlichen Lebens, das dem Todsein widerspricht, ist das der Individualität und der Einzelheit. Die Grenze der Individualität gegenüber anderen Individuen, das Getrenntsein der Menschen untereinander ist ein anders begreifbarer Modus von Endlichkeit als das der Begrenztheit der Lebensdauer durch den Tod. Räumliche Begrenztheit ist nicht einfach identisch mit ihrer zeitlichen. Verschiedenheit von anderen Menschen impliziert nicht den Unterschied zwischen gegenwärtigem, sich vollziehendem und vergangenem, sich vollzogen habendem Leben. Denn vergangenes Leben kann nur darin begriffen werden, daß es jetzt (in der Gegenwart, in der es vergangen ist) genau diese Individualität verloren hat. In scholastischer Terminologie: In der Trennung vom Körper ist die Seele von ihrem Individuationsprinzip getrennt. Individuell zu sein ist genau dasjenige, was das Menschsein im status viatoris von jener Unmittelbarkeit zu Gott unterscheidet.

5. Auferstehung der Toten und Leidenserfahrung

a) In seiner Behandlung der Theodizeeproblematik geht es Rahner nicht um den Sinn und die Erklärung von Leidenserfahrungen, sondern um eine Phänomenologie ihres Vollzuges. Leid ist kein universales Phänomen in dem Sinne, daß es eine „naturale Begleiterscheinung der sich entwickelnden Welt“ wäre.[81] Damit ist das Leiden von der Todeserfahrung zu unterscheiden, die in größerem Maße empirisch universal ist. Leid ist nicht notwendig, sondern vielmehr Ergebnis der faktischen Freiheit. Es auf die Evolution oder biologische oder soziale Gesetzmäßigkeiten zurückzuführen, wäre entweder eine Selbstentschuldigung leidverursachender Realisationen von Freiheit und Macht oder eine Dechiffrierung dieser Gesetzmäßigkeiten als geschichtlich, und damit menschlicher Praxis

81 XIV 454

und Schuldfähigkeit zuzurechnen.[82] Ebenso ist Leid auch keine notwendige Bedingung, kein notwendiges Mittel, um das ewige Leben erreichen zu können[83]. Sondern Leid ist in einem vorläufigen Sinne für Rahner der Preis kreatürlicher Freiheit. Damit ist eine Erstverursachung, eine unmittelbare Zumutung des Leidens durch Gott verneint - aber es stellt sich die sog. Zulassungsfrage in aller Schärfe.

Diese Frage, warum Gott das Leid zulasse bzw. es nicht verhindere, kann man entweder in Hinblick auf sein Schöpfungshandeln stellen, aber auch in Hinblick auf sein verheißenes eschatologisches Handeln. Bevor nun im nächsten Abschnitt die eschatologische Akzentuierung der Theodizeefrage kurz skizziert wird, soll hier zunächst ihre schöpfungstheologische Dimension behandelt werden. Für Rahner stellt sich die Zulassungsfrage als Anfrage an Gottes Schöpfungshandeln. Da für ihn Freiheit immer auch Nachvollzug der Souveränität Gottes ist, ist jede menschliche schuldige Zufügung von Leid direkt eine Frage, warum Gott den Menschen in eine Freiheit entlassen habe, die - nicht nur, aber auch - das Leid hervorbringt. Insofern ist die Frage nach dem Warum des Leids grundsätzlich auch eine Rückfrage an Gott.

Genau in dem Moment, in dem sie auf Gott gewendet wird, ist sie eine unbeantwortbare Frage: Weil sie dem unbegreiflichen Geheimnis, das Gott auch dann noch ist, wenn wir ihn von Angesicht zu Angesicht schauen[84], gestellt wird, ja auf Grund des Freiheitsbegriffs Rahners gestellt werden muß, deswegen wird die Frage nach dem Warum des Leids als eine prinzipiell unbeantwortbare begreifbar. „Ihre bisher festgestellte Unbeantwortbarkeit ist dann nicht mehr der möglichst rasch zu beseitigende Skandal in unserer Existenz, der möglichst deutlich aufgeklärt werden muß, sondern ist ein Moment an der Unbegreiflichkeit, die

---

82 siehe dazu XIV 456. In einer gekonnten immanenten Kritik Rahners gewinnt Neuhaus aus der Unterscheidung von transzendentaler und kategorialer, materialer Freiheit, deren Wirklichkeit nicht aus ihrer Bedingung hervorgeht, die Unterscheidung von Natur und Gesellschaft: Natur ist nicht nur das tote Material, daß irgendwie schon immer unter dem Gnadenangebot Gottes steht und an der sich deswegen meine transzendental im Nachvollzug der göttlichen Freiheit bedingte Freiheit sicher bewähren wird, sondern es ist der Raum, in dem auch schon immer Freiheit so oder so realisiert worden ist. Dieser materiale Raum der Realisierung von Freiheit ist ambivalent: meiner realen Freiheit und Selbstverantwortung förderlich oder abträglich. Genau das ist mit dem Begriff Gesellschaft gemeint - siehe dazu G.Neuhaus, Transzendentale Erfahrung als Geschichtsverlust? Düsseldorf 1982, 121 ff.

83 XIV 461; auch darin unterscheidet sich Leiden vom Tod: Der Tod ist die Bedingung der Anschauung Gottes (visio war ja definiert als das Sein der Toten). In Bezug auf die Neuschöpfung, die für die Toten als Auferstehung ausgesagt wird, ist dieses nicht in der gleichen Weise der Fall.

84 XIV 462

unser ganzes Dasein durchdringt, herausfordert und für sich beansprucht. Die Unbegreiflichkeit des Leidens ist ein Stück der Unbegreiflichkeit Gottes."[85]

Diese Unbegreiflichkeit hat nun zwei Aspekte: Auf der einen Seite ist damit jede „ideologische" Erklärung des Leidens theologisch von Anfang an kritisiert und verneint. Die schlimmste, dazu exculpatorische Leidensideologie ist diejenige, in der die Täter die Opfer selbst für ursächlich für ihre Leiden erklären, sie deren Freiheit anlasten, die sie selbst material verneinen. Auf der anderen Seite ist auf Grund der Unbegreiflichkeit Gottes und der daraus folgenden Unbeantwortbarkeit der Leidensfrage auch jede Erklärung des Leidens durch schuldiges Handeln und der Kampf gegen eine derartige Schuld relativiert angesichts des Faktums von Leid. Eine empirisch präzise Zurückführung auf konkrete Schuld und der Kampf gegen die Ursachen von Leid haben dann nur eine begrenzte Bedeutung für bereits geschehenes Leid.

Man kann nun den zentralen Satz Rahners, daß die Unbegreiflichkeit des Leidens eine Erscheinungsform der Unbegreiflichkeit Gottes sei und umgekehrt: daß jede Annahme, jede Bejahung des Leidens ein Sich-Übereignen in diese Unbegreiflichkeit ist[86], so deuten, daß damit das Leiden verunendlicht werde und daß er das Leiden religiös überhöhe und metaphysisch affirmiere. Dieser Satz scheint sich der Deutung auszuliefern, daß deswegen, weil Leiden eine Erscheinungsform der Unbegreiflichkeit Gottes sei, Leiden sein soll. Es ist danach zwar kein notwendiges Mittel zum Gottesverhältnis, aber ein gewünschtes und wünschbares.

Diese Deutung ginge zu weit: Aus dem Faktum des Leides kann nicht auf sein Sein-Sollen geschlossen werden - auch dann nicht, wenn diejenigen, die es in seiner Objektivität und Unausweichlichkeit annehmen, damit einen religiösen Akt vollziehen. Der Vollzug der Unbegreiflichkeit Gottes geschieht ja nicht durch die, die das Leiden verursachen, sondern es erleiden. Leid zu verursachen ist dazu das genaue Gegenteil.[87] Es bleibt (auch wenn man einen anderen Freiheitsbegriff entwickelt, mit dem der Kampf gegen leidverursachende Schuld einen absoluten Wert für das Leiden selbst hat) das Problem der Würdigung und des Ernstnehmens des faktischen Leidens, das nicht mehr gut gemacht, nicht mehr relativiert werden kann, von dem man sich nicht mehr distanzieren kann, sondern das mit

85 XIV 463

86 XIV 462-466 wird dieser Satz dreimal formuliert

87 siehe dazu O.John, Die Allmachtsprädikation in einer christlichen Gottesrede nach Auschwitz, in: Mystik und Politik. Theologie im Ringen um Geschichte und Gesellschaft. Johann Baptist Metz zu Ehren (hrsg.v.E.Schillebeeckx) Mainz 1977, 202 - 217, 207 und 214

tödlicher Konsequenz stattgefunden hat und im Tod, den es verursacht hat, „vollendet“ wurde.

b) Metz wendet die Rückfrage (die bei Rahner an das Schöpfungshandeln Gottes gestellt ist) in die Zukunft: Seine zentrale Frage lautet, warum die Zeit, in der mit tödlichen Konsequenzen gelitten wird, weitergeht, und warum der, der als Retter von Leid und Tod verheißen ist, und allein die Macht hat, zerstörtes Leben wiederherzustellen, nicht kommt. Bevor die Bezeichnung Gottes als unbegreifliches Geheimnis in der Problematik der Naherwartung entfaltet wird, muß noch kurz darauf eingegangen werden, was die Leidensproblematik für die Auffassung Gottes als positives Geheimnis (als Geheimnis, das sich erst voll in der Unmittelbarkeit zu ihm zeigt) bedeutet.

In der Todestheologie Rahners war die Bejahung des Todes Annahme der Endlichkeit des Menschen und zugleich ein Sich-Fallen-Lassen in die Unbegreiflichkeit Gottes, die letztlich trägt und rettet. Der Tod war einerseits Trennung vom Leben, von einem Gut, anderseits dadurch Gewinnung eines unendlich größeren Guts, nämlich der Unmittelbarkeit zur Unendlichkeit Gottes. Diese Entsprechung, wenn nicht gar Identität von Lebensverlust und Unendlichkeitsgewinn in der Unmittelbarkeit zu Gott, kann hinsichtlich des Leidens Plausibilität gewinnen. Der Tod ist darin und dann schon als verwandelter erfahren, wenn er vom Leiden erlöst, wenn er die Sinnlichkeit ausschaltet, deren Peinigung Schmerz und Verzweiflung erzeugt.

Darin ist impliziert, daß es eigentlich kein rein psychisches und metaphysisches Leiden gibt, sondern Leiden immer sinnlich vermittelte Erfahrung des Bösen ist - läßt man einmal einen Moment das Problem des malum physicum beiseite. Und damit ist weiterhin impliziert, daß der Tod nicht Selbstvollzug menschlicher Endlichkeit in jedem Augenblick ist, sondern a) vom Leiden unterscheidbar und b) ein punktuelles Moment des menschlichen Lebens.

Wenn so zwischen Sterben und Tod (eigentlich unter Verabschiedung der Heideggerschen Hypothek in der Todesanalyse Rahners) der Tod auch vollzogen wird als Befreiung vom Leid, dann kann man sagen, daß die Toten, weil von ihrem sinnlichen Vermögen getrennt, sich in einem leidfreien Zustand befinden. Der Tod ist Abschluß und Ende eines menschlichen Lebens, das in allzu vielen Fällen furchtbare Qualen mit sich bringt. Aber der Tod beläßt das Leiden als gewesenes. Er ist die Konsequenz des Leidens und als solcher Abschluß und Ende. Er ist die Konsequenz aber auch in dem Sinne, daß er das Problem der Endgültigkeit und der Faktizität des Leidens schafft.

Kann jemand, der zwar nicht mehr leidet, aber faktisch gelitten hat, unmittelbar zu Gott sein? Impliziert diese Unmittelbarkeit dann nicht die Versöhnung mit dem erfahrenen Leid? Annahme und Bejahung des eigenen Leides nicht nur wegen seiner Unentrinnbarkeit, nicht nur aus einer Freiheit, die sich gar nicht sinnvoll gegen das Leid entscheiden könnte, sondern gerade aus der echten und radikalen Distanz, die die Trennung vom sinnlichen Vermögen bedeutet? Diese Trennung vom gewesenen und geschehenen Leid ist ja, wenn man sich an das zeittheoretische Sparsamkeitsmodell Lükes erinnert, kein zeitlicher Abstand. Durch die Beendigung des Leidens im Tod und im gleichzeitigen Fallen der Seele in die Unmittelbarkeit zu Gott, hat sie auch Teil an seiner Ewigkeit und integralen Gegenwärtigkeit. Das heißt: durch den Tod ist die Seele wieder gleichzeitig mit allen Leidenssituationen, die sie in der Einheit mit dem Leib durchzustehen hatte. Ist aber so in zeitlicher Hinsicht das gewesene Leid in der Gegenwart Gottes nicht kumuliert - als bewußtes, gewußtes, wenn auch nicht mehr erfahrenes?!

Hier zeigt sich nun die Bedeutung des Rahnerschen Geheimnisbegriffs: Je größer die Nähe zu Gott - und die größtmögliche Nähe ist mit dem Begriff der Unmittelbarkeit benannt - desto unbegreiflicher und geheimnisvoller offenbart er sich. D.h. auch in der größtmöglichen Nähe zu Gott bleibt das Leiden unbegreiflich, die Theodizeefrage unbeantwortbar. Kann man sich aber mit einer natürlichen Erfahrung versöhnen, die unbegreiflich bleibt? Das hieße ja das Fragen abzubrechen, weil sowieso keine Antwort erfolgt. Solange das Faktum des Leidens besteht, auch als gewesenes, bleibt das Leiden eine Frage an Gott. Und weil es eine Frage an Gott ist, bleibt es als geschehenes, gewesenes unbegreiflich: Erscheinungsform der Unbegreiflichkeit Gottes. Die Frage ist nun, ob das das Letzte ist, was zum Faktum des Leidens gesagt werden kann: Wenn die Frage deswegen, weil sie Gott gestellt wird, unbeantwortbar bleibt, dann kann diese prinzipielle und absolute Unbeantwortbarkeit nicht den Rang einer Antwort bekommen - dann wird sie unendlich gestellt.

Wenn nun die visio nicht die Auferstehung der Toten sein kann, dann kann von dieser Frage nach dem gewesenen und abgeschlossenen Leiden her auch gesagt werden, daß Tod und Auferstehung getrennt sein sollen: Unbegreiflich in der visio ist dann, warum Gott das Leiden nicht rückgängig macht und warum er nicht rückwirkend so in die Geschichte eingreift, daß das in ihr geschehene im wiederholenden Durchgang nicht mehr leiderzeugend geschieht.[88] Zu leiden und gelitten

---

[88] Diese Vorstellung der Wiederholung der Geschichte mit einem anderen, entgegengesetzten Ausgang für die Opfer der Geschichte ist eine Vorstellung, die sich hart an der Grenze zur psychoanalytischen Theorie der Überwindung traumatischer Erfahrungen durch Wiederholung bewegt. Der Abgrund zwischen beiden besteht darin, daß in der Psychoanalyse die Wiederholung rein intrapsychisch geschieht und damit die Gefahr besteht, sich mit einer psychischen Bewältigung zu begnügen und abzufinden. So wie Säkularisierung bisweilen durch fast unscheinbare und unmerkliche Abstriche am Glaubensinhalt diesen in sein Gegenteil verkehrt, so ist die größte Gefahr für die Religion der Verzicht auf die Hoffnung der Überwindung einer leidverursachenden Wirklichkeit und die Beschränkung auf die Heilung von deren psychischen Auswirkungen. Daraus darf man natürlich nicht den Umkehrschluß ziehen, daß gegenüber den Opfern der Geschichte erst nach der Beseitigung von

zu haben ist dann Erscheinungsform der Unbegreiflichkeit Gottes, weil das Leiden diese Frage in sich enthält. Unbegreiflichkeit ist dann insofern positiv, weil die Antwort auf diese Frage kein entwickelter Begriff ist, sondern reales, materiell relevantes Ereignis. Beantworten läßt sich die Frage nur mit dem, was der Begriff begreift und nicht selber ist - nur mit dem, was er nicht ist.

Wenn das Inhalt der Auferstehungshoffnung ist, dann stellt sich die Frage, ob nach bzw. im Geschehen der Auferstehung Gott nicht verständlich wird und damit die besondere Universalität des Rahnerschen Geheimnisbegriffs zurückgenommen ist, nämlich daß Gott der ewig sich Entziehende ist, weil er sich auch in der größtmöglichen Nähe zu ihm, in der Unmittelbarkeit der sich Entziehende bleibt.

6. Verborgenheit und Naherwartung

a) Einerseits kann man der Meinung sein, daß dies eine schlechte Spekulation sei, die notwendig leer und anschauungslos bleibt, weil die Auferstehung aller ja nicht sukzessive, zum Todesdatum eines jeden Einzelnen erfolgt, sondern ein kosmisches und einheitliches gesamtgeschichtliches Ereignis ist, das alle betrifft, und von dem man unter der Bedingung der Zeitlichkeit des Daseins und des Erkennens nur sagen kann, daß es keine Wirklichkeit hat. Auch in der Unmittelbarkeit zu Gott ist die Anschauung der Erlösungsverheißung im Auferstandenen lediglich ein geistiges, spirituelles Schauen, nicht aber eine sinnliche, und schon gar nicht eine Selbsterfahrung. Anderseits scheint sowohl in der Schau als auch im Glauben an die Menschwerdung prinzipiell eine Anschauung dessen möglich zu sein, wie Gott an allen zu handeln verheißen hat: Gibt es nicht durch die Auferweckung Jesu Anschauungen - und seien sie noch so indirekt -, die Anhaltspunkte für die Vorstellung eines gesamtgeschichtlichen Szenariums der Verwandlung der Welt geben? Ist die Auferstehung Jesu nicht gemäß 1 Kor 15 Grund und deswegen auch Modell der Auferstehung der Toten? Weil Jesus auferstanden ist, deswegen steht fest und ist gewiß, daß wir auferstehen werden. Und ist nicht in der Verklärung der Wundmale (Joh 20,27) im Auferstehungsleib (seiner Kontinuität der Leiblichkeit und des sinnlichen Vermögens bei gleichzeitiger Diskontinuität, selbst durch einen Lanzenstich ins Herz nicht mehr zerstört zu sein) eine - für den zeitgenössischen Geschmack fast schon zu krude - Anschauung gegeben, die

Schuld und Sünde solidarisch gehandelt werden könne. Wo dieses nach menschlichem Maß möglich ist, ist es zugleich notwendig. Es angemessen zu tun wird dann sichtbar werden lassen, daß in der psychischen Bewältigung von Leid und Tod der Anspruch auf die Überwindung des Todes nicht der Vergessenheit anheim fällt, sondern auflebt und lebbar wird.

sich wegen des Vorbild- und Modellcharakters der Auferstehung Jesu auch als Erwartungsinhalt der Hoffnung denken lassen muß?

Das brächte zumindest die Schwierigkeit mit sich, daß damit die hypostatische Union in ihrer absoluten Einmaligkeit und Unwiederholbarkeit relativiert wäre. Die Auferstehung Jesu bleibt, wenn sie denn mit Rahner das höchste Signum der hypostatischen Union ist, ein Sonderfall, in dem sich das göttliche Selbstverhältnis und sein Verhältnis zur Menschheit in einem Individuum verschränkt haben. Wenn Gott sich in der Einheit mit dem Menschen Jesus und seinem Geschick offenbart hat, ohne aufzuhören Gott zu sein, dann hat er sich darin auch immer zu sich selbst verhalten - denn die Inkarnation war keine Mission der Gottheit als ganzer, sondern eine Proprietät des Logos, des Sohnes. Also war die Auferstehung Jesu auch ein Moment des Selbstverhaltens Gottes - er hat darin gezeigt, wer er in sich selbst ist. In der Treue zum Gekreuzigten hat er seine Selbstliebe als verschenkende Liebe offenbart. Also nicht von dem singulären Auferstehungsereignis her kann man die Spekulation über den Verheißungsinhalt der Auferstehung aller begründen, sondern nur von dem her, was sich darin zeigt: Gott als absolute Liebe. Ist damit aber nicht jede Frage an Gott, jede Unbegreiflichkeit seines Selbstvollzuges und Handelns gegenüber der Welt prinzipiell beantwortbar?[89]

b) Wenn Gottes Liebe Rettung bedeutet und Gott zugleich derjenige ist, der diese seine Liebe immer schon in der Einheit mit dem Sohn aus sich hervorbringt, immer schon allmächtiger Vollzug von Liebe ist, dann konzentriert sich das ganze Gewicht seiner Unbegreiflichkeit, die er für uns an sich selbst ist, in der Erfahrung seiner geschichtlichen Verborgenheit. Dann verwandelt sich das Denkproblem seiner Unbegreiflichkeit und Unsagbarkeit zum Problem seiner Unsichtbar-

89 Hier ergibt sich eine Differenz zur Rahner: In der Trinitätslehre und Christologie zeigt er eine gewisse Skepsis gegenüber der Kennzeichnung der hervorgehenden und mitteilenden Unbegreiflichkeit als Liebe: Liebe setzt nach Rahner die Verschiedenheit der Personen voraus und kennzeichnet deren Aktzentrum. Gegen die Bezeichnung der Beziehungseinheit der göttlichen Personen als Liebe erhebt er die gleichen Bedenken wie gegen die Übertragung des Personbegriffs auf die Trinität.
Liebe ist stattdessen ein anthropologischer Begriff. Als solcher kennzeichnet er aber den menschlichen Vollzug der Unbegreiflichkeit Gottes, insofern in ihm Seligkeit erfahren wird.: "Wie muß der Akt benannt werden, in dem das Vorkommen des unbegreiflichen Geheimnisses in seiner unerbittlichen Eindeutigkeit und Endgültigkeit selbst ewige Seligkeit bedeutet und nicht ihre doch wieder alles zunichte machende Grenze?" Der Name dieses Aktes ist Liebe. "Freilich muß auch gerade das, was wir Liebe nennen, nicht von irgendwoher sonst bestimmt werden, sondern von der Erfahrung her, die wir im Vorkommen des unbegreiflichen Geheimnisses machen." - XIII 124
Nach der erwähnten Skepsis gegenüber der Übertragung der Erfahrung zwischenmenschlicher Liebe und Solidarität auf das Gottesverhältnis und unter der Voraussetzung, daß Gottes Offenbarungshandeln gegenüber den Menschen Selbstmitteilung ist, kann die Liebe des Menschen zu Gott, auch dann, wenn sie von Gott ermöglicht wird, zu seinem Handeln gegenüber den Menschen lediglich das der Entsprechung, der inversen Einheit sein, nicht das der Identität.

keit und Unwirksamkeit[90] in den Leidenserfahrungen der Geschichte. Geheimnis ist Gott, weil er unsichtbar und in der Geschichte verborgen ist. Daß Gott allmächtig ist und sich gerade darin von der Menschheit unterscheidet, daß er sich in unendlicher Liebe ewig verströmt, läßt sich widerspruchsfrei aussagen und denken - und zwar denken als der universale Anspruch einer geschichtlich singulären Rettungserfahrung, die darin universal ist, daß sie als geschichtlich singuläre und konkrete allen Menschen verheißen ist. Auch kann man von einem solchen Gedanken der unendlichen Liebe Gottes gnadentheologisch auf die Realität des Verheißungsinhaltes in allen Menschen schließen - aber nur auf seine pneumatische Realität, die die Menschwerdung des Logos in Tod und Auferstehung Jesu aussagt. Ein solcher theologischer Begriff der Universalität des angebrochenen Heils kann aber nicht dessen universale Erfahrung, das gänzliche Gerettetsein jedes einzelnen garantieren. Das wäre Apokatastasis. Der theologische Gedanke der unendlichen Liebe Gottes verdankt sich zwar realen geschichtlichen Erfahrungen, bezahlt aber seine Universalität damit, daß er dieser Erfahrung nur als singulärer und individueller innewird[91] (trinitätstheologisch gesprochen: mit dem Gegenüber von Sohn und Geist).[92] In diesem Bewußtsein seiner singulären Realität und beanspruchten Universalität bewahrt er seine Wahrheit dadurch, daß er als Gedanke nicht für die Erfahrung der Rettung aufkommen kann. Gedachte Universalität des Heils ist noch nicht die Anschauung und Erfahrung als

90 Damit ist ein erster Blick durch den Geheimnisbegriff auf das Bilderverbot möglich: Das Bilderverbot thematisiert die Absolutheit und Transzendenz Gottes auf der Ebene der Wahrnehmung und Anschauung. Als Verbot ist es eine moralische Maxime, die das Handeln und Verhalten der Menschen gegenüber Gott meint. Wenn er nicht in artifiziellen Bildnissen sichtbar sein kann, weil er immer größer ist, dann bedeutet das angesichts der menschlichen Leidensgeschichte das strenge Verbot, sich mit kleineren ästhetisch inszenierten Lösungen zufrieden zu geben. In Bezug auf das Faktum der tödlichen Leidenserfahrung kann dies als Verbot der "Lösung" interpretiert werden, sich mit der Geschichte durch Vergessen zu versöhnen.

91 Genau das ist das unausweichliche naturale Moment in jeder Gottesbeziehung des Menschen.

92 Gibt es Anschauungen, die in der Vergangenheit gemacht wurden und auf die man sich beziehen kann, die die historische Erkenntnis des Gipfelpunktes der Heilsgeschichte, der Auferstehung, begründen können? Sicherlich gibt es indirekte Anschauungen; sie sind biblisch in den Erscheinungsberichten bezeugt. Der Auferstehungsvorgang selbst hat keinen bekannten Zeugen gehabt. Nur seine Wirkung, das leere Grab war Gegenstand einer Anschauung. Das kann man nun werten als Defizit, möglicherweise als Signum der Endlichkeit menschlichen Erkenntnisvermögens, daß auch dort, wo ein Geschehen von raumzeitlicher Konkretheit und natürlicher Relevanz stattgefunden hat und Anschauungen hätten gemacht werden können, tatsächlich keine gemacht worden sind. Man kann aber auch dieses Fehlen von Anschauungen des Auferstehungsvorganges, unter Annahme ihrer prinzipiellen Möglichkeit, noch einmal als bedeutsam erachten. Das Fehlen sagt etwas: vielleicht die absolute Einmaligkeit und Unvergleichlichkeit der Verschränkung von göttlicher Selbstliebe und Liebe gegenüber der Schöpfung in der Auferweckung Jesu. - siehe dazu G.Essen, Historische Vernunft und Auferweckung Jesu, Mainz 1995.

Selbsterfahrung jedes einzelnen Individuums. Als bloßer Gedanke, als Begriff der inneren Notwendigkeit des rettenden Handelns Gottes (notwendig, weil der Gedanke die unendliche und absolute Liebe zum Inhalt hat) kann damit wohl auf deren Realität geschlossen werden, nicht aber auf die Erfahrung dieser Realität. Für sie kann der Gedanke Gottes als absolute Liebe nicht aufkommen. Sie kann nicht ersetzt werden, sondern nur geschehen. [93]

c) Genau von dieser Struktur ist die Naherwartung.[94] Wer die Wiederkunft Christi als abschließendes Ereignis der absoluten Liebe Gottes erwartet und diese darin als unverfügbar, unberechenbar[95], unableitbar aus der Geschichte selbst erachtet, also in jedem Augenblick, auch im nächsten für möglich hält, der muß einen sehr strengen Begriff der Universalität der Rettungsverheißung haben. Verständlich ist die existentielle und praktische Sehnsucht nach der Ankunft des Messias aber nur, wenn aus dem Gedanken der universalen Rettung und Wiederherstellung der Natur zugleich eine empirische Kompetenz zur Wahrnehmung der faktischen Gottesferne der menschlichen Geschichte erwachsen ist - also der Gedanke der Realität der sich verströmenden Liebe einerseits sich des bloßen Gedachtsein seines Inhaltes bewußt ist, anderseits diese Begrenztheit des Inhaltes auf sein bloß intelligibeles Dasein im Schmerz der gequälten Kreatur und in den faktischen Leidenserfahrungen der Menschheit als seine eigene Negativität bzw. als Problem erfahren wird, das nach Lösung verlangt.

d) Wenn die Realität der geheimnisvollen Liebe Gottes so gedacht wird, daß das Nicht-Aufkommen-Können für ihre Erfahrung zu ihrem Inhalt gehört, also die absolute Liebe zugleich als unverfügbar begriffen wird, dann besitzt dieser Gedanke eine eigene Widerständigkeit gegen seine ideologische Funktionalisierung; dann ist er als bloßer Gedanke in der Lage, gegen Suggestionen und Einredungen der Erfahrung seines Inhaltes Einspruch zu erheben. Von daher gehört

---

[93] Anschauungen sind nicht kontingent, aber auch nicht notwendig. Sie sind unersetzbar - gegen eine aristotelische Identifizierung von Beweis und Begriff - der vollständige Beweis ist der Begriff eines Sachverhaltes, weil der Beweis das Dasein einer Sache aus dessen innerer Notwendigkeit erschließt und deswegen die Sinne überflüssig macht.

[94] Siehe dazu Metz, Glaube 149 ff, vor allem XIV, XV, XXVI-XXIX; ebenso Entwürfe; Theologie als Theodizee 106; dazu sekundär Zamora, Krise 367 ff

[95] Damit scheint es eine strukturelle Ähnlichkeit mit der individuellen Todeserwartung zu geben: Gerade die Unvorhersehbarkeit des eigenen Todesdatums war für Heidegger der entscheidende phänomenologische Hinweis dafür, daß das ganze Leben Sein zum Tode ist - SZ § 54, 260-267. Entscheidend ist aber eine inhaltliche Differenz: Der Tod ist die Vollendung des endlichen Lebens, der Augenblick der Wahrheit, in der man sich nicht mehr über seine Endlichkeit täuschen kann, er ist aber auch Beendigung und Verlust. Genau dieser negativen Bestimmung des Todes steht die Auferstehungshoffnung entgegen. Das war oben das entscheidende Argument, zwischen Tod und Auferstehung der Toten theoretisch zu unterscheiden.

die negative Erfahrung der Verzögerung der Wiederkunft und deren Bearbeitung zu ihrer Wahrheit. Das ist dann sowohl ein Stachel gegen jede Engführung der Eschatologie auf bloße Präsenz, als auch ein Vorbehalt gegen die Versöhnung mit dem Faktum der verfließenden Zeit und dem unaufhörlichen Vergehen und Verschwinden menschlichen Lebens im Schlund des Todes.[96]

e) Ist damit nicht der allgemeine Begriff der Unbegreiflichkeit Gottes verkleinert zu einem vorübergehenden Problem in der menschlichen Geschichte, das noch nicht einmal eines der ganzen Geschichte ist, weil es in ihr ja auch Glücks- und Rettungserfahrungen gibt? Inwiefern kann die Verborgenheitserfahrung und die Frage, wann er endlich wiederkommt und rettend eingreift, das Zerschlagene zusammenfügt, die Tränen trocknet und geschundenes Leben wiederherstellt, eine wichtigere und drängendere Frage sein als die Affirmation der ewigen Unbegreiflichkeit und Geheimnishaftigkeit Gottes? Hört Gott nicht auf, unbegreiflich zu sein, wenn er gekommen ist und die Geschichte so revidiert hat, daß keines ihrer Momente mehr verloren ist und jeder Augenblick, auch diejenigen, in denen auf extremste Weise Negativität und Schuld erlitten wurde, in der verwandelnden und heilenden Gegenwart Gottes gerettet ist? Dann ist ja auch seine Unbegreiflichkeit nicht mehr die Frage, warum er das gewesene Leid nicht rückgängig macht.

Das Bilderverbot Israels ist in diesem Jahrhundert ausgelegt worden als Verbot, den Zustand der erlösten Menschheit zu phantasieren.[97] Adorno hat dennoch darauf insistiert, daß jede fundamentale Kritik der Gesellschaft, die auch der Erfahrung der massenhaften Vernichtung standhält und angesichts des Grauens ihre Maßstäbe nicht verkleinert, den Gedanken einer erlösten Menschheit voraussetzt und sich gestatten muß, von dieser Voraussetzung aus zu denken.[98]

---

96 Letzteres passiert, wenn man sich dem Phänomen der vollständigen biologisch-chemischen Vernichtung des von der Seele getrennten Körpers dergestalt stellt, daß man es als Problem der leiblichen Auferstehung verneint und den Auferstehungsleib als von gänzlich anderer Leiblichkeit erachtet. Wohl ist es richtig, daß die bloße Reanimation der Leiche eine verkürzende Auferstehungsvorstellung wäre. Auferstehung verheißen ist dem ganzen Leben und der ganzen Lebensgeschichte eines Menschen, so daß es nahe liegt, die Selbigkeit von diesem und dem neuen Leben in der Seele festzumachen. Aber die Identität ist eine des individuellen Menschen. Hält man daran fest, ist das Problem des vernichteten und in den allgemeinen natürlichen Stoffwechsel aufgelösten Leibes ein unumgängliches Problem. Dieses wird größer, umso mehr Zeit vergeht. Es als unumgänglich zu erachten und zu bearbeiten ist ein Stück der theologischen Verarbeitung der Parusieverzögerung, die sich der Erfahrung des Ausbleibens stellt, sich aber gleichfalls weigert, die Ankündigung Jesu, noch in dieser Generation wiederzukommen, für eine Täuschung, also das Wissen Jesu für bloß menschlich und irrtumsexponiert zu erachten - siehe dazu NR 313.

97 W.Benjamin, Gesammelte Schriften I, Frankfurt 1974, 704 These B; M.Horkheimer, Die Sehnsucht nach dem ganz anderen. Interview mit Kommentar von Helmut Gumnior, Hamburg 1971, 58

98 Siehe dazu Zamora, Krise 457 ff und in diesem Band.

Wenn die Auferstehung der Toten theologisch gedacht wird, dann ist der Denkinhalt nicht ein phantastisches Bild, keine prospektive Reportage zukünftiger Ereignisse. Daß ihre Realität bloß gedacht ist, nicht aber erfahren, schlägt auf den Inhalt zurück - er ist theoretisch. Seine Verwirklichung als Gegenstand und Horizont sinnlicher menschlicher Erfahrungen ist gänzlich falsch vorgestellt, wenn man es wie die Ausführung eines Bauvorhabens annimmt, dessen Gestalt bereits virtuell in den Plänen und Skizzen des Architekten enthalten ist. Es ist nicht bloße Verwirklichung von etwas Vorhergedachtem, sondern Ereignis einer Wirklichkeit, die jede Erwartung, jedes Bild des Endgeschehens auch noch einmal inhaltlich übersteigt. Die Erfahrung und Anschauung des in die Geschichte kommenden Gottes ist noch einmal unendlich mehr, als jede Hoffnung sich auszumalen vermag.

Das statische Bild der Wiederherstellung der Natur wird „dynamisiert" in die Herrlichkeit Gottes. Darin entspricht es jenem unendlichen Selbstvollzug Gottes, der als sich vollziehender zugleich sich entziehendes ewiges Geheimnis bleibt. Das wird in der Hoffnung auf die Auferstehung mitgedacht, wenn Auferstehung nicht nur Beseitigung der Zerstörungen, nicht nur Negation der Negation bedeutet, sondern darin (!) unendliche Freude verheißt.

Freiheit von Bildern Gottes - Bilder von der Freiheit Gottes

Die Theodizeefrage zwischen Voluntarismus und Rationalismus

Hans-Gerd Janßen

Es ist etwas in mir, das sich weigert, dich aus der Haftung für das Weh der Kreatur zu entlassen, dich in erhabenen Begriffen in eine unendliche Ferne des Andersseins hinauszudenken. Nein, nein, Herr, ich glaube nicht, daß du mich mit der banalen Auskunft abwimmelst, das sei eben die Ordnung (manche sagen: die autonome Mechanik) der Natur - ja, aber wessen ist diese Ordnung, wenn du der Schöpfer bist? F.Stier[1]

Das Gebot, sich von Gott kein Bild zu machen, widersteht allen Versuchen sich Gottes zu bemächtigen: es wahrt die Freiheit Gottes - und des Menschen, die Unantastbarkeit ihrer Würde, und zwar in einem durchaus politisch relevanten Sinn. Theodizee, die Rechtfertigung Gottes - oder besser: des Glaubens an Gott - angesichts des Leidens sieht sich deshalb vor eine doppelte Gefahr gestellt. Wo sie meint, Gottes freies Handeln rationalistisch so durchschauen zu können, daß alles Leid als gerechtfertigt oder in Gott aufgehoben erkannt wird, bleiben göttliche und menschliche Freiheit und Würde auf der Strecke. Eben das ist der heute ohne weiteres plausible Einwand gegen alle Theodizeesysteme. Freilich wird jenes Gebot ebenso wenig dadurch erfüllt, daß die Reflexion über Freiheit zu früh abgebrochen, sie sozusagen unterbestimmt und von ihrer Unerkennbarkeit, ihrem Geheimnis gesprochen wird; das führt im allgemeinen dazu, das Wesen der Freiheit voluntaristisch auf die Willkürlichkeit ihrer Setzungen zu verkürzen - verbunden mit der Forderung, das Undurchschaubare schlicht zu akzeptieren. In die äußerste Konsequenz getrieben, führt diese Position in die Ununterscheidbarkeit Gottes von einem anonymen Schicksal, in dem Freiheit und mit ihr schließlich die Möglichkeit einer sinnvollen Rede von Gott verschwinden - also die Theodizee*frage* selbst untergeht, nicht nur nicht erlaubt ist, sondern gar nicht mehr gestellt werden kann. Beiden Gefahren, der rationalistischen wie der voluntaristischen, ist

1 Vielleicht ist irgendwo Tag, Freiburg u.a. 1993, 9.

Rechnung zu tragen; deshalb wird die Gratwanderung zwischen Rationalismus und Voluntarismus in der Theodizee zum Leitfaden und Kriterium für ihre Beurteilung.

Diese Gratwanderung läßt sich schon am Ursprung neuzeitlicher Theodizee deutlich machen: bei Leibniz. Ihm geht es um den Begriff einer Freiheit (Gottes und des Menschen), der dieser doppelten Gefahr entgeht und der so zur Grundlage eines Weltbegriffs zu werden vermag, der eine vernünftige „Rechtfertigung Gottes" gestatten soll - doch gerade damit, ebenso wie sein großer Nachfolger in Sachen Theodizee: Hegel, in die kritisierte Aporie zurückfällt. Daß diese Problemkonstellation sich bis heute durchhält und sozusagen die Klassik unserer Schwierigkeiten und Probleme um die Auseinandersetzung über Freiheit und Vernunft darstellt und uns deshalb unausweichlich mit der Frage nach Gott gerade vor dem Hintergrund des jüdisch-christlichen Bilderverbots konfrontiert, möchte dieser Aufsatz herausstellen.

Deshalb wird zunächst (I.) jene anfängliche Problemkonstellation (in ihrem Weiterwirken bis heute) herauszuarbeiten sein, die die Theodizeesysteme provoziert hat, um dann (II.) auf die von ihnen angebotene Alternative und die in ihr erneut aufbrechende Aporie zu reflektieren; abschließend (III.) sollen Perspektiven einer Rede von Gott formuliert werden, die den angezeigten Gefahren zu entgehen vermag.

I. Voluntaristische Theodizeeabstinenz: Bilderverzicht und die Herrschaft anonymer Mächte

Leibniz' Entwurf einer Theodizee[2] läßt sich zureichend nur verstehen vor dem Hintergrund seiner Auseinandersetzung mit dem neuzeitlichen Begriff der Wirklichkeit als voluntaristisches System absoluter (Willkür)Freiheit bzw. absoluten Zufalls oder als rationalistisches System absoluter Notwendigkeit; für das eine stehen Descartes und Hobbes, für das andere steht Spinoza. Es sind deren Systembegriffe von Freiheit und Notwendigkeit, gegen die Leibniz seine Theodizee entwirft, weil er einsieht, daß beide Systeme identisch sind in ihrer Gleichgültigkeit gegenüber dem Menschen, den hier eine bloß zufällig oder blind notwendig ablaufende Natur überrollt - mit der Konsequenz eines fatalistischen Sich-Schickens in das vorgeblich Unvermeidliche.

---

2 Das Folgende kann nur sehr abgekürzt und skizzenhaft formuliert werden; zur ausführlichen Begründung s. Vf., Das Theodizee-Problem der Neuzeit. Ein Beitrag zur historisch-systematischen Grundlegung politischer Theologie, Frankfurt/M u.a.1982; ders., Gott - Freiheit - Leid. Das Theodizeeproblem in der Philosophie der Neuzeit, Darmstadt [2]1993.

René Descartes radikalisiert den Voluntarismus der Spätscholastik, der Wille wird ihm zum unhintergehbaren Prius: Gottes Handeln ist - jedenfalls in der Gestalt des „Genius malignus“, der für die Reflexion auf die Grundlagen wahrer Erkenntnis gebraucht wird - in die Unbegreiflichkeit seiner Allmacht, in die undurchschaubare Willkürlichkeit seiner Setzungen zurückgenommen, so daß allein das Faktum seiner Schöpfung, nicht aber ihr Was und Worumwillen erkannt werden können; dementsprechend ist der Grund menschlicher Erkenntnis nicht zunächst in der Objektwelt vorgegeben, sondern in die Freiheit des Subjekts verlegt, dessen nicht mehr bezweifelbare Selbstgewißheit wahre Erkenntnis begründet. Die derart durch Finalursachen, durch zweckvolle Gründe nicht mehr erklärbare Welt wird dem erkennend-handelnden Zugriff des Menschen unterworfen, der durch Hypothesenbildung und experimentelle Kontrolle die Welt als mechnisches System konstruiert, wie Galileis mathematische Idealisierung der Erfahrung das beispielhaft vorführt[3], um die Naturabläufe als genau kalkulierbare Regelmäßigkeiten zu beherrschen und „uns so zu Herren und Eigentümern der Natur machen“ zu können[4].

Daß diese neue Methode auch für die ‘zweite Natur’, die Gesellschaft, Gültigkeit beansprucht, wird bei Thomas Hobbes deutlich[5]. Metaphysischer Hintergrund auch seiner Theorie ist der Willkürgott unhinterfragbarer Gewalt[6], den wir zwar als Ursache von allem prinzipiell erschließen können, von dem wir aber „keine Idee oder Abbild [...] im Geiste besitzen“[7]. Für Hobbes ist Welt ein mit den Mitteln der Mechanik aussagbares System bewegter Materie, dem auch der Mensch eingegliedert ist, dessen Aktionen nichts anderes sind als Bewegungen, die der Mechanik natürlicher Leidenschaften und ihrer Tendenz zur Selbsterhaltung folgen. Die Gesetze der Mechanik definieren Freiheit als „Fehlen von Widerstand“, als Möglichkeit, die eigenen Interessen durchzusetzen: „ein Freier [ist], wer nicht daran gehindert ist, Dinge, die er auf Grund seiner Stärke und sei-

3 Vgl. W.Heisenberg, Der Begriff der kleinsten Teilchen in der Entwicklung der Naturwissenschaft, in: Meyers Enzyklopädisches Lexikon. Bd. 2, 1971, 870-879: 875; M.Heidelberger, Die Rolle der Erfahrung in der Entstehung der Naturwissenschaften im 16. und 17. Jahrhundert: Experiment und Theorie, in: ders./ S.Thiessen, Natur und Erfahrung. Von der mittelalterlichen zur neuzeitlichen Naturwissenschaft, Reinbek 1981, 25-181, bes. 144-159.

4 R.Descartes, Von der Methode, Hamburg 1960, 50.

5 Zu Hobbes s. Vf., Das Theodizee-Problem der Neuzeit, a.a.O. 92-98.

6 Vgl. seine Hiobdeutung: Leviathan oder Stoff, Form und Gewalt eines bürgerlichen und kirchlichen Staates, Frankfurt/M u.a. 1976, 273f.

7 A.a.O. 81.

nes Verstands tun kann, seinem Willen entsprechend auszuführen“[8]. Diese Freiheit aber kann sich nur erhalten, indem sie das, was nicht sie selbst ist, sich unterwirft, also durch Herrschaft über anderes und andere; entsprechend gehören nach Hobbes „Freiheit und Herrschaft über andere“ aufs engste zusammen und werden von den Menschen „von Natur aus“ geliebt[9]. Und dieser Kampf der individuellen Freiheiten um Herrschaft unterliegt seinerseits der Logik der allgemeinen notwendigen Naturprozesse: daß sich das durchsetzt, was die größere Macht und Stärke besitzt[10]. Während für Hobbes dieser „Naturzustand“ durch einen aus der 'Mechanik' dieses Zustands notwendig sich ergebenden Gesellschaftsvertrag zu überwinden ist, wird er bereits bei John Locke - wenn auch nicht ohne Inkonsistenzen - zur positiven Grundlage der gesellschaftlichen Zusammenschlüsse[11].

Der voluntaristisch verstandene Gott, also die als Willkürmacht unterbestimmte Freiheit Gottes, dessen Wollen absolut unbegreiflich ist, eröffnet statt der finalen die kausal-mechanische Erklärung der Welt im Interesse der Beherrschung der Prozesse in Natur und Gesellschaft. Das System absoluter (Willkür-)Freiheit schlägt um in das rationalistische System absoluter Notwendigkeit, wie sich bei Baruch Spinoza ausdrücklich zeigt. Auch für ihn ist Freiheit die Selbstbestimmung des Handelnden ohne äußeren Zwang, und was seine Macht durchsetzen kann, sein natürliches Recht. Gleichwohl entspringt alles Geschehen in Natur und Geschichte mit Notwendigkeit aus dem einen, aus sich seienden, daher notwendigen und unendlichen Sein Gottes. Frei im Sinne der hindernislosen Selbstbestimmung des eigenen notwendigen Wesens ist daher allein Gott, während der Mensch gerade dort unfrei ist, wo er sich für frei hält: in Wirklichkeit wird er von undurchschauten, von außen erregten Affekten determiniert. Wo er hingegen diese Determination einsieht und sie als zur Notwendigkeit seines Wesens gehörig begreift, wird er wirklich frei. Die Macht der undurchschauten inneren Natur des Menschen kann gebrochen werden durch die Herrschaft der Vernunft, d.i. die klare Einsicht in die notwendigen Gesetze des Seienden, der äußeren wie der inneren Natur.

Die 'hindernislose', nur individuell verstandene Freiheit, deren Motiv Selbsterhaltung und deren Praxis Machtsteigerung ist, schlägt im Herrschaftsanspruch über die Welt um in eine auch den Menschen umgreifende Naturnotwendigkeit: Eben dieser Zusammenhang von Freiheit als willkürlichem Wollen und

8 A.a.O. 163.

9 A.a.O. 131.

10 Vgl. a.a.O. 75.

11 Zu Locke s. Vf., Das Theodizee-Problem der Neuzeit, a.a.O. 98-102.

Notwendigkeit des gesellschaftlichen Prozesses bleibt für die folgenden politisch-ökonomischen Theorien bestimmend. Hobbes' Gesellschaftsbegriff, der die entstehende Konkurrenz- und „Eigentumsmarktgesellschaft" begreift[12], findet sich in abgewandelter Form bei Adam Smith, dem Begründer der Nationalökonomie[13]. War bei Hobbes der Naturzustand durch einen Gesellschaftsvertrag zu überwinden, so ist bei Smith - im Anschluß an Locke - die gesetzlich gemilderte Form dieses Zustands zur Grundbedingung vernünftiger, weil wohlstandsfördernder Entwicklung geworden. Er nennt diesen gesellschaftlichen Zustand das „System der natürlichen Freiheit"[14]. Demnach soll jeder den eigenen Interessen nachgehen und seinen Nutzen verfolgen; die Freiheit der Wahl seiner Ziele und Mittel soll einzig durch die das Zusammenleben sichernden Gesetze eingeschränkt werden. Überläßt man die Dinge so ihrem natürlichen Lauf, in dem jeder getrieben durch seinen Selbsterhaltungswillen allein den eigenen Vorteil sucht, so ergibt sich von alleine im allgemeinen Wettbewerb der Interessen durch die „unsichtbare Hand"[15] des Marktes eine Mehrung des Wohlstands - ein merkwürdiger Optimismus, der aus der unterbestimmten Freiheit des 'Laissez faire' (nämlich Freiheit als Willkürmacht: bilderlose Unbegreiflichkeit) eine Art natürlicher Vorsehung hervorzaubert.

Verfeinert wurde dieses Modell in der neueren Ökonomie durch die „subjektivistische Wertlehre" der Grenznutzenschule, die den Wert eines jeglichen Gutes von der individuellen Nutzenschätzung des Verbrauchers für seine Bedürfnisbefriedigung herleitet[16]. Da es folglich keinen allgemeinen Wertmaßstab - außer dem des Geldes - gibt, gilt ein Handeln dann als rational, wenn ein Bedürfnis mit den geringstmöglichen Mitteln befriedigt wird. Was einem dabei als „Bedürfnis" erscheint, als erstrebenswertes Ziel, ist letztlich beliebig. So kann alles Handeln, gleichgültig welche Ziele es verfolgt, als Ausdruck einer Bedürfnislage interpretiert werden, die ihre Befriedigung optimal zu realisieren sucht. Wie dieses Optimum zu erreichen ist, formuliert die Ökonomie in den mathematisch darstellbaren Gesetzen rationalen Handelns eines „homo oeconomicus".

12 C.B.Macpherson, Die politische Theorie des Besitzindividualismus. Von Hobbes bis Locke, Frankfurt/M 1973, 62.

13 Vgl. E.Braun, Die naturrechtlichen Fundamente der klassischen politischen Ökonomie, in: Ernst Blochs Wirkung, Ein Arbeitsbuch zum 90. Geburtstag, Frankfurt/M 1975, 381-419; zu A.Smith: Vf., Das Theodizee-Problem der Neuzeit, a.a.O. 102-107.

14 A.Smith, Der Wohlstand der Nationen, München 1978, 582.

15 A.a.O. 85.

16 Vgl. K.Häuser, Volkswirtschaftslehre, Frankfurt/M 111974, 144ff; zur Grenznutzenschule: Vf., Das Theodizee-Problem der Neuzeit, a.a.O. 107-110.

Dieser realisiert seine Freiheit, die Verwirklichung seines zufälligen, willkürlichen Wollens, indem er sich der Notwendigkeit jener Gesetze unterstellt. Ökonomen halten sich dieses Modell, in dem individuelle Freiheit (als beliebig-willkürliches Wollen verstanden) und der Mechanismus des Marktes eine glückliche Ehe eingegangen sind, als „Hobbeschen Realismus" zugute[17].

Wenn auch das mechanistische Weltbild inzwischen durch andere Modelle abgelöst wurde, so hat sich doch die in ihm neuzeitlich grundgelegte Begriffs- und Verhältnisbestimmung von Freiheit und Notwendigkeit, von Wille und Vernunft erhalten: Eben der Zusammenhang von Freiheit als willkürlichem Wollen und Notwendigkeit der gesellschaftlichen Prozesse. Das „neue philosophische Verständnis der Natur", wie es Bernulf Kanitscheider entwirft[18], geht damit konform. Zwar lassen sich die sozialen und Wirtschaftssysteme aufgrund ihrer Komplexität nicht mehr „im Sinne eines deterministischen Wirkungszusammenhangs", der im ganzen beschreibbar und deshalb prognostizier- und planbar wäre, denken[19], doch gerade deshalb darf man dem diesem System immanenten Mechanismus kein von außen gesetztes Ziel einzuschreiben versuchen; darum zitiert Kanitscheider zustimmend Friedrich von Hayek: „Der Markt und das Preissystem sind ein Kommunikationssystem geworden, das uns über Umstände informiert, die wir konkret nicht kennen können. Infolgedessen ist die gesamte Marktordnung ein Problem der Anpassung an Umstände, die unsere konkreten Kenntnisse weit übersteigen, und das bedeutet, daß die Nutzung der Produktivkräfte der ganzen Welt, die wir heute haben, nicht mehr eine Nutzung unserer Kenntnisse sein kann, sondern daß wir uns eines Mechanismus bedienen, den wir nicht bewußt zu diesem Zweck geschaffen haben, der uns aber die Information zur Verfügung stellt, der uns in die Lage versetzt, uns an Dinge anzupassen, von denen wir gar nichts wissen."[20] Der Markt ist bilderlos und unbegreiflich und als solcher der Ordner des Ganzen; die 'unsichtbare Hand' des Marktmechanismus, der Götze der Willkür und des Zufalls, ist hier in der Tat zur steuernden und optimal ordnenden Vorsehungsgröße geworden: „Die Freiheit des Individuums, die minimale Einengung seiner spontanen Entschlüsse und die komplexe Ordnung stehen in

---

17 J.McGill Buchanan, Das Verhältnis der Wirtschaftswissenschaft zu ihren Nachbardisziplinen, in: R.Jochimsen/H.Knobel (Hg.), Gegenstand und Methoden der Nationalökonomie, Köln 1971, 88-105: 96: „Der Ökonom nimmt beinahe als einziger den Menschen so, wie er wirklich ist [...]. Im wesentlichen stellt [er] einen allgegenwärtigen Hobbesschen Realismus dar".

18 B.Kanitscheider, Von der mechanistischen Welt zum kreativen Universum. Zu einem neuen philosophischen Verständnis der Natur, Darmstadt 1993.

19 A.a.O. 26.

20 Markt - Plan - Freiheit. Franz Kreuzer im Gespräch mit Friedrich von Hayek und Ralf Dahrendorf, Wien 1983, 20; zit. nach: a.a.O. 61.

einem gegenseitigen Stützungsverhältnis. Ein freies System wird sich für die Bildung der Gesamtordnung auf die spontanen Kräfte verlassen. Sie garantieren die Aufrechterhaltung des hohen Ordnungsgrades." Und der ist per se sozial gerecht: „Soziale Gerechtigkeit im Sinne der Verteilungsgerechtigkeit ist in einer *freien* Marktwirtschaft gar nicht definiert. Es wird viel zu selten darauf hingewiesen, daß die Marktwirtschaft als ein System von Relationen zwischen freien und mündigen Personen, die miteinander in Wettbewerb stehen, von sich aus sozial ist."[21]

Auch in diesem Modell heißt Freiheit das hindernislose willkürliche Wollen: „Man ist dann frei, wenn man nicht daran gehindert wird, das zu tun, was man nach eigenem Ermessen tun möchte."[22] In diesem Sinne widerspricht Freiheit nicht einem deterministischen Kausalzusammenhang, solange er nur den eigenen Wünschen und Leidenschaften entspringt: „Eine Tat kann ohne weiteres verursacht sein, und dennoch ist der Täter dieser Tat frei, weil der Antrieb dazu aus seinem Inneren kommt."[23] Die Ehe zwischen Freiheit und Notwendigkeit ist auch hier eine glückliche und kann uns „zur Reflexion über [die] Führung durch die Naturgesetze verleiten"[24]. Daß diese Form rationaler Weltdeutung im Sinne der Erkenntnis kausaler Zusammenhänge in einem verkappten Voluntarismus, in einer Unterbestimmung von Freiheit wurzelt, wird deutlich in Kanitscheiders Verteidigung der Rationalisten: Ihnen „ist oft vorgeworfen worden, daß sie die Rolle der Vernunft überschätzen und den Anteil, den das Wollen und das Fühlen im Menschen einnehmen, unterschätzen. Bereits Bertrand Russel hat darauf die passende Antwort gegeben, indem er klarlegt, daß Anwendung der Vernunft in menschlichen Angelegenheiten nur heißen kann: 'Wahl der richtigen Mittel zu einem erwünschten Zweck. Mit der Wahl der Zwecke hat sie gar nichts zu tun.' Dabei stützt er sich auf ein berühmtes Wort von David Hume: Die Vernunft ist die Sklavin der Leidenschaften, und nur das soll sie sein."[25] Ganz im Sinne des Rationalitätskonzepts der Grenznutzenschule gibt es keine 'vernünftig' bestimmbaren Ziele, Zwecke und Bedürfnisse, d.h. 'Vernunft' tritt ganz in den Dienst der Bedürfnisbefriedigung, wird zu ihrem Mittel.

---

21 A.a.O. 65, 66; vgl. auch 200f.

22 A.a.O. 201.

23 A.a.O. 24f.

24 A.a.O. 202.

25 A.a.O. 9; Zitat: B.Russel, Dennoch siegt die Vernunft: Der Mensch im Kampf um sein Glück, Bonn 1956, 8.

Dieser Rationalismus mit seiner voluntaristischen Wurzel erweist sich so als ein Irrationalismus, der die Frage, was ich denn vernünftigerweise tun *soll*, erst gar nicht zuläßt; eben die Frage nach der Vernünftigkeit der Ziele und Zwekke (meiner, unserer, der Gesellschaft, des Wirtschaftsprozesses ...) ist hier gar nicht mehr als Frage formulierbar. Doch damit wird das neuzeitliche Konzept von Vernunft und Freiheit unterboten. Kant unterscheidet zwei Perspektiven der Weltbetrachtung: Neben der Perspektive des Beobachters, der die Welt in der wissenschaftlichen Erkenntnis als 'Erscheinung nach Naturgesetzen' analysiert, kann und muß noch eine andere Perspektive als sinnvoll angenommen werden, die die Welt vom Standpunkt des Handelnden aus betrachtet. D.h. außer dem theoretischen Vernunftgebrauch, der jedes Geschehen und alle Handlungen zu erklären sucht, ist die praktische Absicht der Vernunft zu reflektieren, nach der Menschen Handlungen aus Vernunftgründen erzeugen[26]. Eben diese letztere Perspektive ist in den hier diskutierten Modellen preisgegeben, so daß die Frage nach ethischen Normen, denen sich menschliche Freiheit vernünftigerweise zu unterstellen hat, gar nicht vorkommt; zu regeln durch Recht und Politik ist allein das reibungslose Funktionieren des Mechanismus, das eine gegenseitige Beschränkung der Freiheiten auf die das unmittelbare Zusammenleben ermöglichenden Regeln verlangt. Entsprechend ist unter der Norm der „Gleichheit" die „Anweisung [zu verstehen], daß dem einzelnen Bürger keine speziellen Hemmnisse in den Weg gelegt werden, seine ihm von seinen speziellen Anfangsbedingungen her möglichen Ziele zu erreichen"[27]. Doch welche gesellschaftlichen Ziele Recht und Politik inhaltlich näherhin setzen sollten, ist nicht aussagbar und wird wiederum dem freien Spiel der Kräfte überlassen[28]. Was bleibt, ist Freiheit als hindernislose, die - im gesetzten Rahmen - ihre *beliebigen* Ziele und Zwecke durchzusetzen vermag und dazu nur eines bedarf: der Macht, sie zu realisieren. Von hier aus verwundert es nicht, wenn in Untersuchungen über ethische Einstellungen jüngerer Führungskräfte ein „Opportunismus" genanntes „Einstellungssyndrom" festgestellt wird, „das Verantwortlichkeit nur noch gegenüber 'sich selbst' (herkömmlicherweise meint Verantwortung stets Verantwortung gegenüber Dritten!) zu übernehmen bereit ist, das im Hinblick auf die Frage nach Gut und Böse keine allgemein gültigen Maßstäbe gelten läßt, sondern dies als 'reine Gefühlssache' ansieht, welches mit einer hedonistischen und ausschließlich utilitaristischen Orientierung einhergeht und gleichzeitig kalkulierte

---

26 Vgl. L.W.Beck, Kants „Kritik der praktischen Vernunft". Ein Kommentar, München 1974, 39ff.

27 B.Kanitscheider, a.a.O. 63.

28 Vgl. a.a.O. 64f.

Rechtsbrüche als ethisch unproblematisch ansieht“[29]. Dies entspricht der Logik einer ‘hindernislosen’, nur individuell verstandenen Freiheit, deren Motiv Selbsterhaltung und deren Praxis Machtsteigerung ist, mit der Konsequenz eines „Egoismus, der in der ‘Degradierung’ des Anderen ‘zu einem Nicht-Ich’ gegen Vernunft agiert“[30], nämlich gegen eine Vernunft, die als Wille zur Allgemeinheit gerade auch das Recht des Anderen auf ein menschenwürdiges Dasein festhält - und die eigene Freiheit daran bindet. Freiheit ist darum erst dann zureichend ausgesagt, wenn sie nicht bloß als *naturhafte* Bestimm*theit* des inneren Selbst, dem beim Vollzug seiner Wünsche keine Hindernisse in den Weg gelegt werden, verstanden wird, sondern als *vernünftige Selbstbestimmung*, deren Realisierung auf den Anderen angewiesen bleibt. Doch damit ist bereits auf den nächsten Abschnitt vorgegriffen.

Anzumerken bleibt allerdings noch: Soweit Theologie im Kontext des Theodizeeproblems die Unhinterfragbarkeit der göttlichen Freiheit betont, muß sie sich fragen lassen, ob und wie sie der Verwechslung Gottes mit einer schicksalhaften Notwendigkeit entgehen kann; angesichts des hier dargestellten Problemzusammenhangs wird sie sich jedenfalls nicht mit einer schiedlich-friedlichen Trennung von christlichem Glauben und politisch-ökonomischer Theorie und Praxis zufrieden geben können.

II. Rationalistische Theodizeesysteme: Identifizierung von Bild und Wirklichkeit

Gegen die im Herrschaftsanspruch über die Welt sich abzeichnende umgreifende Naturnotwendigkeit suchen die Theodizeesysteme Welt zu begreifen als freie Schöpfung Gottes, die erst die freie Verantwortlichkeit des Subjekts zu begründen vermag, weil allein Gott die Einheit der natürlichen Welt mit der sittlichen Freiheitsgeschichte zu stiften fähig ist.

Zugleich wird damit von ihnen menschliche Freiheit und Praxis in anderer Weise, als zuvor beschrieben, bestimmt: Freiheit ist in den Theodizeesystemen nicht bloß die individuelle mit ihrem Motiv der Selbsterhaltung, die nur die eigenen Ziele und Interessen verfolgt und eher als Willkür zu bezeichnen ist, sondern Freiheit ist wirklich nur als allgemeine, die zugleich die Freiheit des anderen will,

29 F.-X.Kaufmann, Christentum im Westen: Spannungsfeld der Verweltlichung, in: ders./J.B.Metz, Zukunftsfähigkeit, Freiburg u.a. 1987, 55-90: 75; Kaufmann bezieht sich hier auf die Studie: F.X.Kaufmann/W.Kerber/P.M.Zulehner, Ethos und Religion bei Führungskräften, München 1986.

30 Th.Schumacher, Theodizee. Bedeutung und Anspruch eines Begriffs, Frankfurt/M u.a. 1994, 348 Anm. 1071; Zitate im Zitat: W.Schulz, Vernunft und Freiheit, Stuttgart 1981, 91.

seine Anerkennung als freies Subjekt. Dies besagt - gegen das Smithsche „System der natürlichen Freiheit“ - Hegels Begriff der „vernünftigen Freiheit“[31]: Es „sind Recht und Sittlichkeit allein darin, daß ich ein Denkendes bin, d.h. meine Freiheit nicht als die meiner empirischen Person ansehe, die mir als diesem Besonderen zukäme, wo ich dann den anderen durch List oder Gewalt unterwerfen könnte, sondern daß ich die Freiheit als ein an und für sich Seiendes, Allgemeines betrachte“[32]. Da die „*wahre* Freiheit [...] in der Identität meiner mit dem anderen besteht, so bin ich wahrhaft frei nur dann, wenn auch der andere frei ist und von mir als frei anerkannt wird.“[33] Weil Freiheit gegenseitige Anerkennung impliziert, gehören nicht Freiheit und Herrschaft über andere zusammen, sondern meine Freiheit und die Freiheit der anderen; freiheitsgemäße Praxis ist dann nicht naturbeherrschende Produktion, nicht Kampf um Macht, sondern solidarisches Handeln auf mehr Freiheit und Gerechtigkeit hin.

Diese allgemeine Freiheit, die den Menschen als Subjekt kennzeichnet, findet den Theodizeesystemen zufolge ihren Grund und ihr Ziel in der absoluten Freiheit Gottes, die selbst ausgezeichnet ist durch die unbedingte Anerkennung des anderen, d.h. durch die Freisetzung der Welt und des Menschen zur Freiheit. Ort wirklicher Freiheit des Subjekts, die nicht bedroht ist von einer sie umgreifenden Naturnotwendigkeit, weil sie sich nicht als Herrschaft realisiert, sondern als Anerkennung des anderen, - Ort solcher Freiheit ist also für die Theodizeesysteme die als freie Schöpfung Gottes verstandene Welt.[34] Das Umschlagen der herrschaftsbestimmten Freiheit und ihrer Selbsterhaltung in ein diese Freiheit negierendes System unentrinnbarer Notwendigkeit, das von Horkheimer und Ador-

---

31 Die Vernunft in der Geschichte, hrsg. von J.Hoffmeister, Hamburg 1955, 144. - Vgl. G.W.Leibniz, Die Theodizee, übers. von A.Buchenau, Hamburg 21968, 360: „die durch Vernunft bestimmte Freiheit“.

32 Vorlesungen über die Philosophie der Religion I. (Theorie Werkausgabe [=W], 16), Frankfurt/M 1969, 67.

33 Enzyklopädie der philosophischen Wissenschaften im Grundrisse III. (W, 10) Frankfurt/M 1970, 220.

34 Vgl. Hegel, Vorlesungen über die Philosophie der Religion II. (W, 17), Frankfurt/M 1969, 221ff, 243ff. - Dies ist auch der Kern des Leibnizschen Begriffs der Welt als der „besten aller möglichen Welten“ (Die Theodizee, a.a.O., 101); vgl. dazu Vf., Gott - Freiheit - Leid, a.a.O. 17-40. H.-J.Hess spricht in seinem Beitrag „Le Meilleur des Mondes und das Reich der Zwecke Kants“ (in: A.Heinekamp/A.Robinet [Hg.], Leibniz: Le Meilleur des Mondes, Stuttgart 1992 [Studia Leibnitiana: Sonderheft 21], 261-270) davon, daß beide Systeme „wesentlich auf der Überwindung des Determinismus einerseits und der Beliebigkeit oder Willkür bei Descartes und Spinoza andererseits [basieren], indem beide Weltbegriffe bestrebt sind, die von der Kausalität der Naturgesetze fundamental verschiedene Kausalität vernünftig handelnder Wesen zu garantieren“ (269), und daß „beide Weltbegriffe Ausdruck des Primats der praktischen im Verhältnis zur theoretischen Philosophie“ sind (270).

no als „Dialektik der Aufklärung“[35] beschrieben wurde, wird also von den neuzeitlichen Theodizeesystemen durchbrochen.

Zugleich aber unterliegen sie doch auch selbst in spezifischer Weise jener Dialektik. Denn auch in ihnen ist noch jenes Moment der Herrschaftsrationalität wirksam, demzufolge alles Sein sich der begreifenden Vernunft zu fügen hat, insofern nämlich alles Geschehen als einsehbar-vernünftiges in diese Systeme integriert wird. Denn alles, was dem unbedingten Freiheitsbewußtsein widerspricht - und das ist gerade das Negative, das, woran Menschen unverschuldet leiden, was sie schicksalhaft bedroht -, all das muß diesen Systemen zufolge eingeholt werden in den Selbstvollzug menschlicher Freiheit. Nur dann scheint ihnen diese Freiheit als allgemeine garantiert, wenn sie auch dieses Widerständige noch zu überschreiten und zu integrieren vermag, wenn sie also in allem Geschehen als wirksamer und vorantreibender Grund begriffen und aufgewiesen werden kann. Der Gesamtzusammenhang der Welt als freie Schöpfung Gottes ist in seiner Totalität - einschließlich aller Leiden und des Bösen, das sich als nichtig erweist - begreifbar, weil Gott in seinem Sein und Wollen gewußt werden kann. So Hegel: „Die geoffenbarte Religion ist die *offenbare*, weil in ihr Gott ganz offenbar geworden. Hier ist alles dem Begriff angemessen; es ist nichts Geheimes mehr an Gott.“[36] Das Bild als das bloß Äußerliche und daher der Wahrheit Unangemessene wird aufgehoben in die Allgemeinheit des Begriffs, der, indem er jenes „als ein Akzidentelles sich unterwirft“, die „Verbildlichung des Allgemeinen“ zugleich bewahrt.[37] Jenseits der vieldeutigen Bilder kann Gott begriffen und gewußt werden als die Offenbarkeit des Geistes, der in der Welt versöhnt ist.[38] Insofern manifestiert sich in Hegels Begriff des Begriffs das Umgehen des Bilderverbots: Das ‘Bild’ Gottes als - erhoben in die Allgemeinheit des Begriffs - des offenbaren versöhnten Geistes steht für seine Wirklichkeit selbst.

Es gibt jedoch das nicht einordnenbare, daher sinnlose Leiden, mit dem versöhnt zu sein sich verbietet; eben das wird in diesem ‘Bild’ Gottes exkludiert. Der Unterschied von Denken und Erkennen, von in die Begrifflichkeit erhobenem

---

35 M.Horkheimer/Th.W.Adorno, Dialektik der Aufklärung, Frankfurt/M 1969. Vgl. hierzu: Vf., Gott - Freiheit - Leid, a.a.O. 176-184 und in diesem Bd.: J.A.Zamora, Erlösung unter Bilderverbot.

36 Vorlesungen über die Philosophie der Religion I, a.a.O. , 88.

37 Vgl. Enzyklopädie der philosophischen Wissenschaften III, a.a.O. , 267.

38 Vgl. die berühmte Passage in: Vorlesungen über die Geschichte der Philosophie III. (W, 20), Frankfurt/M 1971, 455: „Das letzte Ziel und Interesse der Philosophie ist, den Gedanken, den Begriff mit der Wirklichkeit zu versöhnen. Die Philosophie ist die wahrhafte Theodizee [...], - diese Versöhnung des Geistes, und zwar des Geistes, der sich in seiner Freiheit und in dem Reichtum seiner Wirklichkeit erfaßt hat.“

Bild und erfahrener Wirklichkeit wird nicht wahrgenommen. Doch das Gedachte ist nicht das Wirkliche. Eben das macht Schelling gegen Hegel geltend: „Was [...] dem Geistigen oder dem Denken widerstrebt, das Reelle, das Seyn, als solches, dieses ist's, dessen wir zwar auch uns geistig bewußt werden können, dessen Begriff aber eben darin besteht, *nicht* im Begriff aufzugehen“[39]. Hegel hat Schelling zufolge durchaus richtig gedacht, aber das im Denken erkannte Notwendige der Versöhnung als Aufhebung des Negativen ist noch keineswegs das wirkliche Versöhntsein, es ist vielmehr das vom Denken notwendig gedachte Wesen (das „Was“) der Versöhnung, das deren Faktizität (das „Daß“) nicht impliziert, und darum zunächst bloße Möglichkeit, die im Denken aufscheint. Doch das noch so sehr vernünftig gedachte Mögliche der Versöhnung ist noch nicht die wirkliche und wirklich ergriffene Versöhnung; das im versöhnten Geist, dem 'Bild' Gottes, als an sich aufgehoben begriffene Leiden und Böse ist noch nicht das tatsächlich Getilgte. Mag daher die nichts Wirkliches auslassende Universalität der Versöhnung auch noch so sehr ihrem Wesen notwendig entsprechen, wie es das Denken begreift: ihre Wirklichkeit als universale ist nur einzusehen, wenn Gott als reale Macht aktual *erfahren* wird, die das endliche, leidbedrohte Dasein tatsächlich zu durchdringen vermag.

Daß die in den Theodizeesystemen beanspruchte Vernunft diesen Unterschied zwischen gedachter Möglichkeit und erkannter Wirklichkeit, zwischen 'Bild' und Realität nicht macht - das kennzeichnet den Wahrnehmungsverlust dieser Vernunft: Sie setzt zwar - im Unterschied zur bilderlosen Willkürfreiheit - Zwecke als vernünftige, aber sie grenzt in der Überbestimmung der Freiheit als vernünftige die Affektion der Vernunft durch Leiden, die in das 'Bild' nicht passen, aus. Genau dadurch aber überschreiten die Theodizeesysteme das Bilderverbot und werden gegenüber dem realen Leiden abstrakt und inhuman, und deshalb sind sie für uns nicht mehr vollziehbar.

III. Die Theodizeefrage und das „Bild“ Gottes: Rückfrage an Gott in Klage und Anklage

Die Absage an die Theodizeesysteme erwächst aus der Einsicht, daß Freiheit und Würde des Menschen in ihnen unzureichend gewahrt werden. Geschärft durch die Katastrophen unseres Jahrhunderts treten die Funktionalisierungen, Hypermoralisierungen und Ästhetisierungen des Leidens in den Blick.[40] Wir können

[39] Briefwechsel mit Eschenmayer, in: Ausgewählte Schriften Bd. 4, Frankfurt/M 1985, 321-367: 342.

[40] Vgl. W.Oelmüller, Philosophische Antwortversuche angesichts des Leidens, in: ders. (Hg.), Theodizee - Gott vor Gericht?, München 1990, 67-86.

nicht alles Leiden in einem umfassenden System einordnen, das über die Köpfe der Leidenden hinweg den Sinn des Ganzen behauptet und gerade dadurch ihnen das Recht auf Anerkennung ihres Subjektseins verweigert, da sie so zu Objekten unseres begreifenden Denkens würden. Wir sind daher verwiesen auf die Plausibilität leidbewältigender Praxis selbst als Praxis solidarischer Freiheit, die *mit* den Leidenden Wege der Bewältigung ihres Leidens sucht und noch in Klage und Anklage das Recht selbst der Vernichteten auf Rettung festhält. Statt umfassende Theodizeesysteme zu entwerfen, reflektiert Theologie nun auf die christliche Praxis angesichts des Leidens. Es geht ihr nicht um theoretische Erklärungen über das Warum des Leids, die diesem den Schein des Vernünftigen und Notwendigen gäben, sondern um den Versuch einer möglichen Bewältigung der Leiden. Denn gerade aufgrund der Heilsverheißungen, von denen der christliche Glaube spricht - in den Bildern vom Aufrichten des Gebrochenen bis hin zum Trocknen der Tränen -, ist zu sagen: Leid soll *nicht* sein. Die praktische Bewältigung des Leids will - wo immer das geht - Leiden verhindern oder beseitigen, indem seine Ursachen erkannt und bekämpft werden, oder sie will - wo dies nicht möglich ist - Weisen einer Annahme finden helfen, die nun nicht einfach zustimmende Bejahung meint, sondern trotz des Leids einen das Unausweichliche annehmenden sinnvollen Lebensweg für den vom Leid Betroffenen ermöglicht[41].

Doch weil die praktische Bewältigung des Leidens immer fragmentarisch bleibt und niemals in die Beruhigung theoretischer Gewißheit münden kann, da wir das vergangene Leiden - etwa und gerade das von Auschwitz - in keiner der oben genannten Weisen bewältigen können, deshalb gehört zur christlichen Praxis angesichts des Leids auch die Wiederentdeckung der biblischen Klage vor Gott, ja, der Anklage Gottes. Klage und Anklage sind Sprachformen, in denen Menschen sich gerade nicht einem antlitzlosen Schicksal unterwerfen, sondern Gott anrufen, seine Heilszusagen einklagen und damit sich an den wenden, der - wie die biblischen Erzählungen zu berichten wissen - zu retten vermag. Christliche Praxis angesichts des Leids nimmt Klage und Anklage ernst: Sie fragt tatsächlich ihn, Gott, warum er nicht kommt, an das unbewältigbare Leid zu rühren. Insofern inhäriert solcher Praxis - wie Metz sagt - ein „Leiden an Gott" und daher auch liegt ein „Hauch von Unversöhntheit" über dem Christentum[42].

In Klage und Anklage ist die Spannung zwischen dem als rettend erinnerten Gott und der Erfahrung abgrundtiefen Leidens aufbewahrt. Das 'Bild' Gottes und

---

41 Vgl. Vf., Leidenserfahrung und theologische Reflexion. Zur Relevanz seelsorgerischer Begleitung vom Leid Betroffener für theologische Theoriebildung, in: ders., Dem Leiden widerstehen. Aufsätze zur Grundlegung einer praktischen Theodizee, Münster 1996, 27-52.

42 J.B.Metz, Theologie als Theodizee? in: W.Oelmüller (Hg.), Theodizee - Gott vor Gericht?, München 1990, 103-118: 105, 116.

seiner rettenden Freiheit und Macht artikuliert sich negativ im Vermissen[43]; in diesem Vermissen aber, das des Leidens eingedenk ist und sich mit ihm nicht aussöhnt, ist das 'Bild' des rettenden Gottes, dessen erbarmende Liebe auch noch an das vergangene Leiden zu rühren vermag, festgehalten - doch ohne es in wissender Theorie, in einer Anschauung eines Sinnganzen auszumalen: Das Bilderverbot bleibt gewahrt. Allein darin ist die Freiheit Gottes weder über- noch unterbestimmt: Freiheit Gottes ist Liebe, nicht Willkürmacht, doch diese Liebe ist - in der doppelten Bedeutung des Wortes - unaussprechlich, nicht zu fassen, zugleich erfahren als nah und fern, erhofft und vermißt. Eben das artikuliert sich in Klage und Anklage Gottes: Sehnsucht nach ihm und seiner Rettung und Leiden an ihm und seinem Ausbleiben: „Gottespassion"[44].

Diese konkretisiert sich im Willen zur Gerechtigkeit, in einer Praxis solidarischer Freiheit als Widerstand gegen die Götzen der Willkür und des Zufalls, die in ihrer gänzlichen Unsichtbarkeit und Bilderlosigkeit Heil versprechen, doch nicht einlösen, da sie Freiheit nur kennen als Herrschaft. Die leidbewältigende Praxis als (gesellschaftlich, politisch, ökonomisch relevante) Praxis der Anerkennung des anderen als freies Subjekt, die der Praxis bloßer Selbsterhaltung und Machtsteigerung und dem Verständnis des Weltgeschehens als eines notwendigen Naturprozesses widerspricht und stattdessen Welt als freie Schöpfung Gottes verteidigt, - diese Praxis kann nicht abgeleitet werden aus solchen Theodizeesystemen, sondern bleibt verwiesen auf die Erinnerung und Erzählung jener Ereignisse, in denen zuerst die befreiende und freisetzende Erfahrung der Anerkennung des anderen - und gerade des Bedürftigen - als Grund und Ziel der Schöpfungswirklichkeit gemacht wurde[45]. Das sind nach jüdisch-christlicher Überzeugung die Ereignisse, in denen sich Gott als geschichtsmächtiger Retter und Befreier den Menschen kenntlich und erkennbar gemacht hat, also in herausragender Weise der Exodus und Leben und Geschick Jesu Christi. Jedoch ist der Gekreuzigte - mit seinem Schrei nach Gott, der seine unmittelbare Identifizierung mit diesem verbietet - weniger als Bild Gottes zu verstehen, denn als Ausdruck der Vernichtung des Menschen durch Menschen. Daß Gott diese Vernichtung nicht das letzte Wort sein läßt: dies erst macht - indirekt und sub contrario - den gekreuzigten

---

43 Vgl. J.B.Metz, Religion, ja - Gott, nein, in: ders./T.R.Peters, Gottespassion. Zur Ordensexistenz heute, Freiburg u.a. 1991, 11-62: 31ff; T.R.Peters, Johann Baptist Metz - Theologie des vermißten Gottes, in: ders., Mystik - Mythos - Metaphysik. Die Spur des vermißten Gottes, Mainz und München 1992, 91-100.

44 Vgl. J.B.Metz/T.R.Peters, Gottespassion, a.a.O.

45 Zur anamnetischen Verfaßtheit der Vernunft vgl.: J.B.Metz, Glaube in Geschichte und Gesellschaft, Mainz 1977, 161-175; ders., Anamnetische Vernunft, in: A.Honneth (Hg.), Zwischenbetrachtungen im Prozeß der Aufkläruhng (FS J.Habermas), Frankfurt/M 1989, 733-738.

Christus zum Bild Gottes: sein Gegen-Wort gegen das durch Menschen verursachte Böse, gegen Vernichtung, Tod und Untergang. So aber sind Exodus und Leben und Geschick Jesu Christi Bilder von Gott: Bilder, die die Erinnerung gebildet und an denen sich die Erinnerung gebildet hat, Bilder, die an Erinnerung gebunden und mit geschichtlichen Erfahrungen aufgeladen sind, mit neuen sich verbinden, die Hoffnung nicht sterben lassen und so hinausschießen über die den Menschen von sich aus möglichen Erfahrungen von Gelingen, Rettung, Heil und deshalb nicht abbildbar sind - nicht auszumalen: So wird sie sein, die Erfüllung, die diese erinnerten Bilder versprechen. Ob sie Vor-Schein sind oder nur Schein, wird sich erweisen und zeigt sich doch auch schon jetzt in dem, was sie aus dem Vergehenden, dem (scheinbar?) Verlorenen retten und bewahren können. Das Bilderverbot lebt von solchen erinnerten, auf Zukunft hin offenen, Zukunft eröffnenden Bildern, will sie nicht zur puren Bilderlosigkeit: zum Vergessen Gottes verkommen.

Die Wirklichkeit und Wahrheit dieser Erfahrungen und ihrer Bilder wird bekannt und verteidigt zuletzt in solchem leidbewältigenden, den anderen anerkennenden Handeln, das das Subjektsein aller festhält und einklagt. Die Rückbindung der Rede von Gott, des Gottes-'Bildes' an geschichtliche Erfahrungen der Rettung und den in ihnen enthaltenen Verheißungen impliziert eine nicht-metaphysische, vielmehr konkrete, erfahrungsgebundene Rede von der rettenden Macht Gottes, die selbst zurückgebunden bleibt an eine (geschichtlich wirksam gewordene!) Praxis des Widerstands gegen Tod, Vernichtung und Unterdrükkung. Dieses Handeln, diese Praxis tritt sozusagen die Nachfolge der Theodizeesysteme an. Als fragmentarische aber weiß sie sich - im Unterschied zu jenen - nicht als Lösung des Theodizeeproblems, sondern als Verweis auf den trotz aller notwendigen Bilder nicht abbildbaren 'Löser', den sie bekennt.

So will dieser Aufsatz eine Erinnerung daran sein, was mit dem Verlust der Rückfrage an Gott, der sich eben auch in der Unterbestimmung seiner Freiheit als unbefragbare, bilderlose Willkürmacht dokumentiert, verlorengegangen ist: „Was heute viele Menschen [...] Gott nicht zutrauen mögen, trauen sie einem anonymen Schicksal, den historischen, sozialen, ökonomischen, kulturellen, genetischen Konditionierungen, kurz: *den Verhältnissen* sehr wohl zu. Der Versuch der Entlastung Gottes gegenüber Anfragen und Anklagen [...] hat die anonyme Macht des Schicksals auf den Thron gehoben. Die Furcht, die Anklage Gottes könne nicht christlich sein, hat *die* Norm des Heidentums wieder in Geltung gesetzt: die Moira, das Fatum, 'die Verhältnisse'."[46]

46 J.Ebach, „Herr, warum handelst du böse an diesem Volk?" Klage vor Gott und Anklage Gottes in der Erfahrung des Scheiterns, in: Concilium 26 (1990) 430-436: 433.

Vom Bilderverbot zum jüdischen Gebet in Arnold Schönbergs Oper Moses und Aron

Verena Lenzen

„O Wort, du Wort, das mir fehlt!" Mit dem verzweifelten Ausruf des Moses endet der Zweite Akt von Arnold Schönbergs Hauptwerk Moses und Aron. Der Dritte Akt, den Schönberg nicht mehr vertonte, besteht aus einer einzigen Szene, einem letzten Dialog zwischen Moses und Aron. Kurz vor seinem Tod erklärte der Komponist sich einverstanden, „daß III. Akt eventuell ohne Musik, bloß gesprochen, aufgeführt wird, falls ich Komposition nicht vollenden kann".[1]

Vordergründig erklären Widrigkeiten der Lebens- und Zeitgeschichte, warum das Werk Fragment blieb: Im Oktober 1928 begann Schönberg mit der Abfassung des Operntextes. Die Eintragungen ins Particell datieren die Komposition des Ersten und Zweiten Aktes zwischen dem 17. Juli 1930 und dem 20. Januar 1932, als Schönberg während eines Kompositionsurlaubs in Spanien die Arbeit an der Oper von Anfang bis Mitte 1931 unterbrach. Zwischen April 1934 und Mai 1935 arbeitete er in der amerikanischen Emigration weiter am Text des Dritten Aktes. Bis zu seinem Tod trug sich Schönberg trotz äußerer Widerstände und stofflich-dramaturgischer Probleme mit der Idee, dieses Werk abzuschließen.[2]

Wer jedoch die Unfertigkeit des Kunstwerks als Scheitern des Künstlers auslegt, belegt allenfalls die eigene Beschränktheit.

Hintergründig läßt sich die Bruchstückhaftigkeit von Schönbergs Oper durch den musikgeschichtlichen Kontext erhellen. Durch Richard Wagner, so lautet die These von Philippe Lacoue-Labarthe, sei die Oper im Grunde „saturiert" worden. Alles, was auf Wagner folgt, trägt die „Stigmata des Endes". Diese können sich verschiedenartig äußern: in der Übersättigung und Weitschweifigkeit des Frühwerks von Richard Strauß, in der Entstrukturierung à la Débussy oder schließlich im Stil der eigentlich modernen Radikalität, durch den

---

1 Vgl. Gerd Uekermann, Arnold Schönberg: Moses und Aron. Textheft zur CD 414264-2, S.37.

2 Vgl. Arnold Schönberg: Moses und Aron. Programmheft der Salzburger Festspiele, 1987.

gewaltsamen Bruch und die Nicht-Vollendung von Bergs Lulu und Schönbergs Moses und Aron.[3]

Tiefgründig läßt sich die Torsohaftigkeit von Schönbergs Werk nur theologisch deuten, und erst aus dieser Sicht erweist sich das Unvollendete als das Vollendete. Die Thematik der Oper forderte geradezu Fragmentarität ein.

Am 15. März 1933 schrieb Schönberg an den Schriftsteller Walter Eidlitz, der ihm sein Buch Der Berg in der Wüste geschickt hatte: „Ich selbst habe aus dem mächtigen Stoff vor allem diese Elemente in den Vordergrund gerückt: Der Gedanke des unvorstellbaren Gottes, des auserwählten Volkes und des Volksführers. (...) Mein Moses gleicht - als Erscheinung allerdings nur - etwa dem Michelangelos."[4]

Damit benannte Schönberg den künstlerischen Archetypus vieler Moses-Darstellungen: Michelangelos überlebensgroße Moses-Skulptur für das Julius-Grabmal in der römischen Kirche San Pietro in Vincoli. Es liegt eine gewisse Ironie darin, daß ausgerechnet Moses, auf den die Kritik des gehauenen Abbildes zurückgeht, durch eine Bildhauerstatue dem Bewußtsein und der allgemeinen Bildung eingeprägt wurde. Über vierzig Jahre arbeitete Michelangelo an der Marmorstatue, und dieser in mancher Hinsicht schwierige Auftrag drohte ihn, wie er klagte, in „Ruin und Schmach" zu stürzen und um den Verstand zu bringen.[5]

Mit der Gestalt des Moses hatte Schönberg ein Thema aufgegriffen, das für die jüdische Tradition zentral und gleichzeitig aktuell für den Zeitgeist des deutschsprachigen Judentums war. „In jeder Generation des jüdischen Volkes gibt es ein Erwachen Mosis"[6], erklärte der hebräische Schriftsteller Achad Haam am Ende des vorigen Jahrhunderts. Im zwanzigsten Jahrhundert suchte das Judentum nach zeitgemäßen Ebenbildern und Abbildern des Moses, ohne das römische Bildnis von Michelangelos Moses aus dem Blick zu verlieren. Gustav Janouch berichtet, daß er Kafka eine illustrierte Monographie über Michelangelo zeigte und dieser lange bei der Abbildung der Moses-Statue verweilte: „'Das ist kein

---

3 Vgl. Philippe Lacoue-Labarthe, Die Zäsur der Religion. Zu Schönbergs Moses und Aron, in: Christiaan L. Hart Nibbrig (Hg.), Was heißt „Darstellen"?, Frankfurt am Main 1994, S.451-479; hier S.451.

4 Arnold Schönberg, Briefe. Ausgewählt und herausgegeben von Erwin Stein, Mainz 1958, S.188 (im folgenden: Briefe).

5 Vgl. Robert Coughlan, Michelangelo und seine Zeit, Niederlande 1971, S.153.

6 Achad Haam, Moses, zit. nach André Neher, Moses, Reinbek 1989, S.110.

Führer', sagte er. 'Das ist ein Richter, ein strenger Richter. Schließlich kann der Mensch nur durch ein hartes, unerbittliches Richten führen.'"[7]

Der Moses-Skulptur des Michelangelo verfiel auch Sigmund Freud bei seiner ersten Romreise 1901 in Ehrfurcht und Schaudern; sie wurde entscheidend für Freuds lebenslange Moses-Faszination und Identifikation. 1939, nach Freuds Flucht aus Nazideutschland und kurz vor seinem Tod, erschien nach langem Zögern und schwieriger Werkgeschichte sein letztes Buch Der Mann Moses und die monotheistische Religion.[8] Es beschäftigte ihn in seinen letzten Lebensjahren und quälte ihn „wie ein unerlöster Geist".[9]

Fast alle großen künstlerischen Bearbeitungen des Moses-Stoffes spiegeln die Melancholie der biblischen Gestalt wider. Unerreichbar ist Moses, von Gott Auge in Auge berufen: „Niemals wieder ist in Israel ein Prophet wie Moses aufgetreten" (Dtn 34,10). Unerreicht bleibt das Ziel seines unwegsamen Lebensweges und seiner vierzigjährigen Wüstenwanderung, denn „hinüberziehen" wird er nicht in das verheißene Land, auf das er sterbend nur einen letzten Blick werfen darf (Dtn 31,1ff). Diese Spannung von Moses unerreichbarer Größe und seiner Tragik des Unerreichten bricht in jenen Kunstwerken und Lebenswerken durch, die das Paradox erfassen, daß das Unerreichbare nur im Unerreichten zu erreichen ist. Das scheint fast der Bannfluch zu sein, der keine vollständige Annäherung an die Moses-Gestalt zuläßt.

„Kein Moses kommt in das Gelobte Land."[10] So kommentierte ein Rezensent Herzls Roman über die zionistische Vision Altneuland. Wie Moses, der Prophet und Volksführer Israels, formte Theodor Herzl (1860-1904), Visionär und Begründer des modernen Zionismus, das Zusammengehörigkeitsgefühl des jüdischen Kollektivs und führte es auf den Weg zu einer nationalen Heimstätte in Palästina. Wie sein Leitbild Moses erreichte Herzl nie das Land seiner Sehnsucht. 1949, fünfundvierzig Jahre nach seinem Tod, wurde sein Leichnam nach Jerusalem überführt.

Herzls Tagebücher dokumentieren seine wachsende Identifikation mit Moses. Am 26. März 1898 notiert er im Tagebuch einen Entwurf für ein Moses-

---

[7] Vgl. Gustav Janouch, Gespräche mit Kafka. Aufzeichnungen und Erinnerungen, Frankfurt am Main 1981, S.126.

[8] Sigmund Freud, Der Mann Moses und die monotheistische Religion, Frankfurt am Main 1992.

[9] Vgl. Yosef Hayim Yerushalmi, Freuds Moses. Endliches und unendliches Judentum, Berlin 1992, S.90.

[10] Vgl. Gisela Brude-Firnau, Nachwort, in: Vision und Politik. Die Tagebücher Theodor Herzls, Frankfurt am Main 1976, S.282-313; hier S.306.

Drama: „Das Drama, wie er innerlich mürbe wird, und doch an seinem Willen sich aufrecht erhält. Er ist der Führer, weil er es nicht sein will. Es ordnet sich ihm alles unter, weil er keinen persönlichen Wunsch hat. Ihm ist es nicht um das Ziel, sondern um die Wanderung zu tun (...). Es ist die Tragödie des Führers von Menschen, der kein Verführer ist.“[11] Die Charakterisierung von Herzls Moses klingt fast wie ein Portrait von Schönbergs Moses.

Die Parallelen zwischen Herzls und Schönbergs Moses-Bildern sind augenfällig, und ebenso ergiebig wie notwendig wäre eine Untersuchung von Herzls Einfluß auf Schönbergs künstlerisches und politisches Schaffen. Die kulturelle Nähe war vorgegeben, zwei Repräsentanten des Wiener Judentums, die aus der Assimilation und durch die Erfahrung von Antisemitismus zu einer zionistischen Orientierung fanden. 1896 war Herzls programmatische Schrift Der Judenstaat erschienen. Ein Jahr später folgte der Erste Zionistische Weltkongreß in Basel. 1902 unterstützte Herzl den britischen Vorschlag, in Uganda eine vorläufige jüdische Heimstätte für die osteuropäischen Pogromopfer zu schaffen. In den Jahren 1926/27 knüpft Schönberg in seinem Schauspiel Der biblische Weg an Herzls Uganda-Projekt an und behandelt die Gründung eines jüdischen Staates „Neupalästina“ auf afrikanischem Boden. Viele Gedanken dieses Schauspiels fanden ab 1933 Eingang in Schönbergs politische Schriften und wurden 1938 zusammengefaßt in seinem Four-Point-Programm, einem Aktionskonzept zur Rettung der europäischen Juden und zur nationalen Einigung des Judentums.[12]

1933 war Schönberg in Paris in die jüdische Glaubensgemeinschaft zurückgekehrt. Einer der beiden Zeugen der Zeremonie war Marc Chagall. Auch in Chagalls Bildern zur Bibel taucht seit 1931 die Moses-Gestalt immer wieder auf. „Unser Moses ist tot!“ schreibt er 1945 - nach dem Grauen der Schoah. Von Moses in identifikatorischer Nähe fasziniert, weiß sich Chagall in eine mystische Stellvertreterschaft genommen, „neue Tafeln auszumeißeln für eine neue Welt“ (1950)[13].

Das Moses-Sujet bleibt präsent in der Kunst dieses Jahrhunderts: 1944 erscheint Thomas Manns Novelle Das Gesetz, 1948 Martin Bubers Studie Moses, 1951 Schalom Aschs Roman Moses und 1956 André Nehers Monographie Moise et la vocation juive. Eine Moses-Trilogie verfaßte Hans Weissenberg, ein

---

[11] Ebd. S.305.

[12] , Vgl. Michael Mäckelmann, „Ich nenne mich heute mit Stolz einen Juden ...“. Anmerkungen zu Schönbergs jüdisch-politischem Engagement, in: Programmheft der Salzburger Festspiele, o.S.

[13] Marc Chagall, zit. nach Christoph Goldmann, Marc Chagall und die Bibel, in: Marc Chagall, Bilder zur Bibel, Bonn 1993, S.11-21; hier S.20.

deutschsprachiger Schriftsteller in Haifa (1968: Moses, Prinz von Ägypten; 1973: Moses, der Befreier; 1981: Moses, Mann des Weges).[14]

Die grundlegende Übereinstimmung aller Moses-Bilder erfaßt Ulrich Sonnemann in seinem Essay Mose oder Die Zukunft der Autorität: „Ob in André Nehers großer Moses-Monographie oder bei Freud oder dem oft zitierten Thomas Mann, die alle drei ganz verschiedene Moses-Bilder entwerfen; ob bei Auerbach oder Hauret, Susman oder Bäschlin, Leist oder Rowley, um die Moses-Literatur auch nur anzurühren, die aus einem neuerwachten Interesse nun seit manchem Jahr ins Riesige wächst, der entscheidende Zug an Jahwe ist nach allen seine Unsichtbarkeit."[15] Diese „seine radikale Unausdenkbarkeit" ist „eine Unendlichkeit für das Denken".[16]

Damit ist wohl der eigentliche Grund genannt, warum Schönbergs Oper „nicht nur zufällig, sondern wesentlich unvollendet"[17] blieb, warum das Werk Fragment wurde: Sakrales Fragment, wie Adorno auch seinen Berliner Vortrag über Schönbergs Moses und Aron 1963 betitelte. Mit diesem Werk rückte Schönberg „bis an die Schwelle des Selbstbewußtseins seines eigenen Unterfangens, der Unmöglichkeit des ästhetisch Ganzen, das es kraft absoluten metaphysischen Gehaltes wird, während er doch mit keinem Geringeren sich bescheiden konnte. Die bedeutenden Kunstwerke sind wohl überhaupt die, welche nach einem Äußersten trachten; die darüber zerschellen und deren Bruchlinien zurückbleiben als Chiffren der unnennbaren obersten Wahrheit. So emphatisch ist Moses und Aron Fragment, und kaum wäre verstiegen, wer aus dem Unvollendbaren erklärte, warum es nicht vollendet wurde."[18]

Im Sakralen Fragment nennt Adorno die thematische Mitte von Moses und Aron: „das jüdische Bilderverbot"[19]. Dieses offenbart in moderner ästhetischer Lesart „eine Antinomie von Kunst": „Der Irrtum, man müsse, um in der Kunst der höchsten Gehalte mächtig zu werden, die höchsten Gehalte verhandeln oder darstellen, der bereits die Hegelsche Ästhetik einstellt, entspringt im Gleichen.

---

14 Vgl. Verena Lenzen, Moses, Augsburg 1996 (Hinweise zur Moses-Literatur).

15 Ulrich Sonnemann, Mose oder Die Zukunft der Autorität, in: Ders., Tunnelstiche. Reden, Aufzeichnungen und Essays, Frankfurt am Main 1987, S.67-73; hier S.71.

16 Vgl. ebd.

17 Lacoue-Labarthe, Die Zäsur der Religion, S. 461.

18 Theodor W. Adorno, Sakrales Fragment. Über Schönbergs Moses und Aron, in: Ders., Musikalische Schriften I-III, Frankfurt am Main 1978 (GS Bd.16), S.454-475; hier S.454f. Anm. Typographische Hervorhebungen in Zitaten von V.L.

19 Ebd. S.458.

Der Gehalt, der sich entzieht, soll gebannt werden, indem man ihn an Stoffe kettet, denen er der Tradition zufolge einmal innewohnte. Vergebens. Das Bilderverbot reicht weiter, als selbst Schönberg denken mochte, der es achtete wie wenige. Die großen Gehalte im Kunstwerk unmittelbar thematisch machen heißt heute ihr Nachbild entwerfen; damit aber, zwangsläufig, daß sie dem Kunstwerk als das entfliehen, was sie an sich selber sind."[20]

Wenn nun die radikale Unausdenklichkeit von JHWH eine Unendlichkeit für das Denken ist, wie Sonnemann sagt, könnte mit Émile Cioran die Gegenfrage gestellt werden, ob nicht allein die Musik jene Unendlichkeit zu erfassen vermag: „Das begrenzte, das realisierte Unendliche, für die Philosophie ein Unsinn, ist die eigentliche Wirklichkeit, das Wesen der Musik."[21]

Diese Frage nun, ob die Musik als „Bild des Bilderlosen" einen Ausweg aus dem ikonoklastischen Dilemma weise, erörtert Adorno in einer interessanten, daher vollständig zitierten Passage über Schönbergs Oper: „Das Absolute, auf das diese Musik ohne Erschleichung hinaus will, ist sie als ihr eigener Gedanke, selber das, was die Fabel am letzten möchte, Bild des Bilderlosen.

Das jüdische Bilderverbot, um welches der Text zentriert ist, nennt zugleich den musikalischen Ansatz. Ein anderer Chor aus op. 27 beginnt: Du sollst dir kein Bild machen. Musik ist die bilderlose Kunst und war von jenem Verbot ausgenommen; das ist wohl der Schlüssel zum Verständnis von Musik und Judentum. Musik war jedoch, auf den geschichtlic

hen Stufen von musica ficta, stile rappresentativo, von Ausdrucksmusik, die ein anderes versinnbildlicht, als was sie selber ist, ins Bildwesen aller europäischen Kunst verstrickt. (...) Musik lernte nachzuahmen. Dem hat unwillentlich, mit abgründiger Ironie, Schönberg seinen Tribut zollen müssen. Aron, der Mann der Bilder und der Vermittlung, muß in der Oper singen, bedient sich der bilderlosen Sprache. Moses aber, der Träger des Bilderverbots, singt bei Schönberg nicht, sondern spricht: nicht anders kann er dramaturgisch das alttestamentarische Tabu über den Ausdruck fassen, als dadurch, daß er ihn so sich mitteilen läßt, wie er es nach biblischer Erzählung kaum recht vermag.

(...) Die vertrackte Aufgabe der Musik aber, Bild des Bilderlosen zu sein, möchte die Sachlichkeit des Meisters bemeistern. (...)

Die Oper Moses und Aron ist musica ficta, aber als aufgehobene. Das Bilderwesen der Musik, vor dem es der Idee des bilderlosen Werkes schaudert, wird

20 Ebd. S.469f.

21 Émile M. Cioran, Syllogismen der Bitterkeit, Frankfurt am Main 1980, S.72.

den einzelnen Gestalten aufgebürdet, als ob durch den Untergang hindurch das Bilderlose geriete. Als ob: denn dieser Vollzug selber bleibt Fiktion."[22]

Im Dritten Akt der Oper, der unvertont bleibt, verstummt die Musik gänzlich, und vielleicht „ist aller Ausdruck, nächstverwandt dem Transzendierenden, so dicht am Verstummen, wie in großer neuer Musik nichts so viel Ausdruck hat wie das Verlöschende"[23].

Wenn Adorno und Lacoue-Labarthe in ihren Schönberg-Interpretationen die Problematik des jüdischen Bilderverbots und der Musik als Bild des Bilderlosen hervorheben, so sollen diese Grundlinien hier unterstrichen und zugleich verlängert werden, gemäß Schönbergs Diktum in seiner programmatischen Schrift Neue Musik (meine): „Denn man muàa die Gedanken fortsetzen. Sie sind noch nicht zu Ende gedacht."[24]

Das Bilderverbot ist letztlich als „Wächter der Theo-logie" zu begreifen, „weil es ihm um das besondere Gottesbild und die rechte Verhältnisbestimmung zwischen Gott und Mensch geht".[25]

Es bringt die jüdische Gottesvorstellung zum Ausdruck, und um diese ging es Schönberg bei Moses und Aron zuvorderst. Im zitierten Brief an Eidlitz nennt er als ersten thematischen Schwerpunkt den „Gedanke(n) des unvorstellbaren Gottes", und im Ersten Akt hebt die Oper mit Moses Ausruf an, der leitmotivisch wiederkehrt:

„Einziger, ewiger, allgegenwärtiger,
unsichtbarer und unvorstellbarer Gott!"

Der Einzige kann nicht geteilt und daher nicht mit-geteilt werden. „Gott kann nicht (mit-)geteilt werden, wenn Er es könnte, dann wäre Er nicht mehr der Einzige. Der Eine darf, um weiterhin der Einzige zu sein, nicht (mit-)geteilt werden. Deshalb ist der Name Gottes ein unaussprechlicher Name in der jüdischen Tradition: ihn auszusprechen würde bedeuten ihn (mit-)zuteilen. Nicht (mit-)geteilt bleibt er unausgesprochen, nicht-gesagter Name, abwesender Name von etwas Abwesendem, das ein solches bleibt, weil Er der Einzige ist."[26] In dieser Reflexion rührt der Philosoph Edmond Jabès an die jüdische Tradition des göttli-

---

22 Adorno, Sakrales Fragment, S.458f.

23 Ders., Ästhetische Theorie, Frankfurt am Main 51981, S.123

24 Arnold Schönberg, Neue Musik (meine), in: Programmheft der Salzburger Festspiele, o.S.

25 Vgl. Christoph Dohmen, Bilderverbot, in: Franz König, Hans Waldenfels (Hg.), Lexikon der Religionen, Freiburg 1987, S.62-64; hier S.63.

26 Edmond Jabès, Migranten, Berlin, 1995, S.106.

chen Namens (HaSchem), der nur angesprochen, doch nicht ausgesprochen werden kann. Während alle Benennungen Gottes nur bruchstückhaften Charakter besitzen, umfaßt allein der göttliche Name (HaSchem) als eigentlicher Name des Namenlosen die Ganzheit Gottes und muß daher unaussprechbar sein. Gershom Scholem hat diese jüdische Namenstheologie, die sich vor allem in der Mystik verdichtet, in Satz 9 seiner Zehn unhistorische(n) Sätze über Kabbala gebündelt: „Ganzheiten sind nur okkult tradierbar. Der Name Gottes ist ansprechbar, aber nicht aussprechbar. Denn nur das Fragmentarische an ihr macht die Sprache sprechbar. Die 'wahre' Sprache kann nicht gesprochen werden, sowenig wie das absolut Konkrete vollzogen werden kann."[27] Das Zitat liefert einen weiteren Schlüssel zur Fragmentarität von Schönbergs Oper, denn nur im Fragmentarischen erreicht sie ihren Ausdruck, und es eröffnet zugleich den eigentlichen Gehalt des Werkes: die Gestalt des göttlichen Namens. Der Kreis der zitierten Gedanken und Namen schließt sich, wenn man bedenkt, daß Adorno sein Sakrales Fragment über Schönbergs Operntorso Gershom Scholem widmete.

In zwei knappen Kommentaren stossen Adorno wie Lacoue-Labarthe zu der Quintessenz des Schönbergschen Bilderverbots vor, zum wesentlichen Wahrheitsgehalt von Moses und Aron: dem Konzept des göttlichen Namens[28]. Auch Franz Werfel ahnte die Nähe von Schönbergs Musik zur jüdischen Tradition der Heiligung des Namens und zur jüdischen Mystik: „In seiner Hingabe an das Unbedingte ist dieser Meister der Musik am ehesten mit den alten Meistern der Kabbala zu vergleichen. Wie diese durch die 'Heiligung des Namens' das Göttliche in die irdische Sphäre ziehen wollten, so versucht Arnold Schönberg, durch die Heiligung des Kunstwerks (...) das Absolute in die Welt der Töne zu ziehen. So vollbringt er in der starken und mutvollen Einsamkeit des Mystikers, jenseits von Zustimmung und Teilnahme, ein Werk hoher Zwiesprache (...)."[29]

Einige Jahre zuvor hatte Adorno bereits das Konzept des unaussprechlichen göttlichen Namens im Ausdruck der begriffsfreien Musik entdeckt: „Gegenüber der meinenden Sprache ist Musik Sprache nur als eine von ganz anderem Typus. In ihm liegt ihr theologischer Aspekt. Was sie sagt, ist in der Aussage bestimmt zugleich und verborgen. Ihre Idee ist die Gestalt des göttlichen Namens. Sie ist

---

27 Gershom Scholem, Zehn unhistorische Sätze über Kabbala, in: Ders., Judaica 3, Frankfurt am Main 1973, S.264-271; hier S.270f.

28 Vgl. zum Begriff des göttlichen Namens und zur Tradition der Heiligung des göttlichen Namens: Verena Lenzen, Jüdisches Leben und Sterben im Namen Gottes. Studien über die Heiligung des göttlichen Namens (Kiddusch HaSchem), München 1995.

29 Franz Werfel, Arnold Schönberg zum 60. Geburtstag, zit. nach Eberhard Freitag, Arnold Schönberg, Reinbek [9]1994, S.163.

entmythologisiertes Gebet, befreit von der Magie des Einwirkens; der wie auch immer vergebliche menschliche Versuch, den Namen selber zu nennen, nicht Bedeutungen mitzuteilen."[30]

Diesen Gedankengang nimmt Philippe Lacoue-Labarthe abschließend in seinem Essay auf: „Für Adorno wie für Schönberg wäre die Musik in ihrer tiefsten Intention unter Benjamins Begriff der 'reinen Sprache' zu fassen, der möglicherweise in Beziehung steht zum 'reinen Wort' Hölderlins, die Zäsur betreffend. Doch der Name, Adorno ist sich dessen sehr wohl bewußt, ist unaussprechlich - und die Musik vergebliches Gebet (...). 'Jede Musik hat zur Idee die Gestalt des göttlichen Namens.' Eine Kunst des Jenseitigen der Bedeutung, das heißt des Jenseitigen der Darstellung. Dennoch darf aus dem O Wort, du Wort, das mir fehlt!, das Mose bei den letzten aufwallenden Klängen der Musik ausruft, ein Name, du Name, der mir fehlt! herausgehört werden (...)."[31]

Somit löst sich die Spannung zwischen der künstlerischen Darstellung und dem biblischen Bilderverbot im Medium der Musik, der Musik als Heiligung des göttlichen Namens und als „entmythologisiertem Gebet". Meine These scheint sich im Blick auf Schönbergs religiöse Kompositionen zu bestätigen, die auf die jüdische Liturgie als Quelle verweisen.

Der Hinweis auf die jüdische Liturgie und Sprachmystik als kulturellem Wurzelgrund von Schönbergs Werk, wirft die grundsätzliche Frage nach Schönberg und dem Judentum auf. Diese Fragestellung bringt verschiedene Probleme mit sich, die hier nur in äußerster Kürze skizziert werden können. Zunächst einmal führt die generelle Frage „Was ist jüdisch an der jüdischen Kultur?" die Schwierigkeit einer Definition vor Augen. Eine Antwort versucht der Judaist Kurt Schubert: „Das kulturelle Schaffen der emanzipierten Juden des 19. und 20. Jh's kann nur noch als jüdisch bezeichnet werden, wenn ein spezifisch jüdisches Thema dabei zur Sprache kommt und mag es auch nur eine jüdische Reaktion auf den Antisemitismus sein. (...) Immer dann kann und muß ein kulturelles Phänomen als jüdisch bezeichnet werden, wenn trotz der Verwendung allgemein üblicher Ausdrucksmittel ein spezifisch jüdisches oder Juden besonders betreffendes Problem dargestellt werden sollte."[32] Diese Definition von jüdischer Kunst bleibt jedoch auf der oberflächlichen Ebene der Thematik. Die Frage nach jüdischen Motiven in Schönbergs Werk löst zudem eine Befangenheit aus, welche an die Konse-

30 Theodor W. Adorno, Musik, Sprache und ihr Verhältnis zum Komponieren, in: Ders., Musikalische Schriften I-III (GS Bd.16), S.649-664; hier S.650.

31 Lacoue-Labarthe, Die Zäsur der Religion, S.475f.

32 Kurt Schubert, Was ist jüdisch an der jüdischen Kultur?, in: Kairos 3-4 (1985), S.229.

quenzen dieser Fragestellung in der Vergangenheit erinnert[33]. Diente doch der Aufweis von Jüdischem als Leifaden einer geistigen „Selektion", zum Beispiel im Lexikon der Juden in der Musik von Herbert Gerigk und Theo Stengel, 1941 zusammengestellt im Auftrag der Reichsleitung der NSDAP. Gerade im Blick auf Schönbergs Spätwerk (Dreimal tausend Jahre, 1949; Israel exists again, 1949; De profundis, 1950) meint die Frage viel mehr, ob und inwieweit Schönbergs Musik „in ihrer Substanz, also nicht bloß durch ihre sujethaften Verbindlichkeiten, von Attributen jüdischen Geistes geprägt sein könnte"[34].

Tatsache ist, daß die Frage nach Schönbergs Judentum „in der Schönberg-Forschung bislang ein Schattendasein führte"[35]: „Das umfangreiche - und bis zum größten Teil bis heute unveröffentlichte Schrifttum, das Schönberg zu den genannten Fragen hinterlassen hat, ist weitgehend unausgewertet geblieben."[36] Die Biographie dokumentiert die Stationen von Schönbergs jüdischer Identitätsfindung und -bildung: 1898 konvertiert der Vierundzwanzigjährige zum Protestantismus. Nach antisemitischen Schlüsselerlebnissen (Mattssee-Ereignis, 1921; Bauhaus-Affaire, 1923; Hetzartikel von Alfred Heuß, 1925) kehrt Arnold Schönberg 1933 zur jüdischen Glaubensgemeinschaft zurück. Sein zorniges Bekenntnis in einem Brief an Kandinsky im April 1923, „daß ich nämlich kein Deutscher, kein Europäer, ja vielleicht kaum ein Mensch bin (....), sondern daß ich Jude bin"[37], gewinnt im Brief an Anton von Webern im August 1933 an reifer Entschiedenheit: „Ich bin seit langem entschlossen, Jude zu sein, und Du wirst mich manchesmal von einem Stück (Der biblische Weg) sprechen haben hören, über welches ich noch nichts Näheres sagen konnte, in welchem ich aber die Wege für eine Aktivität des nationalen Judentums gezeigt habe. Nunmehr bin ich vor einer Woche auch offiziell in die jüdische Religionsgemeinschaft zurückgekehrt, obwohl mich davon nicht die Religion trennt (wie ja auch mein Moses und Aron zeigen wird) (...)."[38]

---

[33] Vgl. Frank Schneider, „Und trotzdem bete ich". Jüdische Motive in Schönbergs Denken, in: Musik und Gesellschaft 38 (1988), S.582-587; hier S.582.

[34] Ebd. S.586.

[35] Vgl. Michael Mäckelmann, Arnold Schönberg und das Judentum. Der Komponist und sein religiöses. nationales und politisches Selbstverständnis nach 1921, Hamburg 1984 (Diss., Hamburger Beiträge zur Musikwissenschaft, Bd. 28), S.3.

[36] Ebd.

[37] Schönberg, Briefe, S.90.

[38] Ebd. S.200f.

Im Blick auf Moses und Aron wird die Frage nach Schönbergs Judentum oft auf den alttestamentlichen Hintergrund reduziert.[39] Schönberg selbst relativierte jedoch im Brief an Eidlitz den Einfluß der (Hebräischen) Bibel auf seine Oper, in der er sich „nur in wenigem streng an die Bibel halte“[40].

Um so mehr interessiert der Nachweis anderer jüdischer Quellen für Schönbergs Werk, der jüdischen Mystik (1915 befaßte sich Schönberg mit der Lurianischen Kabbala) und der jüdischen Liturgie (schon durch die Erziehung der Mutter war er vertraut mit jüdischer Tradition). Ein Vergleich mit jüdischen Gebets- und Bekenntnistexten - wie Sch^{e}ma Jisrael, Kaddisch oder Kol Nidre - wäre daher aufschlußreich.

Das Kol Nidre fand als Gebet Eingang in die Liturgie des Versöhnungstages. Schönbergs Komposition Kol Nidre op. 39 (1938) greift Moses Anrufung des „Einen, Ewigen, Unsichtbaren und Unvorstellbaren“ auf. In Schönbergs Kantate Ein Überlebender aus Warschau (1947) wird das Kommando des Feldwebels vom letzten Gebet der Deportierten übertönt; sie müssen sich selbst für die Gaskammer abzählen: „Und dann plötzlich, / mittendarin fangen sie an zu singen / das Sh^{e}ma Jisrael: ‘Höre Israel, der Ewige ist unser Gott. / Der Ewige ist einzig (...).’“ Das Schema Jisrael wird im Synagogengottesdienst im täglichen Morgen- und Abendgottesdienst gelesen. Es ist ein verbreitetes „Gebet“ während der Todesstunde und wurde zum traditionellen Bekenntnis des Judentums. Noch im Augenblick des gewaltsamen Todes wurde die Einheit und Einzigkeit des göttlichen Namens bekannt. Berühmte Rabbinen wie Rabbi Akiba starben als Blutzeugen mit dem Sch^{e}ma Jisrael auf den Lippen.[41] Der Babylonische Talmud (Berakhoth 61b) überliefert die letzten Worte Akibas bei seiner Hinrichtung: „Er dehnte so lange (das Wort) einzig bis ihm die Seele beim einzig ausging.“ Kaum zufällig erscheint da die auffällige rezitative, musikalische Dehnung des ersten Wortes von Schönbergs Oper: „E i n z i g e r, ewiger, allgegenwärtiger, unsichtbarer und unvorstellbarer Gott!“

In seinen letzten Lebensjahren plante Schönberg einen Zyklus nach eigenen Psalm-Texten, in denen er auch „unorthodoxe Gedanken, aber wohl in mosaischer Attitüde, als Gespräch mit und Gebet zu seinem Gott verhandelte“[42]. So

---

39 Über den Zusammenhang von Bibel und Schönbergs Oper gibt es einige Studien: Odil Hannes Steck, Moses und Aron. Die biblische Oper Arnold Schönbergs und ihr biblischer Stoff, München 1981; Jürgen Uhde, Das Alte Testament im Werk Arnold Schönbergs, in: Hans Jürgen Schultz (Hg.), Sie werden lachen - die Bibel, Stuttgart ^{2}1976, S.179-190.

40 Schönberg, Briefe, S.188.

41 Vgl. Lenzen, Jüdisches Leben und Sterben im Namen Gottes, S.28ff.

42 Vgl. Schneider, „Und trotzdem bete ich“, S.586.

erfaßt Schönberg die dialogische Eigenart der Thora, wie sie Franz Rosenzweig und auch Stéphane Mosès untersuchten. Im Grunde erschließt sich der gesamte Pentateuch, die Thora, als dialogischer Text, „und zwar sowohl vom Aussageakt her als auch vom Inhalt der Aussage", „als ein Diskurs, dessen Sprecher Moses ist"[43]. Noch in der Wüste (Ex 3) verwandelt sich das „Selbstgespräch eines Hirten (in) einen mystischen Dialog" zwischen Mensch und Gott.[44] Die Wüste, en parenthèse bemerkt, hat das Judentum immer wieder als prophetischen Ort beschrieben, wie Rabbiner Leo Baeck in seinem Buch Das Wesen des Judentums: „Nicht zum wenigsten weiß das Judentum von der Wüste, in der die Propheten zu sich kamen und die Seher schauen lernten, von den stillen Tälern und Bergeshöhen, wo die Stimme Gottes vom Menschen vernommen ward."[45] Von dieser himmlischen Wüste als mystischem Ort weiß auch Schönbergs Oper, die im Dritten Akt mit Moses' Worten ausklingt:

„Aber in der Wüste seid ihr unüberwindlich
und werdet das Ziel erreichen:
Vereinigt mit Gott."

Doch zurück zu den Modernen Psalmen, von denen Schönberg nur noch den Modernen Psalm Nr.1 op. 50c (1950) komponieren konnte, der den Gedanken der Vereinigung mit Gott im Gebet aufgreift:

„Wer bin ich, daß ich glauben soll,
mein Gebet sei eine Notwendigkeit?
Wenn ich Gott sage, weiß ich, daß ich damit
von dem Einzigen, Ewigen, Allmächtigen, Allwissenden und Unvorstellbaren spreche, von dem ich mir ein Bild weder machen kann noch soll.
An den ich keinen Anspruch erheben darf oder kann, der mein heißestes Gebet erfüllen
oder nicht beachten wird.
Und trotzdem bete ich, wie alles Lebende betet; trotzdem erbitte ich Gnaden und Wunder; Erfüllungen. Trotzdem bete ich,

43 Stéphane Mosès, Franz Rosenzweig und die dialogische Struktur der biblischen Erzählung, in: Ders., Spuren der Schrift. Von Goethe bis Celan, Frankfurt am Main 1987, S.101-110; hier S.103.

44 Vgl. Neher, Moses, S.98.

45 Leo Baeck, Das Wesen des Judentums, Frankfurt am Main 1922, S.42.

denn ich will nicht des beseligenden Gefühls der Einigkeit, der Vereinigung mit dir, verlustig werden.
O du mein Gott (...)."

Die Zweifel am Gebet werden überwunden durch die Kraft des Glaubens, so daß man kaum - wie Lacoue-Labarthe - von der Vergeblichkeit des Gebets sprechen kann. Schönbergs Moderner Psalm Nr 1 ist vielmehr durchdrungen von dem tiefen jüdischen Wissen um die Gewißheit Gottes noch „unter einem leeren Himmel" (Emmanuel Levinas), ein jedem Zweifel trotzendes Wissen, wie es der fiktive Brief des Jossel Rakover bekundet, das verzweifelte Gespräch eines Juden im Warschauer Ghetto mit Gott. Als letzter Überlebender seiner Familie ringt Jossel in seiner Todesstunde mit Gott und stirbt als ein „Liebhaber Gottes, doch nicht Sein blinder Amensager". Über alle Zweifel triumphiert seine unvergängliche Liebe zum Gott Israels: „Ich werde Dich immer liebhaben, immer, Dich, Dich allein, Dir zum Trotz!" Mit dem Sch^{e}ma Jisrael endet die Erzählung: „Höre Israel! Der Herr ist unser Gott, der Herr ist Einer!"[46]

Vielleicht zeichnet sich bereits in Moses und Aron eine Wegrichtung ab, die sich in Schönbergs späteren religiösen Kompositionen fortsetzt und abrundet. Die Musik bewährt und bewahrheitet sich als Heiligung des göttlichen Namens.

Das Bilderverbot gebietet letztlich das Gebet, und an die Stelle einer theologischen Rede über Gott tritt die Anrede des göttlichen Namens und die Zwiesprache des Menschen mit Gott im Gebet. Damit war das Ziel des sakralen Fragments Moses und Aron vielleicht erreicht. Seit langem plane er ein Oratorium, schrieb Schönberg 1912 an Richard Dehmel, „das als Inhalt haben sollte: wie der Mensch von heute, der durch den Materialismus, Sozialismus, Anarchie hindurchgegangen ist, der Atheist war, aber sich doch ein Restchen alten Glaubens bewahrt hat (...), wie dieser moderne Mensch mit Gott streitet ... und schließlich dazu gelangt, Gott zu finden und religiös zu werden. Beten zu lernen!"[47]

---

46 Zvi Kolitz, Jossel Rakovers Wendung zu Gott, Villingen ^{2}1995, S.70,72.

47 Schönberg, Briefe, S.31.

Den Bann der Bilder brechen.

Beobachtungen zum Verhältnis von Bildlichkeit und Sprache in den Arbeiten Jenny Holzers

Rita Burrichter

Zugänge und Voraussetzungen

Die bildende Kunst der Moderne kennt seit ihren Anfängen die Überschreitung von Gattungsgrenzen. So wird bereits Mitte des 19. Jahrhunderts die akademische Einteilung in Malerei, Plastik und Graphik und die damit verbundene hierarchische Ordnung zunehmend in Frage gestellt. Die Verknüpfung bildnerischer Ideen mit Ausdrucksformen der anderen Künste, aber auch die Nutzung und Einbeziehung kunstferner Materialien und Zeichensysteme wird Anfang des 20. Jahrhunderts konsequent z.B. von der unter dem Sammelbegriff DADA zu vereinenden künstlerischen Bewegung entwickelt. Mit Rezitationen und Tanzvorführungen, mit der Verarbeitung, nicht selten Verballhornung von Werbung, politischer Propaganda, Philosophie etc. protestieren diese Künstlerinnen und Künstler nicht nur gegen die Erstarrung und Spießigkeit bürgerlicher Kunstformen, vielmehr verweigern sie sich eindimensionalen Bedeutungszuweisungen und fordern ein „ganzheitliches", die Vielfalt menschlicher Ausdrucksformen umfassendes Kunstverständnis ein.

Im Anschluß an ein derartiges künstlerisches Selbstverständnis stellt auch die westliche Aktionskunst Ende der 50er, Anfang der 60er Jahre die gesellschaftlichen Erwartungshaltungen, die geläufigen, zumeist bildungsbürgerlich geprägten, Aufgabenzuweisungen in Frage. Kunst dient, so verstand dies auch schon die DADA-Bewegung, dem Brückenschlag in ein fremdes und doch so nahes Terrain: Leben, Alltag, Erfahrungen von Menschen. In diesem Sinne nehmen auch einige künstlerische Tendenzen der Gegenwart, darunter die Arbeiten der US-amerikanischen Künstlerin Jenny Holzer (geb. 1950) für sich in Anspruch, lebensbedeutsam zu sein: alltägliche und existentielle menschliche Erfahrungen zu reflektieren und politische Systeme und gesellschaftliche Konventionen zu kommentieren und zu kritisieren.

Für die Kunstkritik und die Kunstwissenschaft bedeutet dies, in Analysen und Interpretationen einem erweiterten Kunstbegriff Rechnung zu tragen und insbesondere auch die Dimensionen des Erfahrungsbezugs und des politischen Engagements in den Blick zu nehmen.[1] Dabei zeigt sich allerdings, daß nicht selten die Frage des „Inhalts" gegenüber der Frage der "Form" vorrangig behandelt wird und zwar so, daß dieser Inhalt mit dem Sinn des jeweiligen Kunstwerks gleichgesetzt wird. Wichtiger als die Analyse des Werks im Blick auf seine formale Anlage und die Struktur seiner Bildlichkeit wird dann die politische Einschätzung und Beurteilung des Künstlers oder der Künstlerin.[2]

Demgegenüber versuchen die vorliegenden Beobachtungen zu einigen Arbeiten Jenny Holzers, das Ausdrucksmittel Sprache und die Formulierung von Inhalten im Zusammenhang der visuellen Erfahrbarkeit dieser Werke vorzustellen und so eine Annäherung an ihre spezifische Sinnstiftung zu vollziehen. Den Hintergrund dieses Verständnisses bilden kunstwissenschaftliche Positionen[3], die das Kunstwerk als Medium sui generis ansehen, dessen Sinn sich niemals vollständig in Sprache überführen läßt. Die Nicht-Identität von Wort und Bild und die spezifische Sinnkonstitution der Werke der bildenden Kunst lassen sich schlagwortartig an einigen Aspekten der Kunsterfahrung darstellen: Die visuelle Erfahrung konfrontiert mit der Potentialität des Kunstwerks, d.h. mit der Vielfältigkeit der bildlichen Elemente und ihren grundsätzlich unabschließbaren wechselseitigen Beziehungen zueinander; der Bildsinn konstituiert sich in diesem offenen Beziehungsgeflecht. Die ästhetische Erfahrung konfrontiert darüber hinaus mit der Simultaneität des Bildganzen, die in der Anschauung stets das Sinngefüge in seiner Totalität vor Augen stellt. Und sie vollzieht sich schließlich prozessual, als Realisation der Verknüpfung der bildlichen Elemente und damit als Prozeß der Hervorbringung des Bildsinns durch die Betrachterinnen und Betrachter.

---

1 Siehe dazu Udo Kultermann, Leben und Kunst. Zur Funktion der Intermedia, Tübingen 1970 und Jürgen Schilling, Aktionskunst. Identität von Kunst und Leben, Luzern/Frankfurt a.M. 1978.

2 Auf die Zuspitzung dieser Engführung verweist Philomene Magers, "PC": Die Loge der politisch Korrekten, in: Jahresring 40. Jahrbuch für moderne Kunst, hg. von Bernhard von Loeffelholz und Brigitte Oetker, München 1993, 201-209, 206: "Wenn Kunst derart funktionalisiert und ihrer Aura beraubt ist und nur als effektvolle Verpackung für politische Aussagen dient, was unterscheidet sie dann noch vom Design?"

3 Insbesondere seien genannt die Positionen von Max Imdahl und Gottfried Boehm. Siehe Max Imdahl, Giotto. Arenafresken. Ikonographie - Ikonologie - Ikonik, München [2]1988, bes. 84-110; Gottfried Boehm, Zu einer Hermeneutik des Bildes, in: Hans-Georg Gadamer/Gottfried Boehm (Hg.), Die Hermeneutik und die Wissenschaften, Frankfurt a.M. 1978, 444-471; ders., Kunsterfahrung als Herausforderung der Ästhetik, in: Willi Oelmüller (Hg.), Kolloquium Kunst und Philosophie 1: Ästhetische Erfahrung, Paderborn u.a. 1981, 13-28; ders., Über die Konsistenz ästhetischer Erfahrung, in: Zeitschrift für Pädagogik 36, 1990, 465-480. Die hier entfalteten Dimensionen von Bildlichkeit werden vorrangig an Werken der Malerei erarbeitet. Dennoch erweisen sich "Potentialität", "Simultaneität" und "Prozessualität" auch im Hinblick auf intermediale Arbeiten als weiterführend.

In diesem Sinne versuchen die folgenden Beobachtungen, sich der bildlichen Struktur zu vergewissern und deren Bedeutung für das Verstehen der Werke zu beschreiben. Derartig auf das Einzelwerk bezogene Analysen zielen nicht darauf, die Kunsterfahrung in ein allgemein verbindliches ästhetisches System einzubinden: „Daß Kunstwerke keine Erkenntnis im Sinne theoretischer oder praktischer Vernunft formulieren wollen, sondern 'viel zu denken geben', verlagert die ästhetische Erfahrung in eine freie Tätigkeit des Subjekts, die nach Kant bekanntlich ohne alle Erkenntnis ist, wenn auch unsere Übereinstimmung mit dem Weltganzen in ihr erfahren wird."[4] Um diese Verknüpfung von ästhetischer Erfahrung und Lebenserfahrung und die daraus erwachsende Perspektive soll es im Folgenden gehen.

„Under A Rock"

Ein Spaziergang durch einen Schloßgarten; die barocke Anlage ist in ihren Grundzügen noch zu erkennen. Beiderseits einer Lindenallee, unweit eines Kriegerdenkmals sind fünf Bänke aus Sandstein aufgestellt, in deren Sitzflächen Worte eingraviert sind.[5] Eindringliche Texte, die in beunruhigender Direktheit Grenzsituationen menschlichen Lebens und Sterbens schildern.

---

4 Boehm, Konsistenz 473.

5 Jenny Holzer, Under A Rock, Schloßgarten Münster, 1987, Fünf Bänke, Sandstein, je 35x152x50cm. Dokumentiert in: Kat. Skulptur Projekte in Münster 1987, hg. von Klaus Bußmann und Kasper König, Köln 1987, 125-132. Dort auch die hier übernommene deutsche Übersetzung.

LEUTE GEHEN ZUM FLUSS, WO DAS GRÜN SAFTIG UND DER BODEN MORASTIG IST,
UM GEFANGENE ZU ERSCHIESSEN, IN DEN FLUSS ZU WERFEN UND ZU VERSENKEN.
DIE SCHÜSSE TÖTEN MENSCHEN, DIE IMMER HUNGRIG WAREN.
JEMAND HATTE SIE ANGEBLICH ODER AUCH TATSÄCHLICH BEI EINEM ANSCHLAG
AUF DEN STAAT BEOBACHTET. JETZT TREIBEN DIE KÖRPER IM WASSER,
IHR ANBLICK VERSETZT DIE FREUNDE IN ANGST ODER IN WUT.
IHR INSZENIERT EINEN ZWISCHENFALL, UM DEN AUFRUHR ZURÜCKZUSCHLAGEN.
DIE SCHÜSSE AUS DEN WAFFEN EURER TRUPPEN ZERFETZEN DIE OPFER.
DIE MENGE WEICHT ZURÜCK, BILDET EINEN KREIS, STEHT WIE
VERSTEINERT VOR DEN TOTEN. PANIK UND PLÖTZLICHE SORGE
LÄHMEN JEDEN GEDANKEN, UND DIE ÜBERLEBENDEN SIND FROH,
UNVERLETZT ZU SEIN. KEINER WEISS, WAS ER TUN SOLL.
IHR FEUERT ERNEUT, UND DIE MENGE IST DANKBAR GENUG...
LICHT FÄLLT DURCH DIE ZWEIGE AUF ZWEI NEUGEBORENE, DIE LEBEN WERDEN.
IHRE MUTTER FLOH VOR ALLEN GEFAHREN, BIS SIE HIER AUF DEM LAUB
MIT IHREN ZWILLINGEN NIEDERKAM. MIT BEIDEN HÄNDEN HEBT SIE
SIE ZUM MUND, NENNT SIE DIE ZWEIFACHE ANTWORT
AUF DEN TOD. SIE IST EINE WUNDERBARE MUTTER,
UND IHRE MILCH WIRD DEN KINDERN HELFEN ZU WACHSEN.
DU SPUCKST AUF SIE, DENN DER NACHGESCHMACK IN DEINEM MUND
IST BITTER. ÜBER DIE JAHRE HINWEG STAND DIR DIE HOFFNUNG INS GESICHT
GESCHRIEBEN, UND DANN HAST DU SIE IM INTERESSE DER ZEIT GETÖTET.
DIE SOLDATEN SCHIESSEN AUF RENNENDE FRAUEN UND AUF KINDER, DIE SICH
WEGSCHLEICHEN WOLLEN. SIE JAGEN MÄDCHEN, DIE SICH IN DEN WÄNDEN
DER SCHLUCHTEN DUCKEN, HERUNTER. SIE EROBERN FÜR EUCH NEUES LAND,
UND MANCHMAL TUN SIE, WAS SIE WOLLEN. TOTE MÄNNER SIND KEINE SOLDATEN.
BEVOR SOLDATEN STERBEN UND WENN SIE GESTORBEN SIND,
FANGEN DIE LEUTE AN ZU SCHLUCHZEN. SOLDATEN MÜSSEN SOFORT STERBEN,
DAMIT IHR VERSCHONT BLEIBT.

Jenny Holzer: „People go to the river…", Münster, Schloßgarten, Krigerdenkmal. Photo: R. Wakonigg.

Fünf Texte, die in geradezu dürren Worten ein beklemmendes Szenario entwerfen. Die Ortsbeschreibungen, die Hinweise auf Personen und Personengruppen, die Andeutungen eines politischen Hintergrunds und einer militärischen Operation erwecken den Anschein, als werde hier auf eine reale Begebenheit Bezug genommen. Doch die Schilderung bleibt eigenartig ort-und zeitlos, sie konfrontiert mit einer Gewalttätigkeit, die die Leserin/der Leser nicht einzuordnen vermag. Wer ist hier Opfer? Wer ist hier Täter? Im mehrfachen Wechsel der Perspektive, im Wechsel von Schilderung und Anrede verweigern die Texte jedes eindeutige Identifikationsangebot. Die dadurch erzeugte Spannung von Grauen, Ekel und Faszination wird nicht aufgelöst. Trotz ihrer Sparsamkeit ist diese Prosa pathetisch aufgeladen. Das Nebeneinander von Brutalität und Intimität, von Abgeschlachtetwerden und geradezu mythisch überhöhter Geburt wirkt verstörend und beängstigend.

Die Irritation wird noch verstärkt durch die Präsentation der Texte im öffentlichen Raum. Die gravierten Bänke passen sich in Material und Formgebung der Umgebung an. So begegnet der helle Sandstein als dekoratives und gliederndes Element in der Backsteinarchitektur des Schlosses. Die eher strengen Proportionen der Bänke und ihre symmetrische, auf ein nahegelegenes Kriegerdenkmal bezogene Verteilung binden sie in das Ensemble des Schloßgartens ein. Sie strahlen hier Ruhe und Würde aus, einen feierlichen Ernst, der durch die Gestaltung der Inschriften noch gesteigert wird. Die Wahl der Schriftart und die Gravur korrespondieren mit den Inschriften des Kriegerdenkmals. Im Zueinander von

Form, Umgebung und Inschrift werden Assoziationen frei, in denen die Bänke selbst zum Denkmal werden. Doch wessen soll hier gedacht werden?

Die Installation suggeriert einen öffentlichen und offiziellen Deutungshorizont, der bei näherem Zusehen, d.h. lesend, nicht nur nicht eingelöst, sondern gleichsam torpediert wird.[6] Statt der kollektiven Erinnerung und Vergewisserung zu dienen, statt den Strom des Gedenkens so zu leiten, daß Mahnung durch die Vergangenheit und Hoffnung für die Zukunft gleichermaßen sinnfällig erfahrbar werden, setzt sie eine Flut von ungezügelten Schreckensbildern und Ängsten frei. Unvermittelt thematisiert diese Arbeit Gewalt und Tod; unvermittelt im wörtlichen Sinn - nämlich ohne die vermittelnde Instanz eines "Sinns" und damit auch richtungslos. Die Widersprüche und Gegensätze, die Mehrdeutigkeiten des Textes begegnen dabei auch auf der visuellen Ebene, nämlich in der Spannung zwischen Bank und Inschrift: in der Verbindung unvereinbarer Funktionen und der Konkurrenz divergierender Bildsignale. So gleichen die Gravuren den Inschriften auf Grabmalen und die Ruhebank wirkt wie ein Sarkophag. Dennoch ist sie als Sitzgelegenheit erkennbar und benutzbar. Die Fülle von bedeutungsgeladenen Elementen in Text, Skulptur und Umgebung verknüpft sich nicht zu einem geschlossenen Bedeutungsangebot, das es den Betrachterinnen und Betrachtern ermöglichen würde, den „Sinn des Ganzen“ zu erfassen. Richtungslosigkeit und Vieldeutigkeit verhindern den schnellen deutenden Zugriff, sie nötigen beim Werk zu bleiben.

Auf der Grenze

Jenny Holzer nutzt konsequent als primäres künstlerisches Ausdrucksmittel die Sprache. Retrospektiv beschreibt sie diese Wahl als Konsequenz ihrer Unzufriedenheit mit ihren Ergebnissen im Bereich abstrakter Malerei und mit ihrem Wunsch, mit ihrer Kunst Inhalte zu vermitteln. Die gegenständliche Malerei ist keine Perspektive für sie, nicht etwa, weil sie dem Bild an sich nicht traute, sondern weil es ihr darum geht, sich auszudrücken.[7] Dabei ist "Ausdruck" in diesem

6 Siehe zu Fragen der Memoriafunktion von Kunst: Reinhart Koselleck, Kriegerdenkmale als Identitätsstiftungen der Überlebenden, in: Odo Marquard/Karlheinz Stierle (Hg.), Identität, München 1979 (Poetik und Hermeneutik VIII), 255-276 und Andreas Huyssen, Denkmal und Erinnerung im Zeitalter der Postmoderne, in: James E. Young (Hg.), Mahnmale des Holocaust. Motive, Rituale und Stätten des Gedenkens, München 1994, 9-17. Ein "echtes" Denkmal gestaltete Jenny Holzer 1994 in Nordhorn: Black Garden, Pflanzen, Beete- und Wegesystem, Bänke, Text, 3447 m^2 . Dokumentiert in: Jenny Holzer, Black Garden, hg. von Sabine Dylla,Städtische Galerie Nordhorn, Nordhorn 1994.

7 "Wenn ich kein Rothko sein konnte, dann wollte ich auch keine Malerin sein.", Jenny Holzer im Gespräch mit Noemi Smolik, Kunst Heute Nr. 9, hg. von Wilfried Dickhoff, Köln 1993, 27.

Verständnis nicht deckungsgleich mit der bildlichen Umsetzung eines (sprachlich formulierten) Themas, vielmehr geht es um die künstlerische Verknüpfung von Reflexion und Imagination.

So erscheinen ab 1977 an New Yorker Hauswänden Plakate mit den sogenannten Truisms, Binsenwahrheiten also von mehr oder weniger hoher Bedeutung, manchmal von ausgesprochener Banalität.[8] Sie wirken wie altbekannte Wendungen, wie Zitate, sind aber Erfindungen der Künstlerin.

ABHÄNGIGKEIT KANN SICH BEZAHLT MACHEN
ABSTRAKTION IST EINE ART VON DEKADENZ
ALLEIN EIN NAME SAGT SCHON VIEL
ALLES DARF ERFORSCHT WERDEN
BASISARBEIT IST DIE EINZIGE HOFFNUNG
BEDINGUNGSLOSE LIEBE BEWEIST GEISTIGEN GROSSMUT
BESONDEREN LEUTEN STEHT BESONDERES ZU
DAS NEUE IST NUR EINE WIEDERHOLUNG DES ALTEN
DAS OPFERN VON AUSSENSEITERN DIENT DEM GRUPPENSINN
DEINE ELTERN SIND NUR AUS ZUFALL DEINE ELTERN
DIE AUGEN SCHLIESSEN HILFT NICHT
EINSAMKEIT LOHNT SICH
EKEL IST FAST IMMER ANGEBRACHT
ELITEN SIND UNVERMEIDLICH

In ihrer Vielfältigkeit und Gegensätzlichkeit spiegeln sie nicht die persönliche Meinung der Künstlerin wieder, sondern sie erscheinen gleichsam als kommunikative Projektionsfläche für die Überzeugungen, die Befürchtungen und die Hoffnungen der Betrachterinnen und Betrachter. Sprüche, wie sie auf Parties und am Arbeitsplatz, in öffentlichen Verkehrsmitteln, aber auch vermittels der Medien Tag für Tag als Äußerungen des sogenannten gesunden Menschenverstandes, als gesellschaftliche Übereinkunft und nicht weiter hinterfragbare Position daherkommen, werden hier in alphabetischer Ordnung aufgelistet und damit „stillgestellt". Die Betrachter und Betrachterinnen werden zu Lesenden. Die Zeit, die die Lektüre braucht, verändert nicht selten auch das Verständnis des Spruchs: Tautologien werden durchschaut, Banales wird vieldeutig, scheinbar Unumstößliches wird fragwürdig. Die nicht-hierarchische Reihung tut ein übriges: In der Vielzahl der „Wahrheiten" erscheint alles richtig und falsch zugleich. In der Vielzahl der sprachlichen Identifikationsangebote wird Orientierungshilfe verweigert, die Leserinnen und Leser sind auf sich selbst zurückgeworfen.

---

8 Die folgenden "Truisms" sind entnommen: Jenny Holzer, Writing - Schriften, hg. von Noemi Smolik, Ostfildern-Ruit 1996, 74ff.

Diese Tendenz der unmittelbaren Herausforderung verstärkt sich in den auf die „Truisms" folgenden Serien „Essays", „Living", „Survival" Anfang der 80er Jahre. Die Sprache der Texte wird persönlicher, ideologisch schärfer, von bedrängender Intensität. Es zeigt sich die für Jenny Holzer charakteristische Spannung von Öffentlichkeit und Intimität, von medialer anonymer Präsentation und persönlicher Ansprache. Indem die Künstlerin ihre „Truisms" plakatiert und 1982 als Leuchtschrift über die elektronische Anzeigetafel am Times Square in New York laufen läßt, reklamiert sie den öffentlichen Raum als Kunst-Raum, allerdings nicht zum Zwecke seiner Verwandlung oder Veränderung. Vielmehr bedient sie sich vorhandener Kommunikationsstrategien und der modernen Medien als Transportmöglichkeiten, aber auch als Tarnung ihrer Botschaften. So graviert sie Bronze- und Steintafeln: „Die habe ich an Stellen angebracht, an denen normalerweise auch solche Tafeln sind. Das heißt, an Eingänge großer Häuser, an historische Orte, aber auch an solche Naturereignisse wie einen Wasserfall. Ich habe solche Tafeln gewählt, weil ich die Untergrundstimmung der Plakate nicht mehr wollte. Meine Absicht war es jetzt, in einer offiziellen, etablierten Form wie der Tafel meine sonderbaren Botschaften zu vermitteln."[9]

Für die Passantinnen und Passanten bedeutet das, daß sie sich diesen Arbeiten kaum entziehen können: Zu vertraut ist der Umgang mit Reklametafeln, mit Informationsschildern und Inschriften aller Art, als daß die „Gefahr" sofort erkannt würde. Die Konfrontation geschieht unvermittelt, ohne den Schutz und die Entschärfung durch Musealisierung, sogar ohne die hermetische Sicherung durch eine besondere Plazierung und die Kenntlichmachung als Kunstwerk, die in der Regel die Präsentation von Kunst im öffentlichen Raum bestimmt.

Für die Betrachterinnen und Betrachter ist diese Konfrontation auch eine Konfrontation mit sich selbst: an ihre privatesten Erinnerungen und ihre geheimsten Wünsche wird gerührt; sie begegnen dem, was sie zutiefst verabscheuen und dem, wovon sie zutiefst überzeugt sind. Die Sprüche und Texte „machen den Leser unsicher, da sie wahrer scheinen als die Wirklichkeit und von einer überbetonten Objektivität... Der Betrachter fühlt sich angesichts dieser 'Truisms' isoliert, obwohl sie auf ein alltägliches Ereignis oder eine banale Situation verweisen."[10] Ohne die distanzierende Wirkung der massenhaften Verbreitung und der unpersönlichen Präsentation aufzuheben, gelingt es immer wieder, die Grenze der per-

---

9 Jenny Holzer im Gespräch mit Noemi Smolik, Kunst Heute Nr. 9, hg. von Wilfried Dickhoff, Köln 1993, 38.

10 Jean-Pierre Bordaz, Jenny Holzer oder das Schau Spiel der Kommunikation, in: Parkett No 13, 1987, 22-28, 23.

sönlichen Betroffenheit und der persönlichen Infragestellung der Betrachterinnen und Betrachter zu überschreiten.

Schließlich stellen auch die sprachlich formulierten Inhalte eine Grenzberührung, wenn nicht gar Grenzüberschreitung dar: „Jenny Holzers Texte zeichnen sich durch eine Besessenheit aus, mit der sie solche Themen wie die Angst, die Schuld, den Sex, die Gewalt und den Tod behandelt. Ihre Sprüche sind vom Wahn getragen, und trotzdem sind sie nicht wahnsinnig. Denn sie vermitteln, eingebunden in die Installationen, ein Gefühl, eher eine Ahnung von etwas, was man früher als das Erhabene bezeichnete.“[11] Das Erhabene, wiewohl ein schillernder und dadurch problematischer Begriff[12], wird hier sehr konkret und durchaus weiterführend charakterisiert als künstlerischer Ausdruck eines Hoffnungspotentials, besser: als künstlerischer Bewältigungsversuch: „... das Erhabene in der Kunst stellt sich dem Tod oder dem Nichts entgegen.“[13]

Die Formulierung tabuisierter Schrecken und Obsessionen berührt nachhaltig und fordert das Denken und Urteilen heraus. Dies nicht zuletzt durch die „Mehrstimmigkeit“ und die raschen Perspektivwechsel in den Sprüchen und Texten, die das Ergebnis des Interesses der Künstlerin sind, „unterschiedliches Denken verschiedener Menschen zu fassen. Das zu fassen, was sie für wahr halten, und es aus dem lauten Chor der Stimmen herauszuhören. Als ich es dann aufschrieb, wurde ich sozusagen mit jedem Satz zu dieser oder jener Person. Daher gewinnt man beim Lesen meiner Texte auch den Eindruck, als ob dreihundert Menschen auf einmal sprechen würden.“[14]

Mit äußerster sprachlicher Präzision findet dabei eine Annäherung an das nicht mehr Sagbare, die Abgründe menschlicher Grausamkeit, die Randbereiche von Tod und Sexualität statt. Die Serien „Under A Rock“, „Laments“, „War“ und „Lustmord“ erkunden seit 1986 diese Abgründe und damit auch den Zusammenhang von Gewalt und Erotik. Ein weiteres zentrales Thema ist die Ambivalenz menschlicher Empfindungen. So thematisiert die Serie „Mother and Child“

---

11 Noemi Smolik, Einleitung, in: Jenny Holzer im Gespräch, 9-14, 13.

12 Siehe dazu Christine Pries, Einleitung, in: dies. (Hg.), Das Erhabene. Zwischen Grenzerfahrung und Größenwahn, Weinheim 1989, 1-30, bes. 3-12. Zur Diskussion im theologischen Kontext siehe Reinhard Hoeps, Das Gefühl des Erhabenen und die Herrlichkeit Gottes. Studien zur Beziehung von philosophischer und theologischer Ästhetik, Würzburg 1989.

13 Smolik, Einleitung, 13.

14 Jenny Holzer im Gespräch, 33.

aus dem Jahr 1990 die Verstrickung in Abhängigkeit und selbstgewählte Bindung.[15]

ICH BIN ERST MÜRRISCH UND DANN ZORNIG, WENN ICH NICHT GANZ IN DER NÄHE MEINES KINDES SEIN KANN. SIE ZEHRT MICH AUF. ICH BIN EIN TIER, DAS TUT, WAS ES TUN MUSS. ICH BIN ÜBERRASCHT, DASS ES MICH KÜMMERT, WAS MIT IHR GESCHIEHT. MEIN GEFÜHL WAR AUSGEHÖHLT, VOR ALLEM WEIL ICH MICH SELBST LEID WAR, ABER ICH WILL, DASS SIE LEBT. ICH HASSE JEDEN UNTER EUCH, DER MORDET. JETZT SIND MEINE BESTEN EMPFINDUNGEN WIEDER ERWACHT, UND AUSSER LIEBE SPÜRE ICH FURCHT.

Auch in diesen Texten, die deutlicher noch als die vorhergehenden die Lebenserfahrungen der Künstlerin aufnehmen, spiegelt sich das Ringen um "Ausdruck", der Versuch, lebensbedeutsame Inhalte so zu vermitteln, daß in ihnen Allgemeinheit, Universalität aufscheint und dennoch die persönliche Inanspruchnahme, das persönliche Angesprochensein der Betrachterinnen und Betrachter gewahrt bleibt. Daß dies gelingt, daß die kalkulierten Sprünge zwischen Privatheit und Allgemeinheit, zwischen Banalem und Bedeutungsvollem, zwischen Existentiellem und Ordinärem immer wieder initiiert werden, liegt an der Einbindung der Sprüche und Texte in Bild, Skulptur und Raum.

Worte und Bilder

Jenny Holzers Arbeiten, so wurde eingangs festgehalten, gehören in den Zusammenhang der Bildenden Kunst. In jedem Werk, selbst in den frühen „Truisms“, die Holzer selbst eher als Agitprop versteht,[16] bleibt eine gewisse Spannung in der Gewichtung von Text und Skulptur bzw. Text und Installation erhalten, die für die Rezeption von Bedeutung ist. Lektüre und Anschauung sind Wahrnehmungsprozesse, die jeweils eigenen Regeln folgen.[17] Sie anläßlich eines Werkes zusammenführen zu müssen, hat Konsequenzen bezüglich des Verstehens und der Deutung dieses Werks.

Ein Aspekt, der im hier vorgestellten Zusammenhang zu bedenken ist, ist die Bezugnahme auf mediale Kommunikation: „Jenny Holzer bedient sich nicht nur der Sprache der Massenkommunikation, sie erobert sich im Laufe der 80er Jahre auch deren Kanäle, Träger und Medien: Plakatwände, Anschläge in öffent-

15 Textauszug entnommen aus: Jenny Holzer, Writing, 117.

16 "Der Tod ist keine hygienische Angelegenheit". Ein Werkstattgespräch mit Jenny Holzer über ihren Zyklus für das SZ-Magazin, ihr Leben und ihre Weltsicht, in: Süddeutsche Zeitung. Magazin No. 46, 19.11.1993, 32-40, 32.

17 Siehe dazu Gottfried Boehm, Kunsterfahrung ; Hans Robert Jauß, Ästhetische Erfahrung und literarische Hermeneutik, Bd.1: Versuche im Feld der ästhetischen Erfahrung, München 1977.

lichen Verkehrsmitteln, Telefonzellen, T-Shirts, kommerzielle Reklameflächen, Leuchtschrifttafeln, LED-Anzeigen und elektronische Laufschriften, Schlagzeilen in Zeitungen, Einschaltungen in Radio und TV-Spots....Den Thesen des bahnbrechenden Kommunikationswissenschaftlers Marshall McLuhan folgend, wendet sich Jenny Holzer mit ihren Botschaften an typographische, pikturale, sequentielle und kinetische Wahrnehmungsmechanismen des modernen, von visuellen Eindrücken überfluteten Massenmenschen." [18] Zum Phänomen der Massenkommunikation gehört die Erscheinung der Botschaft als „message“: „Die Message existiert nur in sich, ihr In-Erscheinung-Treten kommt ihrer Bedeutung gleich.“[19]

Nun entfaltet sich in der Tat die Kunst Jenny Holzers auf diesem medialen Hintergrund, geht aber nicht darin auf, denn die Betrachterinnen und Betrachter erfahren die Botschaften als befremdlich und störend, als Bruch der medialen Bilderwelt. Dieser Bruch vollzieht sich nicht argumentativ, sondern in der Hervorrufung und Beschwörung innerer Bilder. Die „Kultur der Bilder“, auf die Jenny Holzer sich verschiedentlich beruft, verknüpft die Außenwelt mit der inneren Schau: „Das Schau-Spiel der Kommunikation beruht auf dem kollektiven Gedächtnis und geht von den verschiedenen Lebensetappen der Menschen aus...Das Schau-Spiel der Kommunikation von Jenny Holzer macht, indem es einen grossen Realitätsbereich umsetzt, indirekt mit dem Satz von Flaubert Ernst: 'Die Oberfläche ist nur ein Vorwand für das Kalkül des Darunterliegenden.'“[20] Die künstlerische Leistung dieser Arbeiten besteht demnach in der Eröffnung und Befragung von Bildwelten, in der Verknüpfung von Imagination und Reflexion. Sich den inneren Bildern zu stellen, heißt dabei auch, sich Angst, Schrecken und Todesbedrohtheit jenseits geläufiger Rationalisierungen zu stellen. Die sinnliche Erfahrung der Installationen und Aktionen Jenny Holzers ermöglicht diese Konfrontation und zwar so, daß durch den ästhetisch wahrnehmbaren Bruch der äußeren Bildwelt gleichzeitig ein Reflexionsangebot eröffnet wird. Die Schaffung imaginärer Kommunikationszusammenhänge und die Hervorbringung einer imaginären Dramaturgie dienen nicht allein der bloßen Thematisierung von Schrekken und Gewalt, sondern vielmehr schon ihrer Bewältigung, nämlich der Bewältigung der evozierten inneren Bilderflut.

Neben die Message, die vorzugsweise als Leuchtschrift pulsierend und flimmernd das Bewußtsein vorübergehend besetzt, tritt im Œuvre Jenny Holzers die Inschrift. Die Gravuren sowie die „Bildträger“, die Bronze- oder Aluminiumplatten und Granitblöcke und -bänke, schaffen einen visuellen Deutungshorizont. Die Künstlerin berichtet über die Wirkung ihrer Installation „Under A Rock“:

---

[18] Barbara Wally, Jenny Holzer, in: Kat. Künstlerinnen des 20. Jahrhunderts, hg. von Volker Rattemeyer und Renate Petzinger, Wiesbaden 1990, 159-160, 159.

[19] Bordaz, Jenny Holzer, 26.

[20] A.a.O., 27.28.

„Nachdem diese Installation fertig war, wurde ich von jedermann gefragt, warum diese Nähe zum Tod. Ich selbst habe während der Arbeit an dieser Installation bewußt über den Tod gar nicht viel nachgedacht, wenigstens was die visuelle Seite der Installation betraf. In den Texten ging es selbstverständlich um den Tod und den Sex. Erst als ich gefragt wurde, begriff ich, daß es schon von Anfang an, auch wenn nur unbewußt, mein Vorhaben war, eine Installation von solch einer Atmosphäre zu schaffen. Eigentlich war diese Installation ein Versuch, wieder zurück zu Rothko zu gehen. Denn ich wollte ein Werk schaffen - selbstverständlich mit anderen Mitteln als mit denen der Malerei - , das völlig emotional war."[21]

In der Installation anläßlich der Biennale in Venedig aus dem Jahr 1990[22] wird diese Visualisierung dann zum Programm. Durch das Arrangement der Texte und Textträger und mit Hilfe einer dramatischen Lichtregie gestaltet Jenny Holzer Räume, die zu Metaphern des modernen Lebens werden, indem sie Dimensionen dieses Lebens, nämlich das Warten und die Überwältigung durch Desorientierung physisch erfahrbar und damit als Bezugsrahmen der sprachlich vermittelten Inhalte erfahrbar machen: „J.H.: Ich wollte die Räume leer haben, nur mit einem Platz zum Sitzen, denn das ist es, was du machst, wenn du wartest. Dann sollte der Raum ein wenig beängstigend, aber nicht sehr, und ein wenig mit Wut gefüllt sein, die durch das Licht erzeugt werden sollte. Das Licht sollte aus anderen Räumen kommen, ohne daß du in die Räume hineinsehen konntest, nur das Licht konntest du sehen...N.S.: Nach diesem Wartesaal kam dann ein Raum, der mit soviel leuchtenden, blitzenden, flackernden elektronischen Zeichen gefüllt war, daß einem schwarz vor Augen wurde und man praktisch keine Aussage mehr wahrnehmen konnte... J.H.: Ja, es ging mir um diese physische Erfahrung. Die Worte an den Wänden hatten keine Aussage. Manchmal ergaben sie vielleicht sogar einen vagen Sinn, aber der beabsichtigte Effekt war die Desorientierung. Diese Desorientierung kam vor allem durch die Lichteffekte und die Reflexionen auf dem glatten Boden zustande. Du verlorst den Boden unter deinen Füßen."[23]

„Lustmord"

Eine dritte und letzte Steigerung dieser „Bildlichkeit der Schrift" sind die „Tätowierungen", das „Auf-die-Haut-Schreiben", wie es in der Arbeit „Lustmord" begegnet. 1993 konzipiert Jenny Holzer für das Magazin der Süd-

---

21 Jenny Holzer im Gespräch, 44f.

22 Abbildungen der einzelnen Räume in: Michael Auping, Jenny Holzer (Universe Series on Women Artists), New York 1992, 53f. 57. 63.

23 A.a. O., 82ff.

deutschen Zeitung einen Bilderzyklus, dessen Thema die (sexuelle) Gewalt gegen Frauen ist. Äußerer Anlaß sind die Nachrichten über systematische Gewalttaten gegen Frauen im Krieg im ehemaligen Jugoslawien.[24]

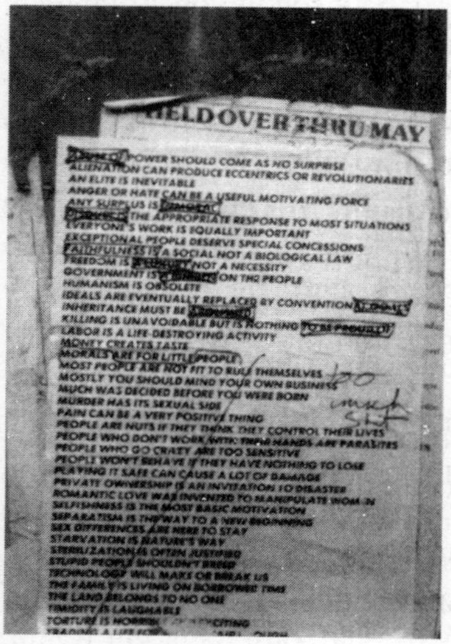

Aus: Jenny Holzer: Writing. Schriften (hrsg. v. Noemi Smolik), Ostfildern-Ruit 1996, S. 9.

TÄTER

ICH SCHWIMME IN IHR, WÄHREND SIE SICH BERUHIGT.
ICH SINKE AUF SIE NIEDER.
ICH SINGE IHR EIN LIED ÜBER UNS.
ICH STEIGE AUF IHRE HÄNDE.
ICH SPREIZE IHRE FINGER.
SIE STÖSST MIT IHREM VERQUOLLENEN GESICHT.
SIE SCHNAPPT NACH MIR.
IHRE AUGEN HABEN DREI FARBEN.
ICH VERSCHLIESSE SIE MIT DEN ZÄHNEN.
ICH BIN NAHE AN IHRER MILCH.
ICH BEFEHLE IHR, SICH EINZUSEIFEN.
SIE VERKRAMPFT SICH, UND ICH SCHLAGE SIE.

---

[24] Der Text ist entnommen aus Jenny Holzer, Writing, 122-125.

ICH SPÜLE SIE AUS.
ICH SEHE IHR ZU, WIE SIE ÜBER MICH NACHDENKT.
IHR SPEICHEL LÄUFT, WENN SIE SCHLÄFT.
ICH KRÜMME IHR DAS RÜCKGRAT.
SIE RIECHT NACH URIN.
IHR SCHLUCKREFLEX IST WEG.
IHR KOPF ZERPLATZT IM FEUER.
IHRE BRÜSTE SIND NICHTS ALS BRUSTWARZEN.
SIE VERHÄLT SICH WIE EIN TIER AUF DEM WEG ZUR SCHLACHTBANK.
ICH SEHE SIE IN DER HOCKE SITZEN. DAS ÖFFNET SIE, UND ICH KANN SIE VON UNTEN NEHMEN.
ICH NEHME IHR GESICHT MIT SEINEN FEINEN HÄRCHEN. ICH BRINGE IHREN MUND IN DIE RICHTIGE LAGE.
ICH WILL SIE DA NEHMEN, WO SIE ZUVIELE HAARE HAT.
ICH LEGE MEIN KINN AUF IHRE SCHULTER. SIE REGT SICH NICHT; ICH KANN MICH KONZENTRIEREN.
SIE SCHMECKT NACH NICHTS MEHR, DAS MACHT ES MIR LEICHTER.
DIE FARBE IHRER INNENANSICHT REIZT MICH, SIE ZU TÖTEN.

OPFER
DA WO FRAUEN STERBEN, BIN ICH HELLWACH.
ALS DU KOMMST, DREHT DER VOGEL SEINEN KOPF SO, DASS MAN NUR EIN AUGE SIEHT.
MEINE BRÜSTE SIND SO ANGESCHWOLLEN, DASS ICH HINEINBEISSE.
DEINE GRÄSSLICHE SPRACHE UMSCHWIRRT MEINEN KOPF.
ICH MAG NICHT GEHEN, WEIL ICH ES ZWISCHEN DEN BEINEN SPÜRE.
IN MIR STECKEN HAARE.
MEINE NASE BRACH AUF DEM RASEN. MEINE AUGEN BRENNEN VOM DRUCK DEINER HANDBALLEN.
DAS BLUT GELIERT.
MIT DIR IN MIR BEGINNE ICH DEN TOD ZU AHNEN.
DU HAST HAUT IM MUND. DU LECKST MICH WIE WAHNSINNIG.
DU VERWECHSELST MICH MIT IRGEND ETWAS IN DIR. ICH KANN NICHT SAGEN, WIE DU'S MIT MIR MACHEN WIRST.
ICH SPÜRE DEINEN SCHULTERKNOCHEN UNTER MEINER HAND, UND ICH WEISS, WAS DIR BEVORSTEHT.
ICH WEISS, WER DU BIST, UND ES TUT MIR GAR NICHT GUT.
ICH VERSUCHE, MICH SELBST ZU ERREGEN. DAS BETÄUBT MICH.
WAS AUF DER DECKE ZURÜCKBLIEB, IST KLAR UND VON TEUFLISCHER FARBE.

BEOBACHTER
ICH MÖCHTE NEBEN IHR LIEGEN. SEIT MEINER KINDHEIT TAT ICH ES NICHT MEHR.
ICH WERDE MICH MIT IHREN FLÜSSIGKEITEN BEDECKEN.
SIE BEGINNT SPRACHFEHLER ZU MACHEN, UND ICH KORRIGIERE SIE SO, WIE SIE ES MICH EINST LEHRTE.
SIE HAT IHRE LAPPEN IN ALLE MÖGLICHEN RITZEN GESTOPFT. ICH NEHME SIE, UM SIE ZU VERBRENNEN, OBWOHL ICH ANGST HABE, IHRE SACHEN ANZURÜHREN.
SIE BITTET MICH, IM HAUS ZU SCHLAFEN, ABER DAS WERDE ICH NICHT TUN, SO ANDERS IST IHR KÖRPER JETZT, MIT SEINEN GERÄUSCHEN, SEINER KLAMMHEIT.
SIE LÄCHELT MICH AN, WEIL SIE DENKT, DASS ICH IHR HELFEN KÖNNTE.
ICH MÖCHTE IHR HAAR BÜRSTEN, ABER IHR GERUCH TREIBT MICH ANS ANDERE ENDE DES ZIMMERS. ICH HABE DEN ATEM SO LANG ICH KONNTE ANGEHALTEN. ICH WEISS, DASS ICH SIE ENTTÄUSCHE.
ALS ALLES AUS IHR HERAUSZULAUFEN BEGANN, RANNTE SIE LOS, WEIL SIE NICHT GESEHEN WERDEN WOLLTE.
SIE FIEL AUF DEN BODEN MEINES ZIMMERS. SIE WOLLTE BEIM STERBEN SAUBER SEIN, ABER SIE WAR ES NICHT. ICH SEHE IHRE SPUR.
IHR BLUT IST IM AUFNEHMER. ICH BRINGE DIE FEUCHTEN SPUREN MEINER MUTTER HINAUS. ICH KEHRE ZURÜCK, UM IHREN SCHMUCK ZU VERSTECKEN.
ICH SEHE DIE SCHWARZEN PUNKTE IN MEINEN AUGEN ÜBER IHREN KÖRPER WANDERN, WÄHREND ICH ÜBER SIE NACHDENKE.
ICH GEHE NACH DRAUSSEN AUF DEN WEG UND SEHE DIE PFLANZEN, JEDE EINZELNE VON IHR GEHEGT, VON IHREM STERBEN UNBERÜHRT.
SIE IST SCHMAL UND FLACH IN DEM BLAUEN SACK, UND ICH STEHE, ALS SIE SIE AUFHEBEN.

Die Texte sind handschriftlich in Großbuchstaben auf menschliche Haut geschrieben. Die Körperteile sind nicht zu identifizieren, erst recht ist eine Identifizierung der Person nicht möglich. Dennoch bleibt dem Blick der Kamera nichts verborgen. Die Farbfotografie zeigt Hautstruktur, Poren, Härchen und macht selbst die Prozedur des Beschriftens, den Auf- und Abstrich und die Unregelmäßigkeit des Farbauftrags, visuell nachvollziehbar. In dieser schonungslosen anonymen Nahsicht vollzieht sich eine Entblößung besonderer Art.

Ebenfalls "nahsichtig" sind die Texte, sie sind "geradezu pornographisch präzise".[25] In ihnen kommt die bereits beschriebene "Mehrstimmigkeit" auf eine besondere Art zur Geltung: "Es sind insgesamt drei Perspektiven: die des Täters, die des Opfers, und dann desjenigen, der zurückbleibt. Das kann ein Angehöriger sein, der in seiner Trauer um Worte ringt. Das kann auch nur die Person sein, die die Leiche beseitigen muß. Tod ist keine saubere Angelegenheit, noch dazu, wenn er gewaltsam erfolgt. Am Schluß bleibt immer jemand, der die Dreckarbeit

25 "Der Tod ist keine hygienische Angelegenheit", 34.

machen muß. Die Texte sind so ausgewählt, daß wir oft gar nicht genau wissen, wer der Beteiligten da zu Wort kommt."[26]

Die Anonymisierung bei gleichzeitig höchstem Realismus begegnet also auch auf der sprachlichen Ebene. Die irritierende Verknüpfung von Visuellem und Sprachlichem wird noch dadurch gesteigert, daß der zentrale Satz des Bildzyklus "DA WO FRAUEN STERBEN BIN ICH HELLWACH" auf der Titelseite des Magazins unter Verwendung von Blut als Farbstoff für die Druckflüssigkeit gedruckt wurde. Im Kontext massenmedialer Kommunikation begegnet eine, geradezu sakramental aufgeladene, Substanz.

Den Bann der Bilder brechen

Die Erzeugung und Befragung innerer Bilder vermittels der „getarnten" sonderbaren Botschaften, dies ist die Intention der frühen Arbeiten. Anlaß und Hauptthema ist dabei die Beschäftigung mit gesellschaftlicher, mit sozialer und politischer Realität. Die atomare Bedrohung, die Grausamkeit der Kriege, die Angst vor AIDS, die Männergewalt gegen Frauen - mit der Aufnahme dieser Themen stellt sich Jenny Holzer der Wirklichkeit. Dabei erfährt die künstlerische Beschäftigung mit den Herausforderungen des Lebens in den späteren Werken eine entscheidende Wendung: Die Annäherung an die Wirklichkeit verläuft nunmehr über die Herstellung von Wirklichkeit, sei es als Herstellung einer emotional aufgeladenen Atmosphäre wie in der Installation „Under A Rock" oder als „leibhaftige" Verarbeitung von Blut und Haut wie in dem Bilderzyklus „Lustmord". Nicht die Information oder die politische Aussage, sondern die sinnliche Erscheinung des Werks und die ästhetische Erfahrung der Betrachterinnen und Betrachter bringen diese Wirklichkeit hervor und konstituieren so den Sinn des Kunstwerks.

Die künstlerische Beschäftigung mit existentiellen Grenzsituationen, so wurde weiter oben bereits gesagt, entwirft im Zueinander von sprachlicher und bildlicher Struktur einen Deutungsrahmen, der der Bewältigung dieser Grenzsituationen dient. Diesen Deutungsrahmen bezeichnet Jenny Holzer verschiedentlich als einen rituellen Bewältigungsversuch. Auf die Frage nach der „archaischen Wirkung" ihrer Arbeiten antwortet sie: „Ich glaube, es sieht altertümlich aus, weil ich in meinen Installationen die Objekte so sorgfältig ordne. Das hat wieder etwas mit dem Tod zu tun - und das nehmen auch die Leute wahr. Immer wenn der Mensch tödlich bedroht ist, fängt er an, Sachen zu ordnen. Er fängt an, alles ri-

26 Ebd.

tuell abzuhandeln, sich in bestimmten Zeitabständen zu wiederholen."[27] Das hier zum Ausdruck kommende Verständnis des Rituals entspricht geläufigen Definitionen: Rituale sind „formalisierte Handlungsfolgen, die immer wieder nach denselben Regeln ablaufen, strikt geordnete Verhaltensweisen, in die sich jeder einüben kann. Doch nicht jedes eingefahrene Verhaltensmuster ist bereits ein Ritual. Es bedarf dazu eines symbolischen Mehrwerts."[28] Rituelle Handlungen deuten die Wirklichkeit, sie bieten Ausdrucksformen, um Erfahrungen und Erinnerungen sichtbar zu machen. Gleichzeitig bringen sie Wirklichkeit hervor, denn in der rituellen Transformation von Erfahrung vollzieht sich die Eröffnung neuer Erfahrungspotentiale. Hierin besteht die spezifische Sinnstiftung aller symbolischen Ausdrucksformen, erst in dieser zweifachen Ausrichtung auf die Wirklichkeit ermöglichen rituelle Handlungen und symbolische Arrangements Selbstvergewisserung und die Bewältigung des als krisenhaft Erlebten.[29]

Daß Jenny Holzer sich ausdrücklich auf einen rituellen Begründungszusammenhang beruft und darüber hinaus diesen als durchaus religiös motiviert vorstellt, ist im Kontext der Gegenwartskunst nicht ungewöhnlich. Ein derartiges Verständnis von Sinnkonstitution begegnet bereits Ende der 60er Jahre im Bereich der Aktionskunst.[30] In der Bezugnahme auf die religiös-kultischen Wurzeln der Kunst artikuliert sich ein erneuerter Begriff des Kunstwerks, der u.a. die künstlerische Erschließung von existentiellen Erfahrungsbereichen und - stärker noch - die Ermöglichung authentischer Erfahrung für alle, für Künstlerinnen und Künstler wie für Betrachterinnen und Betrachter gleichermaßen, in den Mittelpunkt stellt.[31] An dieser Stelle zeigt sich dabei nicht eine neuerliche Hinwendung der zeitgenössischen Kunst zur Religion im Sinne einer potentiellen kirchlichen oder theologischen Indienstnahme. Vielmehr zeigt sich hier das Selbstbewußtsein

---

27 Jenny Holzer im Gespräch, 60.

28 Erich Feifel, Erfahrung - Symbol - Ritual, in: Günter Stachel u.a. (Hg.), Sozialisation - Identitätsfindung - Glaubenserfahrung. Referate und Protokolle des zweiten Kongresses der "Arbeitsgemeinschaft Katholischer Katechetikdozenten", Zürich/Einsiedeln/Köln 1979, 174-180, 178.

29 Siehe zum Ganzen: Susanne K. Langer,Philosophie auf neuen Wegen. Das Symbol im Denken, im Ritus und in der Kunst, Frankfurt a.M. 1965 (Cambridge Mass. 1942) und Hans-Georg Soeffner, Zur Soziologie des Symbols und des Rituals, in: Jürgen Oelkers/Klaus Wegenast (Hg.), Das Symbol - Brücke des Verstehens, Stuttgart 1991, 63-81.

30 Siehe dazu Schilling, Aktionskunst, 11f. Das Verhältnis von Aktionskunst und Ritual habe ich an anderer Stelle ausführlich beschrieben: Rita Burrichter, Kunstvermittlung. Eine praktisch-theologische Auseinandersetzung mit moderner Kunst: Yves Klein und Dorothee von Windheim, Bochum 1995 (Dissertation).

31 Kultermann, Leben und Kunst, 33 und 79.

einer "autonomen"[32] Kunst, die sich nicht nur aus vormaligen Abhängigkeitsverhältnissen vollständig gelöst hat, sondern die, durchaus im Sinne einer Konkurrenz, für sich einen umfassenden Weltdeutungs- und Sinnstiftungsanspruch reklamiert.[33] In diesem Sinne ist die Äußerung Holzers zu verstehen: "Als ich jung war, wollte ich religiös sein, nur es gab da für mich keine Möglichkeit. Daher ist meine heutige Kunst so etwas wie ein Weg zurück zur Religion."[34]

In der Initiierung innerer Bilder, in ihrer Begrenzung durch eine Form und eine Ordnung, die wiederum ein Bildangebot ist, vollzieht sich in den Arbeiten Jenny Holzers ein Wechselspiel der Bildlichkeit. In diesem Wechselspiel zeigt sich die Ambivalenz der (inneren und äußeren) Bilder: ihre Flüchtigkeit und ihre Hartnäckigkeit, ihre Vordergründigkeit und ihre Langzeitwirkung, ihre Formung durch Ideologie und die Freiheit der Imagination, ihre Macht und ihre Widerständigkeit. Es zeigt sich die Kolonialisierung der Bildwelten und die Fragwürdigkeit jeweiliger Perspektiven.[35] Das bedeutet, daß die vorgestellten Arbeiten nicht nur bezüglich ihrer inhaltlichen Dimension gesellschaftskritisch sind, sondern daß sie vermittels der Nicht-Beantwortung des "Wer spricht?" geltende Machtverhältnisse oder besser "Bildermonopole" in Frage stellen.

Die Arbeiten Jenny Holzers sind keine Illustration ihrer Texte. Die scheinbare Vorrangigkeit des Wortes gegenüber dem Bild löst sich im Zusammenspiel von Lesen und Sehen auf. Es bleibt ein "Rest", es bleibt ein "Überschuß". Der Sinn ihrer Werke erschließt sich allerdings auch nicht im alleinigen Rückgang auf das Material oder das Arrangement, sondern erst die wechselseitige Irritation treibt den verstehenden Zugang weiter voran. Diese Kunst verweigert sich Verabsolutierungen aller Art, in diesem Sinne achtet sie das biblische Bilderverbot und betreibt in Form der Infragestellung und des Bruchs der inneren und äußeren Bil-

---

32 Die Rede von der Autonomie der Kunst ist nach wie vor umstritten, dennoch ist der Begriff gerade im Kontext von Kirche und Theologie weiterhin hilfreich, um unstatthafte heteronome Vereinnahmungsversuche abzuweisen. Siehe zum Diskussionszusammenhang : Werner Busch, Die Autonomie der Kunst, in: Deutsches Institut für Fernstudien an der Universität Tübingen (Hg.), Funkkolleg Kunst, Studienbegleitbrief 3, Weinheim/Basel 1984, 64-100.

33 Der Soziologe Franz-Xaver Kaufmann spricht pointiert von den "religionsanalogen Funktionen moderner Kunst", in: Franz-Xaver Kaufmann, Joseph Beuys - Homo Religiosus, in: ders., Religion und Modernität. Sozialwissenschaftliche Perspektiven, Tübingen 1989, 172-195, 172. Zur Konkurrenz von Religion und Kunst auch Reinhard Hoeps, Bildsinn und religiöse Erfahrung. Hermeneutische Grundlagen für einen Weg der Theologie zum Verständnis gegenstandsloser Malerei, Frankfurt a.M. u.a. 1984, 26.

34 Jenny Holzer im Gespräch, 60.

35 Dies gilt insbesondere für die unterschiedlichen Perspektiven von Männern und Frauen und die damit verbundenen Fragen um Macht und Ohnmacht, vgl. Jenny Holzer im Gespräch, 40f.

der ein Stück weit innerbildlichen Ikonoklasmus.[36] Für die Betrachterinnen und Betrachter vollzieht sich darin die spezifische, nicht sprachlich ersetzbare bildliche Sinnstiftung, die als solche einen Beitrag zur Ausprägung der personalen Identität zu leisten vermag.[37]

36 Die Bedingungen einer angemessenen Rede von "Bilderverbot" und "Ikonoklasmus" im Zusammenhang moderner, autonomer Kunst entfaltet Reinhard Hoeps, Bild und Ikonoklasmus. Zur theologisch-kunsttheoretischen Bedeutung des Bilderverbots, in: Christoph Dohmen/Thomas Sternberg (Hg.), ...kein Bildnis machen. Kunst und Theologie im Gespräch, Würzburg 21987, 185-203; ders., Urbild und Abbild. Konzeptionen von Bildlichkeit im Zweiten Konzil von Nizäa und in der Kunst der Moderne, in: Josef Wohlmuth (Hg.), Streit um das Bild. Das Zweite Konzil von Nizäa (787) in ökumenischer Perspektive, Bonn 1989, 152-157.

37 Siehe dazu Heinz Paetzold, Ästhetik der neueren Moderne. Sinnlichkeit und Reflexion in der konzeptionellen Kunst der Gegenwart, Stuttgart 1990, 137f.

DEBATTE

Repräsentation als theologisches/politisches Problem

Carl Schmitt über die Kraft des Repräsentativen im römischen Katholizismus

Jürgen Manemann

Einführung in den Kontext der Diskussion

Über das Verhältnis von Religion und Politik, die Problematik politischer Theologien und politischer Religionen wird seit 1989, dem Jahr des Zusammenbruchs des sogenannten real existierenden Sozialismus und dem Fall der Mauer, immer intensiver debattiert.[1] Dabei läßt sich ein verstärktes Interesse an den Theorien des Juristen und Katholiken Carl Schmitt wahrnehmen, und das nicht nur bei der Neuen Rechten. Ausführlich wurde auf die Renaissance dieser Form einer politischen Theologie im ersten Band des Jahrbuchs *Politische Theologie* eingegangen.[2] Im folgenden wird diese Diskussion anhand der Auseinandersetzung um das Problem der Repräsentation fortgeführt. Daß eine Diskussion über den Begriff der Repräsentation und seine politische Notwendigkeit im Kontext der Frage nach der politischen Bedeutung des Bilderverbots geführt wird, bedarf einer kurzen Erläuterung.

1 Vgl. z.B. die Aufsätze von E.-W. Böckenförde, K. Gabriel, E. Jüngel, Th. Luckmann, H. Küng u.a., in: E. Teufel (Hrsg.), Was hält die Gesellschaft zusammen?, Frankfurt 1996. Ferner: H. Lübbe, Heilserwartung und Terror. Politische Religionen im 20. Jahrhundert, Düsseldorf 1995. Weiter: H. Marré/ D. Schümmelfeder/ B. Kämper (Hrsg.), Essener Gespräche zum Thema Staat und Kirche (30). Das christliche Freiheitsverständnis in seiner Bedeutung für die staatliche Rechtsordnung, Münster 1996 und H.-J. Höhn (Hrsg.), Krise der Immanenz. Religion an den Grenzen der Moderne, Frankfurt 1996.

2 Vgl. dazu: Jahrbuch Politische Theologie. Bd. 1: Demokratiefähigkeit, hg.v.J. Manemann, Hamburg/Münster 1995 (v.a. J.Manemann, An den Grenzen der Moderne. Zu Kulturkampf und Demokratiefeindlichkeit in der gegenwärtigen Gesellschaft, S. 137-154 und J. Reipen, Rezension über Heinrich Meiers Arbeiten zur "Politischen Theologie" Carl Schmitts, S. 252-257; O. John, Zur Politik der Theodizee, S. 53-81; M. J. Rainer, Carl Schmitt und Johann Baptist Metz in fremder Nähe? Bemerkungen zu zwei Leitkonzepten politischer Theologie im 20. Jahrhundert, S. 82-106). Ferner: J. Manemann, "Liberal Democracy - the End of History" or Carl Schmitt redivivus? The Need for an Anamnestic Culture for Germany after Auschwitz, in: G.J. Colijn/M.S. Littell (Ed.), Confronting the Holocaust (FS Yehuda Bauer), Lanham/New York/Oxford 1997, S. 81-90.

Repräsentation ist ein sehr facettenreicher Begriff, der lexikalisch nur unspezifisch faßbar ist.[3] Häufig wird er mit „Stellvertretung" über- und seit dem 19. Jahrhundert mit der repräsentativen Demokratie gleichgesetzt. Innerhalb der Theologie herrscht weitgehend ein politikferner Begriff von Repräsentation vor, der nur auf die sakramentale Struktur der Kirche abzielt. Unsere politische Gegenwart enthält Repräsentationsdefizite, bereits der Hinweis auf das Stichwort „Politikverdrossenheit" läßt die Legitimations- und Akzeptanzschwäche der Politik deutlich werden.[4] Neuere Ansätze in der Diskussion über die demokratische Frage betonen v.a. den offenen Charakter der Zivilgesellschaft und die radikal säkularisierten Grundlagen ihrer Politik, welche dazu zwingen, mit Ungewißheit zu leben und alle Mystifikationen aufzugeben.[5] In diesem Problemzusammenhang spielen besonders die Theorien der französischen Denker Claude Lefort und Marcel Gauchet eine wesentliche Rolle, weisen sie doch gegenüber eher negativen Ansichten über eine nicht faßbare Repräsentation auf eine symbolische Repräsentation, deren Ort nicht mehr, wie noch in vormodernen Herrschaftsformen, die Person des Herrschers ist; denn: Moderne Gesellschaften zeichnen sich durch eine Dekorporierung der Macht aus, durch die der Ort der Macht körperlich leer wird.[6] So beschreibt Lefort bspw. die Zerrissenheit der Welt in die Pole einer gottgewollten und menschlichen Ordnung und zeigt auf, daß der sakrale Pol nicht mehr substantiell ausgefüllt werden kann - leer bleibt.[7] Diese Leere ermöglicht den Mitgliedern einer Zivilgesellschaft Partizipation und Selbstbestimmung. Die Leere des faktischen Ortes der Macht ist so die Bedingung der Möglichkeit einer nichttotalitären, einer libertären Demokratie, da sie identitären Symbolisierungen widersteht.

---

3 Einen knappen Überblick mit entsprechenden Literaturquellen kann sich der/die Leser/in anhand des Artikels "Repräsentation" von S. S. Schüttemeyer verschaffen (in: Lexikon der Politik. Bd. 1: Politische Theorien, hg. v. D. Nohlen/R.-O. Schulze, München 1995, S. 543-552). Zu den Standardwerken gehören die Arbeiten: G. Leibholz, Das Wesen der Repräsentation und der Gestaltwandel der Demokratie im 20. Jahrhundert, Berlin ²1960 und H. Hofmann, Repräsentation. Studien zur Wort- und Begriffsgeschichte von der Antike bis ins 19. Jahrhundert, Berlin 1974.

4 Nicht zuletzt die sogenannte Demokratiekontroverse, die sich an der Parteienkritik Richard von Weizsäckers entzündete, spiegelt die Problematik wider (vgl. dazu: G. Hofmann/W.A. Perger (Hrsg.), Die Kontroverse. Weizsäckers Parteienkritik in der Diskussion, Frankfurt 1992).

5 H. Dubiel, Ungewißheit und Politik, Frankfurt 1994.

6 Vgl. U. Rödel (Hrsg.), Autonome Gesellschaft und libertäre Demokratie, Frankfurt 1990.

7 Vgl. dazu v.a. auch W. van Reijen, Das Politische - eine Leerstelle. Zur politischen Philosophie in Frankreich, in: Transit 5 (1992/1993), S. 111. Siehe weiter: J.B. Metz, Monotheismus und Demokratie. Über Religion und Politik auf dem Boden der Moderne, in: Jahrbuch Politische Theologie Bd.1, a.a.0., S. 43f.

Die kurzen Bemerkungen zeigen also die Dringlichkeit an, den Begriff „Repräsentation" im Zusammenhang der Frage nach der politischen Dimension des Bilderverbots erneut juristisch, theologisch und politisch zu reflektieren - und zwar im folgenden in An- und Ablehnung des Repräsentationsbegriffs bei Carl Schmitt, wie er ihn in seinen Betrachtungen über den römischen Katholizismus entwickelt hat. Der Rekurs auf die Schmittsche Position drängt sich auch deswegen auf, „weil der Grundzug des katholischen Denkens der Zeit sein Werk überall durchzieht: nämlich die Reflexion auf die Nützlichkeit der Religion jener Kirche, die er als 'Wunderbau christlicher Ordnung und Disziplin, dogmatischer Klarheit und präziser Moral' beschrieben hatte"[8] - eine Position, die ja auch gegenwärtig wieder aktuell ist, etwa im Kontext der Diskussion über die drohende Atomisierung der Gesellschaft und die Akzeleration der Zeit.

Carl Schmitt bietet nicht nur eine Minimaldefinition von Repräsentation an, unter der er die Sichtbarmachung und Vergegenwärtigung eines unsichtbaren Seins durch ein öffentlich anwesendes Sein versteht: „In der Repräsentation (...) kommt eine höhere Art des Seins zur konkreten Erscheinung."[9] In seiner Schrift *Katholizismus und Politische Form* aus dem Jahre 1923[10] legt er dar, daß der Begriff seine volle Bedeutung im Katholizismus erhält. Die folgenden Ausführungen fassen ausschließlich *diese* Schrift thesenartig und sehr textnah zusammen - wohl wissend, daß Schmitt die dort eingenommene Position später so nicht mehr vertreten hat.[11] Dennoch kann diese kleine Schrift als „ein Schlüsselwerk seines

---

8 Th. Ruster, Die verlorene Nützlichkeit der Religion. Katholizismus und Moderne in der Weimarer Republik, Paderborn/München/Wien/Zürich 1994, S. 377.

9 Carl Schmitt, Verfassungslehre, München/Leipzig 1954, S. 209f.

An dieser Stelle zeigt sich bereits: "Schmitts Irrtum liegt darin, daß er die theologische Verwendungsweise, die in säkularisierter Form in der neuzeitlichen Erkenntnistheorie eine wesentliche Rolle spielte und von der einige absolutistische Theoretiker der Barockzeit auch Anleihen nahmen, ins Juristische überträgt und als das 'Wesen' der Repräsentation behauptet (...)." (M. Kaufmann, Recht ohne Regel?. Die philosophischen Prinzipien in Carl Schmitts Staats- und Rechtslehre, Freiburg/München 1988, S. 174)

10 C. Schmitt, Römischer Katholizismus und politische Form, München ^{2}1984.

11 In seiner Schrift „Römischer Katholizismus und politische Form" bezog Schmitt sich noch sehr stark auf eine Kraft des Katholizismus, die einer Eschatologie entstammte, in der "die Erwartung des jüngsten Gerichts (...) unmittelbar lebendig" war (S. 26). Hier fällt der katholischen Kirche auch die Rolle des Kat-echon, des Aufhalters, zu. Die Eschatologie tritt in den darauffolgenden Schriften immer mehr in den Hintergrund. Dem von Richard Thoma (Archiv für Sozialgeschichte 53/1925, S. 212ff.) erhobenen Vorwurf, Schmitt strebe eine katholische Diktatur an, wurde von Schmitt bereits in der zweiten Auflage seiner Schrift "Die geistesgeschichtliche Lage des heutigen Parlamentarismus" (1926) widersprochen. Er zielte in dieser Schrift vielmehr eine "Identität von Regierenden und Regierten" (S. 35), einen "Cäsarismus" an. "Diese Identität tritt stabilitätsstiftend an die Leerstelle der verlorenen Transzendenz Gottes." (S. Heil, "Gefährliche Beziehungen". Walter Benjamin und

Denkstils“[12] angesehen werden, zeigt sich doch hier explizit der zeitdiagnostische Gehalt seines Denkens, indem er die katholische Kirche in den Mittelpunkt der Auseinandersetzungen mit den Erscheinungen seiner Zeit stellt.[13] Bereits damals wurde Kritik laut. So schrieb etwa Ernst Michel, Laientheologe und Mitarbeiter der katholischen Rhein-Mainischen Volkszeitung, 1926:

„Ist die Kirche das, wofür Carl Schmitt sie ausgibt, dann sind seine Folgerungen richtig. Dann hat der Großinquisitor gegen Christus recht. Ist die Kirche aber das Sakrament der Agape, dann wird sie den Cordon, den die Juristen um sie ziehen, durchbrechen: dann wird sie nicht die aristokratische Erbin sein, die ihres

---

Carl Schmitt, Stuttgart 1996, S. 46) Aber hier, an der zunehmenden Enteschatologisierung der politischen Theologie, wird deutlich, wie Repräsentation und Eschatologie einander ausschließen. Doch auch schon vorher bezogen sich die eschatologischen Hinweise insofern nicht auf die Kirche, da sie das Jüngste Gericht ja nicht zu fürchten hatte. Nachdem Schmitt sich dem Nationalsozialismus zugewandt hatte, sprach er von "barocken Repräsentationen" (Staat, Bewegung, Volk. Die Dreigliederung der politischen Einheit, Hamburg 1933, S. 42), von denen er sich jedoch in seiner Rechtfertigung der Morde, die Hitler am 30. Juni 1934 befehligte, abwandte, galt ihm doch nun der Wille des Führers als der Wille des deutschen Volkes, zwischen denen nun eine Art „Artgleichheit“ herrscht (vgl. C. Schmitt, Der Führer schützt das Recht, in: Deutsche Juristenzeitung 1934, (Sp. 945ff)).

Trotz seiner geistigen Entwicklungen blieb Schmitt den katholischen Denkern der Gegenrevolution verhaftet. So bemerkt er in seinen Tagebuchaufzeichnungen am 16.06.48 "Das ist das geheime Schlüsselwort meiner gesamten geistigen und publizistischen Existenz: das Ringen um die eigentlich katholische Verschärfung." (in: C. Schmitt, Glossarium. Aufzeichnungen der Jahre 1947-1951, Berlin 1991, S. 165). Richard Faber resümiert: "Schmitt brach 1933 mit der Mehrzahl seiner katholischen Freunde und teilweise über 1945 hinaus, doch ließ das gemeinsame Überzeugungen durchaus fortbestehen und um so leichter, als Schmitt ab 1943/44 (sich) rekatholisierte - auf eine Weise allerdings, die man als 'Lefèbvrismus avant la lettre' bezeichnen muß. - Überraschen kann diese Diagnose kaum, wenn man weiß, daß Lefèvbre aus der Action Francaise kommt, der anzugehören seit dem Amtsantritt des Pacelli-Papstes nicht mehr mit Exkommunikation bedroht wurde. Schmitt (der ein regelmäßiger Leser der 'Action Francaise' war) ging es schon unmittelbar nach 1945 um "die eigentlich katholische Verschärfung", d.h. er wollte weiterhin päpstlicher als der Papst und - ganz entscheidend - mehr römisch als katholisch sein." (R. Faber, Carl Schmitt, der Römer, in: B. Wacker (Hrsg.), Die eigentlich katholische Verschärfung ... Konfession, Theologie und Politik im Werk Carl Schmitts, München 1994, S. 278) Vgl. ferner: B. Wacker, Carl Schmitts Katholizismus und die katholische Theologie nach 1945, in: ders. (Hrsg.), a.a.O., S. 239-294.

Daß Schmitts Ausführungen hinsichtlich des Begriffs der Repräsentation teilweise auf Mißverständnissen beruhen, wird hier nicht weiter verfolgt: Hingewiesen sei dazu auf die genannten Arbeiten von M. Kaufmann und H. Hofmann.

12 Vgl. K. Kröger, Bemerkungen zu Carl Schmitts "Römischer Katholizismus und politische Form", in: H. Quaritsch (Hrsg.), Complexio oppositorum. Über Carl Schmitt. Vorträge und Diskussionsbeiträge des 28. Sonderseminars 1986 der Hochschule für Verwaltungswissenschaften Speyer, Berlin 1988, S. 159.

13 Vgl. K.-E. Lönne, Carl Schmitt und der Katholizismus der Weimarer Republik, in: B. Wacker (Hrsg.), a.a.O., S. 13. Hier sind auch die lebensgeschichtlichen Bindungen Schmitts an den Katholizismus zu beachten (vgl. ebd., S. 14f.).

Partners harrt, sondern sie wird den Notschrei der unrepräsentativen 'Gesellschaft' an sie hören und Samariterdienst in der Form üben, die ihr die Liebe eingibt und die 'hier und jetzt eben Not tut'."[14]

Die Gefahren des Schmittschen Gedankengangs werden durch folgendes Zitat des späteren Stadtdechanten von Köln, Robert Grosche, offenbar. Er schrieb 1933:

„Als im Jahre 1870 die Unfehlbarkeit des Papstes definiert wurde, da nahm die Kirche auf der höheren Ebene jene geschichtliche Entscheidung voraus, die heute auf der politischen Ebene gefällt wird: für die Autorität und gegen die Diskussion, für den Papst und gegen die Souveränität des Konzils, für den Führer und gegen das Parlament."[15]

Die folgende ausführliche und textnahe Darlegung soll zum einen dem Leser/der Leserin, die mit dem Werk nicht vertraut ist, den Einstieg in das Verständnis der Debatte erleichtern. Zum anderen soll sie die Kommentatoren dazu anleiten, sich auf die Problematik „Repräsentation und Bilderverbot" zu konzentrieren - ist doch die Versuchung groß, sich ausschließlich mit den divergierenden Exegesen der Schmittschen Schrift auseinanderzusetzen

Römischer Katholizismus und politische Form

Die Schrift *Römischer Katholizismus und politische Form* muß in Kontinuität mit Schmitts *Politischer Theologie* (1922) gesehen werden[16], in der er ja bekanntlich Souveränität wie folgt definiert: „Souverän ist, wer über den Ausnahmezustand entscheidet."[17] Diesem Souveränitätsgedanken korrespondiert der Gedanke eines transzendenten Gottes.[18] Das Prinzip der Souveränität ist nun nach Ansicht von Schmitt durch die moderne rechtsstaatliche Entwicklung negiert

---

[14] Ernst Michel, Politik aus dem Glauben, Jena 1926, S. 44f. (hier zitiert nach: K.-E. Lönne, a.a.O., S. 28).

Eine völlige Aushöhlung des Katholizismus sah Heinrich Getzeny, ein Publizist, der dem Volksverein für das katholische Deutschland nahestand und der sich darüber empörte, daß gerade der katholische Akademieverband die Schmittsche Schrift in seine Schriftenreihe "Der katholische Gedanke" aufgenommen hatte (K.-E. Lönne, a.a.O., S. 29).

[15] Robert Grosche, in: Schildgenossen 13 (1933/34), S. 48 (hier zitiert nach: K.-E. Lönne, a.a.O., S. 35).

[16] Thomas Ruster macht auf diesen Zusammenhang aufmerksam: Th. Ruster, a.a.O., S. 378f.

[17] C. Schmitt, Politische Theologie. Vier Kapitel zur Lehre von der Souveränität, Berlin [6]1993, S. 13.

[18] Vgl. ebd., S. 53-55.

worden, allein die katholische Kirche habe es bewahrt. So führt Schmitt, sich auf de Maistre beziehend, aus: „Der Wert des Staates liegt darin, daß er eine Entscheidung gibt, der Wert der Kirche, daß sie letzte inappellable Entscheidung ist. Infallibilität ist für ihn (de Maistre, J. M.) das Wesen der inappellablen Entscheidung und die Unfehlbarkeit der geistlichen Ordnung mit der Souveränität der staatlichen Ordnung wesensgleich; die beiden Worte Unfehlbarkeit und Souveränität sind 'parfaitement synonymes'."[19]

In seiner Schrift *Die geistesgeschichtliche Lage des heutigen Parlamentarismus* rezipiert er noch den Mythos, um substantielle Homogenität herstellen zu können, weist aber auf die Gefahr eines solchen Rückgriffs hin: „Letzte, wenigstens in einigen Resten noch bestehende Zusammengehörigkeiten werden aufgehoben in dem Pluralismus einer unabsehbaren Zahl von Mythen. Für die politische Theologie ist das Polytheismus, wie jeder Mythos polytheistisch ist."[20] Dagegen wendet Schmitt sich 1923 der katholischen Kirche als gegenmoderner Ordnung zu. Bereits in seiner *Politischen Romantik* (1919) intendierte er, das Formprinzip des Katholizismus gegenüber Romantik und Moderne als eigenständig und inkompatibel zu profilieren.[21]

Daß es sich bei dem Büchlein *Römischer Katholizismus und politische Form* um eine Streitschrift handelt, wird bereits dadurch indiziert, daß Schmitt zunächst, in die Problematik einleitend, einen anti-römischen Affekt diagnostiziert, der jedoch „die Angst vor der unfaßbaren politischen Macht des römischen Katholizismus" nicht obsolet werden läßt. Erschreckt ist man nicht nur über die „zölibatäre Bürokratie", am meisten erregt ist man über die katholische Politik, der man einen „grenzenlosen Opportunismus" nachsagt, der komplementär zur veränderten politischen Situation alle seine Prinzipien wechselt, außer dem der Macht: „Man reklamiert von den Gegnern alle Freiheiten im Namen der gegnerischen und verweigert sie ihnen im Namen der eigenen katholischen Prinzipien." Diese Vieldeutigkeit, dieser Januskopf, ist soziologisch oder politisch erklärbar, sie ist das Resultat der Unterwerfung aller politischen Formen unter eine Weltanschauung in der alles zum Werkzeug der sich realisierenden Idee degradiert wird. Vieles ist auch nur eine Konsequenz eines politischen Universalismus. So wird bspw. auch oft historisch erklärt, daß die römisch-katholische Kirche als Apparat den Universalismus des römischen Imperiums fortsetze. Und „jeder Imperialismus, der mehr ist als bloßes Geschrei, birgt Gegensätze in sich." Der Universalismus muß zwar einerseits in diesem Zusammenhang Berücksichtigung finden,

---

19 Ebd., S. 60.

20 Ders., Die geistesgeschichtliche Lage des heutigen Parlamentarismus, Berlin 71991, S. 89.

21 Vgl. dazu S. Heil, a.a.O., S. 49-51.

„weil sich das Gefühl der Angst vor dem universalen Verwaltungsapparat häufig aus einer berechtigten Reaktion nationaler und lokaler Regungen erklärt"; andererseits ist aber auch daran zu erinnern, daß katholische Nationen einen Großteil ihres nationalen Patriotismus dem Katholizismus verdanken. Mit bloß politischen oder soziologischen Erklärungen aus der Natur des Universalismus wird man die anti-römischen Affekte nicht erklären können.

1. Die katholische Kirche ist eine complexio oppositorum.[22]

Strukturell betrachtet: Die katholische Kirche scheint alle Gegensätze zu umfassen. „Seit langem rühmt sie sich, alle Staats- und Regierungsformen in sich zu vereinigen, eine autokratische Monarchie zu sein, deren Haupt von der Aristokratie der Kardinäle gewählt wird, und in der doch soviel Demokratie ist, daß ohne Rücksicht auf Stand und Herkunft der letzte Abruzzenhirt (...) die Möglichkeit hat, dieser autokratische Souverän zu werden."

Theologisch betrachtet: „Dem jüdischen Monotheismus und seiner absoluten Transzendenz sind in der Lehre von der Trinität soviele Elemente einer Immanenz Gottes beigefügt, daß auch hier manche Vermittlungen denkbar sind." So kann man etwa ein „gesundes Heidentum" finden, des weiteren wird nicht einmal die anthropologische Frage im Tridentinischen Dogma einfach beantwortet, spricht es doch nur von einer Verwundung, Schwächung oder Trübung der menschlichen Natur.[23]

Sozialpsychologisch betrachtet: „Der Papst hat seinen Namen als Vater, und die Kirche ist die Mutter der Gläubigen und die Braut Christi - eine wunderbare Verbindung des Patriachalischen mit dem Matriachalischen, welche beiden Strömungen einfachster Komplexe und Instinkte die Richtung nach Rom zu geben vermag, dem Respekt vor dem Vater und der Liebe zur Mutter - gibt es eine Rebellion gegen die Mutter?"

V.a. ist aber darauf hinzuweisen, daß die Vieldeutigkeiten sich mit dem „präzisesten Dogmatismus und einem Willen zur Dezision" verbinden, der in die Lehre von der Infallibilität mündet.

---

22 Hierbei handelt es sich um einen Basissatz des Repräsentationsgedankens.

23 An dieser Stelle scheint Schmitt seine in der Politischen Theologie ausgeführte negative Anthroplogie abmildern zu wollen, doch zeigt sich, daß es gerade das die complexio oppositorum Auszeichnende ist, Vieldeutigkeit, Dogmatismus und Dezision in der päpstlichen Dezision, welche in der Infallibilität gründet, zu synthetisieren.

2. „Von der politischen Idee des Katholizismus aus betrachtet, liegt das Wesen der römisch-katholischen complexio oppositorum in einer spezifisch formalen Überlegenheit über die Materie des menschlichen Lebens, wie sie bisher kein Imperium gekannt hat."

Grundlage dieser formalen Eigenart, welche in der konkreten Existenz bleibt, ist die strenge Durchführung des Prinzips der Repräsentation. Häufig mißversteht man jedoch das Wesen des Katholizismus und konstruiert es durch Synthesen - teils romantisch, teils hegelianisch. Diese synthetische Konstruktion ist zeitgemäß, denn ein radikaler Dualismus herrscht gegenwärtig auf jedem Gebiet. Dieser Dualismus basiert auf einem Naturbegriff, der dem technischen und industriellen Bereich entstammt. Antithetisch betrachtet ist Natur, von keiner Zivilisation berührt, der Gegensatz zur mechanischen Welt der Städte. Ein solcher Dualismus ist jedoch dem römisch-katholischen Naturbegriff fremd: „Es scheint, daß katholische Völker ein anderes Verhältnis zum Erdboden haben als protestantische; vielleicht deshalb, weil sie, im Gegensatz zu den Protestanten,[24] meistens Bauernvölker sind, die keine große Industrie kennen." Die Liebe zur mütterlichen Erde zeichnet die katholischen Völker aus. Natur und Ratio, menschliche Arbeit und organisches Wachstum sind für sie eins. Das tridentinische Dogma kennt keine protestantische Zerreißung von Natur und Gnade, läßt keine Synthese dieser Antithesen zu. Die katholische Kirche ist weder seelenlose Formalität noch „ein hygienisches Institut für die Leiden des Konkurrenzkampfes, ein Sonntagsausflug oder Sommeraufenthalt des Großstädters".

Es wird häufig übersehen, daß dem Katholizismus eine „besondere, an der normativen Leitung des sozialen menschlichen Lebens interessierte, mit spezifisch juristischer Logik demonstrierende Denkweise zugrunde liegt".

3. Der politischen Idee des Katholizismus widerspricht alles, was das ökonomische Denken als seine Sachlichkeit und Ehrlichkeit und seine Rationalität empfindet.

Die Kirche hat ihre besondere Rationalität, welche die psychologische und soziologische Natur des Menschen moralisch erfaßt. Man findet diesen spezifi-

---

24 Schmitts Angriff gilt hier also im besonderen dem Protestantismus, mit dem er sich anhand der religionssoziologischen Protestantismusstudien von Max Weber auseinandersetzt (vgl. dazu S. Heil, a.a.0., S. 54).

schen Rationalismus im Institutionellen. Er ist wesentlich juristisch. Seine große Leistung besteht darin, daß er das Priestertum zu einem Amt besonderer Art macht. Dieser juristische Rationalismus weist den Papst nicht als Propheten, sondern als Stellvertreter Christi aus. Das Amt wird vom Charisma unabhängig gemacht, wodurch dem Priester eine Würde zukommt, die von seiner konkreten Person zu abstrahieren scheint. Dies bedeutet jedoch nicht Unpersönlichkeit nach Art eines Beamten, sondern daß sein Amt in ununterbrochener Abfolge auf den persönlichen Auftrag und die Person Christi zurückgeht. „Das ist wohl die erstaunlichste complexio oppositorum." In dieser Unterscheidung liegt die Schöpferkraft und Humanität die der menschlichen Seele Richtung gibt, ohne deren irrationales Dunkel an das Licht zu zerren.

4. Der Katholizismus ist im eminenten Sinne politisch.

Der fromme Katholik ist von dem System unbeirrter Sachlichkeit erschreckt, aber aus Rationalität. Denn der Begriff des Rationalen ist im ökonomischen Denken pervertiert, wird doch ein der Befriedigung materieller Bedürfnisse dienender Produktionsmechanismus „rational" geheißen, ohne nach der wesentlichen Rationalität des Zweckes zu fragen. So weiß das ökonomische Denken auch nichts von einem anti-römischen Affekt, auch nichts vom Antichrist und der Apokalypse. Ihm ist die Kirche bloß eine seltsame Erscheinung. „Wenn einmal die ewigen Lampen vor allen katholischen Altären von demselben Elektrizitätswerk gespeist werden, das die Theater und Tanzlokale der Stadt beliefert, dann wird der Katholizismus dem ökonomischen Denken auch gefühlsmäßig eine begreifliche, selbstverständliche Sache geworden sein." Ökonomisches Denken ist absolut sachlich, bei den Dingen, hält das Politische für unsachlich, da es sich auf andere Werte berufen muß. Das Politische kennzeichnet den Katholizismus, aber nicht im Machiavellistischen Sinn, durch den Politik zur Technik wird. „Kein politisches System kann mit bloßer Technik der Machtbehauptung auch nur eine Generation überdauern. Zum Politischen gehört die Idee, weil es keine Politik gibt ohne Autorität und keine Autorität ohne ein Ethos der Überzeugung." Das Politische basiert auf anderen Kategorien als Produktion und Konsum.[25]

---

[25] Hier zeigt sich, daß eine rein funktionale Interpretation des Umgangs mit der Religion bei Schmitt zu kurz greift.

5. Im Repräsentativen liegt die Überlegenheit der katholischen Kirche über ein Zeitalter ökonomischen Denkens.

Der Papst besteht darauf, der Souverän des Kirchenstaates zu sein. Die politische Macht des Katholizismus ist nicht ökonomischer oder militärischer Art, sondern das Pathos der Autorität in seiner ganzen Reinheit. Zwar ist die Kirche auch eine „juristische Person", aber v.a. „eine konkrete, persönliche Repräsentation konkreter Persönlichkeit". Ihre Fähigkeit ist die Kraft zur Repräsentation. „Sie repräsentiert die civitas humana, sie stellt in jedem Augenblick den geschichtlichen Zusammenhang mit der Menschwerdung und dem Kreuzesopfer Christi dar, sie repräsentiert Christus selbst, persönlich, den in geschichtlicher Wirklichkeit Mensch gewordenen Gott." Und gegenwärtig ist sie das letzte Beispiel der mittelalterlichen Fähigkeit, repräsentative Figuren zu bilden.

6. Die Form, in der ökonomisches Denken sich ausdrückt, ist die der technischen Präzision, die von der Idee des Repräsentativen am weitesten entfernt ist und Realpräsenz verlangt.

Politische und religiöse Ansichten werden nur noch als ideologische Reflexe der Produktionsverhältnisse verstanden. Dadurch vermag jedoch die Idee der Repräsentation nicht wahrgenommen zu werden, sucht man doch lediglich nach einer „immanenten" sachlichen Basis. Die Repräsentanten widerstehen der Anonymität der Privatleute und der Exponenten der ökonomischen Sphäre. Die Idee der Repräsentation ist von dem Gedanken persönlicher Autorität durchdrungen, und das so stark, daß sowohl der Repräsentant wie der Repräsentierte eine persönliche Würde behaupten muß. „Repräsentieren im eminenten Sinne kann nur eine Person und zwar - zum Unterschiede von der einfachen 'Stellvertretung' - eine autoritäre Person oder eine Idee, die sich, sobald sie repräsentiert wird, ebenfalls personifiziert. (...) Die Repräsentation gibt der Person des Repräsentanten eine eigene Würde, weil der Repräsentant eines hohen Wertes nicht wertlos sein kann. Aber nicht nur der Repräsentant und der Repräsentierte verlangen einen Wert, sondern selbst der Dritte, der Adressat, an den sie sich wenden. Vor Automaten und Maschinen kann man nicht repräsentieren (...)."

7. In der Welt des Repräsentativen „lebt die politische Idee des Katholizismus und seine Kraft zu der dreifach großen Form: zur ästhetischen Form des Künstlerischen, zur juridischen Rechtsform und endlich zu dem ruhmvollen Glanz einer weltgeschichtlichen Machtform.“[26]

Zur ästhetischen Form des Künstlerischen:

7.1 Repräsentation, nicht Dekoration! Die repräsentative Rede ist das Entscheidende.

Der moderne Betrieb ist repräsentationslos, weil die Maschine traditionslos ist. Hammer und Sichel bringen nicht die Welt des Industrieproletariats zum Ausdruck. Der Maschinentechnik mangelt eine solche Symbolik, da ihr etwas Humanes, die Sprache fehlt. „Es ist nicht zu verwundern, daß der Zeit des Ökonomischen die schönen Äußerlichkeiten zuerst auffallen, denn ihr fehlt das Alles am meisten.“ Aber auch hier bleibt alles an der Oberfläche, „denn die Fähigkeit zur Form (...) hat ihren Kern in der Fähigkeit zur Sprache einer großen Rhetorik.“ Die Kraft zur Rhetorik in ihrem großen Sinn ist ein Zeichen menschlichen Lebens, die heute aufgrund eines Dualismus von Überschwenglichkeit auf der einen und Sachlichkeit auf der anderen Seite verkannt wird. Die repräsentative Rede, nicht die diskutierende, räsonierende ist das Entscheidende. Sie setzt eine Hierarchie voraus, die aus dem Glauben an die Repräsentation stammt, die der Redner beansprucht. Der Priester steht neben anderen repräsentativen Figuren, wie z.B. dem Soldaten und dem Staatsmann, „nicht neben dem ökonomisch denkenden Kaufmann und Techniker, die ihm nur Almosen geben und seine Repräsentation mit Dekoration verwechseln.“

Die juridische Rechtsform:

---

26 Das allen drei Formen Gemeinsame ist, daß es bei ihnen um "Repräsentation von oben" geht, weswegen ja nur im Absolutismus souveräne Herrschaft möglich ist. Ruster macht darauf aufmerksam, daß das Prinzip der "Repräsentation von oben" dem herrschenden Kirchenverständnis der Weimarer römisch-katholischen Theologen entsprach (vgl. Th. Ruster, a.a.O., S. 382). Dieses Denken von oben wurde von Jacob Taubes als ein Charakteristikum von Schmitt bezeichnet: "Carl Schmitt denkt apokalyptisch, aber von oben her, von den Gewalten; ich denke von unten her." (J. Taubes, Ad Carl Schmitt. Gegenstrebige Fügung, Berlin 1987, S. 22)

7.2 „Eine Vereinigung der katholischen Kirche mit der heutigen Form des kapitalistischen Industrialismus ist nicht möglich."

„Der Verbindung von Thron und Altar wird keine von Büro und Altar folgen, auch keine von Fabrik und Altar. Es kann unabsehbare Folgen haben, wenn der römisch-katholische Klerus Europas sich nicht mehr in der Hauptsache aus der Bauernbevölkerung rekrutiert, sondern die Masse der Geistlichen Großstädter sind." Dies heißt nicht, daß der Katholizismus sich nicht jeder Gesellschafts- und Staatsordnung anpassen könnte, sondern nur, daß er dies erst dann kann, wenn die Herrschenden die staatliche Repräsentation übernehmen, denn nur dann sind sie gezwungen, eine andere als die nur ökonomische und privatrechtliche Situation geltend zu machen.

7.3 Die Entleerung der Repräsentation des Staates durch das Kapital würde die katholische Kirche zur einzigen Trägerin politischen Denkens und politischer Form machen.

Eine Entpolitisierung des Staates wird von der katholischen Kirche nicht gewünscht, setzt sie doch neben sich den politischen Staat, eine 'societas perfecta' und nicht einen Interessenten-Konzern voraus. Der heutige Parlamentarismus enthält ideell und theoretisch den Gedanken der Repräsentation - oder eher technisch ausgedrückt: das Repräsentationsprinzip. Aber um was für eine Art von Repräsentation geht es hier? Die Einheit des Parlaments repräsentiert das Volk und ist somit auch eine complexio oppositorum. Diese Idee ist politisch, nicht ökonomisch, deswegen kämpfen dagegen die jungen Bolschewisten, denn das Ganze des Volkes ist nur Idee, das Ganze des ökonomischen Prozesses eine reale Sache. „Solange nämlich ein Rest von Idee besteht, herrscht auch die Vorstellung, daß vor der gegebenen Wirklichkeit des Materiellen etwas präexistent ist, transzendent, und das bedeutet immer eine Autorität von oben." Das technische Denken ist allen sozialen Traditionen fremd: „Daß die Technik wirklich das revolutionäre Prinzip ist und neben ihr alle naturrechtliche Revolution eine archaistische Spielerei, dies erkannt zu haben, gehört zu den folgenreichen, soziologischen Intuitionen von Karl Marx. Eine auf nichts als der fortschreitenden Technik aufgebaute Gesellschaft wäre infolgedessen nichts als revolutionär. Aber sie hätte sich bald selbst zerstört, sich und ihre Technik." Doch ist das ökonomische Denken nicht so radikal, denn es enthält rechtliche Begriffe wie Besitz oder Vertrag. Die privatrechtliche Tendenz des Ökonomischen führt zu einem nichtrepräsentativen System des öffentlichen Lebens, ihre Basis ist die Privatisierung der Religion. Diese Privatisierung führt jedoch, gemäß der absorbierenden Wirkung des Religiösen, zur religiösen Sanktionierung des Privaten.

7.4 „Im Gegensatz zu der liberalen Fundamentierung auf dem Privaten ist die juristische Formierung der katholischen Kirche publizistisch.“

Dieser publizistische Charakter ihres repräsentativen Wesens ermöglicht es, das Religiöse juristisch zu fassen. Aber nicht nur das. Der Katholizismus repräsentiert mehr als die weltliche Jurisprudenz mit ihren „Theologen der bestehenden Ordnung“. Ihr ist nicht nur die Idee der Gerechtigkeit immanent, sondern auch die der Person Christi. Diese Repräsentation gibt ihm seinen eigenen Machtanspruch, an dem es der Jurisprudenz, die ja nur Vermittlerin bereits geltenden Rechts ist, mangelt. Dies ermächtigt den Katholizismus dazu, gleichberechtigte Partei gegenüber dem Staat zu sein.

Der ruhmvolle Glanz einer weltlichen Machtform:

7.5 Die Kirche repräsentiert den regierenden, herrschenden, siegenden Christus.

Der Anspruch der Kirche auf Ruhm und Ehre resultiert aus dem Gedanken der Repräsentation, welcher die ewige Opposition von Gerechtigkeit und Ruhm bildet. „Daß sie Christus nicht als einen Privatmann und das Christentum nicht als Privatsache und reine Innerlichkeit auffaßt, sondern zu einer sichtbaren Institution gestaltet, das ist der große Verrat, den man der römischen Kirche zum Vorwurf macht.“ In jeder Macht liegt die Versuchung zum Bösen, so ist eigentlich nur in Gott die Gegensätzlichkeit von Macht und Güte aufgehoben. Daraus jedoch zu schließen, der irdischen Macht zu entsagen, wäre „schlimmste Unmenschlichkeit“.

8. „Zu jeder großen Politik gehört das ‘Arcanum’.“

Selbstsicherheit und Mut auf der einen und der aristokratische Begriff des Geheimen auf der anderen Seite gehören zusammen. In einer Gesellschaft, wo sich alles vor den Kulissen abspielt, wird es jedoch keine Arcana geben - es sei denn Geschäfts- und Betriebsgeheimnisse.

9. „Die katholische Kirche hat heute in Europa keinen Gegner, der ihr als seiner Feindin mit solchem Enthusiamus offen entgegentritt, wie jener Geist des 18. Jahrhunderts.“

Der humanitäre Pazifismus ist unfähig zur Feindschaft.

„Ich weiß, daß in dem russischen Haß gegen die westeuropäische Bildung mehr Christentum liegen kann als im Liberalismus und im deutschen Marxismus, daß große Katholiken den Liberalismus für einen schlimmeren Feind hielten als den offenen sozialistischen Atheismus, und daß endlich vielleicht in der Formlosigkeit potentiell die Kraft zu einer neuen, auch das ökonomisch-technische Zeitalter gestaltenden Form liegen könnte. Sub specie ihrer alles überlebenden Dauer braucht die katholische Kirche sich hier nicht zu entscheiden, auch hier wird sie die complexio alles Überlebenden sein."

Repräsentation beim frühen Carl Schmitt

Wolfgang Mantl

I. Staatslehrer und/oder kulturkritischer Essayist

Carl Schmitt starb hochbetagt am Ostersonntag des Jahres 1985 (7. April). Am 13. April 1985 erschienen in der „Frankfurter Allgemeinen Zeitung" zwei Todesanzeigen, die eine namens der Freunde und Schüler, von Joseph H. Kaiser gezeichnet, die andere Anzeige stammte von der Familie. In beiden Anzeigen wird noch einmal die *katholische* Verankerung Schmitts deutlich: durch Zitate aus dem Lukas-Evangelium, aus Theodor Däublers „Nordlicht" und durch vier Verse von Konrad Weiss, ergänzt durch die Notiz, daß die Beisetzung im engsten Familien- und Freundeskreis auf dem katholischen Friedhof in Plettenberg-Eiringhausen stattgefunden hat.

Carl Schmitt war ein Katholik mit einer wie immer zu bewertenden intensiven *Ausstrahlung*, die innerhalb und außerhalb der Kirche auch als *Herausforderung* rezipiert wurde. Einer der ersten Rezensionen eines Schmittschen Werkes, und zwar aus dem Unkreis der Wiener Schule der Reinen Rechtslehre, nämlich von Franz Weyr aus Brünn (1914) ist zu entnehmen, daß Schmitt - noch eingebettet in die neukantianische Tradition - „zweifellos geistige Qualitäten"[1] zugeschrieben werden. Der große „Hochland"-Aufsatz Hugo Balls „Carl Schmitts Politische Theologie" weist besonders deutlich in diese Richtung,[2] während Franz Blei 1940 als enttäuschter Jugendgefährte schreibt: „Wie konnte dieser römische, rheinländische, gänzlich unromantische Katholik, der die klassische Schrift 'Römischer Katholizismus und politische Form' geschrieben hat, dem Leviathan Staat unterliegen? ... Wie dieser betrachtende, stille, weinfrohe Mann, der in seiner rheinischen Heimat mit ihrem Römischen und Christlichen den Humanismus erfüllt sah, solchem lärmenden Berserker-Deutschtum?"[3]

---

1 Franz Weyr: Rezension der Monographie Carl Schmitts „Der Wert des Staates und die Bedeutung des Einzelnen" (Tübingen 1914). In: Österr. Zeitschrift für öffentliches Recht, 1 (1914), 581.

2 Hugo Ball: Carl Schmitts Politische Theologie. In: Hochland, 21 (1924), 263-286.

3 Franz Blei: Carl Schmitt. In: Ds.: Zeitgenössische Bildnisse. Amsterdam 1940, 21-29.

In der landläufigen deutschen Schmitt-Diskussion wird wenig beachtet, daß Hugo von Hofmannsthal, wie Franz Grillparzer die Tradition der spanischen Klassiker fortsetzend, in seinem letzten großen Werk „Der Turm" durch die Schriften Carl Schmitts beeinflußt war: auch ein katholischer und konservativer Konnex unter der Sonne des Mittelmeeres. (Noch heute befinden sich „Die Diktatur" und die „Politische Theologie" in Hofmannsthals nachgelassener Bibliothek.[4]) In diesem Drama Hofmannsthals geht es um das Verhältnis von Ordnung und Chaos und die Rolle des Geistes, um die Enthüllung und Beglaubigung der Idee in der Welt. Freilich haben Carl Schmitt und Hugo von Hofmannsthal einander nie persönlich kennengelernt.[5]

Auffallend ist, wie sehr die Diskussion um Carl Schmitt[6] nach dessen Tod von *Theologen* und *Philosophen* stärker als von *Juristen* fortgeführt wurde, wenn

---

4 Dies berichtet die Herausgeberin des Briefwechsels zwischen Hugo von Hofmannsthal und Josef Redlich: Helga Fussgänger (Hg.): Hugo von Hofmannsthal - Josef Redlich. Briefwechsel. Frankfurt/Main 1971, 220. Zu Carl Schmitts Einfluß auf Hugo von Hofmannsthal und zu dessen Konservativismus vgl. auch Jaques Le Rider: Hugo von Hofmannsthal. Historismus und Moderne in der Literatur der Jahrhundertwende, Wien/Köln/Weimar 1997. - Ingeborg Villinger: Der Souverän verläßt den Turm. Hofmannsthals Dramatisierung des Verlustes politischer Einheit nach Carl Schmitt, in: Göbel/Laak/Villinger, Metamorphosen, 119-135 (Anm. 6).

5 In einem in Bad Aussee verfaßten Brief Hofmannsthals vom 9. November 1926 an den österreichischen Staatsrechtslehrer und zweimaligen Finanzminister Josef Redlich, der damals in Cambridge/Mass. als Gastprofessor wirkte, schildert Hofmannsthal, wie er auf Carl Schmitt stieß und was er ihm bedeutete: „Eine neue Erscheinung ist vor etlichen Wochen, durch einen Zufall völlig, in mein Blickfeld getreten. Es ist der Staatsrechtslehrer der Universität Bonn, Carl Schmitt ... Die Schrift die mir zuerst in die Hand fiel hieß 'Politische Theologie' (= die Lehre von der Souveränität). Was mich an den Ausführungen fesselt, ist eine gewisse vitale Intensität, und die Gesinnung oder besser Geisteshaltung die auf Hobbes, Bonald, Cortes zurückgeht. Ganz natürlich ergibt sich ein scharfer Gegensatz zu Kelsen, dem Mann des 'relativistischen Formalismus'. Er hat ... enorme geschichtliche Kenntnisse und Geschichte ist ihm ein Lebendiges, wie Ihnen und mir. Dort wo das Staatsrechtliche, das Politische und das Historische zusammentreffen, siedelt er." (Fußgänger, a.a.O., 77 f./Anm. 4, die Interpunktion Hofmannthals ist beibehalten).

6 Aus der enorm angeschwollenen Literatur seien außer den im weiteren Verlauf dieses Textes genannten Autoren beispielsweise folgende Hinweise gegeben: Friedrich Balke: Der Staat nach seinem Ende. Die Versuchung des Carl Schmitt. München 1996. - Andreas Göbel/Dirk van Laak/Ingeborg Villinger (Hg.): Metamorphosen des Politischen. Grundfragen der politischen Entscheidungsbildung seit den zwanziger Jahren. Berlin 1995. - Hasso Hofmann: Legitimität gegen Legalität. Der Weg der politischen Philosophie Carl Schmitts. Zweite Auflage ergänzt durch eine Vorbemerkung. Berlin 1992 (es handelt sich um die Neuherausgabe der umfassenden und wegweisenden Dissertation des Autors aus dem Jahre 1964). - Andreas Koenen: Der Fall Carl Schmitt. Sein Aufstieg zum „Kronjuristen des Dritten Reiches". Darmstadt 1995. - Günter Maschke: Der Tod des Carl Schmitt. Wien 1987. - Reinhard Mehring: Carl Schmitt zur Einführung. Hamburg 1992. - Paul Noack: Carl Schmitt. Eine Biographie. Berlin - Frankfurt/Main 1993. - Ernst Nolte: Carl Schmitt und Ernst Jünger. In: Ds.: Geschichtsdenken im 20. Jahrhundert. Von Max Weber bis Hans Jonas. Berlin - Frankfurt/Main 1991, 259-271 und 628 f. - Henning Ottmann: Carl Schmitt. In: Karl Graf Ballest-

auch die Veranstaltung der Hochschule für Verwaltungswissenschaften Speyer im Jahre 1986 gleichsam der offiziösen Heimholung des Staatslehrers Carl Schmitt in die Diskussion der Bundesrepublik diente.[7] Auch dieses eigentlich juristische „Sonderseminar" erhielt bereits zahlreiche das Rechtliche transzendierende Beiträge, freilich damit nur die oszillierende Spannweite Schmitts widerspiegelnd. Die Sammelbände von Klaus Hansen/Hans Lietzmann und Bernd Wacker weisen in die neue Richtung einer betont geisteswissenschaftlichen Auseinandersetzung mit Carl Schmitt jenseits der juristischen Details.[8] Diese Sekundärliteratur und die Beschäftigung mit Schmitt in den USA, Spanien und Italien wuchern oft tropisch üppig, gleichsam in einem Fußnotendschungel.

Die *Modernisierung* der letzten 200 Jahre hat ihre Kosten. Bei jeder Modernisierung geht etwas verloren, kommt es zu Orientierungsunsicherheit, ja Orientierungslosigkeit. Im Bewußtsein der Menschen breiten sich Krisenbewußtsein und pathetisch gesteigerte Dekadenzgefühle aus, die geradezu „Modernisierungsschmerz" erzeugen, verständlich nach dem Umbruch einer Jahrtausende alten, zum selbstverständlichen Lebensmuster gewordenen, überwiegend bäuerlichen Welt. Angst, ästhetischer Eskapismus oder gewaltsame Regression sind häufig die Folge. Freilich kann an den Bruchstellen auch Kreativität gedeihen. Es kommt überdies zu explizit die Moderne ablehnenden Gegenbewegungen wie Irrationalismus, Illiberalismus, Kulturpessimismus, Rassismus, Klassenkampfideologie und Gewaltkult. So konnte in weiten Teilen Europas keine Normalität der Aufklärungswelt mit neuer Zivilität und neuen Alltagsselbstverständlichkeiten in einer von neuem als heimatlich akzeptierten Lebenswelt entstehen. Zeichnen sich doch geglückte historische Konstellationen durch produktive Verarbeitung der Spannungslagen aus, durch geistige und rechtliche Sicherung und Moderierung des Fortschritts. Und dies gelang in diesem Jahrhundert in weiten Teilen des europäischen Kontinents weniger als im angelsächsischen und im skandinavischen Raum.[9]

---

rem/Henning Ottmann (Hg.): Politische Philosophie des 20. Jahrhunderts. München 1990, 61-87. - Joachim Schickel: Gespräche mit Carl Schmitt. Berlin 1993.

7 Helmut Quaritsch (Hg.): Complexio Oppositorum. Über Carl Schmitt. Vorträge und Diskussionsbeiträge des 28. Sonderseminars 1986 der Hochschule für Verwaltungswissenschaften Speyer. Schriftenreihe der Hochschule Speyer, Bd. 102. Berlin 1988.

8 Klaus Hansen/Hans Lietzmann (Hg.): Carl Schmitt und die Liberalismuskritik. Opladen 1988. - Bernd Wacker (Hg.): Die eigentlich katholische Verschärfung ... Konfession, Theologie und Politik im Werk Carl Schmitts. München 1994. - Vgl. auch Günter Maschke: Carl Schmitt in den Händen der Nicht-Juristen. Zur neueren Literatur. In: Der Staat, 34 (1995), 104-129.

9 Dazu Karl Dietrich Bracher: Zeit der Ideologien. Eine Geschichte politischen Denkens im 20. Jahrhundert. Stuttgart 1982. - Der Autor vergleicht die funkelnde philosophisch-theologische und literarische Renaissance der zwanziger Jahre mit einem „Tanz auf dem Vulkan" (194).

Schon sehr früh weisen die Schriften Carl Schmitts ein ausgeprägtes *Krisenbewußtsein* auf, das sich in scharfen Dichotomien und Antithesen literarisch äußert, die im Glanz einer künstlerisch ambitionierten Sprache entfaltet werden.[10] Daher ist es verständlich, daß Carl Schmitt nicht nur als *Staatslehrer*, sondern auch und vielleicht in letzter Zeit vermehrt als kulturkritischer *Essayist* gelesen wird. Er scheint mir dem konservativen zeitskeptischen Essayismus der ersten Jahrhunderthälfte oft näher verwandt als dem Expressionismus, zumindest dürfte diese Aussage für Schmitts Stil berechtigt sein. Bis in seine Landschaftsschilderungen steht er dem Stil Hofmannsthals näher als dem der expressionistischen Dichter. Je stärker der „Künstler" Schmitt herausmodelliert wird, desto mehr wird er freilich von der „Wahrheitsfrage" dispensiert, werden das Werk und das historisch-politische Verhalten des Staatslehrers Schmitt der Kritik entzogen.

Die *Gemengelage* von Rationalität und Irrationalität in seiner Person macht nicht zuletzt die verführerische Anziehungskraft Carl Schmitts aus. Die gleißende Schärfe seiner Diktion versperrt sich freilich gerade den pragmatischen Operationalisierungen humaner Werte.

II. Repräsentation im Katholizismustext Carl Schmitts

Die Geistes- und Sozialwissenschaften - einschließlich der Rechtswissenschaften - sind gut beraten, wenn sie immer wieder die *religiösen* Tiefendimensionen unter der Oberfläche alltagspraktischer Texte untersuchen. Gerade das Frühwerk Carl Schmitts bietet hier mannigfache Ansätze. Die „Politische Theologie" ist häufig Gegenstand der Betrachtung gewesen. Nicht so sehr im Lichtkegel des wissenschaftlichen Interesses stand die Schrift „Römischer Katholizismus und politische Form" aus dem Jahre 1923.[11]

---

10 Die sprachliche Attraktivität Carl Schmitts ist ein durchgehender Topos der Schmitt-Literatur. Die Konfliktsteigerung und Wirklichkeitsverzerrung durch dichotomisches Denken ist mein am „mittleren" Schmitt der „Verfassungslehre" von 1928 orientierter Interpretationsansatz (Wolfgang Mantl Repräsentation und Identität. Demokratie im Konflikt. Ein Beitrag zur modernen Staatsformenlehre. Wien - New York 1975, 121-149).

11 Die 1. Auflage erschien 1923 bei Jakob Hegner in Hellerau, die 2. Auflage als Band XIII der Schriftenreihe „Der katholische Gedanke" des Verbandes der Vereine katholischer Akademiker zur Pflege der katholischen Weltanschauung 1925 im Theatiner-Verlag München. - Auch zum Themenkreis der dem Katholizismus zugewandten Schriften Carl Schmitts gibt es reiche Sekundärliteratur, z.B.: Armin Adam: Rekonstruktion des Politischen. Carl Schmitt und die Krise der Staatlichkeit 1912-1933. Weinheim 1992. - André Habisch Autorität und moderne Kultur. Ekklesiologie und Staatstheorie zwischen Carl Schmitt und James M. Buchanan. Paderborn u.a. 1994. - Susanne Heil: „Gefährliche Beziehungen". Walter Benjamin und Carl Schmitt. Stuttgart - Weimar 1996, besonders

Schon 1917 schrieb Schmitt in einem geradezu liebevoll ausgemalten Aufsatz „Die Sichtbarkeit der Kirche. Eine scholastische Erwägung" in der nur ein Jahr von Franz Blei und Jakob Hegner herausgegebenen Zeitschrift „Summa" über sein großes Problem der *Vermittlung und Verwirklichung* einer Idee und damit auch des Rechtes. In dieser frühen Schrift werden Christus als Vermittler und sein Mittel, die Kirche, dargestellt: „Eine Veranstaltung zur Geltendmachung des Unsichtbaren im Sichtbaren muß im Unsichtbaren wurzeln und im Sichtbaren erscheinen, der Mittler steigt hernieder, weil die Vermittlung nur von oben nach unten, nicht von unten nach oben erfolgen kann, die Erlösung liegt darin, daß Gott Mensch (nicht daß der Mensch Gott) wird."[12] Es geht um die Konsolidierung von „Relationen zu Rechtsbeziehungen" in einem „festern Aggregatzustand, den das Religiöse im Kirchlichen erfährt, wie die Liebe in der Ehe."[13]

Die Monographie „Römischer Katholizismus und politische Form" bildet wohl den Höhepunkt der dezidiert und explizit katholischen Schriften Schmitts.[14] Klaus Kröger hat auf dem Sonderseminar der Verwaltungshochschule Speyer festgehalten: „Carl Schmitts Frontstellung gegen Liberalismus, Parlamentarismus und Pluralismus, seine Verwegenheit, die an die Aufklärung geknüpften großen Erwartungen in Frage zu stellen, schöpfen ihr Pathos aus der politischen Idee des Katholizismus."[15]

50-60 und 101-127. - Reinhard Mehring: Pathetisches Denken. Carl Schmitts Denkweg am Leitfaden Hegels: Katholische Grundstellung und antimarxistische Hegelstrategie. Berlin 1989. - Heinrich Meier: Die Lehre Carl Schmitts. Vier Kapitel zur Unterscheidung Politischer Theologie und Politischer Philosophie. Stuttgart - Weimar 1994. - Günter Meuter: Der Katechon. Zu Carl Schmitts fundamentalistischer Kritik der Zeit. Berlin 1994. - Helmut Rumpf: Carl Schmitt und Thomas Hobbes. Ideelle Beziehungen und aktuelle Bedeutung mit einer Abhandlung über: Die Frühschriften Carl Schmitts. Berlin 1972, besonders 17-22. - Gary L. Ulmen: Politischer Mehrwert. Eine Studie über Max Weber und Carl Schmitt. Weinheim 1991, besonders 185-194 und 202-218. - Mein Schüler Johannes Kresbach arbeitet an einer vielversprechenden Studie über Carl Schmitt und die Säkularisierung.

12 Carl Schmitt Die Sichtbarkeit der Kirche. Eine scholastische Erwägung. In: Summa, 1 (1917/1918), H.2, 71-80. Das Zitat findet sich auf S 75. - Dazu auch: „Denn in der Welt sein heißt mit andern sein, alle Sichtbarkeit liegt für seine [= des Menschen] geistige Betrachtung darin, daß sich eine Gemeinschaft konstituiert." (74).

13 Schmitt, Sichtbarkeit, 79 (Anm. 12).

14 Gary L. Ulmen stellt fest: Dieses Buch „ist ohne Zweifel Schmitts bedeutendster Beitrag zum politischen Katholizismus, und mit gleichem Recht kann dieser Essay als eine Arbeit angesehen werden, in der Stellung und Rolle der katholischen Kirche in der modernen Welt neu durchdacht werden." (Ulmen, Mehrwert, 185 FN 52/Anm.11).

15 Klaus Kröger: Bemerkungen zu Carl Schmitts „Römischer Katholizismus und politische Form" In: Quaritsch, Complexio, 162 (Anm. 7).

Es ist hier nicht der Ort, die genannte Studie Schmitts zu rekonstruieren. Stärker als die frühere Schrift über die Sichtbarkeit der Kirche werden das Element der politischen Form und der juristische Charakter von Kirche und Staat betont, treten die christologischen Aspekte in den Hintergrund. Wenn der *Papst* als Stellvertreter Christi in einer besonderen Akzentuierung hervorgehoben wird, so ist Christus Pantokrator hierfür stärker Vorbild als der gute Hirte der frühen Katakombenbilder. Immer geht es um *Rom*, nicht um Jerusalem und Athen. Das Griechische spielt im Werk Schmitts überhaupt eine auffallend geringe Rolle. Carl Schmitt zeichnet hier ein Idealbild der Kirche, die er in den späteren Schriften eher in die allgemeine Kategorie des Gesellschaftlichen als pluralistischen Verband unter anderen einebnet. Ganz deutlich werden gegen die *Formlosigkeit* der Moderne Ordnung, Disziplin, Dauer, Amt, sowie Klarheit des Dogmas und der Moral betont. Der Autor ist *Ordo*-Denker, nicht *Bonum Commune*-Denker, wie es der reale Katholizismus, auch katholischer Parteien und Verbände, nach Leo XIII. in zunehmendem Maße war und ist. Überhaupt ist es bemerkenswert, was dieser Schrift an katholischem Proprium fehlt.

Viele der *Begriffe* im Buch „Römischer Katholizismus und politische Form" haben sich ins öffentliche Bewußtsein eingeprägt: Das Wort vom „antirömischen Affekt", die Überlebens- und Anpassungskraft der Kirche als „complexio oppositorum", als „Fähigkeit zu männlichstem Widerstand und weiblichster Nachgiebigkeit".[16] Der Papst wird als *Vater*, die Kirche als *Mutter* bezeichnet. Die „spezifisch formale Überlegenheit über die Materie des menschlichen Lebens ... beruht auf der strengen Durchführung des Prinzips der Repräsentation". Repräsentationsfähig sei die Idee, nicht das *Ökonomische*. Die *naturwissenschaftlich-technische* Welt wird gleichsam zur Seite geschoben und perhorresziert: „... hier, im ökonomischen Denken, liegt ein wesentlicher Gegensatz der heutigen Zeit gegen die politische Idee des Katholizismus." Die *Repräsentation* Christi in seiner Kirche mit dem Papst an der Spitze ist durch hohe *Autorität* und ein „Ethos der Überzeugung" gekennzeichnet. „Aus der großen Repräsentation ergeben sich von selbst Gestaltung, Figur und sichtbares Symbol." Nach Schmitt ist „gerade die nichtdiskutierende und nichträsonierende, sondern die, wenn man sie so nennen darf, repräsentative Rede das Entscheidende." *Barocke* Redner werden als Beispiel der großen *Rhetorik* herangezogen. Die Diskussion, das Gespräch, der Dialog und damit letztlich auch der Kompromiß liegen auch hier im Feld Schmittscher Verneinungen. Die Kirche bedarf des *Staates* als Gegenbild, „weil sonst nichts vorhanden ist, das ihrer wesentlich repräsentativen Haltung korrespondiert."

16 Schmitt, Katholizismus. 15, 17, 18, 28, 36, 46, 49, 52 (Anm. 11) und ferner den bei Manemann skizzierten Gedankengang in diesem Band.

Immer wieder wird das Öffentlich-Rechtliche, Juristische bei Schmitt betont, immer wieder die Darstellung einer *Einheit*, nicht der Pluralität. Später ist es dann besonders die politische Einheit des homogen verstandenen Volkes im Nationalstaat. Kritisch bemerkt Hasso Hofmann „Die Einseitigkeit der Schmittschen Vorstellung zeigt sich besonders klar in seinem für ihn spezifisch politischen Formbegriff der Repräsentation. Dieser Begriff ist abgezogen von der Papstkirche und der absoluten Monarchie. Den genossenschaftlichen und den konziliaristischen Repräsentationsbegriff kennt Schmitt nicht.“[17]

Die großen *ekklesiologischen* Fragen werden von Carl Schmitt in einer Sicht gelöst, die sich in der historischen Gestalt der Kirche zwischen dem Tridentinischen Konzil und dem Ersten Vatikanischen Konzil verankert sieht. Es ist die Welt der Konkordate und des Kanonischen Rechts, die *Rechtsform* einer Kirche, die sich in Beziehung setzt zum Staat, nicht zur Gesellschaft, die nach neuerer Terminologie in vielerlei Ausprägung den *„Katholizismus“* hervorbringt (mit Laienaktivität, Pressearbeit, Parteien, Vereinen und Verbänden).[18] Diesen in die Aufklärungswelt mit individueller und korporativer *Religionsfreiheit* eingefügten „Katholizismus“ meint Schmitt ja gerade nicht.

Die Kirche soll nach Carl Schmitt Einheit repräsentieren in einer gleichsam unter Abwesenheit der einzelnen Christen und Bürger absolutistisch, monokratisch und absorptiv verstandenen *Repräsentation*. Der Repräsentant ist *Herr*, nicht Diener. Das *Ökonomische* ist für Schmitt, noch einmal sei es betont, nicht repräsentationsfähig. Wie schon in der älteren Kirche nach der Auseinandersetzung zwischen Papst Stephan und Bischof Cyprian von Karthago bezüglich der Häretikertaufe wird die *Objektivität* des Amtes und des Sakraments betont.[19]

Die *Bildhaftigkeit* ist ein großes Problem der monotheistischen Religionen des Judentums wie des Christentums und des Islams. Die Bilderskepsis der frühen Kirche löst sich erst allmählich, flammt im Bilderstreit des 8. Jahrhunderts nicht nur in Byzanz, sondern auch im Reich Karls des Großen wieder auf. Im katholischen Bereich wird im Tridentinum das Bild akzeptiert, während die Reformation, am deutlichsten im Kalvinismus und im Bildersturm der Niederlande -

---

[17] Hofmann, Legitimität, XVI. (Anm. 6).

[18] Vgl. die enzyklopädische Information durch Heinrich Schneider: Katholizismus. In: Alfred Klose/Wolfgang Mantl/Valentin Zsifkovits (Hg.): Katholisches Soziallexikon. 2.A. Innsbruck - Graz 1980, Sp. 1318-1326.

[19] Vgl. Oskar Köhler: Kleine Glaubensgeschichte. Christsein im Wandel der Weltzeit. Freiburg/Breisgau - Basel - Wien 1982, 65 f. - Bei Köhler auch Überblicksinformationen über den Bilderstreit und die Entwicklung des modernen Katholizismus als einer gesellschaftlichen Kategorie zusätzlich zu den alten juristischen Entitäten Kirche und Staat.

stärker, als Luther es tat -, dem Bild Mißtrauen entgegenbringt. Auch daher ist die eigentümlich *antiprotestantische* Haltung Carl Schmitts verständlich, bei dem überhaupt die Perseveranz und Dominanz *romanischen* katholisch-konservativen Denkens des 19. Jahrhunderts auffallen, ausgerichtet auf Frankreich und Spanien, auf Bonald, de Maistre und Donoso Cortés: antiliberal, antipluralistisch, antiökonomisch, autoritär, antimodern in einer substanzhaften *Statik*, die sich gegen die prozeßhafte *Dynamik* eben der Moderne wendet.

III. Was bleibt?

Inzwischen ist die *Säkularisierung*, *Funktionalisierung* und *Technisierung* des Repräsentationsbegriffs und der Staatsstruktur fortgeschritten.[20] Der staatsrechtliche Positivismus unter dem Einfluß Hans Kelsens und seiner Reinen Rechtslehre hat dies in Österreich sehr früh deutlich gemacht. Wenn Carl Schmitt vom *Ende* des neuzeitlichen Staates spricht, so zeigt erst die Auseinandersetzung der letzten Jahre, daß immerhin noch sehr viel von der älteren Staatssubstanz auch im pluralistischen, liberalen Rechts- und Wohlfahrtsstaat der zweiten Nachkriegszeit vorhanden war. Die jetzigen Diskussionen um die *Staatsminimierung*, die sich als eine Krise des öffentlichen Rechts und der Verwaltung darstellen und staatsrestriktive Betrachtungsweisen in Gestalt der Ökonomischen Analyse des Rechts entwickelt haben, neigen sich stärker - gleichsam angelsächsisch timbriert - einer *Privatrechtsgesellschaft* mit einem deutlich antibürokratischen Impetus zu. Für diese Entwicklung stehen die Begriffe Entstaatlichung, Privatisierung und Deregulierung. Reformvorschläge in Richtung auf Dezentralisierung, Ausgliederung, Entbürokratisierung und Rechtsbereinigung können auch als „Rettungsversuche" des Staates und seines öffentlichen Dienstes verstanden werden.[21] Das Zweite Vatikanische Konzil, die Europäische Union, die Vereinigung Deutschlands, die starke Betonung der Wirtschaft und Technik sind weitere Kennzeichen des soziopolitischen und soziokulturellen *Wandels* nach Schmitt.

---

20 Die Veränderung der Staatlichkeit in den letzten Dekaden fand mannigfache Erörterung, dazu jüngst im Zusammenhang mit Carl Schmitt: Thomas Vesting: Die permanente Revolution. Carl Schmitt und das Ende der Epoche der Staatlichkeit. In: Göbel/Laak/Villinger, Metamorphosen, 191-202 (Anm. 6).

21 Die neuen rechtspolitischen und sozialtechnischen Fragen werden behandelt in meinem Sammelband: Wolfgang Mantl (Hg.): Effizienz der Gesetzesproduktion. Abbau der Regelungsdichte im internationalen Vergleich, Wien 1995. - Diskussionen um die Privatisierung von Gefängnissen zeigen die Dramatik der von Carl Schmitt noch gar nicht erahnten Veränderungen der Staatlichkeit am Ende dieses Jahrtausends.

Der Repräsentationsbegriff wird im allgemeinen nicht mehr als Sichtbarmachen und Vergegenwärtigen eines *höheren Seins* verstanden. Und dennoch gibt es eigentümliche *Restbestände*, etwa in der Betonung nationalstaatlicher Reserven im europäischen Integrationsprozeß. Die *Krise* des Wohlfahrtsstaates mit seinen Parteien und Verbänden findet verschiedene Antworten: 1. Der Ruf nach vermehrter *Partizipation* der Bürger ist seit den sechziger Jahren nicht zum Stillstand gekommen. 2. *Kontrolle* wird als Realisierung von Verantwortung auch auf dem Kontinent deutlicher betont, als dies in der Ära der älteren Staatlichkeit der Fall war. 3. Das Reden von Legitimitäts- und Akzeptanzdefiziten, von *Politikverdrossenheit,* zeigt, daß immer noch mehr als eine inhaltlich beliebige Rechtssetzung erwartet wird. 4. Es gibt daher so etwas wie eine *„Re-Personalisierung"* der Politik über die Medien und das Wahlrecht, manchmal auch *systemsprengende* Rufe nach dem „starken Mann" als Problemlöser, Ausdruck einer vormodernen Sehnsucht nach einer „geschlossenen" Gesellschaft. In der *systemimmanenten* Variante schlägt sich der Personalisierungswunsch in Wahlrechtsdebatten und im Hinweis auf die starke Medialisierung der Politik nieder, vielleicht in Zukunft auch einmal als bewußte Kompensation einer durchgehend computerisierten Internet-Gesellschaft, die nach unmittelbar persönlicher Begegnung ruft. Jedenfalls geht es stets um leibhaftige „Menschenbilder", um die *Sichtbarkeit* von Politik, nicht um Programm und Praxis.

All dies muß freilich immer vor der Folie der rechten und linken *Totalitarismen* dieses Jahrhunderts gesehen und gedacht werden. Leben und Werk Carl Schmitts kommen daher nicht um die Frage nach der historischen Einschätzung dieser Totalitarismen, zumal des Nationalsozialismus, herum: War er (und Schmitts Rolle in ihm) ein *„Betriebsunfall"*, wie Apologeten meinen, oder die *Katastrophe* dieses Jahrhunderts?

Es bleiben im letzten die Fragen nach Wesen und Wert von Aufklärung, Liberalismus, Rechtsstaat und Demokratie im *politischen* Leben und die Fragen nach dem Charakter der *Kirche* zwischen Institution und Charisma. Es bleibt - das dürfte eine der Hauptwurzeln der fortbestehenden Auseinandersetzung um Carl Schmitt sein - immer auch die Frage, ob es neben dem *liberalen* Hauptstrom der Moderne auch eine Legitimität des *Konservativismus* gibt und wie er in der Aufklärungswelt verankert werden kann. Neben dem Furioso der Schriften von Carl Schmitt sollte die Möglichkeit eines *Liberal-Konservativismus*, der freilich weniger romanische als angelsächsische Traditionen hat, nicht aus dem Auge verloren werden. Hier geht es um die denkerischen Leistungen von Edmund Burke, Alexis de Tocqueville und Lord Acton, im deutschen Sprachraum etwa von Dolf Sternberger und Karl Dietrich Bracher. Hier geht es nicht um Fanfarenstöße aus der Welt von gestern, sondern um moderate, friedenssichernde Orchestrierung von Politik und Leben für Menschen von heute und morgen.

Repräsentation - eine theologische Schlüsselkategorie?

Jürgen Werbick

1. Der Zerfall des Repräsentativen

In seinem LThK-Artikel zum Stichwort „Repräsentation" merkt Karl Rahner an, der Begriff Repräsentation sei nicht eigentlich zu einem theologischen terminus technicus geworden, „aber geeignet, durchgängige, wenn auch sehr abwandelbare und analoge, zwischen zwei Wirklichkeiten bestehende Verhältnisse zu beschreiben, die zwischen der Kreatur und Gott und zwischen den geschaffenen Wirklichkeiten untereinander obwalten." Unabdingbare Voraussetzung für einen sinnvollen theologischen Gebrauch dieses Wortes ist - so Rahner - die ontologisch-theologische Gegebenheit eines „durchgehenden Seins-, Wirkungs- und Sinnzusammenhangs zwischen Gott und dem endlichen Seienden und zwischen diesem untereinander."[1] Damit ist eine der fundamentaltheologisch „kritischen", weil vom Wirklichkeitsverständnis der (Post-) Moderne vehement in Zweifel gezogenen Rahmenvorstellungen des hebräisch-griechischen Traditionsraums angesprochen: Läßt sich noch sinnvoll Bezug nehmen auf ein ontologisches Kontinuum und einen ihm entsprechenden Handlungszusammenhang, in welchem etwa eine endlich-menschliche Realität die ihr übergeordnete göttliche vertritt, sie den ihr untergebenen Menschen gegenüber repräsentiert, will heißen: in konkreten Handlungen und Entscheidungen oder auch nur in andauernder Präsenz vergegenwärtigt (wobei immer eingeräumt war, daß diese Vergegenwärtigung auf niedrigerer Seinsebene, also zeichenhaft erfolgte)? Es ist offenkundig ein Grundkonsens der Moderne, daß dieser hierarchische Repräsentationszusammenhang weder erkenntnistheoretisch oder semantisch noch ästhetisch oder politisch zu retten oder gar zu restituieren sei. Allein die katholische Kirche biete in ihrer sozialen Realität wie in den Grundannahmen ihrer Theologie ein gleichsam exterri-

1 J. Höfer - K. Rahner (Hg.), Lexikon für Theologie und Kirche, 2. Aufl., Bd. 8, Freiburg 1963, Sp. 1244.

torial zur Moderne noch mühsam aufrechterhaltenes Beispiel für das an sich überholte Repräsentationsdenken.

Genau diese Ungleichzeitigkeit des Katholischen hat Schmitt offenkundig zeit seines Lebens fasziniert, als Möglichkeit fasziniert, dem Zerbrechen des Repräsentationszusammenhangs zu widerstehen. Dieses Zerbrechen hat ihn vielfach beschäftigt. In der Romantik habe - so sieht er es - die Kunst ihre Fähigkeit zur Repräsentation eingebüßt. Die „konkrete Wirklichkeit" wird nicht mehr im „großen" Werk dargestellt und vergegenwärtigt; die romantische Subjektivität stößt sich von ihr vielmehr nur noch als der Gelegenheit ab, sich selbst zu produzieren.[2] Der Subjektivismus wird zum Gegenspieler einer die vorgegebene, „konkrete Wirklichkeit" zur Geltung bringenden Repräsentation; er überholt sie, macht sie im genauen Wortsinn „gegenstandslos". Aber ist Repräsentation nicht im Politischen zuhause - gerade seit Anbruch der Neuzeit, als sich die Grundzüge einer repräsentativen Demokratie herausbildeten? Wenn ich es recht beurteile, sieht Carl Schmitt gerade hier das Repräsentative und damit auch das Politische verraten.[3] Wie im Romantisch-Ästhetischen „eine Sache nur noch als Vehikel eines Gesprächs" interessiert[4], so ist auch im Gesellschaftlich- Politischen" die Idee nicht mehr Triebkraft der Entscheidung, sondern Anknüpfungspunkt unendlicher relativierender und modifizierender Diskurse, die dann in parlamentarisch-repräsentativen Gremien ihre Fortsetzung finden.

Friedrich Balke hat gezeigt, wie diese Auflösung der Repräsentation nach Schmitt Konsequenz einer radikalen Entgegenständlichung ist: der erkenntnistheoretischen, ästhetischen, ethischen, gesellschafstheoretischen und politischen Funktionalisierung, die sich zur *Selbstreferentialität* all dieser Systeme bekennt. Die vorgegebene Idee sei nicht mehr die ontologisch primäre *causa*, die von ihr begründete Entscheidungen ermögliche, in denen sie sich konkretisierend und wirklichkeitsgestaltend abbilde; sie sei seit der Romantik nur noch occasio, die selbstreferentielle Prozesse allenfalls anstößt, sie aber nicht mehr von sich aus bestimmt.[5] So sei sie auch nicht mehr *entscheidungsmächtig*; denn was aus ihr im autopoietischen Diskurs der kreativen Subjektivitäten werde, das bestimmte sich aus der gewählten Art der Anknüpfung. Sie ist - als bloße occasio - viel-, ja allesdeutig geworden; so läßt sich von ihr her nichts mehr entscheiden. Die moderne Wissenschaft ist - nach Schmitt - insgesamt zu charakterisieren als der bewußte

2 Vgl. C. Schmitt, Politische Romantik, Berlin 31968, 20-25 (Vorwort zur 2. Auflage), 78.

3 Vgl. dazu die Interpretation, die Friedrich Balke dem Schmittschen Denken gegeben hat: Der Staat nach seinem Ende. Die Versuchung Carl Schmitts, München 1996.

4 Ebd., 104.

5 Vgl. ebd., 99-132.

„Verzicht auf ein adäquates Verhältnis zur äußeren, sichtbaren Welt"[6], als Tilgung des Außerhalb zugunsten dessen, was sich in selbstreferentiellen Prozessen oder Diskursen ergibt.

Schmitts Repräsentationsbegriff läßt sich wohl als Versuch der Restitution eines ontologischen Kausalverhältnisses unter den Bedingungen der Moderne verstehen. Repräsentation, das ist die Gegeninstanz zur okkasionellen „Logik" selbstreferentieller Abläufe. Sie repräsentiert das Außerhalb zu solchen in sich geschlossenen Anknüpfungszusammenhängen und beansprucht, die Wirkmacht des Repräsentierten in Entscheidungen zur Geltung zu bringen, die eben nicht nur an Ideen anknüpfen, sondern sich von ihnen verursacht wissen, von ihnen geradezu erzwungen sind.

Idealbild solcher Repräsentation wäre eine möglichst große Nähe zwischen repräsentiertem Sinn und repräsentierender (Stellvertreter)Wirklichkeit - etwa im Sinn des absolutistischen L'état c'est moi.[7] Nun kennzeichnet den Prozeß der Neuzeit gerade die ontologische *Ent-fernung* der repräsentierenden Wirklichkeit von der repräsentierten bis zur schließlichen Auflösung der zwischen beiden traditionell angenommenen Beziehung bzw. die Mediatisierung dieser Beziehung: Repräsentation geht nun nicht mehr einlinig von oben (dem Repräsentierten) nach unten (dem Repräsentierenden), sondern zumindest ebenso - per Delegation oder „Treuhandauftrag" - von unten (dem Volk) nach oben (den parlamentarischen Repräsentanten), wobei immer noch mitgedacht bleibt, daß die Repräsentanten einer das Zusammenleben des Volkes normativ bestimmenden „Idee" verpflichtet sind und sie in diesem Sinne repräsentieren.

Die komplizierte, wenn nicht fast schon paradoxe Repräsentationsbeziehung läßt sich vielleicht im Begriff der *Identitäts-Repräsentation*[8] fassen: Die Repräsentierten wissen ihre Identität, von der her sie ein Volk (bzw. das Volk Gottes) sind, von den Repräsentierenden in der Weise repräsentiert, daß diese für den „Sinn" des Volkseins stehen, sich dessen aber in der Kommunikation mit den Repräsentierten je neu zu vergewissern und so die Legitimität ihres Repräsentierens zu erneuern haben. Diese Balance der Identitäts-Repräsentation scheint in der Moderne kaum noch aufrechtzuerhalten. Folgt man Schmitt, so hat sich die Repräsentationsrichtung von unten nach oben durchgesetzt und zum bloßen

---

6 C. Schmitt, Politische Romantik, 123.

7 Heranzuziehen wäre hierfür auch das Verständnis der Repräsentation des Volkes durch den König bei Thomas Hobbes: „quanquam paradoxum sit, rex est populus (De cive 12, § 8). Vgl. den instruktiven Artikel „Repräsentation" im Historischen Wörterbuch der Philosophie, Bd. 8, Darmstadt 1992, hierzu Sp. 816 f.

8 Vgl. ebd., Sp. 814 f. zu Johannes von Segovia und Nikolaus von Kues.

Mehrheitsbeschaffungsproblem verkürzt; der repräsentierte Sinn ist in selbstreferentiellen Diskursen jeder einheits-(identitäts-)stiftenden, Entscheidungen erzwingenden Präsenz beraubt. Identität zerfällt, wo sich die jeweils zur Handlungsfähigkeit gelangenden Interessenkoalitionen aus dem Ideenarsenal nur noch die gerade taugliche Legitimationsideologie besorgen müssen. Kann es unter den Bedingungen der (Post-)Moderne noch einmal zu jener ontologisch fundierten Nähe zwischen Repräsentierendem und Repräsentiertem kommen, von der her die normative Kraft des Repräsentierten im Repräsentierenden als „abgebildet" gedacht und erlebt und von ihm in Entscheidungskompetenz umgesetzt werden könnte?

Hier liegt für Carl Schmitt die aktuelle Bedeutung des katholischen Repräsentationsdenkens. Und es ist deutlich, daß er mit dieser Inanspruchnahme des Katholischen eine ganz bestimmte „katholische Option" verfolgt - eine Option, die sowohl von der Restauration des 19. Jahrhunderts, die er im Blick hatte, wie auch von der des ausgehenden 20. Jahrhunderts favorisiert wurde bzw. wird. So hat die Auseinandersetzung mit dieser katholischen Option erhebliche Gegenwartsbedeutung.

2. Carl Schmitts katholische Option - eine Versuchung?

Im Katholischen hat der Begriff der Repräsentation insofern seine volle Bedeutung, als hier das ontologische Gewicht des Repräsentativen wirklich ernstgenommen wird: „In der Repräsentation ... kommt eine höhere Art des Seins zur konkreten Erscheinung."[9] Das höhere Sein wohnt gleichsam seiner Vermittlungsgestalt ein, so daß diese an der *unableitbaren* Autorität und Würde des höheren Seins partizipiert, sie gleichsam *abbildet* und in konkreten Entscheidungen (bzw. grundlegenden Unterscheidungen) geltend macht. In solchen Entscheidungen gewinnt das höhere Sein wirklichkeitbestimmende Kraft, kommt es als *causa* zur Geltung, die sich in adäquaten Konkretionen auswirkt und nicht nur - als occasio - Anknüpfungspunkt einer romantisch-ästhetischen Selbstbespiegelung bleibt. Dieses vollmächtige Hineinwirken ist das religiöse Urbild von Souveränität, Gegenbild zum selbstreferentiellen Diskurs. Es ist aber auch - so meine ich - Leitkategorie einer entdifferenzierenden falschen Alternative, der Alternative des „von oben" zum „von unten": Repräsentation ist vollmächtige Vertretungsgestalt - Vergegenwärtigung - des Unableitbaren, des Ab-soluten als des an sich von jeder Vermittlung Unabhängigen, aber von sich aus eine bestimmte Vermittlungsgestalt Wählenden, sich für sie Entscheidenden. Die gewählte Vermittlungsgestalt

---

9 Vgl. C. Schmitt, Verfassungslehre, München-Leipzig 1954, 209 f.

partizipiert an dieser Absolutheit - und ist damit geradezu all dem ontologisch überlegen, was sich in tendenziell selbstreferentiellen Diskursen „von unten her" an Deutungen und Auslegungen ergeben kann.

Kein Wunder, daß sich hier - auch bei Schmitt - die Bezugnahme auf das Unfehlbarkeitsdogma aufdrängt. Diese Bezugnahme ist nun freilich theologisch fatal: Sie tilgt die Rückbindung päpstlicher Repräsentation der Offenbarungswahrheit an die „normalen" Auslegungsprozesse der Überlieferungs- und Auslegungsgemeinschaft Kirche; sie tendiert zumindest dahin, die Repräsentationsqualität dieser „normalen" Auslegung abzuwerten bzw. als die bloß alltägliche Auswirkung hierarchisch-souveräner Repräsentation auszugeben. Die ontologisch-hierarchische *Unableitbarkeit* der lehramtlichen Entscheidung aus diskursiven Verständigungsprozessen, die ihren souverän-inappellablen, amtlichen Charakter ausmacht, kann ausgespielt werden gegen normativ irrelevante, *bloß subjektive* Auslegungs- und Anknüpfungsversuche im Volk Gottes. Dem entspräche ein Traditionsverständnis, das ganz von der Kontinuierlichkeit der hierarchisch verbürgten und vermittelten Präsenz des Identitätsstiftenden - von der ununterbrochenen Dauer der Identitäts-Repräsentation durch das hierarchische Amt - geprägt ist und auf die konkreten Prozesse diskursiver und religiös-lebenspraktischer Identitätsvergewisserung kaum Rücksicht nimmt.

Hier wäre theologisch einzuwenden, daß die elementare Repräsentationswirklichkeit in biblischer Tradition das von Gottes Geist in den Gläubigen gewirkte *Zeugnis* ist, dem dann freilich Repräsentationsgestalten zugeordnet sind, die es herausfordern, begleiten, stärken und in diesem Sinne mitermöglichen sollen (Sakramente, Gemeinde, hierarchisches Amt). Das Zeugnis realisiert sich als inspirierte, verantwortliche Anknüpfung an die biblische Überlieferung authentischer, von Gottes Heilshandeln ermöglichter und herausgeforderter Zeugnispraxis. In solch verantwortlicher Anknüpfung wird der Beziehungsreichtum dieser Tradition aktualisiert und durchaus subjektiv realisiert, wobei das gerade nicht heißen muß, daß biblische Traditionselemente nur noch Anlässe bieten, sich in seiner religiösen Subjektivität selbst zu produzieren. Die Überlieferungsgemeinschaft Kirche ist auf die Vielfalt der Zeugnisgestalten angewiesen; sie versetzt sie in die Lage, aus der Inspirationskraft biblischer Überlieferungen die nächsten Schritte auf dem Weg der Nachfolge zu ermitteln - und nicht nur festzuhalten, was man immer schon hatte und sagte.

Kirche ist aber auch auf Prozeduren und Instanzen angewiesen, durch die im Zweifels- und Konfliktfall eine Unterscheidung getroffen werden kann zwischen illegitimen, äußerlichen oder verdrehenden Anknüpfungen und authentischer Auslegung, in der die Wahrheit des Offenbarten identifizierbar bleibt. Im katholischen Selbstverständnis repräsentiert hier das hierarchische Amt Christus, den normativen Offenbarer, und den Geist Gottes als Gegenwart Gottes (und

Christi) bei der Weggemeinschaft Kirche, durch die die Kirche von Irrwegen im Wesentlichen (ihre Identität Betreffenden) abgehalten wird. Der amtlichen Repräsentation ist die prozedurale untergeordnet. Aber das heißt nicht, daß letztere so wenig bedacht und abgewertet bleiben müßte, wie das gegenwärtig noch der Fall ist. Verbindliche Prozeduren der Identitäts-Repräsentation geben die Möglichkeit, die repräsentative Vergegenwärtigung dessen, wovon Kirche lebt, als kommunial-kommunikativen Prozeß sichtbar zu machen und die falsche Entgegensetzung „Repräsentation des Geltenden durch die Hierarchie - Überwindung bloßer religiöser Subjektivität durch den Gehorsam des Volkes“ aufzubrechen.

Wo die Absolutheit des Repräsentierten in einer Quasi-Absolutheit der Repräsentierenden abgebildet sein und von ihnen entsprechend geltend gemacht werden soll, da ist jede Möglichkeit bestritten, Repräsentation noch von Usurpation zu unterscheiden. Die Repräsentanten werden tendenziell in die Lage versetzt, zu vereinnahmen, was (oder wen) sie repräsentieren. Die biblischen Überlieferungen vor allem des Ersten Testaments sind durchzogen von Versuchen zur Legitimation solcher Vereinnahmung (etwa von seiten des Jerusalemer Königtums) und der Kritik solcher Vereinnahmung mit dem Hinweis auf Gottes Nichtvereinnahmbarkeit. Immer blieb umstritten, wie weit „Stellvertretung“ hier reichen kann; immer wieder setzte sich die Erfahrung durch, daß sie zur Usurpation umkippte, wo sie exklusiv in Anspruch genommen und die Mitwirkung anderer Instanzen bei der Identitätsbestimmung und Identitäts-Repräsentation im Volk bzw. für das Volk hintertrieben wurde.[10] Die katholische Theologie hat den exemplarischen Charakter dieser Erfahrungen und Auseinandersetzungen auch für den Vorgang der Repräsentation durch das hierarchische Amt lange ignoriert oder unterschätzt in der voreiligen Annahme, die Endgültigkeit des Heilsangebots in Jesus Christus garantiere gerade eine unüberbietbare Nähe zwischen Repräsentiertem und Repräsentierendem im sakramental begründeten Amt und dessen sakramentaler Praxis. Israels Erfahrung, daß Gott sich von dieser beanspruchten Nähe geradezu lossagt oder *in ihr distanziert* und damit Repräsentation zutiefst fragwürdig macht - danach fragen läßt, wo sie sich verfügbar machen will, was sie zu repräsentieren vorgibt -, diese Erfahrung bedarf noch der fundamentaltheologischen Würdigung in einer ekklesiologischen Theorie der Sakramentalität der Kirche.

---

10 Vgl. dazu die eindrücklichen religions- und sozialgeschichtlichen Analysen in: R. Albertz, Religionsgeschichte Israels in alttestamentlicher Zeit, 2 Bde., Göttingen 1992.

3. Repräsentation - Bilderverbot - Abbildungsskepsis

Kern des katholischen Repräsentationsgedankens ist die Lehre von Jesus Christus, dem göttlichen Repräsentanten der endzeitlichen Gottesherrschaft und die kirchlich-sakramentale Praxis, in der Kirche stellvertretend-zeichenhaft tut, was Jesus Christus selbst als Heilbringer getan hat. Beide Ausprägungen des Repräsentationsgedankens lassen eine eigentümliche Brechung erkennen, die in der katholischen Option Carl Schmitts nicht mehr zur Geltung kommt. Jesus Christus ist „Repräsentant" der Herrschaft Gottes auf der Linie jenes bei Deutero-Sacharja (Sach 9) gezeichneten menschlichen Königs, der die göttliche Herrschaft als „Antityp üblicher Potentaten" repräsentiert: Er kommt wie dieser „nicht nur ohne Macht und Herrlichkeit, sondern ist selbst ein Opfer bisheriger politischer Machtausübung ..., einer, der selber - wie die unterdrückten Frommen - der Rettung Gottes bedürftig war (...). Darum wird sich seine Herrschaft, die er im Namen Gottes ausführt, auch von aller bis dahin bekannten Herrschaft unterscheiden", ja deren Aufhebung bedeuten.[11] Der Repräsentant Jesus Christus repräsentiert diese erlösende Herrschaft schließlich in jener Armut und Angewiesenheit, wie sie von den elementar Bedürftigen in Mt 25,31-46 repräsentiert wird - in ihnen begegnet der, in dem Gott selbst begegnet. Seitdem ist kirchliche Praxis und Theologie daran gehindert, Gottes vollmächtige Souveränität in kirchlicher Herrschersouveränität abzubilden und kirchliche Vollmacht so zu legitimieren, daß sie sich ungebrochen aus einer autokratisch vorgestellten göttlichen Souveränität ableitet. Die Abbildung göttlicher Herrschaft in dienender Ohnmacht, ja in bloß noch leidender Ohnmacht bringt einen Schuß negativer Theologie, zumindest den Widerhall des ersttestamentlichen Bilderverbots in das Repräsentationsgeschehen ein, als das Kirche sich versteht: Abbilder bilden nicht ungebrochen ein Urbild ab; sie sind Such-Bilder, in denen immer wieder neu aufgeht oder auch ratlos danach gefragt wird, wie hier die Ähnlichkeit des Abgebildeten zum Abbildenden zu entdecken ist. Die hypostatische Union ist die Theorie einer höchstmöglichen Annäherung des Repräsentierenden zum Repräsentierten. Diese Annäherung ist christologisch durchkreuzt vom Erleiden einer Gottferne, das von Gottes Souveränität nicht mehr das Geringste erkennen läßt, sie eben nicht mehr oder in äußerster Spannung „repräsentiert".

Repräsentation hat seitdem - aber auch zuvor schon - im Traditionsraum der Bibel die Signatur des Herbeirufens: Gott möge sich selbst in seinem Geist in Situationen und kirchlichen Handlungen so vergegenwärtigen, daß man ihm hier begegnen, daß man ihn hier finden kann. Die repräsentative Nähe des Repräsen-

---

11 Vgl. ebd., 639.

tierten im Repräsentierenden ist nicht magisch verfügbar in Bildern, die das Abgebildete „eingefangen“ haben. Kirchliches Handeln kann vielmehr nur auf die Treue des Gottes hoffen - äußerstenfalls: ihrer im Glauben gewiß sein -, der in den zeichenhaften Handlungen der Kirche unfehlbar damit anfängt, die Glaubenden zu der ihm eigenen Weise der Präsenz unter ihnen zu bekehren.

Das kirchliche Abbildendürfen bleibt von Abbildungsskepsis durchsetzt. Das Zeugnis macht ja oft genug unkenntlich, es verzerrt bis ins Gegenbild hinein, was es abbilden will. Der „Leib Christi“ und seine Glieder repräsentieren alltäglich zumindest ebenso das körperschaftliche Selbstdurchsetzungsinteresse wie den, dessen Namen sie tragen. Gilt das nicht auch für die Sprache, in der von all dem die Rede ist? Sie bleibt christlich von Abbildungsskepsis geprägt. Sie vermag nur gebrochen zu repräsentieren, was mit ihr Einlaß finden sollte in die selbstreferentiell in sich kreisenden menschlichen Verständigungssysteme. Daß in einer bestimmten Sprache, etwa der Verkündigungssprache, das von ihr Respräsentierte einfachhin „senkrecht von oben“ in die sprachliche Selbstdarstellung - in die Selbstauslegungssdiskurse - der hier Sprechenden und Hörenden einbricht und so seine Autorität entfaltet, das könnte nur als Wunder der Selbstvergegenwärtigung (Karl Barth) beschrieben werden und damit schlechterdings unbegreiflich bleiben. Eine theologische Alternative wäre, den Einbruch des Anderen in das selbstbezügliche Begreifen- und Versprachlichenwollen als das Urereignis von Selbstvergegenwärtigung zu begreifen, dem Sprache zu entsprechen hat, aber immer nur fragend nahekommt. Occasionalismus ist - im christlichen Wortverständnis - *Sünde*, wenn der Versuch des Anderen, mir präsent zu werden, zum bloßen Anlaß meiner Selbstverständigung wird. Sprache entgeht dem selbstreferentiellen Leerlauf, wenn sie von dem gezeichnet bleibt, was in sie Einlaß begehrt. Sie schließt sich umso dichter in ihre Selbstreferentialität ein, je schneller sie sich zutraut, es zu repräsentieren, so daß kein Grund mehr bliebe, über das Repräsentierende hinausfragen - den unabgegoltenen Anspruch des Repräsentierten noch zu erinnern. Was bedeutet das alles für theologisches Sprechen? Für das Beunruhigtsein von dieser Frage ist Carl Schmitt nicht repräsentativ genug. So mag im Kontext der in diesem Jahrbuch anstehenden Diskussion hier erst einmal abgebrochen werden.

Bemerkungen zum „Katholischen Prinzip" der Repräsentation.

Ein Nachtrag zu „Monotheismus und Demokratie"*

Johann Baptist Metz

Man darf bei uns wohl zu Recht von zwei unterschiedlichen Visionen sprechen, die das Verständnis von Christentum leiten. Zum einen ist dies die quasi „kommunitaristische" Vision des Katholizismus, Christentum primär als Kirche, als Erinnerungsgemeinschaft; zum andern ist es die eher „individualistische" Vision des Christentums in den reformatorischen Traditionen: der einzelne in seiner Gottunmittelbarkeit. Gewiß ist diese Unterscheidung nicht exklusiv gemeint. Dennoch wird man sagen müssen, daß das Prinzip der Repräsentation, wenn überhaupt, zur „kommunitaristischen" Vision des Christentums gehört, daß es sich also gewissermaßen um ein „katholisches Prinzip" handelt.[1] Um die Bedeutung des Institutions- und Repräsentationsbegriffs im Katholizismus hinlänglich zu würdigen, muß man meines Erachtens bis in das frühchristliche Ringen des Christentums mit der Gnosis zurückgehen. „Die katholische Kirche ist gegen Markion gebaut" (A. von Harnack): Institution und Repräsentation spielen hier eine (freilich in unserem Zusammenhang nicht weiter darzulegende) Rolle bei dem Versuch des frühen Christentums, die esoterische Innerlichkeit eines geglaubten Glaubens im Gnostizismus und eine damit verbundene Absprengung der Schöpfungstraditionen von den Erlösungstraditionen im Christentum zu verhindern.

Die Frage, der ich in diesem Zusammenhang kurz und ohne jeglichen Ehrgeiz auf Vollständigkeit nachgehen will, ist diese: Muß dieses „katholische Prinzip" der Repräsentation, wenn es nicht nur strikt innertheologisch ausgelegt und angewandt wird[2], sondern in seinen Auswirkungen auf das Verhältnis von Religion und Politik bedacht wird, zwangsläufig so ausfallen wie in Carl Schmitts

---

* Vgl. dazu meinen einschlägigen Beitrag in: Jahrbuch Politische Theologie, Bd. 1: Demokratiefähigkeit (hg.v. J. Manemann), Münster 1996, S. 39-52.

1 Das evangelische RGG³ (1957ff) kennt kein Stichwort „Repräsentation"; im katholischen LThK² (1957ff) fehlt dagegen das Stichwort „Hermeneutik", wenn man einmal davon absieht, daß ein problembewußter Redakteur wenigstens einen kleinen Verweisartikel nachgeschoben hat.

2 Vgl. dazu etwa den Artikel „Repräsentation" von K. Rahner in LThK².

„Politischer Theologie“ (1922) und deren Fortführung im „Römischen Katholizismus als politischer Form“ (1923)[3]: nämlich demokratiekritisch, ja demokratiefeindlich? Muß sich dieses „katholische Prinzip“ notwendig so auswirken, auch wenn es dafür in der Tat viele, allzu viele historische Illustrationen gibt, auch wenn sich mit ihm die Vorliebe der Katholischen Kirche für das Ancien Régime, ihr Mißtrauen gegen Aufklärung und Revolution und ihre lange beschworenen Vorbehalte gegen die moderne Demokratie leichter erklären lassen? Videbimus. [4]

Nach meiner Auffassung gibt es einen Repräsentationsbedarf der modernen rechtsstaatlichen Demokratie, der nicht oder nur wenig besprochen wird. Dieser Repräsentationsbedarf zielt nicht auf das übliche politische und rechtsstaatliche Verständnis von „Repräsentation“ im Sinne der „repräsentativen“ parlamentarischen Demokratie. Ich möchte den von mir gemeinten Repräsentationsbedarf durch folgende Frage verdeutlichen: Gibt es nicht auch für die moderne rechtsstaatliche Demokratie eine „Autorität“, die der demokratischen Konsensbildung, die dem Prozeß des demokratischen Diskurses entzogen bzw. ihm vorausgesetzt ist und die auch das Rechtsverständnis des demokratischen Staates berührt, wenn dieses nicht rein rechtspositivistisch gefaßt wird? Schließlich gründen unsere modernen westlichen Demokratien - sowohl in ihrer amerikanischen Version wie in ihrer kontinentaleuropäisch-französischen Version -, in einem emphatischen Begriff der Gleichheit aller Menschen, die nicht einfach identisch ist mit dem üblichen Verständnis von „Chancengleichheit“ in der Demokratie. Die moralische Wendung dieser Gleichheit aller Menschen macht die Emphase dieses Begriffs deutlich: Auch für die moderne parlamentarische Demokratie gibt es eigentlich kein die Würde des Menschen verletzendes Leid in der Welt, das sie überhaupt nichts angeht, selbst wenn sie sich dabei keineswegs von der Utopie einer schlechthin leidfreien Weltgesellschaft leiten läßt.

Deshalb kennt auch die rechtsstaatliche Demokratie nicht nur die politische Autorität einer legitim gewählten Volksvertretung, sie hat es immer auch mit einer moralischen Autorität zu tun, die ihrem Diskurs- und Konsensfindungsprozeß vorausliegt, und die ich hier, extrem abgekürzt, die Autorität der Leidenden nenne. Da der dabei unterstellte Begriff von der Gleichheit aller Menschen emphatisch bleibt, d.h. im konkreten demokratischen Zusammenleben nicht eingelöst, nicht bewahrheitet ist, muß der von ihm ausgehende Anspruch „repräsentiert“

---

3 Zu gewissen Differenzierungen im Werk C. Schmitts selber vgl. jetzt den Text von J. Manemann in diesem Band.

4 Zu einer differenzierten Beurteilung des von C. Schmitt favorisierten „französischen Traditionalismus“ im Lichte der neuen Politischen Theologie vgl. mein Buch „Glaube in Geschichte und Gesellschaft“ (^{5}1992) 34ff.

werden. Insofern gibt es meines Erachtens einen fundamentalen Repräsentationsbedarf in jeder modernen rechtsstaatlichen Demokratie, die sich die Frage nach dem moralischen Fundamenten des demokratischen Zusammenlebens nicht ausreden läßt und die ihr Rechtsverständnis nicht einfach positivistisch begründet.[5] Diese hier angesprochene Autorität der Leidenden kann nicht noch einmal diskursiv einfach zur Disposition gestellt werden; sie bedarf aber unbedingt der Präzision, der näheren Bestimmung der Leidenden als ungerecht Leidender.

Die Frage, die sich hier nun an die Kirche, wie überhaupt an alle Religiösen Institutionen stellt, ist die, welche Bedeutung sie und das in ihnen durch die Jahrtausende akkumulierte Gedächtnis für die Darstellung und die Sicherung dieser Autorität haben. Die kritische Frage an die religiösen Institutionen des Monotheismus lautet dabei, ob und inwieweit sich in ihnen das kanonische Gottesgedächtnis nicht so sehr vom Leidensgedächtnis der Menschen entfernt hat, ob und inwieweit also die Autorität Gottes inzwischen nicht so sehr von dieser Autorität der Leidenden getrennt ist, daß sich diese religiösen Institutionen nur noch fundamentalistisch innerhalb der modernen Demokratien behaupten können. Für die Kirche besteht die Gefahr, daß sie in ihren Liturgien nur noch ein vage schweifenden Repräsentationsbedürfnis in einer immer unanschaulicher werdenden Lebenswelt bedient, daß sie sozusagen nur noch die Repräsentation repräsentiert, nicht aber die unaufkündbare Autorität der Leidenden, die sich in ihrem Gottesgedächtnis eigentlich darstellen und verkörpern will. Gewiß, die Kirche ist nicht dazu da, um politische Macht zu repräsentieren, aber um politische Ohnmacht in Erinnerung zu rufen.

Ich vergesse nicht, daß diese Überlegungen zum Repräsentationsprinzip in einem Band angestellt werden, der sich thematisch dem „Bilderverbot" widmet. „Repräsentation" und „Bilderverbot": sind das nicht schlicht einander ausschließende Begriffe? Diese Frage erlaubt mir, noch auf eine Besonderheit bei dem hier angesprochenen Repräsentationsbegriff hinzuweisen. Wenn in ihm die Autorität der Leidenden „repräsentiert" wird, dann handelt es sich offensichtlich nicht um die Repräsentation, um die Verkörperung politischer Macht, sondern, wenn schon, politischer Ohnmacht. Offensichtlich gibt es für die modernen Demokratien keine der Diskurs- und der Konsensbildung entzogene politische Macht. Politische Macht muß in Demokratien kritisierbar und abrufbar sein und bleiben. Wohl aber gibt es eine nicht abrufbare Repräsentation politischer Ohnmacht. Eben die, in der sich die von keiner Demokratie aufkündbare Autorität der Leidenden in Erinnerung bringt. Das hier vorgetragene und verteidigte Repräsen-

[5] Zu Anklängen an die sog. Kommunitarismusdebatte in den USA vgl. jetzt: J.B. Metz, Memoria passionis. Zu einer Brückenkategorie interkultureller und interreligiöser Begegnung, in: H.-P. Müller (Hg.), Das Christentum und die Weltreligionen, Stuttgart 1997, 109-118.

tationsprinzip leugnet also keineswegs, sondern affirmiert in strikter Weise, daß es so etwas wie ein Bilderverbot bei der Repräsentation politischer Macht gibt. „In der Moderne ist Macht niemals legitimer Besitz. Sie kann nicht mehr verkörpert werden.“[6]

Daß dieses Bilderverbot nicht jeden substantiellen Begriff von Repräsentation ausschließt, weiß meines Erachtens die gegenwärtige politische Philosophie Frankreichs deutlicher als der philosophische Demokratiediskurs in Deutschland. Der niederländische Philosoph W. van Reijen kennzeichnet diese französische politische Philosophie mit dem gewiß nicht unmißverständlichen Begriff einer „politischen Ontologie“ und schreibt: „Diese Ontologie kann keine klassische mehr sein, in dem Sinn, daß auf das Eine oder das Sein spekuliert wird. Die neuere Ontologie wird aber getragen von der Voraussetzung, daß sich jedes diskursive Denken durch einen Rückgriff auf ein Unvordenkliches genötigt sieht. Dieses Unvordenkliche kann nur als solches hypostasiert werden. Jeder Versuch einer näheren Bestimmung führt, wie Lyotard in *Der Widerstreit* nachweist, in Aporien.“ [7] Vielleicht läßt sich - wiederum nicht unmißverständlich - sagen, es handelt sich um eine Demokratietheorie auf dem Hintergrund einer strikt negativen Metaphysik bzw. einer strikt negativen Theologie, um eine Demokratietheorie also, die auf ihre Art nochmals M. Horkheimers Feststellung in Erinnerung ruft, wonach „Politik, die, sei es höchst unreflektiert, Theologie nicht in sich bewahrt, wie geschickt sie sein mag, letzten Endes Geschäft (bleibt)“. Eine solche Demokratietheorie „entlastet uns nicht von der Verantwortung für das Handeln, sondern macht uns klar, daß die Auseinandersetzung um das Handeln eine Leerstelle braucht, die durch konkretes Handeln immer wieder besetzt wird, die aber auch immer wieder freigekämpft werden muß, um das Handeln und Legitimieren nicht in seiner Eigengesetzlichkeit erstarren zu lassen.“[8] In diesem Sinn sprechen Claude Lefort oder Marcel Gauchet von einer „leeren Stelle der Macht“, von einer „leeren Stelle des Sakralen“, deren Repräsentation - nach Lefort - die Bedingung dafür ist, daß die moderne demokratische Gesellschaft von sich selbst das Bild einer freien und autonomen Gesellschaft entwickeln kann, ohne in den „Terror des Pragmatismus“ zu entarten.[9] Bei Agnes Heller wird diese Verkörperung, diese Repräsentation der „leeren Stelle des Sakralen“, an der sich eine dem reinen Pragmatismus enthobene Politik bildet, besonders deutlich. Unter Hinweis auf einen „schwachen Messianismus“ bei Jacques Derrida spricht sie vom

6 H. Dubiel, Ungewißheit und Politik, Frankfurt 1994, 36.

7 W. van Reijen, Das Politische - eine Leerstelle, in Transit 5 (1992/93), 36.

8 A.a.O. 121.

9 A.a.O. passim.

„leeren Stuhl“ im Zentrum des politischen Raums: „Der leere Stuhl wartet auf den Messias. ... Die Politik kann diesen unbesetzten Stuhl nicht gebrauchen; aber solange man den Stuhl beläßt, wo er ist, dort, genau dort, im Zentrum des Raumes, wo er in seiner warnenden, vielleicht sogar pathetischen Leere fixiert bleibt, müssen die politischen Handlungsträger sein Dasein immer noch in Rechnung stellen. Zumindest steht es ihnen frei, sein Dasein in Rechnung zu stellen. Alles übrige ist Pragmatismus.“[10] Das damit angezeigte Problem besteht also nicht (mehr) darin, wie man verhindern kann, daß dieser „leere Stuhl“ religiös besetzt wird (Gottesgnadentum, „Christkönig“, Kirche, ...); es konzentriert sich vielmehr auf die Frage, ob sich die moderne demokratische Politik unter der Bildkonstellation des „leeren Stuhls“ vollzieht oder ob im Namen von Aufklärung und Moderne diese Kostellation selbst aufgegeben werden muß.

10 Den vollständigen Text vgl. in diesem Band S. 65.

REZENSION

Negative Theologie und Bilderverbot

Zu einigen ausgewählten Kapiteln von E. Nordhofen, W. Oelmüller und M. Theunissen

Jürgen Kroth

I

Obgleich nicht unbedingt einer großen Konjunktur sich erfreuend, mehren sich innerhalb der philosophischen – interessanterweise nicht der theologischen – Diskussionen die Rekurse auf die Traditionen negativer Theologie. Daß die Theologie hieran keinen großen Anteil hat, mag viele Ursachen haben: die restaurative Abschottungstendenz gegenüber den Herausforderungen der Zeit, die Immunisierung durch transzendentalphilosophisch reflektiertes Offenbarungswissen, die Weigerung, die fundamentale Krise von Theologie und Kirche zur Kenntnis zu nehmen, u.v.m. Um so bedeutsamer ist, daß gerade in der zeitgeschichtlich interessierten Philosophie diese Rückgriffe stattfinden. Auch hier mögen die Ursachen vielschichtig sein; sie schulden sich vermutlich nicht zuletzt einer fundamentalen Orientierungskrise nach dem Scheitern eines sozialistischen Alternativversuchs zur kapitalistischen Gesellschaftsformation.

II

Weitgehend ohne diesen Hintergrund – da bereits Mitte der 70er Jahre verfaßt – präsentiert sich der Text von Michael Theunissen[1], in dem er auf dem Hintergrund der johanneischen Zusage, die Wahrheit werde befreien, dem Problem sich zuwendet, ob Freiheit an den Nachvollzug des von Jesus vorgelebten Menschseins gebunden sei, oder ob durch diese Bindung Freiheit nicht vielmehr verhindert werde. Thematisiert wird also eine der zentralen Fragen der neuzeitlichen Philosophie: Ob wahres Selbstsein nur mit den Angeboten autonomen Denkens oder auch aus Glauben und umgekehrt, ob Selbstsein lediglich im Glauben möglich sei oder auch Autonomie zulasse. Ein erster Fehler liegt Theunissen zufolge schon darin, dieses Problem zu polarisieren und jeweils nur eine Möglichkeit zuzulassen, sie nicht aber zu verschränken. Der Frage nachgehend, wie Freiheit und Glaube, Autonomie und Theonomie miteinander vermittelt werden können, rekurriert Theunissen auf die Zeitlichkeit, die sowohl in der Philosophie des Selbstseins eine zentrale Stellung einnimmt, die aber zugleich auch für die Verkündigung Jesu unaufgebbar ist, wenngleich zu fragen wäre, wie sich Zeitlichkeit als phänomenologische Kategorie zur apokalyptischen Befristung der Zeit in der Verkündigung und Praxis Jesu verhält. Gleichwohl ist die temporale Struktur durchaus ein Ansatzpunkt der Vermittlung. Theunissen versucht dies zu verdeutlichen zum einen[2] in der proleptischen Struktur der christlichen Praxis, in der das Reich Gottes erwartet und ansatzhaft verwirklicht, insofern also auch antizipiert werde, die sich aber bewußt bleibe, daß das Reich Gottes letztlich nicht antizipierbar sei, daß aber gleichwohl im Noch-Nicht der Erfüllung die Verheißung selbst schon Erfüllung sei, so daß daraus eine proleptische Gestalt sich ergebe; zum anderen aber weist er im Rückschritt über Heidegger und Husserl auf die Existenzphilosophie Kierkegaards hin, die laut Theunissen der Zeitlichkeitsvorstellung Jesu überraschend nahekomme[3], da die Schlüsselfigur des Kierkegaardschen Denkens die »Doppelbewegung« sei, »in welcher der Mensch sich unendlich von sich selber entfernt, um aus der unendlichen Ferne auf seine Endlichkeit zurückzukommen«[4]. Diese Bewegung deutet an, daß der Mensch nicht im Partikularen sich bescheidet, sondern ganz sich erfassen will. Dazu bedarf es Kierkegaard zufolge, daß der Mensch sich gleichsam umschiffe; dies aber sei nur

---

1 Vgl. Theunissen, M., „ "ÆJä< 8":$V<,4 . Der Gebetsglaube Jesu und die Zeitlichkeit des Christseins, in: ders., Negative Theologie der Zeit, Frankfurt am Main 1991, 321-377

2 Vgl. ebd., 326 ff.

3 Vgl. ebd., 351

4 Ebd., 346

möglich, wenn der Mensch einen Standpunkt außerhalb seiner selbst einnehme, der es ihm ermögliche, sich selbst zu umgreifen. Dieser Standpunkt aber kann nur der Gottes sein, wenn also der Mensch von Gott her auf sich selbst zukomme. Indem daher der Mensch sich selbst zum Gegenstand mache, setze er zugleich das Andere seiner selbst, das Bedingung der Möglichkeit von Selbstsein darstelle. Dies entspricht der Rekonstruktion des Gebetsglaubens Jesu, die Theunissen vorgenommen hat.

Deutlich faßt Theunissen das Verhältnis von Glaube, Hoffnung und Liebe[5] als negative Theologie, denn auch das Fundament dieser Trias (vgl. 1 Kor 13), die Liebe, »lebt im Notstand des Austandes. Das Ganze des glaubend-hoffendliebenden Lebens ist Antizipation, nicht die durch den Menschen zu leistende Antizipation der Zukunft in der Gegenwart, sondern die Gegenwart selbst als Vorwegnahme der Zukunft, als Hineinscheinen der Zukunft in sie.«[6] Nicht zufällig erinnert dies stark an die Hoffnungsdialektik Blochs und deren theologische Adaptionen in den unterschiedlichen Entwürfen von Pannenberg bis Moltmann. Fraglich indes bleibt, ob die futurische Präsenz[7] einer kritischen Prüfung vor dem katastrophalen Hintergrund der perennierenden Leidensgeschichte standhielte. Ist etwa die Verheißung einer Zukunft der Nächstenliebe nicht verwiesen auf die Erfüllung für alle, auch für die Toten, so daß eine futurische Präsenz immer eines anamnetischen Korrektivs bedarf? Theunissen scheint dem unter Hinweis auf Mt 25 zuzustimmen. Hier wird in der Tat Zukunft an Vergangenheit zurückgebunden. Theunissen scheut sich aber, diese Grundverfassung konsequent weiterzuverfolgen, wenn er am Ende des Aufsatzes betont, die »Herrschaft des Vergangenen über das Zukünftige« mache »überhaupt erst den Grund des Zwangscharakters der erlösungsbedürftigen Realität sichtbar«[8]. Dafür das Denken Adornos[9] zu beanspruchen, scheint angesichts dessen Gestus des Eingedenkens nicht angebracht. Für die theologische Perspektive ist an dieser Stelle auch auf die hoffnungsleitende Perspektive der Aufhebung der Leidensgeschichte zu verweisen.[10]

---

5 Vgl. ebd., 356-363

6 Ebd., 356

7 Vgl. ebd. 357

8 Ebd., 370

9 Vgl. ebd., 365

10 Vgl. Metz, J. B., Glaube in Geschichte und Gesellschaft. Studien zu einer praktischen Fundamentaltheologie, Mainz ³1980, 87-103

III

Gerade diese Leidensgeschichte aber ist der Ausgangspunkt für Willi Oelmüllers Orientierungsversuch über die philosophische Aufklärung heute[11], indem er sich neben dem philosophischen Reservoire auch der theologischen Traditionen des Bilderverbotes und der negativen Theologie vergewissert. Erstaunlich in der gegenwärtigen philosophischen Landschaft ist dabei Oelmüllers Anliegen, philosophische Aufklärung ins Gespräch zu bringen mit der Gottesfrage; erstaunlich, weil die Gottesfrage in einer gottlos gewordenen Renaissance der Religion, des Mythischen und Numinosen immer störend wirkt. Freilich treibt Oelmüller keine Theologie; und auch seine Anleihen in der Gottesfrage sind durchaus sporadisch. Die Korrelation zwischen Philosophie und Theologie findet sich aber – im Rekurs auf Kants Kritik der reinen Vernunft[12] – darin, daß eine positive wie negative Prädikation über das Dasein Gottes die Grenzen der Vernunft sprenge, daß aber gleichzeitig die Frage nach Gott nicht abgewiesen werden könne. Somit ist für Oelmüller der Ausganspunkt der negativen Theologie, »daß Menschen über Gottes Anwesenheit in seiner Abwesenheit sowie über seine Abwesenheit in seiner Anwesenheit nicht schweigen können, obwohl die Unangemessenheit aller menschlichen Sprech- und Darstellungsversuche unübersehbar ist«[13]. Ein positives Wissen um das Absolute ist dieser philosophischen Aufklärung nicht möglich. Damit unterscheidet sich der Orientierungsversuch Oelmüllers erfreulich von den Erst- und Letztbegründungsversuchen theologischer und philosophischer Provenienz.

Ob Oelmüllers Vorschlag, den er in verschiedenen Konstellationen der heutigen Aufklärung diskutiert, in allen Punkten überzeugen kann, muß auch angesichts der Kürze der Abhandlungen fraglich bleiben. Was indes überzeugt, ist sein Problembewußtsein für die perennierende Leidensgeschichte. Das, was Oelmüller für die Kunst reklamiert, darf auch für die philosophische Aufklärung selbst gelten: »Ein Sprechen über Kunst [...] kann in einer Welt, als ob es Gott nicht gäbe, nicht trösten in dem Sinne, als ob die grauenhafte Leidensgeschichte beendet sei.«[14] Wohl aber steht der Gottesgedanke dafür, daß das Leiden nicht

[11] Oelmüller, W., Philosophische Aufklärung. Ein Orientierungsversuch, München 1994

[12] Vgl. Kant, I., Kritik der reinen Vernunft, B 781 f.

[13] Oelmüller, W., Philosophische Aufklärung, a.a.O., 28

[14] Ebd., 106

das letzte Wort haben möge, daß – wie Horkheimer formulierte – »der Mörder nicht über das unschuldige Opfer triumphieren möge«[15].

IV

In der Problemfrage ähnlich, in der Vorgehensweise aber weniger systematisch, eher dem Essay verpflichtet, versucht Eckhard Nordhofen[16], nachdem mit dem Ende des Sozialismus auch das erkenntnis- und gesellschaftstheoretische Verfahren der bestimmten Negation ad absurdum geführt worden sei, eine neue – oder besser gesagt: alte – Figur stark zu machen: »Offenbarung als Bestreitung«[17]. Schade nur, daß Nordhofen bestimmte Negation lediglich in der Gestalt der Hegelschen Dialektik behandelt, die er dann auf die sehr einfache Formel bringt, »daß Minus mal Minus Plus ergibt« sei »der Taschenspielertrick einer maschinell kraftschlüssigen Dialektik«[18] und zu fragen sei, ob diese Hochrechnung auch zu schließen erlaube, daß Sterben Auferstehen heiße. Im Gegenzug beginne der Ort der Bestreitung dort, wo dieses Kalkül aufhöre. Damit ist indes die Denkfigur bestimmter Negation nur noch ein Zerrbild des bislang erreichten Standes dialektischen Denkens, eines Denkens nämlich, das der Insuffizienz des Begriffs sich bewußt ist und dennoch nicht auf Denken in Begriffen verzichten kann, eines Denkens, das vermittels des Vorrangs des Objekts, des Nichtidentischen, dessen, was nicht im Begriff aufgeht und sich der begrifflichen Zurüstung entzieht, die Möglichkeit anvisiert, »durch den Begriff über den Begriff hinauszugelangen« (Adorno).

Hier hat auch negative Theologie ihren Sitz im Leben, denn auch sie weigert sich, begrifflich dorthin zu greifen, wo alles Begriffliche insuffizient ist, wo jede begriffliche Extrapolation versagt. So war die Theologie, »wo sie am strengsten, am prophetischsten ist, [...] immer negativ«[19]. Ihre deutlichste Explikation hat sie Nordhofen zufolge in der Geschichte, »die auf den ersten Blick wie positivste, bestätigende Erbauung aussieht. Was wir so Offenbarung nennen. Mo-

---

15 Horkheimer, M., Die Sehnsucht nach dem ganz Anderen, in: Gesammelte Schriften Bd. 7: Vorträge und Aufzeichnungen 1949-1973, Frankfurt am Main 1985, 385-404, 389

16 Nordhofen, E., Der Engel der Bestreitung. Über das Verhältnis von Kunst und negativer Theologie, Würzburg 1993

17 Ebd., 11

18 Ebd., 25

19 Ebd., 45

se am Horeb. Mose am Sinai.«[20] Offenbarung geschieht in der Tat im Modus der Bestreitung, nämlich der Bestreitung all jener Götter, die mit der Erfahrung von Sklaverei verbunden sind, aber auch der Bestreitung eines positiven Zugriffs auf den wahren Gott. Leider – und in der Argumentation inkonsequent – überträgt Nordhofen die Kundgabe des Gottesnamens in Ex 3,14, »'ehje 'aser 'ehje«, mit »Ich bin der „Ich bin da"«[21] und weist mit Recht darauf hin, daß dies allenfalls ein Platzhalter sei, eine Offenbarung des Nicht-Offenbaren. Problematisch aber ist diese Übersetzung dennoch, da in ihr noch immer zu stark die durch die Septuaginta geprägte griechische Denkform zum tragen zu kommen droht.[22] Das Bilderverbot des Dekalogs ergibt sich konsequent aus dem Gottesnamen selbst. Anders formuliert leitet schon der Gottesname selbst zur negativen Theologie an.

V

Folgen wir der oben schon angeführen Einschätzung Nordhofens, daß Theologie immer dann am strengsten und prophetischsten war, wenn sie ihre negative Kernstruktur akzentuiert, dann scheint es um diese Dimensionen in der zeitgenössischen Theologie schlecht bestellt zu sein. Diese offensichtliche Depotenzierung wird aber – und das darf als dramatisch verstanden werden – überhaupt nicht bedauert. Prophetie ist der Theologie heutzutage äußerlich. Ob die philosophische Annäherung oder gar Aneignung negativer Theologie in den Krisenphänomenen unserer Zeit die explizit theologische Auseinandersetzung ersetzen kann, bleibt fraglich. Wohl aber weist sie darauf hin, daß Theologie eigentlich

20 Ebd., 79

21 Ebd., 80

22 Insofern ist die LXX Übersetzung der Beginn einer Enteschatologisierung des Gottesnamens, da im »¦(ñ ‚Â:4 „ ê<« ein stärkeres Gewicht auf das Seiende des Seins gelegt wird, das sich der hebräischen Variante des Gottesnamens vollständig entzieht, da Seinsspekulationen – mithin auch Daseinsspekulationen – aus griechisch geprägter Denkform entstammen, nicht aber einer israelitischen.

immer gefordert ist, sich in den Traditionen des Bilderverbotes und der negativen Theologie zu entfalten.

INSTITUTE UND PROJEKTE

CENTRO ECUMENICO „DIEGO DE MEDELLIN" IN SANTIAGO DE CHILE

Fernando Castillo

Das Institut „Centro Ecuménico Diego de Medellin"[1] wurde 1983 gegründet. Es ist als Initiative von TheologInnen und pastoraltätigen Leuten aus verschiedenen Konfessionen entstanden. Insofern ist das Institut keine offizielle Einrichtung der Kirchen, sondern eine Nicht-Regierungsorganisation (NGO), die juristisch als nicht-eigennützige Körperschaft existiert.

Ziel des Instituts ist es, Christen und Christinnen der katholischen und evangelischen Kirchen - und besonders der armen Klassen der Gesellschaft - zu dienen, im Sinne der Vertiefung und der kritischen Reflexion ihres Glaubens und ihrer sozialen Praxis.

Drei Richtlinien bestimmen die Arbeit des Instituts: Die Theologie der Befreiung, die Option für die Armen und der Ökumenismus:

Die Theologie der Befreiung ist ein Grundmerkmal der theologischen Identität des „Centro Ecuménico Diego de Medellin". Sie hat sowohl die theologische Reflexion und Forschung als auch die praktische Bildungsarbeit des Instituts geprägt. Theologie der Befreiung wird verstanden erstens als eine Reflexion, die in der konkreten geschichtlichen Situationen der lateinamerikanischen Völker den Aufruf Gottes zur Befreiung einsieht, zweitens als kritische Theologie, welche die Wirtschaft, die Politik, das gesellschaftliche Leben und die Kultur aus der Perspektive der Armen und Ausgegrenzten hinterfragt, und drittens als eine Theologie, die den Versuch unternimmt, die verändernde Praxis als Zeichen der Hoffnung zu deuten und hervorzuheben.

---

1 Diego de Medellin war der dritte Bischof von Santiago, am Ende des XVI. Jahrhunderts und ist bekannt, weil er die Indianer unter den Schutz der Kirche nahm.

Die Option für die Armen steht in enger Beziehung zur Theologie der Befreiung. Sie ist relevant für das Institut, nicht nur weil in Chile und in Lateinamerika die Armen eine Mehrheit der Bevölkerung darstellt, sondern weil diese Option im Evangelium wurzelt. Das bedeutet konkret, daß das Institut sich an der Welt der Armen orientiert.

Die Arbeit des Instituts stellt eine reichhaltige ökumenische Erfahrung dar. Diese Erfahrung ist das Ergebnis der Zusammenarbeit von Theologen, Sozialwissenschaftlern und Erziehern aus verschiedenen Kirchen. Für uns hat der Ökumenismus tiefe biblische Wurzeln, die uns ermöglichen, die verschiedenen Charismen und Akzente in der Nachfolge Jesu zu verstehen und positiv aufzuwerten. Wir verstehen uns als Mitglieder eines einzigen Volkes Gottes, das in verschiedenen institutionalisierten Formen existiert. Wir verstehen also den Ökumenismus im Rahmen des Verhältnisses von Volk Gottes und Welt, das heißt, im Rahmen des Dienstes des Volkes Gottes zur Welt.

Die konkrete Arbeit des Instituts ist in sechs Programmen organisiert:

- Theologische und sozioanalytische Bildung von Animatoren von Basisgemeinden und sozialengagierten Laien
- Bibellektüre aus der Perspektive des Volkes
- Ökonomie, Theologie und Ethik
- Feministische Theologie
- Theologische Bildung von Pastoren der evangelischen Kirchen
- Sexualität, Ethik und Kulturwandel

Außerdem gibt das Institut eine Zeitschrift sechsmal im Jahr heraus („Pastoral Popular“).

Vanishing Memorials

Jochen Gerz/Esther Shalev-Gerz

Jochen Gerz sorgt seit Ende der sechziger Jahre mit seiner Kunst der Erinnerung für gezielte Provokation. Zu seinen Arbeiten gehören sein Mahnmal gegen Rassismus „2146 Steine" in Saarbrücken und das „Monument Vivant de Biron" (Biron/Dordogne, Frankreich). Das hier vorliegende Interview mit A. Könneke (1993) bezieht sich auf das zusammen mit Esther Shalev-Gerz gestaltete „Harburger Mahnmal gegen Faschismus, Krieg, Gewalt - für Frieden und Menschenrechte".

Achim Könneke: Der Prozeß des „Harburger Mahnmals gegen Faschismus" begann 1979 mit einer ersten Idee in der Harburger SPD-Fraktion, solch ein Mahnmal zu errichten. 1983 beschloß die Bezirksversammlung dann, zusammen mit der Kulturbehörde einen beschränkten Wettbewerb durchzuführen, zu dem Jochen, neben fünf anderen Künstlern, eingeladen war. 1986 wurde schließlich Euer gemeinsames Mahnmal eingeweiht: Es war für Euch der erste Auftrag für „Kunst im öffentlichen Raum". Du, Jochen, hast zwar vorher des öfteren Arbeiten im öffentlichen Raum gemacht, aber nie mit staatlichem Auftrag. Und hier war es gleich ein sehr spezieller Auftrag, der sich stark von bisher durchgeführten Mahnmals-Wettbewerben unterschied, da die Harburger sich ein aktives, auf das Heute ausgerichtetes Mahnmal gewünscht haben und nicht das Typische: die Erinnerung an Gewesenes. Worin bestand für Euch der Anlaß, diesen Auftrag zu übernehmen?

Jochen Gerz: Mahnmale haben an sich einen schlechten Namen. Und staatliche Aufträge haben in bezug auf diese Mahnmale einen noch schlechteren Namen. Wir als Künstler waren aber in Harburg alle überrascht von dem Willen der Beauftrager, aufzuhören mit dem „sterbenden Löwen". Das war der Hauptgrund, sich überhaupt mit dem Auftrag auseinanderzusetzen. Es gibt ja im Deutschen zwei Namen: „Denkmal" und „Mahnmal". Und „Denkmal" kann nicht von dem Gedanken befreit werden, daß es eine gute Vergangenheit gibt. Man kann, glaube ich, kein Denkmal machen für etwas, was man kritisiert. „Mahnmal" paßt eher für den Topos „negative Vergangenheit". Und „Mahnmal" kann deshalb auch nicht nach hinten heilen, sondern höchstens antizipieren. Es hat auch die Funktion von Information.

Esther Shalev-Gerz: In der jüdischen Tradition ist es nicht erlaubt, irgend etwas zu vergessen. Wo immer man anfängt zu studieren, beginnt man mit einem Prozeß der Anhäufung von Erinnerungen, die man zu etwas aneinanderreiht, was man sein ganzes Leben mit sich herumtragen wird. Und die Erinnerungen, wie uns die Geschichte der Juden gelehrt hat, sind meist unerfreulich. Sie setzen sich in erster Linie zusammen aus einer Menge schrecklicher Dinge, die dem jüdischen Volk zugestoßen sind. Jedenfalls ist eine Erinnerung nichts, womit man herumspielt. Auf diese Weise ist der Gedanke an ein Mahnmal, die Notwendigkeit, sich an Erinnerungen festzuhalten, egal wohin man geht, für mich, die ich in Rußland geboren und dann nach Israel, einem neuen Ort, gekommen bin, etwas, womit ich schwer leben konnte. Jeder versuchte sich ein bißchen zu ändern und „moderner" und „westlicher" zu werden, um einen Weg zu finden, mit all diesen Erinnerungen durch neue Formen des Erinnerns zu leben. Für mich ist ein Mahnmal ein schwieriges Konzept, und ich glaube, das war ein Teil dessen, was Jochen und mich zusammenbrachte, das Zusammentreffen zweier verschiedener Auffassungen von „Mahnmal", von „Erinnerungen" oder des Umgangs damit.

Achim Könneke: Als 1983 beschlossen wurde, ein Mahnmal zu errichten, war das Thema Faschismus in der gesellschaftlichen Situation in Deutschland nicht so brisant und aktuell wie heute. Über die Jahre hat sich sehr viel geändert.

Jochen Gerz: Auf dem Mahnmal war der Faschismus immer ein Thema, seit dem ersten Tag. Das Mahnmal hat etwas ganz Atypisches am Anfang gehabt: daß es in einer nicht von faschistischen Tendenzen bedrohten Gesellschaft ein von neofaschistischen Äußerungen attackiertes Mahnmal war. Der Neo-Faschismus schien mehr oder weniger ein mahnmal-spezifisches Phänomen. Langsam hat sich das verändert. Heute sind die letzten Äußerungen auf dem Mahnmal wesentlich modulierter, zum Teil vorsichtiger artikuliert als damals. Dafür kann man in der Zeitung häufiger nachlesen, daß Ausländerheime attackiert und verbrannt werden und Leute geschlagen werden, und selbst deutsche Politiker müssen sich ab und zu dazu äußern.

Esther Shalev-Gerz: Das Mahnmal steht neben dem Markt, und wenn man Fotos aus der Zeit von 1986 bis heute anschaut, sieht man dort sowohl Deutsche zum Markt gehen als auch Ausländer. Die Zusammensetzung der Bevölkerung hat sich in Harburg nicht dramatisch verändert. Es gab immer ziemlich viele Ausländer, zumindest dem Foto nach zu urteilen, und ich denke, daß es heute noch genauso ist. Es ist mehr eine bestimmte Art und Weise, die in dieser Zeit an die Oberfläche kam, nämlich wie Deutsche auf Ausländer reagieren.

Achim Könneke: Wie habt Ihr, eine Israelin und ein Deutscher, der schon seit 25 Jahren in Paris lebt, die Herausforderung angenommen, in Deutschland ein Mahnmal gegen Faschismus zu schaffen?

Jochen Gerz: Es geht eigentlich immer wieder darum, daß man eine kleine Sache veröffentlicht, eine kleine Verschwiegenheit oder ein kleines Geheimnis preisgibt, in diesem Fall die Information über die Vergangenheit und die Zukunft, die man unter Faschismus versteht. Nationalsozialismus in Deutschland war zur gleichen Zeit auch eine nicht stattfindende Information, es war eine zurückgehaltene, eine mir schuldig gebliebene Information. Und dieses Zurückfordern von einem mir zustehenden Teil meines Lebens, diese Narration ist auch ein Teil von dieser Auseinandersetzung mit solchen Arbeiten. Es geht um eine Form von Veröffentlichung, die nicht denunzieren soll, die den kleinstmöglichen Druck ausübt, die nicht mit dem erhobenen Finger auf Leute zeigt, sondern die durch die Zurücknahme der Mittel, die man hat, das, was verdrängt ist, in die Mitte des Platzes bringt. Eine Unterschrift im öffentlichen Raum kann einen auch dazu bringen, zu sagen: Das habe ich gemacht.

Achim Könneke: Esther, wie stark hat Deine persönliche Biographie Anteil am Mahnmalskonzept?

Esther Shalev-Gerz: Für mich war es so, daß die Sache mit dem Mahnmal aufkam, kurz nachdem ich Jochen getroffen hatte. Vorher war ich noch nie in Deutschland gewesen. Ich dachte, das Thema sei in Deutschland allgegenwärtig. Das heißt, jeder hat ständig damit zu tun, so wie man in Israel ständig mit der Allgegenwart des Judentums, Faschismus und Völkermordes zu tun hat. Selbst wenn man nicht auf einer religiösen Schule ist, hat man mindestens 50% seiner Studienzeit auf die eine oder andere Weise damit zu tun. Das neue Land, das alte Land, alles. Für mich war ziemlich klar, daß es hier in Deutschland ungefähr genauso abläuft. Es dauerte Jahre, bis ich realisierte, daß der Prozeß hier ein ganz anderer ist, daß er tatsächlich auf völlig verschiedenen Ebenen funktioniert. Als wir dann das Mahnmal diskutierten, hatte ich das Gefühl, daß wir auf jeden Fall in eine neue Position rücken mußten, zumal es inzwischen von allen Leuten auf jede andere mögliche Weise diskutiert worden war.

Achim Könneke: In verschiedener Hinsicht ist das Harburger Mahnmal absolut atypisch für das, was bisher unter dem Etikett „Mahnmal“ passiert ist. Das fängt an mit Eurer Wahl des Ortes.

Jochen Gerz: Meistens wissen die Auftraggeber gar nicht, wieviel sie vorgeben und wieviel sie verhindern durch ihre Vorgaben. Der vorgesehene Ort in einem Park, der für Ruhe, Einkehr stand, wurde in unserem Vorschlag zu einem verkehrsreichen, dem lauten öffentlichen Ort. Und deshalb ist die Arbeit im Zentrum von Harburg entstanden. Und das beschauliche Thema, was nicht beschaulich ist, ist an der Stelle, wo es hingehört: nicht im Park versteckt, sondern da, wo das tägliche Leben ist.

Achim Könneke: Das Entscheidende scheint mir, daß es Euch nicht primär um ein Objekt, sondern vielmehr um das Werk als einen sozialen Prozeß geht und Ihr die gesamte Problematik und Fragwürdigkeit der Mahnmal- und Denkmaltradition in diesem Werk mitreflektiert.

Jochen Gerz: Die „List“ dabei ist, die in der Kunstgeschichte vorhandene Version zu benutzen, um die Erwartung vom Mahnmal zurückzuspiegeln in die Leute und den Leuten den Auftrag, der an das Mahnmal gestellt war, zurückzugeben. Das heißt, daß die Leute zur Artikulation verführt werden. So oder so. Deshalb muß das Mahnmal fast geopfert werden als Arbeit. Es gibt letztlich keine Arbeit. Es gibt nichts, von dem man mit gutem Gewissen sagen könnte, es sei ein künstlerisches Objekt. Ich glaube, es ist an der unteren Grenze von dem, was man formal beschreiben kann.

Esther Shalev-Gerz: Ich glaube, wir versuchten - vielleicht mit Erfolg - einen neuen Ansatz zu finden, der es erlaubt, sich mit Monumenten auseinanderzusetzen. In der heutigen Zeit wird alles hergestellt, um ein paarmal benutzt zu werden und dann zu verschwinden. Es ist eine sich verändernde Welt. Man kann nicht davon ausgehen, daß ein Konzept Bestand hat. Es ging uns darum, für die Leute eine Möglichkeit zu schaffen, ein Mahnmal zu verändern.

Jochen Gerz: Durch das Verschwinden wird ein Vakuum erzeugt. Es saugt den Betrachter quasi in die Mitte und übrig bleibt dann eigentlich nichts, außer ihm. Es gibt nicht dieses Ding zum Staunen, es gibt nicht diese Deponie. Es gibt keinen Trost. Vielleicht ist das Mahnmal selbst eigentlich nur ein Beispiel für Kunst. Was man beim Mahnmal überlegt, kann einen auch woanders beschäftigen.

Achim Könneke: Mit der letzten Absenkung am 10. November 1993 tritt das Mahnmal in eine Phase der dauerhaften Präsenz in der Unsichtbarkeit. Es ist, obwohl nicht mehr als Pfeiler sichtbar, dennoch dauerhaft am Ort. Wie andere Mahnmale auch dauerhaft an einem Ort sind. Ihr hattet ja, als Ihr das Mahnmal konzipiertet, ganz bestimmte Erwartungen und Ansprüche an den Umgang mit dem Mahnmal. Inwiefern sind Eure Ansprüche von der Realität verändert worden? Hat sie Euch eingeholt - oder das Mahnmal?

Jochen Gerz: Ich glaube nicht, daß es 1983 ungewöhnlicher war als heute. Es ist etwas dazugekommen: Man kann dieses Objekt, das sich nicht mehr verändert, nicht angucken, als wäre es nicht einmal anders gewesen. Man kann es als Objekt gar nicht vermitteln. Es läßt Narration zu, gerade deshalb, weil es nicht da ist. Wir müssen erst wieder begreifen, daß wir Geschichte schreiben. Daß nicht nur die Tabus und Dramen Geschichte sind, sondern auch das, was wir tun. Daß alle etwas zu erzählen haben über die Vergangenheit, damit sich nicht wiederholt, was wir erlebt haben: das schwarze Loch, das entstand, als sich deine Eltern für unzuständig für ihre eigene Zeit erklären mußten.

In der BILD-Zeitung hieß es : „Das Mahnmal enttäuscht die Künstler.“ Wir haben sehr intensiv mit den Auslobern gesprochen, davor gewarnt, daß es ein undankbares Konzept sei. Daß es viel Arbeit machen würde, daß es nicht pflegeleicht sei, daß man vor Ort nicht zur Ruhe kommen würde. Aber natürlich sind das alles Konzepte oder Gedanken, die man im voraus hat. Die Wirklichkeit ist immer anders. Man lebt in einer Demokratie und man will in einer Demokratie leben. Und wenn eine Gesellschaft sich so zur Sauberkeit verpflichtet fühlt, wie die deutsche, dann scheint es ihr unausstehlich, wenn sie einen nicht so sauberen Ort sieht. Vor allen Dingen, wenn ein Mahnmal gegen Faschismus nicht sauber ist. Wenn man das zu Ende denkt, ist man beim faschistischen Mahnmal - nicht beim antifaschistischen Mahnmal. Natürlich ist die Dichte der Spuren, die Widersprüchlichkeit, die Gewalt schwer auszuhalten, natürlich verschlägt es einem die Sprache, und ich habe mich auch nie damit versöhnt; ich muß mich auch nicht damit versöhnen. Die zwei Stunden, die wir nach der Einweihung bei dem Mahnmal auf der Straße verbracht haben, haben uns informiert. Vielleicht ist es eine Provokation, das Mahnmal, vielleicht hat es diesen (heimlichen) Meinungen zu Stimme verholfen. Die Häßlichkeit der Arbeit ist die Häßlichkeit von Menschen, es ist vielleicht auch die Häßlichkeit, der die Kunst im 20. Jahrhundert eine gewisse Glaubwürdigkeit verdankt. Es ist etwas, mit dem man nicht den Frieden schließt. Es ist ein Messer in einer Wunde, die offen bleibt. Wenn wir Massenmord organisieren können im Namen unserer Kultur, dann können wir vielleicht auch mit dem Messer in der Wunde weiterleben.

Esther Shalev-Gerz: Die Idee von Mahnmalen für Opfer des Faschismus, in der Hauptsache Juden - man sollte nicht vergessen, daß auch viele andere Menschen ermordet wurden - ist heute eine akzeptable Idee. Zahlreiche Städte in Deutschland planen mit großen Budgets Mahnmale und Gedenkstätten. Jeder will die Namen der Opfer - die man um ihr Einverständnis nicht mehr zu fragen braucht - in Marmor meißeln. Man muß sich einmal vorstellen, wie es wäre, wenn man statt der Namen der Opfer die Namen der Täter dort einmeißeln würde.

Achim Könneke: In Eurer Arbeit spielt die aufklärerische Utopie des sich artikulierenden, öffentlichen Menschen eine große Rolle. Glaubt Ihr, daß Ihr davon etwas einlösen konntet?

Jochen Gerz: Erfolg im Sinne von 'die Kunst wäscht weißer' ist sicher nicht eingetroffen. Was wir nicht können, kann die Kunst auch nicht. Es gibt keine Lösungen an unserer Stelle. Die Kunst kann nur den Auftrag wieder zurückgeben an die Leute. Es geht vielleicht um die kleine Courage gegenüber der eigenen Spur: „Ich bin dabeigewesen. Ich habe unterschrieben." Etwas anderes scheint mir aber die richtige Frage in bezug zu dieser Arbeit: Hat sie informiert? Ich glaube, daß die Arbeit über einen Zustand der Psyche berichtet hat, von Anfang an, den man jetzt besser sieht und hört. Sonst hat sich an der Arbeit nichts verändert.

Esther Shalev-Gerz: Die Veränderungen, die während dieser acht Jahre eingetreten sind, sind vielleicht langfristiger, als die beim Mahnmal verwendeten

Materialien. In diesem Sinne sind die Menschen, die sich in das Mahnmal eingeschrieben haben, Bestandteil seines Materials. Und dieses Material, wenn man es „Material“ nennt oder „Energie“, wird in zeitgenössischer Kunst sicherlich immer stärkere Verwendung finden, weil die Realität im Begriff ist, interessanter zu werden als die Kunst. Auf diese Weise wird die Realität als Realität zu einem Bestandteil der Kunst werden. Als wir das Monument 1986 realisierten, war engagierte Kunst nicht „in“. Wenn man ein wenig weiter zurückschaut, vielleicht 200 Jahre, da kamen die großen Veränderungen immer aus dem Volk. Es hatte sich etwas bewegt, fort von Königen und Königinnen, zurück zu den Leuten, zu dem was sie wollen und denken, und vielleicht, was sie unterzeichnen wollen oder eben nicht. Wenn man die Wandlungen in der Art der Zeichen am Mahnmal betrachtet, so bemerkt man, daß es in den Anfängen mehr Kritzeleien, Hakenkreuze, Unterschriften und Kratzer waren, es sich während der sieben Jahre aber immer mehr zu einem Ort entwickelte, den man zur Meinungsäußerung nutzte. Das ist ein Teil des Erfolges. Wenn ich heute zurückblicke, sehe ich, daß diese Veränderung ein Teil des Mahnmals war.

Achim Könneke: Du sagtest vorhin, das Harburger Mahnmal wäre kein sauberer Ort, statt dessen eher ein Finger in der Wunde. Und tatsächlich war die Auseinandersetzung eben nicht mit der Aufstellung zu Ende, sondern begann mit ihr erst richtig. Jetzt wird der Pfeiler gänzlich abgesenkt und dann ist der Platz wieder „sauber“. Diese Geste kann gerade heute in diesem skizzierten Sinne völlig mißverstanden werden.

Jochen Gerz: Der Teil der Betrachter, der mit einem unveränderlichen Mahnmal eher zurechtkommt, kann jetzt zufrieden sein. Andererseits ist das die gleiche Bevölkerung, die mit einem für Geld errichteten Verschwinden nicht zufrieden ist. Genauso sind die, die politisch an dem Mahnmal engagiert waren, auch diejenigen, die es zum Verschwinden gebracht haben. Ohne ihre Mitarbeit wären nicht alle Unterschriften darauf und es gäbe keinen Grund für andere durchzustreichen. Die Leute, die es eigentlich bewahren wollen, sind diejenigen, die es zum Verschwinden bringen. Die es eigentlich besser gefunden hätten, wenn es unveränderlich gewesen wäre, die sind heute konfrontiert mit einer Skulptur, die so aussieht wie sie es von Anfang an wollten. Nur, es kann nicht ihr Mahnmal sein, denn: erstens hat es die Geschichte seiner Veränderung und zweitens ist es unsichtbar, es ist nichts. Und diese Verhakung der ästhetischen und politischen Erwartungen, die an sich widersprüchlich sind, ist notwendig. Ich glaube, daß das heute nicht mehr vorhandene Mahnmal dies erst jetzt zur Sprache bringt.

Esther Shalev-Gerz: Ein Mahnmal ist ein sehr starres Konzept. Wenn man eine Komponente des Ganzen ändert und sie verschwinden läßt, sucht jeder nach genau dieser Komponente. Und es war noch etwas anderes: Es gab diesen letzten

Satz, der besagte, daß es nur dann verschwindet, wenn sich Leute in ihm einschreiben. Wenn sie sich also nicht einschreiben, bleibt es draußen. Um das Mahnmal zu behalten, hätten die Leute zusammenkommen und eine Übereinkunft treffen müssen. „Wir werden uns nicht einschreiben!" In diesem Moment aber, wo es verschwindet, manifestiert es den Satz, der sagt, es gibt niemanden, der sich an unserer Stelle gegen die Ungerechtigkeit erheben kann. Nicht das Mahnmal, nicht die Kunst: es ist an uns. Und das trifft für alle Leute zu, egal, ob sie diesen Satz gelesen haben oder nicht. Natürlich, wenn es verschwunden ist, können wir nicht dauernd an diesen Ort zurückkehren und sagen „Oh, es ist verschwunden!". Trotzdem glaube ich, daß die Leute nicht so sehr Anteil nehmen würden, wenn das Mahnmal stehen bliebe. Ich glaube nicht, daß, wenn es noch stünde, sich in Harburg mehr Leute mit dem Problem Faschismus beschäftigen würden, als jetzt, da es verschwunden ist. Jetzt werden vielleicht neue Formen der Auseinandersetzung, andere Zusammenhänge an seine Stelle treten und sich des Problems annehmen. Ich habe dem zehn Jahre gewidmet, für mein Leben eine lange Zeit. Wir werden uns weiter mit dem Thema auseinandersetzen, weil das eine Aufgabe unserer Generation ist. Möglicherweise ist es für die nächste Generation von größter Bedeutung, wie wir damit umgehen. Deshalb glaube ich nicht an ein Mißverständnis. Wir sollten nicht den letzten Satz des Textes vergessen, daß nichts und niemand, auch kein Mahnmal, im Kampf gegen die Ungerechtigkeit an unsere Stelle treten kann. Daher sind wir jetzt dran.

Achim Könneke: Euer Ansatz, die Öffentlichkeit und die öffentliche Auseinandersetzung als das wesentliche Material des Werkes zu sehen, spielt auch eine Rolle in den Arbeiten in Saarbrücken „2146 Steine - Mahnmal gegen Rassismus" und der „Bremer Befragung". Inwiefern sind in diesen beiden jüngeren Projekten Erfahrungen, Reflexionen aus Harburg, oder in Bremen auch wieder aus Saarbrücken eingeflossen? Wo ist der Brückenschlag zwischen den drei Projekten?

Jochen Gerz: Saarbrücken setzt sich dem nicht mehr aus, dieser Sprachlosigkeit. Das Duell findet nicht mehr statt, es wird eigentlich nur die Verdrängung nach oben geschwitzt, weil das Mahnmal selbst an die Stelle des Verdrängten tritt. Die Arbeit kriecht fast unter den Rock der Verdrängung, ist weg und die Verdrängung ist da. Aber es gibt nicht mehr diesen fast gutgläubigen Moment des face à face mit der Spur, mit der Gewalt, mit dem akzeptierten Sosein von uns.

Achim Könneke: Das Mahnmal in Saarbrücken ist als sichtbares Werk gar nicht vorhanden auf dem Platz. Aber es ist dennoch materiell eine ganze Menge geschehen. Es ist materiell auch viel vorhanden - wenn auch unter dem Pflaster der Sichtbarkeit und genauen Ortung entzogen. In Bremen ist es das Gegenteil: Dort steht der öffentliche Diskurs als vom Künstler provozierter und gesteuerter

Prozeß im Vordergrund. Die öffentliche Befragung definiert die Arbeit in und mit der Öffentlichkeit und damit die 'Kunst im öffentlichen Raum' neu.

Jochen Gerz: Es stimmt, 50% des Auftrags kommen vom Auftraggeber. Wenn er nicht da ist, wenn die Gesellschaft nicht da ist, dann muß sie gewollt werden, von uns allen. In Bremen ist heute die absurde Situation, daß ich 20.000 Menschen befragt habe, daß über 200 Bremer Autoren dieser Arbeit sind, daß das alles nicht genug ist, weil es nicht sicher ist, ob das „Ergebnis" der Arbeit ein Objekt sein wird, ob die „Bremer Befragung" als Skulptur ein Objekt sein muß. Unter den Antworten auf die Bremer Befragung ist viel Gegensätzliches versammelt: Da will ein Sportfan ein Stück Rasen aus dem Weserstadion vor das Rathaus pflanzen, ein Professor will eine Bronze gegen Ausländerhaß und ein Gefängnisinsasse spricht von einem weißen Bild, das es nicht gibt. Jeder will etwas anderes. Wäre das Gegenteil nicht mehr zu fürchten?

Gedenkdienst

Andreas Maislinger/Kurt Leutgeb

An der Planung und Ausführung des Holocausts waren unverhältnismäßig viele Österreicher beteiligt, und das weitgehende Einverständnis der österreichischen Bevölkerung mit dem NS-Regime kostete vielen Menschen das Leben. Demgegenüber hat das offizielle Österreich immer gern auf seine Rolle als erstes Opfer Nazi-Deutschlands verwiesen. Die Generation der Täter zeigt bis heute einiges Geschick im Vergessen, Verdrängen und Verschweigen ihrer sieben Jahre im Reich. Durch äußerste Zurückhaltung sowohl in der Verfolgung oder gar Verurteilung von NS-Verbrechern als auch in der Anerkennung von Wiedergutmachungsansprüchen bestätigt sich Österreich selbst, wie gering seine Schuld sei.

Die Arbeit des Gedenkdienstes versteht sich als Bekenntnis zur Mitschuld Österreichs am Holocaust. Möglich gemacht hat sie vor allem die persönliche Initiative des in Innsbruck lebenden Politikwissenschaftlers und Journalisten Andreas Maislinger. Als Maislinger 1978 versuchte, seine im Rahmen der deutschen Aktion Sühnezeichen/Friedensdienste in der Gedenkstätte Auschwitz-Birkenau geleistete Arbeit in Österreich als Zivildienst angerechnet zu bekommen, wurde sein Ansinnen mit dem Hinweis auf die gesetzliche Lage abgelehnt. Doch Maislinger, der immer wieder als querköpfig, eigenwillig und hartnäckig beschrieben wird, ließ nicht locker und erreichte, daß mit der Zivildienstnovelle 1991 eine gesetzliche Grundlage für die institutionalisierte Entsendung zivildienstpflichtiger Österreicher zur Mitarbeit an Holocaust-Gedenkstätten geschaffen wurde. Hinter dieser Gesetzesänderung steht zweifellos die veränderte Haltung des politischen Österreich zur Mittäterschaft am Holocaust, welche durch die Jerusalemer Rede des damaligen Bundeskanzlers Vranitzky von 1994 auch international wahrgenommen wurde.

Im September 1992 trat der erste Gedenkdienstleistende seinen Dienst im Museum Auschwitz-Birkenau an. *Gedenkdienstleistender*, nicht etwa *Gedenkdiener* - so will es die Sprachregelung Maislingers, wohl um dem Eindruck dienerhaften Duckmäusertums vorzubauen und um den dienstleistungsartigen Professionalitätsanspruch, den der Verein erheben will, zum Ausdruck zu bringen. Obwohl nicht alle Stellen besondere intellektuelle Qualifikationen voraussetzen, verfügen fast alle Mitarbeiter des Gedenkdienstes über akademische Bildung, was sich unter anderem durch die Notwendigkeit von Fremdsprachenkenntnissen erklärt. Ansonsten ist die Personalstruktur aber äußerst heterogen, das geistige Klima pluralistisch. Da das österreichische Innenministerium zwar einen Großteil der Kosten für die Ableistung des Gedenkdienstes im Ausland übernimmt, nicht aber die Arbeit des Vereins in Österreich finanziert, ist die Organisation vom Engagement und Einfallsreichtum ihrer Mitglieder abhängig. Eine Gedenkdienststelle bekommt vom sechsköpfigen Vorstand unter Obmann Andreas Maislinger nur zuerkannt, wer über einen längeren Zeitraum hinweg im Verein mitgearbeitet hat. Aus Gründen der Glaubwürdigkeit dauert der Gedenkdienst mit vierzehn Monaten auch länger als der in Österreich achtmonatige Wehrdienst und der elfeinhalbmonatige Zivildienst.

Im Zentrum der Arbeit des Vereins im Inland stehen die zweimal jährlich in Salzburg stattfindenden Seminare, zuletzt zum Thema MAHN-MALE, meistens aber zu spezifisch jüdischen Themen, dieses Mal etwa über Christoph Münz´ *Der Welt ein Gedächtnis geben*. Der Gedenkdienst ist auch ein Forum der Auseinandersetzung mit der jüdischen Kultur, deren Kenntnis an allen Einsatzstellen unabdingbar ist. Gedenkdienststellen gibt es seit 1992 außer in Auschwitz in Amsterdam (Anne Frank Stichting) und in der Gedenkstätte Theresienstadt, seit 1993 in Yad Vashem und im Washingtoner Holocaust Memorial Museum, seit 1994 in New York (Leo Baeck Institute), seit 1995 in Montreal (Holocaust Memorial Center) und Kiev (Zentralrat der Juden in der Ukraine) und seit 1996 in Ramat Chen (Anita Müller-Cohen Elternheim), Vilnius (Jüdisches Museum), Brüssel (Fondation Auschwitz), Prag (Theresienstädter Initiative), Los Angeles (Simon Wiesenthal Center) und Budapest (Ungarische Auschwitz-Stiftung). Dieses Jahr kommen das Spiro Institute in London, das Jüdische Historische Institut in Warschau und die ESRA in Wien dazu, ferner wird in Braunau am Inn, das dem Verein ein Büro zur Verfügung stellt, eine Zentrale mit drei Gedenkdienstleistenden eröffnet. Derzeit werden weitere Stellen in Argentinien, Polen, Frankreich, Tschechien, Kroatien, Lettland, Bosnien und Deutschland vorbereitet.

Die Arbeitsgebiete reichen, je nach Stelle, von Altenbetreuung über Schulprojekte bis zur Mithilfe bei Bauvorhaben als Hilfsarbeiter ebenso wie als Architekt. Der Schwerpunkt liegt aber auf der Dokumentation und Aufarbeitung der Shoa und dem Anlegen von Opferdateien. Diese Arbeit ist, bei aller gegenüber der Archivierung und Musealisierung der Greuel angebrachten Skepsis und bei allem gegenüber der administrativen Attitüde des wissenschaftlichen Mainstreams angebrachten Abscheu, die conditio sine qua non jeglicher Auseinandersetzung mit der Shoa. Nicht zu helfen, die Grundlagen des Gedenkens an den Holocaust zu schaffen und zu erhalten, hieße, sich noch einmal an seinen Opfern schuldig zu machen. Zudem vergiftet ein falsches oder fehlendes Vergangenheitskonstrukt das Leben in der Gegenwart.

Die Tätigkeit des Gedenkdienstes ist also keinesfalls bloß symbolisch zu verstehen. Die Aufarbeitung der Vergangenheit setzt einen Prozeß des Gedenkens in Gang, dessen Dynamik jeden einzelnen, der sich ihr nicht verschließt, aufwühlt und verändert. Da wir, ob als Individuen oder als Kollektive, zum Vergessen und Verdrängen größeres Talent besitzen als zum Gedenken, dessen Objekte das Deutsche denn auch ins Getto des Genitivs abdrängt, brauchen wir Strukturen und Institutionen, die dem Gedenken nachhelfen. All diese Strukturen und Institutionen sind ebenso unverzichtbar wie problematisch. So haftet zum Beispiel den zahllosen Holocaustfilmen und -dokumentationen, die das österreichische Fernsehen derzeit zeigt, die pudenda origo aus den Einschaltquoten an, und die beim Medium Fernsehen fast unweigerlich passive Rezeptionshaltung wird bei den Konsumenten selten ein kritisches Bewußtsein schaffen können. Dem wildwuchernden Verdrängen und Verdrehen gegenüber stellt aber auch ein massenmedial entstelltes Bewußtsein eine Verbesserung dar.

Zweifellos ist jede Form der Vergangenheitsbewältigung ein Versuch, das Geschehene in ein Bild zu bannen und beherrschbar zu machen. Wenn man der ständig wirksamen Versuchung, das Gedenken seiner im Fall des Holocausts besonders schmerzhaften Prozessualität zu entkleiden, nicht widersteht, legt man sich eine falsche Realität zurecht. Das Übel liegt hier aber nicht in den Bildern, sondern im Umgang mit ihnen. Der Gedenkdienst bemüht sich, etwa durch seine Seminare und seine Arbeit in Schulen, bei der Schaffung geeigneter Rezeptionsstrukturen mitzuhelfen. Die gesellschaftliche Wirkung der Arbeit des Vereins, zu der unweigerlich auch die Erzeugung und Erhaltung von Bildern im weiteren Sinn (Mahnmale, Gedenkstätten, Archivmaterial usw.) gehört, hängt letztlich von der Verantwortlichkeit jedes einzelnen im Umgang mit ihren Resultaten ab.

AutorInnen und MitarbeiterInnen

David R. Blumenthal, geb. 1938 in Houston/Texas, Rabbiner und Professor of Judaistic Studies an der Emory University in Atlanta

Bob Brecher, geb. 1950, Professor für Philosophie an der School of Historical and Critical Studies der University of Brighton

Rita Burrichter, geb. 1961, Dr. theol., Wissenschaftliche Mitarbeiterin am Lehrstuhl für Religionspädagogik und Katechetik der Katholisch-Theologischen Fakultät an der Ruhr-Universität in Bochum

Pedro Casaldáliga, Bischof von São Felix do Araguaia, MT, Brasilien

Fernando Castillo, geb. 1943 in Santiago de Chile, Dr. theol., Leiter des „Centro Ecuménico Diego de Medellin" in Santiago

Jürgen Ebach, geb. 1945, Professor für Altes Testament an der Evangelisch-Theologischen Fakultät der Ruhr-Universität in Bochum

Hanna Gekle, geb. 1952, Dr. phil., Philosophin und Psychoanalytikerin, derzeit am Sigmund-Freud-Institut in Frankfurt

Jochen Gerz, geb. 1940, Bildender Künstler, Professor an der Hochschule f. Grafik u. Buchkunst Leipzig, lebt und arbeitet mit **Esther Shalev-Gerz** in Paris

Jürgen Goldstein, geb. 1962, Dr. theol., in der Erwachsenenbildung tätig

Gabriela Grunden OSB, geb. 1963, Dr. theol., seit 1995 Abtei St. Scholastika in Dinklage

Torsten Habbel, geb. 1964, Dr. theol., Lehrer an der Martin-Luther-King-Gesamtschule in Marl

Agnes Heller, geb. 1929 in Budapest, seit 1986 Inhaberin des Hannah Arendt-Lehrstuhls für Philosophie an der New School for Social Research in New York

Ingo Hermann, geb. 1932, Dr. theol., zuletzt Leiter der Redaktion „Zeugen des Jahrhunderts" beim ZDF, lebt als freier Autor in Berlin

Franz Hinkelammert, geb. 1931, Dr. rer. pol., seit 1976 Professor für Wirtschaftswissenschaften in Tegucigalpa (Honduras) und Heredia

(Costa Rica) sowie Mitarbeiter am Ökumenischen Forschungszentrum DEI in San José des Costa Rica

Hans-Gerd Janßen, geb. 1950, Dr. theol., Professor für Fundamentaltheologie an der Philosophisch-Theologischen Hochschule der Franziskaner und Kapuziner in Münster

Ottmar John, geb. 1953, Dr. theol., Habilitand an der Kath.-Theol. Fakultät der Universität Münster

Gertrud Koch, geb. 1949, Professorin an der Universität Bochum und Vorstandsmitglied des Kulturwissenschaftlichen Instituts des Wissenschaftszentrums NRW

Jürgen Kroth, geb. 1960, Dr. theol., Pastoralassistent in der Diözese Trier

Verena Lenzen, geb. 1957, Dr. theol., Dr. habil., lebt in Aachen

Kurt Leutgeb, geb. 1970, Beschäftigung mit literarischer Verarbeitung des Holocaust, lebt in Wien

Andreas Maislinger, geb 1955, Dr. phil., Initiator des Gedenkdienst Österreich in Innsbruck

Jürgen Manemann, geb. 1963, Dr. theol., Wissenschaftlicher Assistent am Seminar für Fundamentaltheologie an der Kath.-Theol. Fakultät der Universität Münster

Wolfgang Mantl, geb. 1939, Dr. jur., Professor am Institut für Öffentliches Recht, Politikwissenschaft und Verwaltungslehre an der Universität Graz

Friedhelm Mennekes, geb. 1940, Dr. phil., Lic. theol., Professor an der Philosophisch-Theologischen Hochschule St. Georgen in Frankfurt/M. und Leiter der Kunst-Station Sankt Peter in Köln

Johann Baptist Metz, geb. 1928, Dr. theol., Dr. phil., Gastprofessor für Religions- und Weltanschauungslehre an der Universität Wien, em. Professor für Fundamentaltheologie an der Universität Münster

Arnulf Rainer, geb. 1929, österreichischer Maler, zahlreiche Ausstellungen und Auszeichnungen, Professor an der Wiener Akademie der Bildenden Künste

Michael J. Rainer, geb. 1957, Dr. theol., Cheflektor des LIT-Verlages und Lehrbeauftragter an der Fachhochschule Münster

Ingrid Resch, geb. 1936, Schauspielerin, Literarische Lesungen mit dem Schwerpunkt auf Jüdischer Literatur, lebt in München

Michael Verhoeven, geb. 1938, Dr. med., Filmregisseur, lebt in München

Saskia Wendel, geb. 1964, Dr. phil., Wissenschaftliche Assistentin am Seminar für Philosophische Grundfragen der Theologie an der Universität Münster

Jürgen Werbick, geb. 1946, Dr. theol., Professor für Fundamentaltheologie an der Universität Münster

José-Antonio Zamora, geb. 1956, Dr. theol., Dozent an der Theologischen Hochschule „San Fulgencio“ in Murcia (Spanien)

Religion – Geschichte – Gesellschaft

Fundamentaltheologische Studien
herausgegeben von Johann Baptist Metz (Münster / Wien), Johann Reikerstorfer (Wien) und Jürgen Werbick (Münster)

Johann Baptist Metz; Johann Reikerstorfer; Jürgen Werbick
Gottesrede
Bd. 1, 1996, 96 S., 19,80 DM, br.,
ISBN 3-8258-2470-5

Jürgen Manemann
"Weil es nicht nur Geschichte ist"
Die Begründung der Notwendigkeit einer fragmentarischen Historiographie des Nationalsozialismus aus politisch-theologischer Sicht
Bd. 2, 1995, 320 S., 58,80 DM, gb.,
ISBN 3-8258-2345-8

José A. Zamora
Krise – Kritik – Erinnerung
Ein politisch-theologischer Versuch über das Denken Adornos im Horizont der Krise der Moderne
Bd. 3, 1995, 512 S., 78,80 DM, gb.,
ISBN 3-8258-2389-X

Martha Zechmeister
Gottes-Nacht
Erich Przywaras Weg negativer Theologie
Bd. 4, Herbst 1997, 344 S., 48,80 DM, gb.,
ISBN 3-8258-3105-1

Gabriele Grunden
Fremde Freiheit
Jüdische Stimmen als Herausforderung an den Logos christlicher Theologie
Bd. 5, 1996, 276 S., 58,80 DM, gb.,
ISBN 3-8258-2572-8

Ottmar John
"... und dieser Feind hat zu siegen nicht aufgehört" (W. Benjamin)
Die Bedeutung Walter Benjamins für eine Theologie nach Auschwitz
Bd. 6, Herbst 1997, 480 S., 58,80 DM, br.,
ISBN 3-8258-2705-4

Hans-Gerd Janßen
Dem Leiden widerstehen
Aufsätze zur Grundlage einer praktischen Theodizee
Bd. 7, 1996, 112 S., 24,80 DM, br.,
ISBN 3-8258-3012-8

Dieter Henrich; Johann Baptist Metz; Bernd Jochen Hilberath; R. J. Zwi Werblowsky
Die Gottrede von Juden und Christen unter den Herausforderungen der säkularen Welt
Symposion des Gesprächskreises "Juden und Christen" beim Zentralkomitee der deutschen Katholiken am 22./23. November 1995 in der Katholischen Akademie Berlin
Bd. 8, 1997, 104 S., 24,80 DM, br.,
ISBN 3-8258-3192-2

Ulrich Engel
GOTT
Zur Praxis einer politisch-theologischen Ästhetik im Anschluß an Peter Weiss' Romantrilogie "Die Ästhetik des Widerstands"
Bd. 9, 1998, 464 S., 79,80 DM, gb.,
ISBN 3-8258-3444-1

Reinhold Boschki; Dagmar Mensink (Hrsg.)
Die Antwort liegt in unserer Hand
Zugänge zum Werk von Elie Wiesel – Herausforderung für Religion und Gesellschaft heute
Bd. 10, 1998, 568 S., 69,80 DM, br.,
ISBN 3-8258-3576-6

Jahrbuch Politische Theologie

Band 1
1996

Demokratiefähigkeit

herausgegeben von Jürgen Manemann

Forum: Was heißt eigentlich „politisch"?
Ernst-Wolfgang Böckenförde
Peter Hintze
Freimut Duve
Winfried Kretschmann
Jürgen Moltmann
Dorothee Sölle
Edna Brocke
Thema: Monotheismus, Theodizee und Demokratie
Tiemo Rainer Peters
Johann Baptist Metz
Ottmar John
Michael J. Rainer
Willi Oelmüller
Jürgen Manemann
Edmund Arens
Kuno Füssel
Michael Ramminger
Debatte: „Politik der Anerkennung der Anderen"
Paulo Suess
Walter Lesch
Matthias Möhring-Hesse
Peter Rottländer
Rezension
Institute/Projekte

LIT

Jürgen Manemann (Hrsg.)
Demokratiefähigkeit

Die Politische Theologie versucht die Bedeutung der biblischen Gottesrede für die geschichtlichen und gesellschaftlichen Prozesse unserer Zeit zu artikulieren. Sie wendet sich gegen die geläufige Auffassung, daß ein Ernstnehmen der Moderne und der politischen Aufklärung notwendig zur strikten Privatisierung des Gottesthemas wie überhaupt der Religion führt. In diesem Sinne ist sie „nichts anderes als Rede von Gott in dieser Zeit" (Johann Baptist Metz).

Das „Jahrbuch Politische Theologie" zielt in fächerübergreifenden Studien und Debatten v.a. auf diese Neubestimmung des Verhältnisses von Religion und Politik, von Christentum und politischer Kultur an den Grenzen der Moderne. Band I beschäftigt sich mit dem Thema „Demokratiefähigkeit".

Bd. 1, 1996, 268 S., 34,80 DM, br., ISBN 3-8258-2227-3